E. DEDÉ

Avocat à la Cour d'Appel de Paris.

Les Sociétés

DE

Secours Mutuels

LEUR ROLE ÉCONOMIQUE ET SOCIAL

Principes — Retraites
Organisation — Fonctionnement

LETTRE-PREFACE

du Comte ALBERT DE MUN
de l'Académie Française

ÉDITIONS DES "QUESTIONS ACTUELLES"
5, rue Bayard, Paris

ÉTUDES SOCIALES

SÉRIE A 3 FRANCS

(Éditions des « Questions actuelles ».)

Le Mariage civil, étude historique et critique, par René
Lemaire, docteur en droit. Un vol. in-12 de 350 pages,
couronné par la Faculté de droit de Paris.

Parmi tant d'idées excellentes qui remplissent cet ouvrage, notons
le chapitre consacré à la discussion de la théorie gallicane et du
mariage des protestants; il atteste une connaissance approfondie de
cette difficile matière. Bien peu de travaux antérieurement parus sur
le même sujet n'ont si complètement élucidé ces questions à la fois très
complexes et très délicates. Il faudrait également appeler l'attention
du lecteur sur les justes déductions de l'auteur au sujet du divorce,
dans ses rapports avec le mariage civil, sans omettre l'éloge d'un
style remarquable par sa limpidité et sa correction. Entre beaucoup
d'autres publicistes de haute autorité, M. Henri Joly s'est acquitté de
ces faciles obligations, dans une analyse détaillée de l'ouvrage, en
même temps que la Faculté de droit de Paris décernait à l'auteur une
médaille d'or. Il ne nous reste qu'à consigner ces témoignages flatteurs
et à remercier le savant lauréat d'un bon livre et d'une bonne action.

Les Sociétés de Secours mutuels, *leur rôle économique
et social,* par E. Dedé. Un vol in-12 de 350 pages.

PARIS, 5, RUE BAYARD

Les Sociétés de Secours Mutuels

LEUR ROLE ÉCONOMIQUE ET SOCIAL

E. DEDÉ

Avocat à la Cour d'Appel de Paris.

Les Sociétés
DE
Secours Mutuels

LEUR ROLE ÉCONOMIQUE ET SOCIAL

Principes — Retraites
Organisation — Fonctionnement

LETTRE-PRÉFACE

du Comte ALBERT DE MUN
de l'Académie Française

ÉDITIONS DES " QUESTIONS ACTUELLES "
5, rue Bayard, Paris

HOMMAGE RESPECTUEUX

à

Madame la COMTESSE DE KERSAINT

PRÉSIDENTE

de l' "Union Mutualiste des Femmes de France"
et de l' "Union Centrale Mutualiste"

LETTRE-PRÉFACE

DU

Comte ALBERT DE MUN

DE L'ACADÉMIE FRANÇAISE

Cher Monsieur,

Je vous remercie très vivement d'avoir bien voulu me communiquer les bonnes feuilles de votre livre sur les Sociétés de Secours mutuels. Le sujet, d'une si grande actualité, le nom de l'auteur si heureusement connu, pour sa compétence et sa laborieuse activité, de tous ceux qu'occupe le mouvement mutualiste, celui de la femme éminente dont le généreux exemple et l'initiative courageuse méritaient si bien l'hommage de votre travail, tout se trouvait ici réuni pour exciter, à l'avance, mon intérêt et ma sympathie.

Cependant, je vous l'avoue, je croyais, sans que l'une ou l'autre en fussent amoindris, ne rencontrer qu'une occasion de m'instruire dans un ouvrage que je supposais purement technique, sur la législation, les méthodes d'organisation, les formes diverses de la Mutualité; et je craignais un peu de ne pouvoir ainsi, faute de suffisantes connaissances, vous exprimer que ma gratitude, sans y ajouter, au sujet d'idées plus générales, une opinion sérieusement motivée.

Vous me réserviez une très agréable surprise. Sans doute, vous n'avez en rien sacrifié la partie documentaire de votre travail; vous lui avez même fait une très large place, et vous offrez ainsi au public, par les commentaires dont vous avez accompagné les textes, un véritable manuel de la Mutualité, parfaitement complet et d'une haute valeur pratique.

Mais vous aviez une conception plus large de votre entreprise. Vous ne vouliez pas seulement donner à tous les moyens de s'éclairer sur la constitution des Sociétés de Secours mutuels et de leur apporter un concours efficace; vous entendiez montrer, dans les principes mêmes de l'ordre social, le fondement de l'idée de Mutualité, en suivre, depuis les origines de l'histoire, les développements naturels, et établir ainsi, par des raisons de doctrine et d'expérience, les caractères qu'à vos yeux elle doit conserver, sous peine d'avorter dans un effort sans portée.

Sur ce terrain, je suis plus capable de vous suivre, car j'y rencontre à chaque pas des pensées qui me sont familières, des convictions que j'ai soutenues pendant tout le cours de ma vie publique.

C'est donc avec un plaisir extrême que j'ai lu cette partie essentielle de votre livre, heureux de me trouver avec vous, sur tous les points, en accord absolu.

Plus d'une fois, au cours de ces dernières années, observant la rapide expansion de la Mutualité, et l'ardeur avec laquelle tant d'hommes, d'ailleurs animés d'idées très opposées, paraissaient la seconder d'un commun assentiment, j'ai songé que, si ce grand mouvement était abandonné au gré des inspirations et des circonstances, au lieu d'être gouverné par des vues sociales déterminées, il risquait d'être bientôt stérilisé en se mêlant au tourbillon d'une société désorganisée. Il me semblait, pour tout dire, que le mouvement mutualiste, s'il n'était résolument orienté vers la restauration de l'ordre social chrétien, ne ferait, comme trop souvent, dans les milieux industriels, il arrive du mouvement syndical, non moins juste, cependant, en son principe, non moins fécond en ses applications, qu'ajouter un élément nouveau de désordre et de confusion à tous ceux entre lesquels se débat notre pays. La lecture de votre livre a confirmé chez moi cette opinion.

Le grand mal, le mal profond de notre temps, vous le faites très bien remarquer dès vos premiers mots, est « l'anarchie des consciences et des volontés », d'où découle celle des mœurs et des institutions.

Cette anarchie est le fruit de l'individualisme dont la Révolution nous a pénétrés jusqu'aux moelles, et dont nous ne parvenons pas à nous guérir, alors même que, sous l'impulsion des nécessités sociales, nous paraissons nous en affranchir.

L'effort général qui, depuis un demi-siècle, ramène vers l'association toutes les formes de l'activité, offre un exemple frappant de cette vérité.

Vous y découvrez, avec raison, la manifestation spontanée de ce besoin d'appui mutuel qui, de tout temps, a combattu les tendances égoïstes de l'humanité, et dont le christianisme, en y ajoutant la force du précepte évangélique, a fait l'un des éléments principaux de la civilisation. La Révolution, en rompant avec la loi divine, en détruisant entre les hommes les liens naturels, pour les laisser isolés en face de l'État, a jeté l'ordre social, économique et politique dans le chaos. Il était inévitable que, peu à peu, une réaction se produisît, sous la pression des intérêts menacés.

Nous assistons au début de ce mouvement de reconstruction nationale. L'association reprend chaque jour possession de la vie nationale ; rien de grand ne peut plus se faire sans elle. La puissance administrative, si longtemps omnipotente, encore si prépondérante, est de plus en plus convaincue d'insuffisance.

L'industrie et le commerce, la science et les arts, la protection des intérêts et la revendication des droits, l'action sociale sous toutes les formes, l'action politique elle-même, tout recourt à l'association comme à la nécessaire condition de la vie moderne.

Ce n'est plus la richesse seule qui peut et sait s'en servir ;

elle a cessé d'être le privilège de la force capitaliste. La pauvreté et la faiblesse s'en sont emparées; elle est devenue pour le travail le grand moyen d'affranchissement.

Tel est le fait social qui domine notre temps. Une de ses principales conséquences fut le réveil ardent de l'idée mutualiste, aussi vieille que le monde, comme vous le montrez si bien, mais étouffée pendant les derniers siècles par la mainmise de l'État sur tous les organes de la vie publique.

Que deviendra ce grand mouvement? Comment s'orientera cette immense évolution? C'est pour notre pays une question vitale. L'association est une force bienfaisante. si elle est au service de la justice et du droit; elle peut devenir un redoutable instrument si elle est faussée dans son principe et dans son but.

Nous n'avons, à ce point de vue, que trop de sujets d'inquiétude. Car la persistance des traditions révolutionnaires risque de dénaturer, au cours du xxe siècle, le mouvement de rénovation qui a marqué la fin du xixe. Il appartient aux hommes d'étude, de réflexion et de foi de dénoncer le péril, et d'employer tous leurs efforts à le conjurer.

Si, dans ses applications sociales, l'association ne demeure pas chrétienne en son principe, c'est-à-dire si elle ne s'inspire pas de l'Évangile, du respect de la loi divine, de l'amour du prochain, de l'esprit de sacrifice; si elle ne se propose pas pour but de fortifier avant tout la famille, fondement providentiel de la société humaine; si elle ne tend à rendre à la profession son rôle naturel dans l'ordre économique, elle est fatalement vouée à n'offrir que le spectacle confus d'agrégations d'individus, sans autres liens que ceux du hasard, des circonstances, et des intérêts passagers. Elle est ainsi sans utilité sociale, sans profit pour la réorganisation de la nation; elle n'est, en un mot, qu'une forme nouvelle de l'individualisme.

Lorsque fut votée, en 1884, la grande loi sur la liberté des Syndicats professionnels, j'ai fait entendre à la Chambre ces observations et ces craintes; depuis, je n'ai cessé de chercher, dans toutes les occasions, à ramener l'attention des législateurs vers ces principes fondamentaux de toute saine organisation sociale, tantôt à propos des accidents du travail, tantôt à propos des Caisses de retraite; vous voulez bien le rappeler, et je vous en remercie.

Mais le courant révolutionnaire emporte de plus en plus les institutions et les '   dans d'autres directions. De là les désordres qui, presque partout, accompagnent le mouvement syndical, égaré dès son origine, détourné de son objet, demeuré par là même inorganique, sauf sur le terrain agricole, où, précisément, d'autres conceptions l'ont dirigé; de là aussi l'avortement des efforts tentés en vue de constituer fortement l'assurance et la prévoyance. Exploité par les passions, utilisé comme une arme de guerre, l'on ne pouvait engendrer que des luttes fratricides : entrepris en dehors des idées corporatives, en hostilité même avec elles, les autres ne pouvaient aboutir qu'à l'échec moral et financier, qui attend les œuvres uniquement fondées sur la puissance de l'État et l'initiative des individus.

Le mouvement mutualiste court les mêmes dangers. S'il n'est inspiré que par un esprit vaguement humanitaire, s'il se développe sans principes précis et sans but déterminé, si, comme vous le dites excellemment, il ne s'appuie sur la famille et sur la profession, il ne fera, je le crains, qu'apporter une vague de plus, d'autant plus menaçante qu'elle sera plus haute, à la grande marée individualiste.

Pénétrer de ces idées les promoteurs des Mutualités, chercher par tous les moyens que la loi autorise à leur donner la base familiale et le point d'appui professionnel, tel est, à mon avis, l'effort nécessaire qui peut seul sauver d'une déplorable déviation cette grande et féconde institution.

C'est aussi votre conviction, je me réjouis de le constater.

Vous avez signalé, avec toute l'autorité que vous donnent votre savoir et votre compétence, le mal et les remèdes. Ainsi, votre livre, indépendamment de ses autres mérites, est une œuvre sociale d'une haute portée.

Je vous félicite du courage et du talent avec lesquels vous l'avez accomplie, et je vous prie, cher Monsieur, de me croire votre bien cordialement dévoué,

A. DE MUN.

Paris, le 4 mai 1904.

Aujourd'hui, l'anarchie semble régner dans les consciences et dans les institutions. Les bonnes volontés, affolées, gaspillent leurs forces sans aucun plan; le présent seul absorbe les intelligences, l'avenir paraît trop incertain pour qu'on y songe; l'on se contente de lutter sur des ruines et l'on ne se préoccupe pas de jeter les fondements d'une société meilleure. La lâcheté, l'épouvante et l'ignorance aident les passions à détruire la route tracée à travers les siècles par une morale dont l'éternité est gênante. Il est donc nécessaire que l'âme française se ressaisisse et envisage avec méthode les problèmes sociaux qui se dressent devant elle comme de menaçantes interrogations. L'une des œuvres les plus urgentes nous a paru être la consolidation des liens familiaux et professionnels. Nous croyons que la Mutualité mieux comprise pourrait être à cet égard d'un utile service, et nous nous efforcerons d'indiquer son rôle économique et social. Nous voudrions tirer nos Sociétés de Secours mutuels de la routine où elles s'enlisent et qui les fait considérer par beaucoup avec dédain, et chercher en elles l'un des rouages, forts et précieux, d'une organisation sociale faite de plus de justice, de plus de bonté, de plus de vérité.

E. D.

Mai 1904.

NOTIONS PRÉLIMINAIRES

Définition et buts des Sociétés de Secours mutuels. — *Les Sociétés de Secours mutuels sont des associations de prévoyance qui se proposent d'atteindre un ou plusieurs des buts suivants : assurer à leurs membres participants et à leurs familles des secours en cas de maladie, blessures ou infirmités ; leur constituer des pensions de retraites ; contracter à leur profit des assurances individuelles ou collectives en cas de vie, de décès ou d'accidents ; pourvoir aux frais des funérailles et allouer des secours aux ascendants, aux œufs, veuves ou orphelins des membres participants décédés.*

Elles peuvent, en outre, accessoirement, créer au profit de leurs membres des cours professionnels, des offices gratuits de placement, et accorder des allocations en cas de chômage, à la condition qu'il soit pourvu à ces trois ordres de dépenses au moyen de cotisations ou de recettes spéciales. (Article 1ᵉʳ de la loi du 1ᵉʳ avril 1898.)

En d'autres termes, ce sont des associations ayant pour but de garantir leurs membres, moyennant une certaine cotisation, contre les conséquences des risques de la vie : maladie, accidents, vieillesse, mort.

La cotisation versée à cet égard par les sociétaires peut faire comparer ces associations à des assurances proprement dites : nous verrons dans le courant de ce travail en quoi elles en diffèrent.

Législation. — *Les Sociétés de Secours mutuels sont actuellement régies par la loi du 1ᵉʳ avril 1898, faite spécialement pour elles.*

Catégories de Sociétés. — *La loi les divise en trois catégories :*

1° Les Sociétés libres, qui n'ont besoin, pour fonctionner régulièrement, que d'une simple déclaration, et ne possèdent qu'une capacité juridique restreinte.

2° Les Sociétés approuvées, qui ont, en plus de la déclaration ordinaire, soumis leurs statuts à l'approbation du ministre de l'Intérieur. Elles jouissent d'une personnalité civile assez étendue.

Elles reçoivent, en outre, des subventions de l'Etat. Elles bénéficient de différents avantages; par contre, elles sont soumises à quelques formalités administratives pour leur fonctionnement.

3° Les Sociétés reconnues d'utilité publique : la reconnaissance est accordée par décret rendu dans la forme des règlements d'administration publique, c'est-à-dire d'après l'avis du Conseil d'Etat. Elles n'ont aucun droit ou avantage de plus que les Sociétés approuvées; le décret de reconnaissance doit, en effet, déterminer dans quelle mesure la Société reconnue d'utilité publique peut posséder, acquérir, vendre et échanger des immeubles, et il résulte d'une note de la section du ministère de l'Intérieur au Conseil d'État, en date du 28 avril 1903, que « l'on ne saurait dépasser » à leur égard, les prescriptions s'appliquant sur ce point aux Sociétés approuvées. Ces Sociétés sont d'ailleurs peu nombreuses; le dernier chiffre officiel en accuse dix-huit; nous ne nous en occuperons pas dans cette étude.

Composition. — Les Sociétés de Secours mutuels s'adressent plus particulièrement aux travailleurs, c'est-à-dire à ceux qui ne peuvent, seuls et individuellement, épargner les sommes nécessaires pour assurer leur avenir; ils ont donc recours à l'épargne collective. Moyennant les cotisations qu'ils versent, ils ont droit à tous les avantages de l'association d'une façon uniforme, et sans autre distinction que celle qui résulte des cotisations fournies — par exemple, celui qui verse deux fois plus que son collègue pourra recevoir deux fois plus d'avantages — ou des risques apportés — par exemple, on pourra tenir compte des risques de morbidité ou de mortalité variant avec l'âge et parfois même avec la profession.

Ces sociétaires portent le nom de membres participants.

On appelle membres honoraires les personnes désintéressées et de bonne volonté, qui versent une cotisation ou font des dons sans participer à aucun des avantages matériels de la Société.

Diverses sortes de Sociétés de Secours mutuels. — Ce genre d'association donne lieu à des combinaisons si multiples qu'on s'est ingénié à créer des Sociétés identiques quant au fond, mais variant quant à la forme et aux buts. Cette façon de procéder nous semble très regrettable au point de vue social, et nuit à la force même de la Mutualité.

Dans cet ordre d'idées, les principales sortes de Sociétés de Secours mutuels, multipliées généralement sans ordre et sans principes sont : les Mutualités d'hommes, les Mutualités de femmes, les Mutualités mixtes (hommes et femmes), les Mutualités scolaires, les Mutualités maternelles, les Caisses de dotation, les Caisses de retraites, les Caisses d'assurances en cas de décès ou contre les accidents.

Nous donnerons, en passant, les renseignements utiles à ces diverses formes de sociétés, mais nous réserverons notre principal intérêt aux Sociétés de Secours mutuels basées sur l'organisation professionnelle ou familiale.

En résumé, la Société de Secours mutuels n'est qu'une application du principe de l'aide mutuelle, et l'expression de « Mutualité », sous laquelle on la désigne communément, est un terme générique embrassant une foule d'institutions.

Les Sociétés de Secours Mutuels

PREMIÈRE PARTIE

PRINCIPES

CHAPITRE PREMIER

L'IDÉE MUTUALISTE — HISTORIQUE DES SOCIÉTÉS
DE SECOURS MUTUELS — LA LÉGISLATION

Applications générales de la Mutualité : les Sociétés de Secours mutuels n'en sont qu'une manifestation. — La Mutualité dans l'antiquité, au moyen âge, et jusqu'au siècle dernier. — |La loi du 18 juin 1850 ; le décret du 26 mars 1852 ; la loi du 1er avril 1898.

I

L'histoire des peuples, à un moment de leur évolution, peut se résumer parfois en l'histoire d'une idée ; mais l'histoire de l'idée mutualiste est celle de l'humanité tout entière, car elle représente, avec son principe d'aide mutuelle, la grande force morale qui, transformant peu à peu l'instinct individualiste des hommes, les élève à la civilisation, coordonne les énergies, ouvre les intelligences et les cœurs à la conception des droits et des devoirs de la vie sociale.

L'idée mutualiste ou l'aide mutuelle apparaît, en effet, du jour où s'est constituée une réunion d'êtres, si restreinte fût-elle.

Aux prises avec la nature, la famille primitive voit ses membres unir leurs forces en vue de la lutte pour la vie et, peu à peu, une division du travail — rudimentaire sans doute — s'établit entre les chefs de famille groupés sous l'autorité de l'ancêtre.

Cette division du travail, inspirée dans les débuts bien plus par le principe de collaboration mutuelle à l'existence du groupe que par le principe du moindre effort, se perfectionnera et se subdivisera à mesure que croîtront les exigences sociales.

Par la conquête ou par l'alliance, les groupements familiaux fusionnent et s'entr'aident; les notions de contrat, de droits et d'obligations se développent; la nation s'édifie sur l'abandon réciproque que font les individus d'une part de leur liberté originelle afin d'obtenir par la vie en société une existence plus facile, une protection plus efficace, une utilisation de leurs aptitudes personnelles.

L'idée mutualiste, qui est ainsi le principe de l'évolution sociale, se manifeste entre l'individu et la société. Elle donnera la prospérité aux peuples qui sauront l'appliquer dans les différentes phases de leur existence, par le dévouement, l'entente, l'union et une juste combinaison de l'intérêt individuel avec l'intérêt social. Dès lors, l'effort individuel n'aura de valeur sociale et ne pourra produire une œuvre durable et puissante que s'il est aidé et fortifié par d'autres efforts, tendant mutuellement vers le même but et constituant une force collective.

Des confins du désert où les sphynx énigmatiques et les pyramides géantes dressent sur le sable leurs masses de pierre, jusqu'à nos provinces françaises où surgissent ces merveilleuses basiliques et ces monuments fameux, témoins grandioses de notre foi, de notre force nationale ou de notre génie artistique, s'élève l'affirmation de cette idée mutualiste féconde et créatrice : que d'efforts et de fatigues mutuellement supportées n'a-t-il pas fallu aux hommes pour manier ces rochers! Combien de bras se sont noués, combien d'épaules se sont courbées ensemble pour soulever leurs masses! L'artiste unit la patience de son ciseau au génie de l'architecte; l'aide mutuelle enfante des merveilles.

Mais l'intelligence de l'homme ne se contente pas de prendre ou d'utiliser ce que la nature lui révèle, elle cherche à lui arracher ses mystères, à l'unir à ses projets, et ces forces alliées à la science conduisent les peuples vers le progrès et vers la richesse. Ainsi, dans le fracas des usines, la machine prête sa puissance à l'homme, celui-ci lui donne l'impulsion et la direction, la force brutale et l'intelligence s'aident et se complètent.

Et, si nous descendons en nous-mêmes, n'apercevons-nous pas aussi l'existence de cette idée mutualiste dans les diverses phases de la vie psychologique par laquelle notre « moi » doit passer ? Nous avons tous besoin de conseil, d'appui, d'encouragement ; notre volonté s'épuise lorsque nous nous sentons isolés. Nous connaissons ces heures de détresse morale, où le cœur meurtri saigne, où l'énergie se rompt sous l'étreinte de la douleur, où nous voulons crier notre souffrance, entendre une voix amie nous dire les mots qui apaisent et qui fortifient ; et si nous trouvons ainsi un écho de notre âme dans une autre âme, il nous semble que notre fardeau moral est moins pesant, qu'il est bien vrai ce vieux proverbe : « Un chagrin partagé est diminué de moitié. » Lorsque les cœurs se comprennent et s'aident mutuellement, le présent semble moins cruel et l'avenir moins sombre.

Le principe de la mutualité ne semble donc pas consister dans une réciprocité forcément intéressée. La Mutualité est une union : union de forces physiques, intellectuelles ou morales, aboutissant dans l'ordre social à des droits ou à des devoirs.

Lorsque des droits seuls seront en présence, l'intérêt s'y trouvera également, mais si l'une des forces collaborant à l'effort mutuel a pour but l'accomplissement d'un devoir, le désintéressement apparaîtra.

C'est pourquoi, contrairement à ce que pensent certains auteurs, nous croyons que le membre honoraire qui, pour remplir son devoir social, aide une Société de Secours mutuels, fait un acte mutualiste, bien qu'il ne retire pas de cet acte un droit ou une réciprocité de bénéfices.

On a cherché à condenser en un mot cette idée d'aide mutuelle qui se manifeste ainsi à travers les siècles. L'expression pure et simple de *mutualité* ne parut pas renfermer une doctrine morale suffisante, et celle de *charité*, qui avait suffi pendant longtemps aux intelligences humaines, sembla trop vieille et trop usée à ceux qui font au passé l'honneur de leur mépris.

Les mots de *solidarité* et d'*altruisme* furent jugés plus nobles pour expliquer au point de vue social nos devoirs, nos droits, nos sentiments, et d'autres idées encore dont l'application, inconnue autrefois, trouve, paraît-il, à notre époque, ses plus belles manifestations.

Une doctrine nouvelle s'est même édifiée sur ces mots et revendique pour elle-même la *vérité sociale*.

La formule de la Révolution française est : Liberté, Egalité, Fraternité. Ai-je besoin de dire que nous n'entendons rien abandonner de cette formule? Nos observations tendent simplement à modifier l'ordre de ces trois termes. La *solidarité* est le fait premier, *antérieur à toute organisation sociale; elle est en même temps la raison d'être objective de la Fraternité.* C'est par elle qu'il faut commencer. *Solidarité* d'abord, puis *égalité* ou *justice*, ce qui est en vérité la même chose; enfin *Liberté*. Voilà, semble-t-il, l'ordre nécessaire des trois idées où la Révolution résume la *vérité sociale*. (1)

On a aujourd'hui une tendance à jouer avec les mots et à leur faire produire des effets contraires, alors qu'ils partent d'un principe souvent identique : il en est ainsi pour les deux expressions de *solidarité* et de *fraternité*, qui semblent être la base de l'idée mutualiste et qui pourraient bien au fond signifier la même chose.

Dans tous les cas, c'est beaucoup rajeunir la *vérité sociale* que de vouloir la faire seulement dater de la Révolution, qui, pour certains esprits, est la source d'où découlent toutes les applications de la sociologie, de la philosophie et de l'économie politique modernes. Tout en reconnaissant à la Révolution française un geste puissant d'émancipation individuelle, nous ne pouvons y trouver une manifestation de cette idée d'aide mutuelle, si vraie et si féconde, puisqu'elle détruisit le principe d'association, fondement de la mutualité. Aussi, à cette même séance du Congrès d'éducation sociale, M. Ferdinand Buisson lui-même, ne pouvait s'empêcher de répliquer à M. Bourgeois :

Je suis bien fâché d'être encore sur ce point dans un très grand doute. Je ne crois pas que le mot *solidarité* remplace ni égale aucun des trois mots de notre devise: Liberté, Egalité, Fraternité. Je crois plutôt qu'il embrouille une question que ces trois mots ont éclairée. Les mots *Liberté et Egalité indiquent les deux premières conditions de l'individu, et le mot Fraternité dit plus peut-être pour l'individu que le mot solidarité.*

C'est ainsi qu'en voulant répudier le *passé*, on s'expose à fausser l'enseignement de l'histoire et celui des lois naturelles.

Pour trouver la véritable révolution féconde et rénovatrice, il

---

(1) Léon Bourgeois. *Solidarité*. (Annexes). Discours prononcé au Congrès d'éducation sociale, le 27 septembre 1900.

faut remonter plus haut qu'en 1789. Celui qui, au début de notre ère, compatissait aux misères humaines et basait une doctrine sur la phrase : « Aimez-vous les uns les autres, » avait découvert la « Vérité sociale » et condensé en ces quelques mots toutes les idées que l'amour mutuel et l'aide mutuelle pouvaient engendrer par la suite, sous les étiquettes plus modernes de Fraternité ou de Solidarité.

Cette *idée mutualiste,* sur laquelle repose l'histoire de l'humanité, devait imprégner plus particulièrement certaines institutions. Il en fut ainsi de tout temps et, de siècle en siècle, les associations de travailleurs, sous quelque forme et sous quelque nom qu'on les rencontre — groupements d'esclaves ou d'artisans, corporations ou confréries et, de nos jours, syndicats, coopératives, Sociétés de Secours mutuels — ne sont que des manifestations de cette Mutualité, base, souffle et espoir des peuples.

C'est donc diminuer la Mutualité que de la croire uniquement représentée aujourd'hui par les Sociétés de secours mutuels qui n'en sont qu'un *effet,* possédant — plus clairement et plus complètement sans doute que les autres organisations — les divers éléments de cette grande *cause.* Néanmoins, l'application très humaine et très morale qu'elles font de ce principe, et les qualités d'épargne, de prévoyance et de dévouement fraternel qu'elles demandent à leurs membres, ont fait mériter à ceux-ci la belle dénomination de mutualistes.

II

Les progrès de la civilisation semblent se mesurer aux progrès de l'idée d'association. Dès qu'une Société se constitue, dès que les citoyens se plient à ces statuts sociaux que nous appelons des lois, on peut les voir chercher dans des groupements multiples la garantie de leurs droits, l'utilisation de leur liberté, le développement des avantages qu'ils tirent de la collectivité. L'association est le corollaire de l'État social.

Déjà, dans l'antiquité grecque — écrit M. Etienne-Martin Saint-Léon, —l'histoire nous signale l'existence d'institutions de prévoyance, dites *éranies,* dont les membres, en échange d'une redevance annuelle de trois drachmes, recevaient, en cas de maladie, certains secours dont nous connaissons mal la nature. (1)

______

(1) Etienne-Martin Saint-Léon. Collection des brochures de l'*Action Populaire*, 15 rue d'Angleterre, à Lille. N° 1. Deuxième série : *Mutua-*

Ces éranies ou *Eranos*, également appelées *Sumédries* ou *Hétairies*, remonteraient à la loi de Solon. Elles avaient des règlements spéciaux qui déterminaient leurs fêtes, leurs banquets; l'esprit religieux et les réjouissances en commun n'étaient pas leur unique motif, l'idée de coopération matérielle s'y manifestait lorsqu'il s'agissait de construire un tombeau pour les *éranistes* défunts ou même d'entreprendre une affaire commerciale. Le chef de la Société se nommait l'Eranarque.

Bœeck écrit :

Une sorte d'Eranos avait pour but le soulagement des citoyens nécessiteux. Elle garantissait un *secours réciproque* et l'on attendait de celui qui l'avait reçu qu'il contribuât à son tour lorsque ses affaires seraient redevenues meilleures. (1)

L'on retrouve dans ces lignes l'institution des caisses de prêts gratuits ou de prêts d'honneur que certaines de nos Sociétés de Secours mutuels se sont annexées, comme nous le verrons à la fin de ce travail. D'autres éranies avaient encore pour but de soutenir un associé attaqué en justice; elles lui faisaient l'avance des fonds nécessaires au procès et lui assuraient l'assistance d'un éraniste qui remplissait l'office d'avocat. Cette disposition est fréquemment relevée dans les vieilles *ghildes* des pays scandinaves : est-ce là un rapprochement fortuit témoignant seulement de l'utilité d'une telle assistance dans ces temps lointains, où nous trouvons-nous en présence d'une sorte de phénomène de capillarité ayant fait remonter vers le nord de l'Europe les usages de la Grèce? Il est assez difficile de s'en rendre compte.

La trace de ces anciennes Mutualités se retrouve également dans Théophraste :

Il existait chez les Athéniens et dans les autres Etats de la Grèce des associations ayant une bourse commune, que leurs membres alimentaient par le payement d'une cotisation mensuelle. Le produit de ces cotisations était destiné à donner des secours à ceux d'entre eux qui avaient été atteints par une *adversité quelconque*. (2)

La prévoyance était d'ailleurs chez les Grecs élevée au rang de déesse et possédait de nombreux autels. En l'année 288 avant

---

lité. *Etude générale.* — Voir aussi LAURENT, *Le Paupérisme et les Associations de prévoyance.*

(1) BŒECK, *Economie politique des Athéniens,* t, II. p. 400.

(2) THÉOPHRASTE, ch. xv. Note 8 de Casaubus.

Jésus-Christ, les Phocéens avaient consacré dans le temple de Delphes une statue de bronze à la Minerve Prévoyante.

Des associations de même nature se retrouvent à Rome, et l'on peut en suivre l'évolution très mouvementée par les multiples documents qu'elles ont laissés, et par les lois qui furent promulguées à leur égard.

Ces antiques groupements de travailleurs s'appelaient : *collèges, sodalités, corps*. Certains n'étaient basés que sur l'idée religieuse : ils existaient déjà en l'année 495. Leur principal objet était d'honorer un dieu ou un empereur : c'est ainsi qu'Auguste, en inaugurant le temple de la Vénus Genitrix, créa un collège pour ce culte. Tibère fonda plus tard les *Sodales Augustales* pour honorer la divinité du premier empereur. Leur but matériel était d'assurer les funérailles de leurs membres, car « ils avaient leurs dogmes particuliers sur la vie future et leurs rites funéraires, peut-être leurs cimetières spéciaux. » (1)

Dès le IIe siècle, les chrétiens profitèrent de l'autorisation de former des collèges. Ils s'associèrent pour pourvoir aux funérailles de leurs morts et changèrent le nom païen de collège en ceux de *Fraternitas*, ou *Ecclesia fratrum*, ou *Cultores Dei* ou *Verbi*. Le nom de *Diaconies* leur était aussi fréquemment appliqué et l'on trouve dans Tertullien un éloquent plaidoyer en leur faveur :

Nous avons pour présidents les vieillards les plus vertueux qui n'ont pas obtenu cet honneur à prix d'or, mais par de bons témoignages, car aucune chose de Dieu ne s'achète. S'il existe chez nous une sorte de caisse, elle n'a pas été formée par des sommes payées par ces dignitaires pour prix de leur élection, comme si la religion était mise aux enchères. Une cotisation modeste est apportée par chacun, tous les mois, ou plutôt quand on veut, si l'on veut et si l'on peut, car personne n'est forcé, mais la contribution est volontaire. Cet argent est comme un dépôt de la piété, car on n'y puise pas pour organiser des repas, des beuveries et de stériles mangeailles, mais *pour nourrir et inhumer les pauvres, les enfants des deux sexes, indigents et orphelins, puis les vieux serviteurs et les naufragés*. Si l'un de nos frères est condamné aux mines, à l'exil, à la prison, pourvu que ce soit à cause de la foi, il devient le nourrisson de la religion qu'il a confessée. C'est surtout cette pratique de la charité qui nous imprime aux yeux de beaucoup une flétrissure : Voyez, dit-on, comme ils s'aiment entre eux.

---

(1) WALTZING, *Etude historique sur les corporations professionnelles chez les Romains.*

Le grand apologiste du christianisme semble, dans ces lignes, revendiquer les droits des *Fraternités;* il signale dans tous les cas les usages qui étaient presque en honneur dans les collèges païens, où les banquets, très fréquents, dégénéraient souvent en orgies, et où la politique, comme nous le verrons un peu plus loin, mettait les consciences aux enchères.

Beaucoup de collèges étaient professionnels, ce furent peut-être même les plus anciens. Ils remonteraient, d'après Plutarque, à Numa, qui avait réalisé une organisation du travail fort curieuse à cette époque. Les travailleurs ainsi groupés en collèges étaient les flûtistes, les orfèvres, les charpentiers, les teinturiers, les cordonniers, les tanneurs ou corroyeurs, les forgerons en cuivre, les potiers. « Quant aux autres métiers — écrit Plutarque, — il (Numa) les réunit en un seul *corps*, et fit de tous une seule corporation. »

Leur but réel fut probablement, dès l'origine, les funérailles; leur rôle économique n'avait rien de commun avec celui des corporations du moyen âge. C'étaient plutôt des sortes de syndicats cherchant à sauvegarder les intérêts communs de leurs membres, à tirer de l'association plus de force et de considération; il n'y avait en eux ni monopoles, ni réglementations. Généralement, ils choisissaient pour patrons de puissants personnages et recevaient même des secours des pouvoirs publics pour les tirer de la ruine.

Leur rôle politique, au début, fut nul; mais, à mesure que l'esprit d'association se développait, les associés, aussi bien que les meneurs d'hommes, cherchèrent à tirer parti de ces groupements. Ils eurent leurs candidats et les soutinrent chaudement, parfois même ils vendaient leurs suffrages. On a retrouvé sur les murs de Pompéi de nombreuses affiches placardées quelques mois avant l'éruption qui engloutit cette ville en août 79, et qui attestaient la part prise par les collèges dans l'élection des triumvirs.

La grande liberté laissée à la création des Sodalités tourna à l'abus; des associations séditieuses se formèrent; sous la république elles devinrent si nombreuses et si remuantes, que le Sénat romain supprima la liberté d'association. Dans la période de troubles entre la république et l'empire, elles se reconstituèrent. César (101-44 avant Jésus-Christ) et Auguste (63 avant Jésus-Christ, 14 après Jésus-Christ) mirent en vigueur le régime de l'*autorisation* pour fonder un collège, puis supprimèrent la plupart des collèges réellement trop gênants. Quelques-uns *(pauca)* furent néanmoins conservés; il semble que ce furent les collèges professionnels institués par Numa.

Plus tard, Théodose II, empereur d'Orient de 408 à 450, dans les livres XIII et XIV du Code qui porte son nom, et Justinien, (527-565), dans le livre III du Digeste, déterminèrent les conditions rigoureusement précises de l'établissement des confréries et associations qui ne pouvaient exister que par l'État, par son autorisation et sous ses lois.

Toutefois, malgré ces vicissitudes, les collèges ayant principalement pour but les funérailles subsistèrent. Ils avaient chacun leur culte, car ils étaient sous l'égide d'un dieu tutélaire ressemblant au saint patron des anciennes confréries et même de certaines de nos Sociétés de Secours mutuels d'aujourd'hui. Cela n'empêchait pas d'ailleurs les artisans d'adorer aussi le dieu correspondant à leur profession, car le culte officiel était réservé aux citoyens :

Pour les pauvres artisans, exclus du culte comme de la vie publique, le collège remplaçait donc la famille et la *gens* du patricien. Il formait pour eux une famille religieuse; sa constitution était religieuse et son président était aussi son prêtre. Mais sa religion n'avait rien d'officiel; l'Etat ne s'en occupait pas plus que du culte de la famille, de la *gens* et de la curie. Jamais il n'imposa un culte quelconque à des artisans. (1)

C'est pourquoi leur but était de pourvoir aux funérailles de leurs sociétaires décédés, car le culte des morts était l'une des caractéristiques de la religiosité romaine.

Pour parfaire les frais de ces sépultures, les collèges avaient un fonds social ou fonds commun, *arcam communem*. La cotisation mensuelle, variant selon les associations, était versée dans l'*arca* ou caisse du collège. Les ressources étaient employées soit à couvrir les dépenses de l'enterrement, soit à accorder une prime aux héritiers, *funeraticium*, soit à procurer un lieu de sépulture. Les principaux collèges avaient à cet égard leurs cimetières ou leur *columbarium*, qui était un véritable édifice.

Les funérailles étaient faites avec une certaine pompe, il y avait un cortège et des pleureuses. On édifiait au défunt un monument, autel, colonne ou cippe : beaucoup de cippes étaient

---

(1) WALTZING, ouvrage cité, p. 75.

très modestes, la plupart coûtaient 15 sesterces, c'est-à-dire environ 4 francs. Le collège avait la charge de nettoyer le monument, de l'oindre et de couronner de guirlandes la statue du défunt. Les héritiers avaient le droit de réclamer en justice l'exécution des engagements pris par le collège sur ces différents points; certaines exceptions étaient toutefois prévues : c'est ainsi que le règlement des *cultores Dianæ et Antinoi* excluait de tous droits les suicidés et les sociétaires qui n'avaient pas payé leur cotisation pendant six mois. Ce sont là des clauses qui figurent, surtout la seconde, dans beaucoup de nos Sociétés de Secours mutuels.

Enfin, très souvent, le sociétaire faisait un legs à son collège afin d'avoir des honneurs spéciaux; il y avait alors des offrandes, des sacrifices et un repas funèbre qui étaient offerts aux mânes du défunt.

Ces associations avaient-elles d'autres buts, tels que d'accorder des secours aux malades, aux indigents, aux veuves ou aux orphelins, ou des allocations en cas de chômage, Waltzing le conteste, mais, d'autre part, Mommsen l'affirmait en 1843. ,

Il semble probable que ces associations développèrent leurs buts; dans tous les cas, les collèges chrétiens, dès le ıı° siècle, avaient déjà d'autres objets que les funérailles, d'après la précédente citation de Tertullien.

Si nous quittons la Grèce et Rome pour remonter vers le Nord, parmi ces peuples taxés de barbares par les deux grandes civilisations antiques, nous trouvons des associations presque semblables, dont certaines clauses imprègnent encore les Sociétés de Secours mutuels modernes. Le mot *ghilde,* qui signifie « banquets à frais communs », était le nom de ces antiques associations germaniques et n'avait pas été pris au hasard. La moindre cérémonie, réception d'un nouveau membre, décès, fêtes, était l'occasion de nombreuses libations. Il fallait même avoir un estomac robuste et en faire la preuve pour être admis dans la ghilde. Un serment solennel, prêté sur un cierge allumé, liait tous les associés et les obligeait à se défendre et à s'entr'aider comme des frères.

Cette promesse de secours et d'appui, dit Augustin Thierry (1), com-

____

(1) *Considérations sur l'histoire de France,* ch. v.

prenait tous les périls, tous les grands accidents de la vie. Il y avait *assurance mutuelle* contre les voies de faits et les injures, contre l'incendie et les naufrages, et aussi contre les poursuites légales encourues pour des crimes ou des délits même avérés.

La ghilde païenne était sous l'égide d'un dieu ou d'un héros; le christianisme conserva l'institution, qui prit en France le nom de *frérie*, et modifia simplement ce patronage en le confiant à un saint. Les associations n'étaient pas composées des seuls bénéficiaires; on y trouvait aussi les puissants de la localité où elles fonctionnaient. L'institution des membres honoraires remonte donc à la plus haute antiquité.

Ces mêmes buts figurent dans les statuts de la ghilde du roi Éric de Ringstett, mort en 1103 et vénéré comme un saint. L'on pourra trouver dans le paragraphe suivant l'empreinte de cette charité chrétienne qui anima toutes les confréries du moyen âge.

Si quelque convive tombe malade, que les frères le visitent, et, s'il est nécessaire, qu'ils veillent près de lui. S'il vient à mourir, quatre frères nommés par l'ancien alderman feront la veillée auprès de lui, et ceux qui auront veillé porteront le corps en terre, et tous les convives l'accompagneront et assisteront à la messe en chantant, et chacun, à la messe des morts, mettra un denier à l'offrande, pour l'âme de son frère.

L'idée d'aide mutuelle et de profonde confraternité n'en existait pas moins chez ces Gaulois intrépides, qui ne craignaient qu'une seule chose: que le ciel ne tombât, et encore ils l'auraient reçu sur les pointes de leurs lances groupées les unes près des autres, pour mieux soutenir le choc; chez ces guerriers qui marchaient au combat enchaînés entre eux, afin de vaincre ensemble ou de mourir côte à côte.

Néanmoins, l'institution des collèges romains avait pénétré dans les Gaules, tandis que les pays scandinaves gardaient leurs ghildes. L'un des plus célèbres collèges fut celui des *nautes*, ou bateliers du Rhône et de la Saône; des collèges d'artisans existaient dans toutes les principales villes.

Paris, qui n'était alors que la petite ville de Lutèce, cet *oppidulum Lutetiæ*, où l'empereur Julien aimait, au retour d'une expédition contre les Francs ou les Alamans, à venir se reposer de ses fatigues, Paris ou plutôt Lutèce, avait aussi ses collèges d'artisans, entre autres celui des nautes ou bateliers de la Seine, dont l'existence nous a été révélée par une inscription découverte en 1718 dans les substructions de Notre-Dame. (1)

Mais le développement des associations fut pendant plusieurs siècles enrayé en France, par suite des invasions et des guerres continuelles qui marquèrent en traits sanglants les origines de notre pays. Il fallut le règne glorieux d'un Charlemagne et l'affermissement du pouvoir royal dans la dynastie capétienne, pour commencer l'unification de la France, et ce n'est que vers le XIe siècle que les collectivités de citoyens chercheront dans des associations souvent très strictes la conscience de leur liberté, la défense de leurs intérêts, la pratique de l'aide mutuelle.

De la ghilde scandinave, sortit l'institution de la *Commune jurée*, ou association des habitants de la même localité. Ce mouvement d'autonomie municipale venue du Nord se rencontra avec l'organisation du municipe romain qui montait du Sud. Aussi voit-on la ghilde s'appeler aussi Commune ou Amitié. « On entrait dans la Commune ou l'on sortait de la Commune. Les fonctionnaires municipaux assermentés portaient le nom de *Jurés* dans le Nord et de *Jurats* dans le midi; à Lille, la loi municipale se nommait *loi de l'amitié*. »

La Charte communale prescrivait des obligations d'aide mutuelle et ceux qui ne les exécutaient pas étaient passibles d'amendes multiples. C'est ainsi que la Charte de la ville d'Aire en Artois, remontant au XIIe siècle, prévoit que « si quelqu'un a eu sa maison brûlée, ou si, tombé en captivité, il paye pour sa rançon la plus grande partie de son *avenir*, chacun de ses *amis* donnera un écu en secours à l'ami appauvri. »

Malgré les entraves apportées à l'organisation communale, l'esprit d'association et de mutualité triomphe, et l'on voit les villes s'emprunter leurs Chartes.

Dans toute l'étendue de la ville — dit la Charte de Beauvais, — chacun portera secours aux autres loyalement et selon son pouvoir. Dans les limites de la Commune — dit la Charte de Soissons, — tous les hommes *s'aideront mutuellement*, et, quand la cloche sonnera pour assembler la Commune, si quelqu'un ne se rend pas à l'assemblée il payera 12 deniers d'amende.

---

(1) Etienne-Martin Saint-Léon, *Les Anciennes Corporations des Métiers et les Syndicats professionnels*. Conférence faite le 11 décembre 1898, au Palais du Commerce de Lyon, sous les auspices de la Société d'économie politique et sociale. Guillaumin, éditeur, Paris.

Les citations pourraient être multipliées à l'infini. Enfin, parmi les serfs des campagnes, des associations se créaient sous le nom de « Ménages des champs », pour s'aider mutuellement de famille à famille dans les divers travaux de l'agriculture. Coquille en fait ressortir le caractère familial, amical et économique. « Ils étaient comme un corps composé de plusieurs membres..... de tous âges et de toutes façons, ils s'entretiennent comme un corps politique, qui par subrogation doit durer toujours. »

Dans tout le moyen âge, on aperçoit ce sentiment de l'aide mutuelle qui lentement élève l'individu à la conscience de sa personnalité, et, par la cohésion des groupements, prépare une progressive mais sûre émancipation.

Nous retrouvons même contre les anciennes ghildes, ayant la forme de confrérie, les entraves qui ne manquent pas de se manifester toutes les fois qu'une collectivité semble pouvoir porter ombrage à ceux qui détiennent le pouvoir.

Dès le IXe siècle, — écrit M. Etienne-Martin Saint-Léon, l'un des auteurs qui connaît le mieux l'organisation ouvrière de l'ancienne France, — divers capitulaires de Charlemagne et un capitulaire d'Hincmar, évêque de Reims en 852 (*Labbaei Concilia*, éd. Caleti, 1728, t. X, cap. XVI), interdisent les confréries, mais ces condamnations visent sans aucun doute, non des associations ouvrières, mais bien les ghildes de défense et d'assistance mutuelle, comme il s'en rencontra dès une époque très reculée chez les peuples germaniques. De même les Conciles de Rouen (1189), de Montpellier (1215), de Toulouse (1219), de Bordeaux (1255), d'Avignon (1201), ne condamnent que des confréries ou ghildes formées entre nobles ou commerçants dans un but défensif ou offensif. (1)

C'est aussi vers le XIIe siècle que le distingué et savant auteur de l'*Histoire des corporations de métiers* fait remonter cette organisation professionnelle du moyen âge, qui, prospère jusqu'au XVe siècle, souleva contre elle, par la suite, les critiques les plus vives et parfois les plus fondées, fut en butte aux attaques des *compagnonnages*, et sombra enfin dans les flots déchaînés de la Révolution. L'esprit municipal qui s'affirmait très nettement à cette époque, le grand élan de foi qui avait soulevé la France en l'An Mille et fit jaillir de notre sol nos plus belles cathédrales, la nécessité d'avoir pour ces grands et longs travaux des ouvriers

---

(1) Etienne-Martin Saint-Léon. *Le Compagnonnage*. A. Colin, éditeur. Voir du même auteur : *Histoire des Corporations de Métiers*.

habiles et disciplinés, semblent avoir donné naissance aux principes d'autonomie, de réglementation intérieure, d'aide mutuelle rigoureusement observés dans le *métier*. D'ailleurs, ce qui fortifie cette opinion, c'est que les plus anciennes corporations paraissent être celles du bâtiment. On peut donc dire que la création des métiers est le couronnement de l'œuvre d'émancipation et de foi dont le xiie siècle a vu l'accomplissement.

L'étude de cette organisation corporative, si intéressante à tous les points de vue, sortirait de notre travail; elle appartient, en effet, au domaine économique et non pas à celui des Secours mutuels. Le *métier* groupait les maîtres, les compagnons et les apprentis; on ne pouvait passer d'une classe dans l'autre qu'après certaines formalités et l'accomplissement d'un stage; le *chef-d'œuvre* couronnait l'éducation professionnelle et rendait le compagnon digne de devenir maître à son tour. Des règles sévères entouraient la production, poursuivaient les malfaçons, restreignaient la concurrence. Dans les débuts, une entente très cordiale régnait dans le métier; les compagnons étaient traités avec bienveillance par les maîtres et les respectaient; la profession était une famille agrandie. Lorsqu'un ouvrier allait chercher du travail dans une ville, la corporation de son métier lui accordait une somme d'argent en attendant son embauchage, ou lui donnait un viatique pour poursuivre son voyage s'il n'y avait pas d'emploi vacant dans cette localité.

Malheureusement, dès le xve siècle, des abus pénétrèrent dans cette institution; elle descendit rapidement la pente de la décadence, et lorsque Turgot la supprima en 1776, il ne fit qu'exécuter des vœux maintes fois exprimés. Elle put néanmoins se relever après ce premier coup et tomba définitivement le 15 février 1791 : la Constituante, sur la proposition de Dallande, abolit les maîtrises et les jurandes; la corporation avait vécu.

Mais si « les statuts de la corporation ne s'adressaient qu'au citoyen et à l'artisan, ceux de la confrérie s'adressaient à l'homme et au chrétien. » (1) A côté de la corporation, organisme économique à l'usage des travailleurs du même métier, se trouvait donc la confrérie, association professionnelle aussi, religieuse et secourable, où l'aide mutuelle se manifestait pratiquement en faveur des malades, des infirmes, des vieillards, des veuves et des orphe-

---

(1) LEVASSEUR, *Histoire des Classes laborieuses.*

lins. La confrérie et l'ancienne ghilde étaient sœurs; elles pour-suivaient à travers les siècles l'accomplissement de ces devoirs d'assistance réciproque et de charité, que les païens avaient mis en pratique et que le christianisme avait animés de son grand souffle d'amour.

Les statuts de ces confréries nous ont été conservés, et il serait facile de multiplier les citations pour montrer leur parenté très rapprochée avec ceux de nos Sociétés de Secours mutuels modernes.

Item es estat ordonnat que si lou cas aduent que aucun dausdit confrais sie malaud, et non aye de quo se pansar et alimentar, los mestres deudict mestey, compte et bourcei seran tinguts de bailla audict malaud douze ardicts par cascune sepmane de l'argent de la brusty de la dicte confrairia, tant que sera malaud; et au cas que loudict malaud angui de vie à trespas-sement et n'aye de que se far enterrar, los bayles de la dicte confrairia seran tinguts de lou far ensepuelir, et ly far portar la luminari de la dicte confrairia. (Statuts des Pasticiers.)

C'était bien nettement établir les soins médicaux, les indemnités de maladie permettant au malade de se nourrir, et les frais de funérailles. Chez les savetiers, l'indemnité hebdomadaire de maladie était de 3 sols tournois (environ 12 francs); chez les selliers, de 24 ardicts.

Le droit d'entrée et les cotisations étaient prévus : pour les compagnons menuisiers, par exemple, le droit d'entrée était de 4 ardicts, et la cotisation annuelle de 16 ardicts.

Les apprentis payaient de 3 à 5 sous de droits d'entrée; leur cotisation était de 1 à 2 sous par an, de 2 à 3 deniers par semaine. Le sergent de la confrérie était chargé de recueillir ces différentes sommes, ainsi que les amendes, toujours minutieusement prévues, et de les verser dans la *boëtte*, c'est-à-dire dans la caisse sociale, l'*arca* des collèges romains.

Quant aux maîtres, ils étaient les membres honoraires tout indiqués et devaient faire un don. Chez les savetiers d'Amiens, ce don n'était que de 4 sous (environ 16 francs), mais, d'autres fois, il atteignait 4 livres (environ 250 francs).

L'exemple classique est celui de la confrérie des fourreurs de vair, fondée en 1319, et qui était exactement une Société de Secours mutuels. Les confrères versaient un droit d'entrée de 10 sous 6 deniers (30 fr. 76) et une cotisation de 1 denier (environ 0 fr. 25) par semaine.

La confrérie leur devait, en cas de maladie, 3 sous (8 fr. 70) par semaine pendant toute la durée de l'incapacité du travail, 3 sous pour la semaine qui suivait la convalescence, et 3 sous une fois payés.

Les confréries étaient fort nombreuses, et beaucoup de nos Sociétés de Secours mutuels qui portent encore des noms de Saints et de Saintes n'en sont que les survivances. On pourrait citer comme exemple la confrérie du glorieux Saint Jean-Baptiste, instituée en l'église collégiale de la ville de Cadillac, en 1609 (1), et que l'on retrouve parmi les Sociétés approuvées de la Gironde. Elle porte le numéro 1, ses statuts ont été approuvés le 20 Avril 1901, ses membres participants sont au nombre de 116 et les membres honoraires au nombre de 6.

Les liens professionnels n'avaient pas fait naître entre les travailleurs uniquement les corporations de métiers et les confréries. Dans ces deux institutions, maîtres et compagnons se trouvaient réunis; peut-être ces derniers jugèrent-ils que leurs propres intérêts leur commandaient de créer des groupements indépendants et seulement composés d'ouvriers, peut-être aussi de tels groupements naquirent-ils spontanément du fait qu'un certain nombre de travailleurs se trouvèrent occupés dans une localité quelconque. Cette dernière institution, rituelle et secrète, qui prit le nom de *devoirs*, ou de compagnonnage, et dont l'histoire agitée a ses pages de batailles, de rixes et de meurtres, prétend faire remonter ses origines jusque dans les légendes d'Hiram ou du temple de Salomon, de maître Jacques ou de Soubise. Nous nous rallierons sur ce point encore à l'opinion de M. E.-Martin Saint-Léon (2), pour assigner comme point de départ aux compagnonnages la renaissance de l'art architectural chrétien du xiie siècle.

Sans doute, il a existé de tout temps des associations secrètes possédant des rites plus ou moins mystérieux, mais il serait peut-être téméraire de croire que ces associations de travailleurs, se perdant dans la nuit des temps, et sur le compte desquelles on ne possède pas des données très précises, étaient des compagnonnages.

A partir du xiie siècle, au contraire, on peut suivre les traces nettes et nombreuses de cette organisation ouvrière et profes-

---

(1) Les statuts de cette confrérie sont reproduits dans le volume déjà mentionné de M. E. LAURENT : *Le Paupérisme et les Associations de prévoyance*, t. Ier, p. 218.

(2) E.-MARTIN SAINT-LÉON, *Le Compagnonnage*.

sionnelle; ses mystères, ses serments, son secret, ont été pénétrés par les patientes enquêtes des économistes, ses analogies très curieuses avec la franc-maçonnerie ont été relevées; le compagnonnage aujourd'hui appartient à l'histoire.

C'est surtout vers le xv⁰ et le xvi⁰ siècle qu'il se montra en lutte ouverte contre la corporation des maîtrises et jurandes. La maîtrise, vers cette époque, devint une caste où les simples compagnons pouvaient difficilement pénétrer; la question ouvrière, l'antique guerre entre patrons et ouvriers, pourrait donc prendre sa source à cette époque et trouver dans l'organisation du travail d'alors son explication. Les compagnonnages se présentent comme de véritables syndicats, appuyant la revendication de leurs droits sur la force collective des travailleurs et sur un serment très strict qui liait entre eux les compagnons.

Mais ce qui doit surtout nous intéresser dans cette étude est la partie mutualiste de l'organisation compagnonnique. *Enfants de Salomon* ou compagnons du devoir de liberté, *Enfants de maître Jacques*, compagnons du devoir ou *Dévorants*, *Enfants du Père Soubise*, également compagnons du devoir, mais possédant des rites distincts du précédent devoir, tous ces compagnons étaient des mutualistes.

Sans doute les différents « devoirs » étaient en guerre les uns avec les autres, les compagnonnages du même devoir représentant plusieurs corps de métiers, étaient souvent aussi en guerre entre eux, mais l'aide mutuelle la plus effective se rencontrait entre les compagnons d'un même corps.

La caisse commune était alimentée par les versements des compagnons; ces versements étaient, ou des cotisations fixes ou déterminées, ou des amendes. Moyennant ces ressources, la caisse assure un crédit chez la mère (aubergiste chez laquelle se réunissent les compagnons), à l'ouvrier qui fait son tour de France et cherche du travail. Ce crédit varie entre 15 francs et 90 francs de notre monnaie, selon le grade d'apprenti ou de compagnon et selon les associations.

En outre, les malades reçoivent les soins du médecin et une indemnité quotidienne pendant trois mois. Enfin, la Société se charge des frais funéraires.

Les compagnonnages, par leurs rites secrets et leur esprit d'indépendance, furent l'objet de nombreuses interdictions. Le 10 mars 1806, une sentence du Châtelet les condamnait. Un édit

de François Ier, en 1541, interdit aux compagnons de se lier par
serment. Puis les ordonnances contre eux se multiplient, et la
Sorbonne, en 1655, prononce une condamnation générale contre
le compagnonnage. Le 14 juin 1791, la loi Le Chapelier les frappe
dans la prohibition de toute organisation professinnelle. Le
Consulat et l'Empire sont impuissants à les étouffer.

Ils existent encore, sans doute plus conformes aux usages
modernes, mais possédant néanmoins leurs rites et coutumes. Ils
sont, à proprement parler, des Syndicats s'occupant de secours
mutuels. Les compagnonnages d'aujourd'hui sont groupés en
trois grandes unions: le devoir de liberté ou enfants de Salomon,
le devoir des enfants de maître Jacques et de Soubise, comprenant
à eux deux environ 5000 *compagnons restés fidèles au devoir*,
l'Union compagnonnique, qui compte environ 2500 membres. Ces
chiffres sont un minimum; on peut estimer à 10000 le nombre
des compagnons actifs, sans compter les apprentis, et, si l'on tenait
compte de ces derniers et des vieux compagnons, on arriverait
probablement au chiffre de 20 à 25000 membres.

En ce qui concerne les Secours mutuels, ils ne se distinguent
en rien des Sociétés que nous étudions dans ce volume, les cotisations et les indemnités sont sensiblement les mêmes que dans nos
mutualités proprement dites (1). Il y a néanmoins en eux un
esprit de confraternité, un dévouement qui ne se rencontrent pas
toujours dans les Sociétés de Secours mutuels. Sans doute le
rituel auquel sont soumis les compagnons aide au développement de ces sentiments, mais la base professionnelle en est surtout un puissant auxiliaire. Le « devoir » est une grande famille,
indulgente pour les peccadilles de ses membres, implacablement
sévère pour les fautes graves et cette « conduite de Grenoble », qui
est le nom donné à une expulsion, accompagnée d'humiliations
et de soufflets, est une perspective qui peut faire repousser les
mauvaises tentations (2).

Ces compagnonnages modernes, avec quelques vieilles associa-

---

(1) Il y a lieu de mentionner ici l'*Union des travailleurs du tour de France*,
qui est certainement d'origine compagnonnique, mais semble avoir perdu
ce caractère. Elle est actuellement une Société de Secours mutuels ordinaire
et compte environ 4100 membres.

(2) Lire à cet égard: *Le Livre des Compagnonnages* et *Les Mémoires d'un
Compagnon*, d'AGRICOL PERDIGUIER.

tions ignorées au fond de nos campagnes, représentent les vestiges de l'organisation ouvrière du moyen âge, abolie par le décret du 15 juin 1791, par l'Assemblée Constituante, sur la proposition de Chapelier :

ARTICLE PREMIER. — L'anéantissement de toutes espèces de corporations, de citoyens de même état et profession, étant l'une des bases fondamentales de la Constitution française, il est défendu de les rétablir de fait, sous quelque forme que ce soit.

ART. 2. — Les citoyens de même état et de même profession, les entrepreneurs, ceux qui ont boutique ouverte, les ouvriers et compagnons d'un art quelconque, ne pourront, lorsqu'ils se trouvent ensemble, se nommer ni président, ni secrétaire ou syndic, tenir des arrêts ou délibérations, former des règlements sur *leurs prétendus intérêts communs*.

L'histoire est un perpétuel recommencement, et les prohibitions des gouvernements doivent céder devant la poussée tenace de l'instinct des peuples. Nous allons étudier la législation des Sociétés de Secours mutuels, qui ne sont qu'une manifestation modernisée de cette aide mutuelle dont on retrouve la trace aussi loin que les recherches de l'historien peuvent remonter. Remarquons seulement en passant que la loi du 21 mars 1884 a réorganisé les associations professionnelles. Elle a rétabli, en effet, sous le vocable des Syndicats, sinon les corporations du moyen âge, tout au moins les compagnonnages, ce qui fait doucement sourire ces derniers, jadis jugés contraires aux bases fondamentales de la Constitution française, et qui aujourd'hui vivent sur leur passé sans s'être aperçus de la révolution économique opérée par cette loi..... ils connaissent d'autres révolutions.

III

Le coup d'œil rapide que nous venons de jeter sur l'historique des Sociétés de Secours mutuels nous prouve qu'elles n'avaient pas attendu en France la législation moderne pour se constituer. Selon l'expression même de M. Clémentel, député, rapporteur du budget du ministère de l'Intérieur pour l'exercice de 1904 : « Nous nous trouvons en présence, non pas d'une création abstraite du législateur, mais d'une institution née spontanément de l'état social, d'une institution produite par les circonstances et les besoins. » Dans un langage imagé, M. Mabilleau, de son côté, les compare « à une sorte de végétation organique de l'obscur dessein germé dans l'âme populaire. »

Cette « institution spontanée », cette « végétation » sociale défia les formules prohibitives de la Révolution; les confréries se reconstituèrent ou continuèrent à fonctionner et les compagnonnages ne cessèrent pas de venir en aide aux compagnons dans la peine.

L'Empire en fut ému et, par l'article 291 du Code pénal, il interdit les associations de plus de vingt personnes. Pour se former régulièrement, ces associations devaient demander l'agrément du gouvernement et se conformer « aux conditions qu'il plairait à l'autorité publique d'imposer. » Généralement, elles étaient placées sous la surveillance et le contrôle de l'administration personnifiée dans le maire. Malgré ces restrictions, l'idée mutualiste reste vivace, et certaines Sociétés de Secours mutuels demandent même la reconnaissance d'utilité publique.

Un grand mouvement d'opinion se dessinait en faveur des institutions mutualistes, et cette phrase, que l'on pourrait attribuer à l'un de nos démocrates modernes les plus sincères, tombait de la plume de Louis-Napoléon (1) : « La classe ouvrière est sans organisation et sans lien, il faut lui donner des droits et la relever à ses propres yeux par l'éducation et la discipline. »

Ce vœu fut réalisé par la loi des 8 mars, 5 et 15 juillet 1850, qui donna une existence légale aux Sociétés de Secours mutuels et les autorisa à demander leur reconnaissance d'utilité publique.

Cette loi paraît avoir peu modifié l'organisation existant en fait auparavant.

Ces Sociétés sont placées sous la protection et la surveillance de l'autorité municipale. Le maire ou un adjoint par lui délégué a toujours le droit d'assister à toute séance; lorsqu'il y assiste, il la préside (art. 4).

Leurs buts étaient limités aux « secours temporaires aux sociétaires malades, blessés ou infirmes », et aux frais funéraires; elles ne pouvaient promettre de pensions de retraites. On venait en effet, sur ce dernier point, de fonder, par la loi du 18 juin 1850, la Caisse des retraites, et l'on jugeait sans doute inutile de lui créer une concurrence (2).

---

(1) *Extinction du Paupérisme*, t. XI, p. 261.

(2) Cette Caisse des retraites, organisée à nouveau par la loi du 29 juillet 1886, prenait, à partir du 1ᵉʳ janvier 1887, le titre de « Caisse nationale des retraites pour la vieillesse », qu'elle possède aujourd'hui.

La loi de 1850 permettait toutefois aux initiatives mutualistes de s'exercer sur un champ assez vaste et possédait un article 12 très libéral et ainsi conçu :

Les Sociétés de Secours mutuels déjà reconnues comme établissements d'utilité publique continueront à s'administrer conformément à leurs statuts.

Les Sociétés non autorisées, mais existant depuis un temps assez long pour que les conditions de leur administration aient été suffisamment éprouvées, pourront être reconnues comme établissements d'utilité publique, lors même que leurs statuts ne seraient pas complètement d'accord avec les conditions de la présente loi.

Les autres Sociétés de Secours mutuels actuellement constituées, ou qui se formeraient à l'avenir, s'administreront librement, tant qu'elles ne demanderont pas à être reconnues comme établissements d'utilité publique, etc.....

Cet article distinguait donc trois catégories de Sociétés et laissait par son troisième paragraphe une grande liberté à celles qui ne jugeaient pas à propos de demander la reconnaissance d'utilité publique, à condition, bien entendu, qu'elles ne donnent pas lieu à des exemples de « gestion frauduleuse » et qu'elles ne sortent pas « de leur condition de Sociétés mutuelles de bienfaisance ».

La reconnaissance d'utilité publique conférait certains avantages que nous retrouverons dans la loi du 1er avril 1898; les communes devaient leur donner gratuitement les locaux nécessaires et les livrets et registres utiles à leur administration et comptabilité. Tous les actes les intéressant étaient exempts des droits de timbre et d'enregistrement et elles avaient la faculté de recevoir des donations et legs « après y avoir été dûment autorisées ».

Par contre, elles devaient compter 100 membres au moins et 2000 au plus, mais ces chiffres pouvaient être abaissés ou augmentés par une décision du ministre de l'agriculture et du commerce. On leur prescrivait, en ayant l'air de leur faire une faveur, l'obligation de déposer à la caisse des dépôts et consignations les sommes dépassant une encaisse de 3000 francs, lorsqu'elles comptaient plus de 100 membres, et de 1000 francs, lorsqu'elles comptaient moins de 100 membres. Ces sommes ainsi placées rapportaient un intérêt de 4 1/2 %; les caisses d'épargne pouvaient également recevoir leurs fonds.

Cette loi de 1850, qui visait particulièrement les Sociétés reconnues d'utilité publique, fut suivie par le décret du 26 mars 1852 « sur les Sociétés de Secours mutuels approuvées » qui, pendant près d'un demi-siècle, réglementa « l'organisation et la base » des associations mutuelles.

Il semblait avoir particulièrement pour objet d'encourager les initiatives mutualistes; son article premier montrait, en effet, une telle préoccupation :

Une Société de Secours mutuels sera créée par les soins du maire et du curé dans chacune des communes où l'utilité en sera reconnue.

Cette utilité sera déclarée par le préfet, après avoir pris l'avis du Conseil municipal.

Il ajoutait cette sage prescription :

Toutefois, une seule Société pourra être créée pour deux ou plusieurs communes voisines entre elles, lorsque la population de chacune sera inférieure à 1 000 habitants.

Précaution judicieuse, en effet, omise à tort dans la loi du 1er avril 1898, grâce à laquelle on voit éclore, sans utilité réelle parfois, des Sociétés ayant un rayonnement trop restreint et ne pouvant posséder par conséquent une force économique et sociale.

Ce décret se distinguait par trois innovations.

-- La première était l'admission des membres honoraires qui payent les cotisations fixées ou font des dons à l'association sans participer aux bénéfices des statuts; c'est grâce à cette innovation que les Sociétés sont autorisées à « promettre des pensions de retraites si elles comptent un nombre suffisant de membres honoraires ».

Cette dernière disposition fut abrogée par le décret du 26 avril 1856, qui créa, comme nous le verrons tout à l'heure, le fonds commun inaliénable réservé au service des pensions de retraites.

— En second lieu, il établissait le régime de *l'approbation* du ministre de l'Intérieur pour le département de la Seine ou du préfet pour les autres départements. Moyennant cette formalité, les Sociétés approuvées possédaient à peu près les mêmes droits et les mêmes avantages que les Sociétés reconnues d'utilité publique, conformément à la loi de 1850; l'article 10 stipulait même en plus une remise des deux tiers sur le droit municipal des convois. C'est sans doute ce qui explique le nombre très restreint de ces dernières Sociétés, qui n'avaient plus, depuis le décret de 1852, aucun intérêt réel à passer par les formalités toujours assez longues d'une reconnaissance. Cet état de choses se maintient avec la loi du 1er avril 1898, qui, d'après les dispositions actuelles du Conseil d'Etat, ne donne aucune faveur spéciale aux Sociétés reconnues d'utilité publique.

Enfin, la troisième innovation était l'élection du président de la Société approuvée par le président de la République. Cette disposition fut abrogée par le décret du 27 octobre 1870.

« Quant aux Sociétés non autorisées actuellement existantes — stipulait l'article 18 du Décret de 1852, — ou qui se formeraient à l'avenir, elles pourront profiter des dispositions du présent décret en soumettant leurs statuts à l'approbation du préfet. ». C'était donc reconnaître la légitimité des Sociétés libres, comme l'avait fait le paragraphe 3 de l'article 12 de la loi de 1850.

Le décret de 1852 instituait une Commission supérieure d'encouragement et de surveillance des Sociétés de Secours mutuels, au ministère de l'Intérieur, de l'Agriculture et du Commerce. Elle était composée de dix membres nommés par le président de la République. Cette institution fut par ses rapports d'un très utile secours; elle indique bien le caractère de propagande mutualiste qui inspirait le décret de 1852 et qui se manifesta très activement dans la pratique; ce fut l'aïeule du Conseil supérieur de la mutualité institué par la loi du 1er avril 1898.

Cette législation fut suivie de plusieurs circulaires ministérielles et instructions aux préfets et aux Conseils généraux; elles encourageaient les initiatives mutualistes, donnaient des conseils et manifestaient le plus vif désir d'être utiles au bien social et moral de la nation. On pourrait, à cet égard, faire lire avec fruit aux présidents des Sociétés d'aujourd'hui les circulaires et rapports de M. de Persigny, ministre de l'Intérieur, et du Vte de Melun, pendant longtemps l'un des membres les plus influents de la Commission d'encouragement; citons seulement ces lignes à l'adresse des préfets :

Il faut que partout un appel soit fait aux chefs de manufactures et d'usines, aux fonctionnaires de tout rang et de tout ordre, aux ouvriers honnêtes, à ceux qui sont l'exemple et la fortune des ateliers..... Vous ferez aussi tous vos efforts pour que cet exemple soit donné dans quelques-unes des communes rurales; l'homme de la campagne ne connaît pas bien les institutions de prévoyance, et bien peu celles d'assistance. Malade, il n'a pas d'hôpital, à peine de médecin; sa santé, et par conséquent son travail, est à la merci de la plus petite indisposition, qui souvent, faute de soins, s'aggrave et menace sa vie.

D'après les statistiques, il existait, au 31 décembre 1852, 50 Sociétés approuvées, comptant 11 794 participants — hommes ; — les femmes ne figurent dans les Sociétés approuvées que l'année suivante, au nombre de 6 267 ; — quant aux enfants, ils ne commencent à être mentionnés qu'en 1880, au nombre de 20 769. A cette date de 1852, les Sociétés approuvées comptaient en outre 2 318 membres honoraires et possédaient 728 318 francs de capitaux.

Les Sociétés libres étaient au 31 décembre 1852 au nombre de 2438 ; elles comptaient comme participants 201 626 hommes et 26 181 femmes : les enfants n'y figurent, comme pour les Sociétés approuvées, qu'en 1880, au nombre de 2 187 ; elles possédaient 10 714 877 francs.

Le décret de 1852 et la propagande qui fut faite produisirent une grande augmentation dans les chiffres des Sociétés approuvées et une diminution dans les Sociétés libres : c'est ainsi qu'en 1856 il y avait 1 406 Sociétés approuvées, groupant 143 203 hommes et 24 365 femmes, comme participants, et 37 431 membres honoraires ; leur avoir était de 5 803 304 francs. Les Sociétés libres, au contraire, descendent au chiffre de 1 998 avec 188 227 hommes et 23 377 femmes, comme membres participants, et 9 850 membres honoraires ; leur avoir était de 10 820 006 francs.

C'est à cette époque que se produisit une grande innovation dans la mutualité, la création du fonds commun de retraites par le décret du 26 avril 1856. Nous voulons croire que ce système de retraites fut créé par le gouvernement d'alors avec les meilleures intentions, et qu'on ne pouvait supposer les inconvénients qu'il entraînerait ; comme nous étudierons cette question dans un chapitre spécial, nous n'empiéterons pas sur elle actuellement.

Cette législation de 1850-1852 donna à la mutualité une véritable envolée ; toutefois, il vint un jour où les progrès mêmes des initiatives et un apprentissage plus raisonné de la mutualité montrèrent les défauts d'une telle organisation ; certains articles semblaient particulièrement gênants, la tutelle administrative était par trop évidente ; des modifications et améliorations étaient jugées indispensables.

D'autre part, le système de l'approbation ne semblait pas avoir contenté tout le monde ; une certaine hostilité s'était manifestée contre lui et persiste encore de nos jours. Cette « hostilité » n'a pourtant pas empêché le législateur de 1898 de considérer de nouveau *l'approbation* à peu près comme le régime légal, et sur ce point, il n'y a guère eu de transformation apportée au régime antérieur.

Ce fut d'ailleurs après de pénibles efforts que les mutualistes finirent par obtenir gain de cause dans leurs revendications. Un premier projet de loi fut présenté à la Chambre des députés, le 19 novembre 1881 ; un nouveau texte fut discuté deux fois devant la Chambre en 1883, et deux fois devant le Sénat, en 1886 ; il le fut de nouveau deux fois devant la Chambre, en 1889, et encore deux fois au Sénat, en 1892.

Si bien que, lorsque M. Audiffred, député de la Loire, s'en fit le rapporteur lors de la session de 1893, il ne put s'empêcher de constater, à la séance du 23 mars, que si l'on continuait ainsi, c'était « se condamner à ne pas aboutir ».

La Chambre ne peut assurément vouloir d'un pareil résultat ; elle doit avoir hâte, au contraire, de voter une loi que tous les partis peuvent accepter et qui aura, entre autres effets utiles, cet avantage de donner à l'initiative individuelle des facilités qu'elle n'a pas encore connues.

Cette liberté donnée à la mutualité semblait être dans l'esprit de M. Audiffred la base du nouveau projet ; il insiste en effet sur ce point en plusieurs passages de son rapport :

La liberté, le projet l'établit de la manière la plus large... Cette loi supprime les entraves et les obstacles que des lois antérieures apportaient au libre développement de l'initiative des mutualistes...

La loi régissant actuellement les Sociétés de Secours mutuels fut promulguée le 1er avril 1898 ; on la qualifia de suite de « Charte de la mutualité ». Elle marque un progrès réel sur la législation antérieure, et nous ne pouvons mieux faire, pour en donner une idée, que de reproduire un passage de la circulaire ministérielle — préparée par M. Henri Brisson, président du Conseil, à la date du 20 octobre 1898, — et qui, après avoir attendu en vain l'élaboration du règlement d'administration publique prévu par l'article 27 de la loi, fut envoyée aux préfets le 20 juillet 1899 par M. Waldeck-Rousseau, successeur de M. Henri Brisson :

Toute association de prévoyance se formera désormais librement, par la seule volonté des intéressés; elle aura une existence légale, indépendamment de toute approbation, et sous la seule réserve de l'accomplissement d'une simple formalité administrative.

Le champ d'action des Sociétés de Secours mutuels n'est plus enserré, comme sous l'empire du décret de 1852, dans les limites étroites de la commune : il pourra s'étendre sur tout le territoire.

Enfin, confiante dans la sagesse et la moralité de ceux qu'unissent les liens de la mutualité, la loi admet même les unions de Sociétés constituant entre elles des rapports d'intérêts et des échanges de services, et s'associant pour parer à des risques exceptionnels.

D'un autre côté, si l'état de minorité et d'incapacité dans lequel l'ancienne législation avait cru devoir placer les Sociétés de Secours mutuels pouvait se justifier dans une certaine mesure au début de l'institution, les mêmes raisons n'existaient plus aujourd'hui. Et l'expérience acquise par une longue pratique, comme la connaissance plus approfondie des lois et de la puissance de l'association mutuelle, rendaient surannée cette étroite tutelle.

Aussi les Sociétés approuvées ne seront plus astreintes, comme par le passé, à verser leurs fonds à la Caisse des dépôts et consignations, seule chargée de gérer la fortune des associés. Elles pourront, au contraire, effectuer elles-mêmes le placement de ces fonds, et, à cet effet, acheter des valeurs mobilières offrant toute sécurité et même des immeubles. On reconnaît, d'autre part, aux associations de la même catégorie, une capacité singulièrement plus étendue qu'autrefois, puisqu'elles sont admises à recueillir les dons et legs mobiliers dont l'importance n'est plus limitée, comme le décidait le décret de 1852, et aussi des libéralités consistant en immeubles. Si la capacité des Sociétés libres est plus limitée, il n'en est pas moins vrai qu'elles bénéficient également des dispositions libérales de la loi, car elles peuvent posséder, dans une certaine mesure, et elles aussi accueillir des dons et legs mobiliers.

Enfin, les Sociétés approuvées ne seront plus obligées d'avoir un fonds commun inaliénable; elles auront la faculté de constituer des retraites au profit de leurs membres, soit sur le fonds commun, qu'elles alimenteront désormais à leur gré sans être tenues d'y verser la presque totalité des ressources de provenance étrangère aux cotisations des participants, soit sur le *livret individuel, qui apparaît comme une des innovations les plus intéressantes de la loi et les plus heureuses pour le développement de l'esprit de prévoyance.*

Telle était l'excellente théorie faite, à cette époque, aux préfets par M. Henri Brisson; nous pourrons constater comment cette théorie est appliquée aujourd'hui.

La loi de 1898 accordait aux Sociétés approuvées tous les avantages et immunités de la précédente législation, et y joignait des subventions que nous étudierons plus loin.

Elle fut complétée par une série de lois, décrets et arrêtés dont voici les principaux :

Décret du 24 mars 1899, qui applique à l'Algérie la loi du 1er avril 1898.

Décret du 2 mai 1899, portant règlement d'administration publique sur l'élection des représentants des Sociétés de Secours mutuels au Conseil supérieur, institué par la loi du 1er avril 1898 (art. 34).

Décret du 13 juin 1899, concernant l'élection des représentants des Syndicats médicaux au Conseil supérieur des Sociétés de Secours mutuels.

Barêmes. — *Arrêtés des 30 avril 1900 et 29 mars 1901* pour la répartition des diverses subventions aux Sociétés approuvées.

Loi du 7 juillet 1900, autorisant l'administration des Postes et Télégraphes à effectuer pour le compte de la Caisse des dépôts et consignations l'encaissement des fonds des Sociétés de Secours mutuels approuvées. (*Journal officiel,* 10 juillet 1900.)

Le *décret* portant règlement d'administration publique de cette loi est du 28 novembre 1901.

Décret du 25 mars 1901, qui crée des caisses autonomes pour les Sociétés de Secours mutuels ou unions de Sociétés fonctionnant dans les conditions prévues par la loi du 1er avril 1898.

Loi du 3 février 1902, qui réglemente les Sociétés de prévoyance à partage et à durée illimitée. (*Journal officiel* du 5 février 1902.)

Arrêté du 3 septembre 1903, accordant l'intérêt de 4 1/2 % aux pensions versées sur les intérêts des fonds communs inaliénables, soit par l'intermédiaire de la Société elle-même, soit par l'intermédiaire de la Caisse nationale des retraites pour la vieillesse (1).

Telle est dans ses grandes lignes la législation actuellement en vigueur. Les mutualistes sont-ils gens très difficiles à satis-

---

(1) La loi du 1er avril 1898 se trouve dans les annexes; quant aux autres textes (sauf le dernier) on pourra se les procurer à la librairie Roustan, 5, quai Voltaire, qui les a condensés en une brochure intitulée : *Sociétés de Secours mutuels. Législation.*

Le dernier arrêté a paru dans le *Bulletin des Sociétés de Secours mutuels,* n° 10, octobre 1903. Paul Dupont, éditeur, Paris.

faire, ou les productions de l'esprit humain sont-elles toujours frappées d'imperfection? Dans tous les cas, cette loi de 1898, qui avait été accueillie avec tant de soupirs d'allégresse, se voit aujourd'hui jugée, par beaucoup, insuffisante et même mauvaise sur certains points. Il a été dit depuis longtemps que « la critique était aisée », mais elle n'est efficace que si elle présente à la place de l'objet critiqué quelque chose de réellement mieux. Nous nous bornerons à enregistrer au passage certains des vœux formulés à cet égard; et, laissant aux hommes compétents de notre Parlement le soin d'étudier, quand ils en auront le temps, les réformes utiles sur tant de questions sociales, nous chercherons à tirer parti de la loi actuelle le mieux qu'il nous sera possible.

Qu'il soit néanmoins bien arrêté dans tous les esprits que cette législation n'est qu'une sorte de codification modernisée des lois antérieures, qu'elle a très peu innové, et que c'est une erreur grossière que de lui attribuer (comme certaines personnes n'hésitent pas à le faire) l'organisation des Sociétés de Secours mutuels.

CHAPITRE II

BASES SOCIALES DE LA MUTUALITÉ

I. Les « racines » de la mutualité. — La mutualité et la famille. — L'individualisme actuel. — Les Sociétés mixtes. — La mutualité et le ménage. — Organisation mutualiste de la famille : composition et buts. — La mutualité familiale pure (projet de M. H. Servanges).
II. La mutualité et la profession. — Les Syndicats. — Les Sociétés de Secours mutuels compléments de l'organisation professionnelle ou auxiliaire de cette organisation. — L'union entre la base professionnelle et la base familiale.

Ce qui attache l'individu à une patrie n'est pas seulement l'unité de race, d'idiome et de passé, ce que l'on pourrait appeler les liens ataviques, mais aussi ce réseau de sentiments personnels, d'efforts et d'espoirs par lequel les aspirations des citoyens doivent se confondre avec les aspirations nationales. Nous tenons à notre patrie parce que nous y avons aimé et souffert, parce que nos parents reposent dans son sol et que nous y avons aussi près d'eux notre place marquée, parce que nous y puisons notre vie quotidienne par un labeur qui fait de nous des forces utiles, parce qu'au-dessus de l'aridité de l'effort nous apercevons l'idéal poursuivi vers un avenir national fait de plus d'amour, de plus de justice, de plus de prospérité : notre énergie a d'autant plus de puissance, de raisons de s'exercer qu'elle est enracinée dans la patrie.

Les institutions ne sont que les prolongements de l'activité individuelle; elles auront donc avec la patrie des liens ataviques, et l'histoire nous montre que ce n'est pas sans de dangereuses conséquences qu'on les sépare brutalement du passé. Elles devront également, pour se conformer à notre esprit national, pour prospérer et améliorer le sort des citoyens, s'ériger sur des fondements inébranlables, *s'enraciner* sur le terrain économique et social. Elles s'exposeraient sans cela à ne donner que d'éphémères floraisons, — comme ces arbres à moitié arrachés de terre et qui peuvent encore fleurir pendant quelques saisons, — à disparaître, sans même laisser de ruines, sous le moindre souffle révolutionnaire, et à représenter dans l'ordre social ce que Maurice Barrès a dépeint dans l'ordre individuel sous l'épithète de « déracinés ».

Les Sociétés de Secours mutuels ne semblent pas devoir échapper à ces principes; si elles ne peuvent rompre avec ce passé qui arrachait aux païens des premiers siècles du christianisme ce cri d'envie à l'égard de leurs membres : « Voyez comme ils s'aiment entre eux, *vide ut invicem se diligant,* » elles doivent aussi, pour ne pas être des déracinées dans le présent et pour l'avenir, s'appuyer sur les deux bases fondamentales de la société : la famille ou la profession.

I

Certaines doctrines tendent aujourd'hui à atténuer, sinon à détruire le sentiment familial. Les unes traitent ce groupement *d'artificiel;* les autres n'y voient qu'un état de transition, l'adulte devant s'en détacher dès que ses forces le lui permettront; — on croit élever l'homme en le rapprochant de la nature, aussi la famille serait-elle une sorte de nid, abandonné dès que l'amour aurait accompli son œuvre et la couvée son évolution. D'autres, enfin, dénient même à la famille ce lien naturel, pour ne rattacher l'individu qu'à l'État, seul soutien, seul éducateur, seul maître.

Les mêmes tendances se manifestent à ce point de vue en ce qui concerne les Sociétés de Secours mutuels. La base familiale paraît trop étroite; on leur en donne une plus large, mais si large qu'elles ne savent plus où prendre place : *l'humanité;* et ce mot, pour certains pontifes de la déesse Raison, devient le dogme sur lequel doit s'ériger la religion du mutualiste. La mutualité serait ainsi transformée en antichambre de l'humanité, et ceux qui y pénétreraient devraient travailler, peiner, épargner et prévoir, pour cette entité vague et impersonnelle, composée d'individus qu'ils ne connaissent pas aujourd'hui, qu'ils ignoreront peut-être toujours, avec lesquels ils n'ont d'autres liens que ceux résultant de la place qu'ils occupent dans l'échelle des êtres ou dans la société. Ce thème est incontestablement fécond en superbes développements oratoires, et nos rhéteurs les plus fameux ne manquent pas d'y recourir; les acclamations sont d'autant plus faciles à soulever que les obligations proposées sont si lointaines et si imprécises que chacun se sent très à l'aise pour ne pas les accomplir.

Il faut être d'une trempe supérieure pour se sacrifier à cet idéal : l'humanité. De grands savants ont pu le faire, quelques héros sont tombés pour cette cause, un Dieu est mort pour elle. Mais, au bas de cette apothéose, la foule innombrable des mortels ordinaires s'agite; malgré les exhortations de ces nouveaux pontifes humanitaires, bien rarement martyrs, *l'humanité réelle*, celle de la vie quotidienne, se rue à ses plaisirs, à ses caprices, à ses labeurs; elle passe, souffre et pleure, dédaigneuse, ignorante, abandonnée de *l'humanité idéale;* et dès lors, las de poursuivre une chimère, l'individu rentre en lui-même, déploie son égoïsme et se prosterne, convaincu, devant la seule réalité tangible qu'il puisse posséder : *son intérêt individuel.*

Cet effort personnel du mutualisme, que l'on voulait rendre sublime en le lançant vers l'abnégation humanitaire, retombe vaincu et meurtri, sans avoir pu atteindre son rêve, et se transforme en un individualisme étroit, masquant les devoirs que la nature même met dans l'instinct des êtres inférieurs et que le sentiment devrait développer chez l'homme. Aussi faut-il craindre que, si cet esprit d'humanitarisme pénètre trop profondément dans la mutualité, celle-ci ne devienne stérile au point de vue social, comme au point de vue moral.

La famille, au contraire, cellule génératrice des peuples, donnerait à la Société de Secours mutuels, une base plus féconde, un idéal plus accessible. Les deux institutions, appuyées l'une sur l'autre, se consolideraient, se défendraient, s'aideraient et ce serait, de la mutualité morale et pratique tout à la fois, de *l'humanité concrétisée.*

Comment arriver à ce résultat?

Le moyen est simple; il consiste, d'une part, à modifier la vieille routine concernant la composition de la Société de Secours mutuels et, d'autre part, à donner à la Société des buts intéressant la famille dans les diverses phases de son évolution.

Par un excès de pudeur, sans doute, on s'est attaché à fonder des Sociétés de Secours mutuels où les sexes étaient soigneusement séparés. Il y avait surtout des mutualités d'hommes et quelques centaines de mutualités de femmes. Le mouvement des mutualités scolaires se dessina, prit rapidement des proportions considérables, car l'esprit laïque comprit la nécessité de capter dans de tels organismes l'esprit et le cœur des jeunes écoliers. Voilà donc l'enfant mis également à part et séparé de son père et de sa mère, comme la femme l'était déjà de son mari. L'unité familiale était détruite, chacun poursuivait un but individualiste.

L'apôtre de la mutualité familiale, M. Cheysson, de l'Institut, stigmatise, en des lignes pleines de sens et de raison, cet individualisme de la mutualité.

Elle a d'abord songé à l'homme, au père, écrit-il; c'est lui qu'elle soigne, qu'elle indemnise; c'est à lui qu'elle assure une retraite viagère mourant avec lui. Elle a supprimé la notion du père, pour le traiter en célibataire, qui ne tient à rien ni à personne.

Puis, elle s'est ravisée et elle a eu un regard pour la femme et l'enfant, — ce dont il faut la louer, — et elle leur a fait place dans ses rangs; mais elle les traite à leur tour comme l'avait été le père, c'est-à-dire à l'état d'individus isolés, pris en eux-mêmes et non comme les parties de cet ensemble harmonieux de ce tout qu'est la famille (1).

Malgré cette fâcheuse tendance de nos institutions mutualistes, il est juste toutefois de constater que l'idée familiale a fait quelques progrès. Il existe aujourd'hui plusieurs milliers de Sociétés admettant en même temps l'homme, la femme et l'enfant. Ces mutualités, qui prennent le nom de *mixtes*, étaient au 1er janvier 1902 au nombre de 2 719 (*approuvées*) et composées de 480 502 hommes, 233 620 femmes et 46 928 enfants. A la même date, les Sociétés *mixtes libres* étaient au nombre de 638 et groupaient 115 737 hommes, 37 502 femmes et 5 970 enfants (derniers chiffres officiels connus).

Mais il faut remarquer que si la mutualité *mixte* est un grand progrès vers cette orientation de la Société de Secours mutuels familiale, elle n'en est pas toujours, dans la pratique, la réalisation.

Ces hommes, ces femmes et ces enfants représentent, le plus souvent, des *individus* pris isolément : le mari se trouve bien dans la Société, mais la femme n'y est pas; la femme que nous y voyons figurer est celle d'un autre travailleur qui n'est pas mutualiste ou qui est affilié à une Société différente; et les enfants qui se mêlent à ces couples disparates ne voient pas toujours près d'eux leurs père et mère respectifs. L'on a ainsi créé une promis-

---

(1) Rapport au Congrès d'économie sociale, séance du 3 mai 1901.

Voir également la conférence faite par M. E. Cheysson sur la *Mutualité familiale*, le 11 février 1904, et éditée par l'Union Mutualiste des Femmes de France, 2, boulevard de Latour-Maubourg, Paris.

cuité plus ou moins chaotique, mais on n'a pas unifié la famille, on ne s'est pas servi d'elle comme base.

Des moralistes susceptibles pourront même trouver cette organisation dangereuse pour la tranquillité du foyer domestique : car, si les femmes sont en nombre assez important, il sera juste de leur réserver des places au Conseil d'administration, d'où une multitude de craintes et de suppositions.

Ces difficultés ne se présenteraient pas si la Société de Secours mutuels était composée d'une réunion de familles, car chaque chef de famille représenterait les intérêts de son groupe dans les assemblées mutualistes. Quoi qu'il en soit, la Société mixte est une étape intéressante vers la mutualité familiale, elle peut y mener assez rapidement et l'on doit, à notre avis, en encourager la fondation de préférence aux Sociétés ordinaires.

Est-il donc impossible de transformer les Sociétés *individualistes* d'aujourd'hui en mutualités familiales ? Non, évidemment, mais c'est là une chose difficile. On se heurte à quelques mauvaises volontés masculines et surtout à un préjugé très profondément enraciné, à savoir que la femme dans une Société de Secours mutuels est une cause de ruine. Aussi la repousse-t-on de la mutualité; le geste est peu galant et peu humain, il faut reconnaître qu'il est parfois justifié, mais que dans nombre de cas il est faux. Les moyennes générales concernant les femmes sont un peu supérieures à celles concernant les hommes : c'est ainsi que pour 100 sociétaires on a constaté que la dernière moyenne des malades était de 31,30 pour les hommes et de 37,29 pour les femmes et que le nombre des journées de maladie avait été en moyenne de 5,76 par sociétaire homme et de 6,81 par sociétaire femme.

Ce ne sont pas de telles différences qui peuvent justifier l'exclusion de la femme des Sociétés de Secours mutuels. Dans tous les cas, les effets de ces différences seraient notablement atténués avec le système familial, par suite du nombre plus considérable de participants et les économies réalisées sur les frais généraux.

Le père de famille solderait la cotisation proportionnée aux risques qu'il apporterait, et les familles nombreuses pourraient bénéficier, pour les cotisations des enfants, de certaines diminutions.

Mais, s'il peut être difficile d'opérer une telle transformation dans les Sociétés existantes, tout au moins est-il possible aux organisateurs d'une nouvelle Société de faire admettre le principe familial.

La Société d'ailleurs ne peut qu'y gagner matériellement : ce ne seront plus, en effet, des individualités qu'elle unira, mais des groupes représentant chacun deux, trois, quatre individus, et souvent davantage; elle multipliera ses recrues avec une seule recrue et accroîtra par là-même son action et son efficacité. Rien n'empêcherait d'ailleurs de prendre comme participants des célibataires et des représentants isolés de la famille, mari, femme ou enfants. L'important est d'avoir à la base de la Société un groupement stable coordonné et uni de familles locales, se connaissant toutes plus ou moins les unes les autres, ayant la bonne volonté réciproque d'oublier sur le terrain neutre de la mutualité les petites divisions qui ont pu se produire entre elles, et les rivalités qui doivent s'effacer devant la grande égalité de tous en présence des aléas communs de l'existence.

Pour arriver à ce résultat, il ne nous semble pas suffisant d'inscrire dans les statuts de la Société l'article 31 des statuts modèles du ministère de l'Intérieur:

Tout membre participant qui veut avoir droit pour sa femme et pour ses enfants âgés de moins de..... ans aux soins médicaux et pharmaceutiques, verse, à cet effet, un supplément de cotisation égal pour sa femme à..... pour chacun de ses trois premiers enfants à..... pour chacun de ses autres enfants à.....

Un tel article, bien que conçu dans le meilleur esprit, suppose a priori que la Société doit être fondée pour des hommes; or, dans certaines localités l'initiative en peut venir d'un groupement féminin. Faudra-t-il admettre que la femme paiera la cotisation de son mari et deviendra la « *tête mutualiste* » *de la famille?*

D'autre part, il est bon de familiariser le plus tôt possible l'enfant avec la prévoyance; il faut pour cela lui donner conscience de bonne heure qu'on le considère comme un membre participant véritable, auquel les pouvoirs d'ordre administratif seront accordés dès l'âge de 16 ou 18 ans. Si le père acquitte la cotisation sans que l'enfant remplisse lui-même son rôle de prévoyant, sans que les parents lui aient fait comprendre que cette cotisation doit provenir d'un léger effort ou d'un léger sacrifice (récompense pour son travail à l'école ou épargne sur une friandise), l'enfant n'aura peut-être pas la volonté suffisante pour acquitter vers 16 ou 18 ans la première cotisation d'adulte. Il se désintéressera de la Société dès qu'il lui faudra faire un effort personnel et le lien familial sera rompu dans la mutualité.

Enfin, nous étudierons plus tard si les soins médicaux et les médicaments sont plus pratiques et plus avantageux pour les sociétaires et pour la Société que l'allocation seule en argent pour chaque jour de maladie. Une règle générale ne peut pas être établie; il faudra, à cet égard, tenir compte des circonstances et des mœurs de la population où doit fonctionner la Société. Mais dans beaucoup de cas l'indemnité quotidienne seule paraîtra préférable (1).

Il importe donc de préciser d'une façon plus nette que par un seul article la base familiale que la Société entend prendre; cette précision résultera d'un ensemble de prescriptions inscrites dans les statuts et des buts donnés à la Société.

Les prescriptions pourront être les suivantes :

1° Dès le premier article des statuts, le mode familial sera indiqué :

Une Société de Secours mutuels *familiale* est établie à..... sous le nom de.....

Elle se compose des familles (pères, mères et enfants), dont les chefs sont domiciliés dans la circonscription de....., et y exercent un métier ou un emploi, ainsi que des célibataires et personnes isolées de l'un et l'autre sexe remplissant les mêmes conditions de domicile et de profession.

2° L'article concernant les élections au Conseil sera complété de la façon suivante :

Tous les membres du Conseil sont élus au bulletin secret, en assemblée générale, et ne peuvent être choisis que parmi les membres honoraires ou participants.

Les conseillers choisis parmi les membres participants devront autant que possible être pères de famille et avoir leur femme ou un enfant au moins également affiliés à la Société.

Les meilleurs administrateurs ne seront-ils pas en effet ceux qui connaissent déjà l'administration d'un budget familial et qui

---

(1) Dans une petite localité du Finistère, il a été impossible de créer une Société ayant pour buts les soins médicaux, parce que le médecin demandait 15 francs par visite; nous connaissons aussi plusieurs sociétés qui se sont heurtées à des syndicats de médecins qui leur imposaient leurs conditions.

auront plusieurs des êtres chers associés avec eux à la prospérité de la Société?

3° On pourra également prévoir que :

Le père de famille représentera de droit aux assemblées générales sa femme et ses enfants âgés de moins de..... (16 ans par exemple), et possédera autant de voix qu'il y aura de membres participants dans sa famille.

4° Les sociétaires dévoués qui vont amicalement visiter les collègues malades, s'informer de leur état de santé, leur porter l'indemnité statutaire, etc...., et qu'on appelle pour cela les *Visiteurs*, seront aussi très avantageusement choisis par le Conseil parmi les *pères* ou les *mères de famille;* ils auront certainement beaucoup plus de compétence qu'un célibataire ordinaire et rempliront plus dignement leur mission.

5° Accorder une diminution à la cotisation des enfants lorsqu'ils seront au nombre de deux et lorsqu'ils seront âgés de moins de 16 ans.

6° Accorder également une petite diminution à la cotisation de la femme lorsque son mari fera partie de la Société.

D'autres indications semblables pourront être trouvées par les organisateurs de Sociétés et contribuer à faire ressortir le caractère familial de la Société.

Mais il sera surtout nécessaire, pour bien établir ce caractère, que les buts de la Société visent particulièrement la famille : les avantages de la Société devront profiter à l'organisation familiale plutôt qu'à l'individu.

A cet égard l'indemnité quotidienne pour la maladie semble correspondre davantage à cette idée que les soins médicaux et les médicaments donnés en nature. De tels soins en effet peuvent fort bien profiter au malade, et c'est d'abord ce qu'il faut viser, mais ils ne viennent pas compenser la perte que subit le foyer domestique par l'arrêt du travail de son chef. Le médecin pourra venir, les médicaments pourront ne pas manquer, mais les petits n'auront pas de quoi manger et grelotteront de froid dans la chambre sans feu. La petite somme allouée à cet égard par la majorité des Sociétés, concurremment avec les soins en nature, est absolument insuffisante et ne peut pas être augmentée sans danger pour leur équilibre budgétaire.

L'indemnité en argent permettra tout d'abord au membre participant de payer son médecin et lui fera considérer avec plus de soin les médicaments achetés grâce à elle. Il faudra qu'elle soit suffisante pour atténuer, en partie, la gêne causée dans le ménage par la maladie du père ou de la mère; avec une cotisation mensuelle de 1 fr. 50, il est possible de donner une indemnité quotidienne de 2 fr. 50. Le sociétaire y aura bénéfice, sa famille souffrira moins de ce chômage et la société s'évitera des tracasseries et des réclamations, et pourra exercer un contrôle efficace : il lui suffira d'avoir à cet égard *un* médecin contrôleur.

Nous ne nous plaçons, évidemment, qu'en présence d'un mutualiste consciencieux et honnête; nous ne pouvons pas admettre comme une objection générale les cas de mauvais emploi qui pourraient être faits de cette indemnité par des sociétaires au sens moral affaibli. La mutualité a précisément pour but de faire l'éducation morale de ses membres, et, si des cas blâmables se présentaient, des amendes ou des pénalités plus sérieuses pourraient être infligées aux coupables incorrigibles.

Dans le même ordre d'idées, il sera bon d'inscrire parmi les buts de la Société :

1° Les allocations de couches.

Une allocation proportionnelle à la cotisation (dix, quinze ou vingt francs par exemple) serait accordée au moment de leurs accouchements aux femmes faisant partie de la Société *ainsi que* leurs maris. Cette somme unique pourrait être remplacée par le versement de l'indemnité de maladie aux femmes-mères, pendant vingt et un jours après leurs couches, afin de leur permettre de se reposer.

2° Les allocations aux veuves ou aux orphelins. S'il n'y a pas eu de cotisation spéciale affectée à ce service, ces allocations seront prises sur les ressources complémentaires de l'année (1) et proportionnelles aux sommes versées par toute la famille.

3° Les secours aux familles momentanément dans la gêne et qu'une petite somme peut souvent tirer de la peine. Dans ce but, on annexerait aux statuts une caisse de prêts gratuits ou prêts d'honneur.

Là encore, il appartiendra aux administrateurs de montrer de la sagesse et aux sociétaires de faire honneur à leur titre de mutualistes.

---

(1) Les ressources complémentaires sont : Les cotisations des membres honoraires, les dons, le produit des fêtes, les subventions, etc.....

4° Enfin les allocations d'invalidité. Le sociétaire invalide est, dans notre pensée, l'infirme incapable de gagner sa vie. Nous traiterons spécialement cette question dans l'un des chapitres consacrés aux retraites (p. 99).

On pourrait trouver encore d'autres buts dans le même ordre d'idées; par exemple : le cadeau, représenté par une somme d'argent toujours proportionnée aux versements effectués par la famille, et remis au moment de son mariage au jeune homme ou à la jeune fille faisant effectivement partie de la Société au moins depuis dix ans.

En résumé, il faudrait par les buts donnés à la Société garantir la famille contre les divers incidents qui marquent ou peuvent marquer son évolution : maladie, naissance, gène, veuvage, invalidité, et l'on arriverait ainsi à détruire l'accusation d'égoïsme et d'individualisme que l'on porte à la mutualité actuelle, avec beaucoup de raison, d'ailleurs.

Dans son numéro du 15 novembre 1903, le journal *la Mutualité familiale* exposait un intéressant projet de M. Henry Servanges. Ce projet consisterait en l'organisation de la même famille en mutualité dans le but de constituer un *bien familial*.

M. Servanges part de ce principe qu'il existe dans certaines parties de la France des circonscriptions où les habitants sont pour la plupart parents ou alliés les uns des autres; que, dans tous les cas, lorsqu'une telle concentration familiale n'existe pas, il est possible de retrouver les membres de la même famille épars sur le territoire national et de chercher à les relier entre eux. La Société de Secours mutuels serait ainsi formée soit par une famille unique, soit par une union de familles, comprenant les parents dans les diverses lignes directes et collatérales et les alliés. Le représentant de chaque ligne, père de famille lui-même, verserait une cotisation proportionnée à ses ressources et aux avantages qu'il veut assurer à lui-même, à sa femme et à ses descendants. Les cotisations groupées formeraient le patrimoine de la famille entière, *le bien familial*, représenté par des immeubles ou des valeurs mobilières; il serait la propriété de chaque ligne proportionnellement à ses apports.

Le bien familial servirait tout d'abord à venir en aide aux veuves et aux orphelins. Si la Société prospérait, il pourrait aussi assurer aux vieillards nécessiteux un asile et des moyens de subsistance.

Ce serait l'aide mutuelle familiale établissant des liens plus étroits entre les lignes directes ou collatérales qui ont actuellement une tendance à s'éloigner et qui souvent s'ignorent; ce serait aussi le moyen de reconstituer les cellules nationales en leur donnant une cohésion, en rapprochant les cœurs et les intérêts, en rompant avec l'individualisme et l'anonymat des Sociétés de Secours mutuels d'aujourd'hui.

Un véritable conseil de famille administrerait la Société.

M. Henry Servanges développe dans son article les avantages d'une telle organisation :

La perfection pour une Société de Secours mutuels — écrit-il — n'est-ce pas d'arriver à une fortune suffisante pour pouvoir payer à chacun de ses adhérents : une retraite; — des frais de maladie à toute la famille; — un secours suffisant aux orphelins, en cas de disparition du père ou du chef de famille.

Or nous prétendons :

1º Que la Société familiale arrivera la première à cette fortune, parce qu'elle recevra plus fréquemment des dons et des héritages.

2º Qu'en supposant même à ces deux Sociétés (anonyme et familiale) une fortune équivalente, la Société familiale aura sur l'autre des avantages considérables : d'abord, le conseil de famille aura pour les veuves, les orphelins et les vieillards un intérêt qu'on ne saurait demander à un président de Société anonyme. Ensuite, au point de vue de la conservation et de l'extension des familles, la Société familiale aura des résultats matériels et moraux dont on peut facilement prévoir l'importance. De plus, l'argent versé par les mutualistes n'est pas perdu pour les siens, puisque ses enfants lui succèdent dans la Société par droit héréditaire.

Enfin, au point de vue social, c'est une décentralisation qui éviterait l'accumulation des capitaux de mutualité dans les caisses de l'Etat.

L'idée semble fort ingénieuse et ne paraît pas chimérique, malgré les difficultés d'organisation qu'elle pourra rencontrer dans la pratique; elle serait, dans tous les cas, la réalisation complète de la Société de Secours mutuels basée sur la famille, peut-être la solution de beaucoup de problèmes vainement cherchée par d'autres moyens, et la reconstitution modernisée de la *Familia* antique (1).

---

(1) Nous avons, avec M. Servanges, établi les statuts d'une telle Société.

II

Les économistes préconisent pour la Société de Secours mutuels non pas la base familiale, mais la base professionnelle; ce serait la confrérie, jadis corporative et religieuse, rajeunie, adaptée à notre état économique et à notre liberté de croyances.

Nous sommes trop partisans de donner à la Mutualité une force réelle et efficace pour ne pas avoir, nous aussi, un tel désir.

Le Syndicat et la Société de Secours mutuels sont faits non pas pour suivre deux chemins distincts et parallèles, c'est-à-dire pour ne se rencontrer jamais, selon la définition de la géométrie, mais pour se confondre dans la recherche des moyens facilitant l'organisation du travail. Or, le travail ne sera organisé que lorsque le travailleur trouvera dans des institutions professionnelles, non seulement la protection, la défense et le développement de ses intérêts économiques, mais aussi la garantie contre les aléas de la vie, la protection de son existence et la sauvegarde de son avenir.

La loi du 21 mars 1884, relative à la création des Syndicats professionnels, possède à son article 6 un paragraphe ainsi conçu :

Ils (les Syndicats) pourront, sans autorisation, mais en se conformant aux autres dispositions de la loi, constituer entre leurs membres des caisses spéciales de Secours mutuels et de retraites.

Survint la loi du 1er avril 1898 sur les Sociétés de Secours mutuels, qui eut l'effet, heureux et malencontreux tout à la fois, d'inciter les travailleurs à se grouper, mais sous une autre bannière que celle de la loi de 1884. Deux courants s'établirent donc, l'un vers le Syndicat, l'autre vers la Société de Secours mutuels.

Sans doute, le législateur de 1898 s'est rappelé, presque comme par hasard et au moment de promulguer la loi, que les Syndicats professionnels avaient également le droit d'organiser des Sociétés de Secours mutuels; et il inscrivit l'article 40 ainsi conçu :

Les Syndicats professionnels constitués légalement aux termes de la loi du 21 mars 1884, qui ont prévu dans leurs statuts les Secours mutuels entre les membres adhérents, bénéficieront des avantages de la présente loi, *à la condition de se conformer à ses prescriptions.*

Cette disposition peut paraître un peu tardive dans le corps d'une loi qui, pour laisser plus de liberté aux individus, les a considérés comme des citoyens isolés et n'a pas suffisamment tenu compte des liens sociaux qui les rattachaient à des groupements tels que la famille ou la profession. Il semble que les législateurs perdirent ainsi une occasion réelle de fortifier ces liens par les Sociétés de Secours mutuels.

L'article 40, d'autre part, désorganise les Sociétés de Secours mutuels syndicales existantes, car il les oblige à se séparer du groupement dont elles étaient issues, si elles veulent bénéficier des avantages de la loi de 1898. Il en fait des institutions distinctes, autonomes, régies par une loi différente que celle qui gouverne le Syndicat.

Il crée, en outre, une sorte de diversion au mouvement syndical et rend difficile la constitution de Sociétés de Secours mutuels professionnelles, beaucoup de travailleurs ayant déjà adhéré à une mutuelle ouverte à tout le monde.

Pour faire une œuvre pratique, il ne s'agit donc pas de rechercher « comment le législateur aurait pu ou dû faire », mais « comment on peut faire », pour donner aujourd'hui la profession comme base à la Société de Secours mutuels.

Nous estimons à cet égard qu'il ne faut être ni exclusif ni intransigeant, et nous étudierons un peu plus loin les moyens qui nous paraissent pouvoir être employés pour donner aux Sociétés de Secours mutuels une orientation corporative.

Grouper, au point de vue national, les travailleurs de chaque métier dans un vaste Syndicat, couronner ce Syndicat par une Société de Secours mutuels s'occupant, avec des cotisations spéciales, de la maladie et des retraites, serait une organisation du travail rationnelle et pratique. Le Syndicat formerait la base de cet édifice économique et social dans lequel les travailleurs trouveraient toutes les institutions capables de leur épargner les vicissitudes et les aléas de leur existence. Pour rendre cet édifice plus accessible, des sections syndicales et mutualistes seraient établies dans les différentes agglomérations où existeraient des fragments du corps de métier ainsi organisé.

Emettre des vœux est chose facile, mais combien de temps faudra-t-il pour les réaliser ? L'organisation syndicale est, en effet, loin d'être complète; on peut s'en rendre compte par les tableaux suivants, dressés avec les derniers chiffres connus, bien que les statistiques, surtout en pareille matière, ne puissent pas être d'une rigidité mathématique absolue.

	NOMBRE DES SYNDICATS.	NOMBRE DES SYNDIQUÉS.
Patronaux..........	2 757	205 463
Ouvriers...........	3 934	643 757
Mixtes.............	156	33 431
Agricoles..........	2 433	598 834
	TOTAL : 9 280	TOTAL : 1 481 485

Un grand nombre de ces Syndicats ne représentent, au point de vue collectif, que des individualités, c'est-à-dire que la même profession ne forme pas un groupement national et unifié.

Toutefois, il existe un chiffre assez considérable d'unions.

UNIONS DE SYNDICATS

NATURE DES SYNDICATS	NOMBRE DES UNIONS	NOMBRE DES SYNDICATS UNIS	NOMBRE DES SYNDIQUÉS
Patronaux.........	78	1 434	144 494
Ouvriers..........	138	2 236	683 366
Mixtes............	11	49	1 959
Agricoles.........	43	inconnu	inconnu

Quel est donc, en présence du nombre total des syndiqués, patrons et ouvriers, précédemment relevés, soit 1 481 485, le nombre des travailleurs, en prenant le terme « travailleurs » comme caractéristique de l'individu exerçant *un métier* ou une profession *salariée*?

Le recensement, fait au point de vue économique pour la première fois en France en 1896, relève 13 864 000 (1) travailleurs en chiffre rond, se décomposant comme suit : 9 306 000 ouvriers et employés, 4 291 000 travailleurs isolés et (à cette époque) 267 000 travailleurs en état de chômage.

Si l'on ne prend que les chiffres des salariés proprement dits dans l'industrie et le commerce, on relève respectivement dans l'une 4 844 000 et dans l'autre 758 000 ; en y ajoutant 762 182 domestiques et 7 500 000 agriculteurs, on arrive au chiffre de 13 864 000 salariés.

Combien sont donc peu nombreux les syndiqués dans leurs Syndicats respectifs ! 1 481 485 syndiqués pour une population

---

(1) La statistique indique près de 4 281 000 patrons, ce qui porterait le chiffre de la population active à environ 18 000 000 de personnes.

active de 18 000 000 de personnes ou 1 276 000 salariés syndiqués pour 13 864 000 travailleurs.

Ces syndicats néanmoins ne sont pas restés étrangers au mouvement mutualiste; c'est ainsi que l'on peut relever un certain nombre de Sociétés de Secours mutuels s'occupant de la maladie, de caisses de retraites et de caisses de crédit mutuel; elles se répartissent ainsi :

	SOCIÉTÉS DE SECOURS MUTUELS	CAISSES DE RETRAITES	CAISSES DE CRÉDIT MUTUEL
Dans les syndicats patronaux.	96	19	8
Dans les syndicats ouvriers...	321	73	45
Dans les syndicats mixtes	33	4	2
Dans les unions ouvrières....	7		
Dans les unions mixtes.......	5		

. En résumé, pour 9 280 Syndicats il n'existe que 613 institutions mutualistes; d'autre part, il est probable que tous les membres de ces Syndicats mutualistes n'ont pas adhéré à ces dernières institutions. Il eût été intéressant de connaître le nombre de ces adhésions, mais les statistiques font défaut sur ce point. Toutefois on peut s'en faire une idée approximative lorsqu'on saura qu'un tiers environ des syndiqués n'existent que nominalement sur les contrôles et ne payent pas leurs cotisations; le nombre des syndiqués mutualistes doit être très restreint en comparaison du chiffre de la population laborieuse française, qui atteint 13 864 000 personnes dans l'industrie, le commerce, l'agriculture, en y comprenant les domestiques et les travailleurs isolés.

Il semble donc que jusqu'ici l'organisation syndicale ait failli à sa tâche et, tout en désirant qu'elle se ressaisisse, il est impossible de laisser, en attendant, la majorité des travailleurs français en dehors des bienfaits de l'aide mutuelle. Aussi, croyons-nous qu'indépendamment du syndicat proprement dit, la Société de Secours mutuels pourrait utiliser la base professionnelle par les deux moyens suivants :

Certaines villes possèdent des groupements ou des unions de Syndicats : cela existe à Paris pour les Syndicats indépendants de la rue des Petits-Carreaux, à Marseille pour les Syndicats ouvriers indépendants des Bouches-du-Rhône et ailleurs probablement;

dès lors, il serait fort intéressant de doter ces groupements pro-fessionnels d'une Société de Secours mutuels bien organisée, s'occupant de la retraite et englobant les membres des différents Syndicats. Au besoin des sections pourraient être créées; nous savons que pour les deux organisations citées plus haut la question est à l'étude. Ce système serait préférable à celui qui consisterait à créer une Société de Secours mutuels distincte pour chaque Syndicat parce que l'on centraliserait un plus grand nombre d'adhérents et un chiffre plus élevé de capitaux : il permettrait d'ailleurs d'attendre que la force numérique d'un Syndicat permît l'organisation d'une mutuelle distincte, phénomène qui se ferait naturellement si la nécessité apparaissait.

On a souvent objecté que les besoins et les risques n'étant pas les mêmes dans toutes les professions, il y aurait danger à agir de la sorte.

Nous pouvons répondre que si l'on examine les statuts des Sociétés de Secours mutuels exclusives à telles ou telles professions, on les trouvera sensiblement identiques : ce sont les mêmes buts, ce sont également très souvent les mêmes cotisations demandées et les statistiques — sauf dans certaines industries — ne relèvent pas de différences notables pour les risques à courir. D'autre part, dans les Sociétés constituées selon la loi de 1898, les participants appartiennent à des professions différentes; c'est une bigarrure où figurent l'ouvrier travaillant au grand air, l'employé emprisonné au fond d'un bureau, le garçon de magasin de multiples commerces et l'ouvrier d'usine ou d'industrie plus ou moins dangereuse pour la santé. Pourquoi, dès lors, y aurait-il plus de risques à prendre des groupes mieux unifiés et que l'on pourrait par conséquent étudier de plus près, afin d'établir des moyennes par métier, qui seraient au point de vue économique aussi intéressantes, sinon plus, que les moyennes concernant une multitude d'individus appartenant à une foule de professions.

Dans un autre ordre d'idées, on prétend qu'une telle orientation mutualiste détournerait les Syndicats professionnels de leurs buts.

L'objection ne semble pas avoir de fondement, puisque, d'une part, la loi de 1884 elle-même prévoit l'organisation de Sociétés de Secours mutuels et que, d'autre part, si on se sert de la loi de 1898 pour cela, on crée une institution autonome et distincte du Syndicat, qui ne peut donc pas lui nuire ni le gêner, mais au contraire compléter ses buts et collaborer avec lui de la façon la plus utile.

On peut donc parfaitement comprendre que des Syndicats conservent leur forme économique, sans en rien modifier, tout en ayant leurs membres respectifs groupés dans une Société de Secours mutuels, sorte d'annexe professionnelle et poursuivant des buts entièrement différents. C'est ainsi que le secours de chômage et les cours professionnels ne devraient pas être donnés par la Société de Secours mutuels telle que nous l'envisageons, — bien que la loi de 1898 l'y autorise, — parce que ces deux buts nous paraissent beaucoup mieux convenir à chaque Syndicat pris isolément. C'est surtout sur la question du chômage que les risques sont différents selon les professions, et dans une Société de Secours mutuels il importe, autant que possible, de ne s'occuper que des risques sociaux tels que les maladies, la vieillesse et la mort atteignant l'individu, non pas du fait de son métier, mais du fait de sa qualité d'homme ; les cours professionnels, au même point de vue, s'adressent au citoyen comme travailleur, et non pas comme père de famille ou simple célibataire.

— Un second système peut être également employé. Nous avons supposé tout à l'heure l'existence de Syndicats, mais, dans nombre de cas il n'en sera pas ainsi, ou les Syndicats en présence desquels on se trouvera pourront, pour une raison ou pour une autre, ne pas remplir le rôle économique et social qui leur est dévolu. Faut-il donc priver les travailleurs des avantages de la mutualité parce que la profession n'est pas ou ne peut pas être rationnellement organisée? La négative s'impose.

On constituera donc une Société de Secours mutuels en tenant compte des besoins et des désirs des travailleurs exerçant un métier ou une profession dans la circonscription territoriale choisie. Le secrétaire de la Société prendra soin de classer les membres participants selon leur profession ; il sera possible d'instruire les sociétaires, en dehors de la mutualité, de leurs intérêts communs au point de vue économique, et il ne semble pas chimérique de supposer que l'idée syndicale jaillira d'une telle Société de Secours mutuels.

En agissant ainsi on éviterait encore un reproche, que certains économistes adressent à la mutualité accusée de « détourner les yeux du public d'une question autrement importante, qui est, après tout, la grande, la seule affaire : l'organisation du travail. » (1)

La mutualité, que nous avons envisagée plus haut comme complément de cette organisation du travail, pourrait en devenir la source si elle était mieux comprise et plus sincèrement orientée.

Il est à remarquer d'ailleurs qu'au point de vue historique la Société de Secours mutuels était basée sur la profession : les confréries étaient à côté des corporations d'arts et métiers et nos plus vieilles Sociétés de Secours mutuels sont à base professionnelle. Ce fut même une des raisons de l'émiettement de ces Sociétés ; chaque corps de métier, dans des petites villes, voulant avoir sa mutualité, il en résulta une poussière d'institutions n'ayant pas de forces sérieuses ni au point de vue économique, ni au point de vue social. Il existe, néanmoins, dans de grands centres industriels et dans des agglomérations où un métier est pour ainsi dire localisé, de très intéressantes Sociétés mutuelles basées sur la profession et créées, la plupart, bien avant la loi du 21 mars 1884 : Citons comme exemple, Paris (2), Lyon, Saint-Etienne, Lille, Valenciennes..... etc..... etc..... et de petites localités comme Chazelles-sur-Lyon (Loire) pour les chapeliers et approprieurs chapeliers, — Chateaurenault (Indre-et-Loire) pour les ouvriers tanneurs, — Ponsas (Drôme) pour les ouvriers potiers, etc.....

Mais sur le chiffre global de 18 000 Sociétés, celles qui sont à base professionnelle pure sont encore une très faible minorité ou ne possèdent qu'une médiocre importance, parce que dans la plupart des localités les travailleurs exerçant un même métier ne sont pas assez nombreux pour constituer une mutuelle sérieuse

---

(1) Ludovic de Contenson : *Les Sociétés de Secours mutuels, Revue des Deux Mondes*, 1er juillet 1903.

Lire du même auteur : *La Mutualité professionnelle*, Conférence éditée par l'Union Mutualiste des Femmes de France. 1, boulevard de Latour Maubourg, Paris.

(2) La Société des artistes dramatiques, reconnue d'utilité publique en 1848, compte 3 260 participants. — La Société des bijoutiers, dite l'Union fondée en 1875, 1 384 participants.— L'association des Comptables de l'Industrie et du commerce, fondée en 1858, possédait 4 068 participants. — La Couturière, 1881, 1 262 participants. — Les cuisiniers de Paris, 1856, 2 266 participants. — Garçons limonadiers, 1865, 2 315 participants. — La Mutualité commerciale, reconnue en 1888, 6 567 membres. — L'Union philanthropique du commerce, reconnue en 1891, 19 169 participants, etc..... etc.....

et prospère. Parfois même ce principe peut être nuisible à appliquer, car la Société de Secours mutuels doit tenir compte d'éléments tout à fait différents de ceux qui inspirent le Syndicat : 30 ouvriers syndiqués peuvent, dans une petite localité, user et même abuser de leur groupement, ils ne suffiront pas à constituer une Société mutuelle d'avenir. Une telle institution doit chercher à grouper le plus grand nombre de personnes dans sa circonscription, car sa puissance croît avec le nombre, en même temps que les risques décroissent proportionnellement.

Une judicieuse classification professionnelle, faite parmi les membres d'une mutualité ayant une assez vaste circonscription, pourra donc amener l'organisation de Syndicats. Dès lors, on se trouverait effectivement dans le cas étudié précédemment, la Société de Secours mutuels couronnerait une union de Syndicats, seulement on serait arrivé à ce but en sens inverse. Dans le premier cas, on part de la décentralisation syndicale pour arriver à la centralisation mutualiste nécessaire par suite du nombre d'individus et du chiffre des capitaux qu'il s'agit de réunir pour former un organisme puissant. Dans le second cas, on est parti de la centralisation mutualiste pour aboutir à la décentralisation syndicale.

La mutualité basée sur une profession *unique* ne pourra donc réussir que dans les grands centres industriels ou agglomérations possédant une industrie locale et près de cette belle et féconde institution des Syndicats agricoles. Mais nous croyons que ces deux systèmes peuvent être pratiquement utilisés pour donner à la mutualité une base professionnelle en attendant cette « organisation du travail », dont nous n'apercevons actuellement qu'une forme embryonnaire.

.·.

A la fin de cette étude, deux questions peuvent se présenter : Ne pourrait-on pas faire fusionner la base familiale et la base corporative? Quelle est dans tous les cas celle qu'il vaut mieux choisir?

Lorsqu'en combinant deux métaux on cherche un alliage, il arrive le plus souvent que l'on se base principalement sur l'un de ces métaux : il en sera de même pour une telle organisation mutualiste. Lorsqu'un Syndicat ou un groupe de Syndicats existeront, la Société de Secours mutuels que l'on y créera sera forcément à base corporative dominante, même en admettant que le système familial, tel que nous l'avons exposé, puisse y être appliqué, sinon comme mode de recrutement, tout au moins comme buts à atteindre.

Souvent, en effet, il sera difficile de recruter des familles entières exerçant un métier semblable : les enfants, même apprentis, pourront ne pas avoir le métier du père, ils pourront même entre eux ne pas exercer une profession identique.

Mais il sera toujours possible de donner à la Société des buts familiaux au lieu de buts individualistes : nous voulons parler à cet égard des allocations de couches ou de veuvage, des constitutions de retraites dont le capital en totalité ou en partie fera retour aux orphelins ou à la veuve, ou bien de la réversibilité de la retraite à la veuve dans des conditions à spécifier, ou encore des indemnités quotidiennes de maladie à la place des soins médicaux et pharmaceutiques, etc.....

Dans ces conditions, bien que la base fondamentale soit la profession, la famille ne serait pas sacrifiée.

Si, au contraire, on a adopté le système familial, il paraît impossible d'y faire fusionner l'élément syndical, car l'idée primitive dans ce cas absorbera la Société : on pourra faire utilement, parmi les familles, des classifications d'individus par rapport à leurs métiers; peut-être cette classification donnera-t-elle naissance à une organisation professionnelle, comme nous voudrions l'espérer, mais, dans tous les cas, la Société conservera, si elle est bien organisée, son caractère familial sans alliage.

Quant à la seconde question, il faut bien se garder d'y répondre a priori. Si les vieilles corporations rajeunies, remaniées et adaptées à notre situation économique, étaient établies en France, il n'y aurait pas, à notre avis, d'hésitations; ce serait la base corporative qu'il faudrait donner à la Société de Secours mutuels qui ne serait que l'un des rouages de l'organisation du travail, accomplissant son œuvre dans une harmonie d'efforts. Cette régénération économique n'existant pas et n'étant pas sur le point de se réaliser, il est impossible de laisser les travailleurs désemparés en présence des aléas de la vie, et il faut faire une organisation mutualiste appropriée à leurs besoins et aux conditions en présence desquelles l'on se trouve.

Dans tous les cas où, comme nous l'avons examinée, la base

professionnelle sera possible à adopter, nous jugeons utile de le faire; d'abord parce que ce sera un acheminement progressif vers cette organisation du travail attendue, ensuite, parce que ce système permet de réserver les droits de la famille. Dans les autres cas, et ce seront les plus nombreux, il est du plus haut intérêt de renoncer aux constitutions de Sociétés de Secours mutuels hâtives et mal étudiées, ne cherchant qu'à réunir des individualités éparses et qui n'auront que très rarement une cohésion suffisante pour donner à la Mutualité une véritable force sociale. La plupart de nos plus belles Sociétés de Secours mutuels, qui ont débuté par le groupement individuel, ne doivent leur succès d'aujourd'hui qu'à une lente évolution vers l'idée familiale; les individus, peu à peu, ont représenté ou amené leurs femmes et leurs enfants, et, à mesure que cette transformation se faisait, les buts de la Société, primitivement égoïstes, devenaient familiaux.

Au lieu d'attendre cette évolution dans le sein d'une Société que l'on se propose de créer, il semble préférable, dès les débuts, de la considérer comme acquise en adoptant comme base le ménage.

Ce serait ainsi combattre, autant que possible, l'ingérence de la politique dans les Sociétés de Secours mutuels, rétablir, dans les familles et entre les familles ainsi groupées, des liens de la plus haute portée morale et sociale, et, par conséquent, agir dans un noble but patriotique. Ce serait également donner à la mutualité française un fondement solide, des racines vigoureuses, qui lui permettraient de s'élever robuste et féconde pour le bien d'une humanité prochaine, réelle et tangible, au lieu de se traîner lamentablement vers l'idéal lointain d'une humanité décevante.

CHAPITRE III

FORCE ÉCONOMIQUE ET SOCIALE DE LA MUTUALITÉ

I

Du haut de leurs tribunes populaires, des démagogues, qui ont su recueillir les sourires de la fortune, parlent de l'hostilité des deux éléments économiques de notre société contemporaine : le capital et le travail. La haine doit régner entre eux à l'état endémique et nécessaire, car le premier ne vit que de l'exploitation du second, et celui-ci ne pourra s'émanciper qu'en écrasant celui-là.

Certes, une telle doctrine n'a pu s'accréditer que grâce à une série de phénomènes et de constatations sans doute regrettables et qu'elle s'efforce de rendre plus criants encore : mais elle est fausse dans son principe, qui contient une erreur économique dans la terminologie *capital* et *travail.* En serrant de plus près la question et en la dégageant de ces phénomènes malheureux qui ne font que l'obscurcir, on pourrait arriver à une notion plus exacte du capital et du travail, apercevoir que ces deux éléments, loin d'être hostiles, doivent être nécessairement unis, que le capital contient une forte dose de travail et que le travail n'est lui-même que du capital.

Le travail, en effet, n'est que l'exploitation des dons naturels que le Créateur a mis en chaque homme pour lui permettre d'atteindre le but que tout être recherche ici-bas : l'existence. Ainsi considéré, le travail est la manifestation du capital humain dont nous possédons une somme plus ou moins riche et qu'il est de notre devoir et de notre intérêt de faire fructifier. Tout travailleur — et nous prenons ce mot dans le sens le plus large — est donc un capitaliste. Les revenus de ce *capital-travail* se nomment : salaire, gages, appointements, honoraires, créances ; de même que les revenus du *capital-financier* s'appellent : intérêts, dividendes, bénéfices, etc..... Ces revenus, dans l'un et l'autre cas, sont sujets à des accidents multiples qui peuvent en occasionner la suspension et même la disparition. Le capital-travail peut être détruit par des événements qui sont les aléas de la vie ; le capital-financier peut s'effondrer dans ces cataclysmes qui sont les aléas de la fortune et se reconstituer grâce à son allié le capital-travail ; ce qui indique bien la supériorité de ce dernier et l'état de dépendance dans lequel il tient, au point de vue général, le capital-financier.

Pour obtenir de plus grands revenus, le capital-financier abdique le plus souvent son individualité et arrive à une socialisation plus ou moins étendue : ce sont les grandes Compagnies et ces organismes monstres appelés trusts. De même, le capital-travail a souvent intérêt à ne pas rester dans l'isolement : il se formera d'une part des groupements de travailleurs multipliant la production d'une industrie par une spécialisation et une division de forces et de compétences ; il se constituera, d'autre part, des organisations syndicales et coopératives, pour veiller sur lui et rendre plus économique et plus profitable l'emploi de ses revenus.

Enfin la prévoyance doit exister dans l'un et l'autre cas : le capital-financier doit s'efforcer de mettre de côté, pour le temps où l'énergie individuelle ne permettra plus de faire fructifier la fortune amassée, souvent avec de grandes difficultés ; le capital-travail doit songer, lui aussi, à l'avenir où il ne pourra plus être exploité ; son but sera de constituer un capital-financier garantissant l'existence de son propriétaire.

Et c'est sur ce point que la mutualité va devenir l'alliée du capital-travail. Le salarié, c'est-à-dire l'homme qui ne possède que ce capital et dont toute l'activité est employée dans le présent et dans l'avenir à le faire fructifier, sous la dépendance du capital-financier, trouvera dans l'association le moyen de garantir son avenir contre les conséquences des incidents qui, fortuitement ou nécessairement, marqueront son existence.

L'aide mutuelle apparaît dès lors sous une forme économique, puisqu'elle vient faciliter au travailleur l'acquisition du capital-financier nécessaire à sa tranquillité future.

Aussi, peut-on dire que les Sociétés de Secours mutuels, par le fait même que leurs associés sont des travailleurs, c'est-à-dire des propriétaires d'un véritable capital — le travail — et par le fait qu'elles tendent à assurer à ces travailleurs les bénéfices d'un capital-financier collectif, sont théoriquement des forces économiques nécessaires à la prospérité nationale.

Elles possèdent également cette force au point de vue matériel. Ne représentent-elles pas, en effet, un groupement considérable d'énergies ? Ne sont-elles pas propriétaires d'une immense fortune ? Et ces deux éléments ne sont-ils pas les signes caractéristiques d'une institution économique ?

Les derniers chiffres officiels connus, et donnant l'état de la mutualité au 1er janvier 1902, relèvent comme nombre de membres participants : 2 359 813, en augmentation de 227 269 sur l'exercice 1901.

Les capitaux des Sociétés de Secours mutuels atteignaient, au 1er janvier 1902, 338 881 355 francs, dont 180 842 919 francs de fonds disponibles et 158 038 436 francs placés aux fonds communs de retraites.

Il est juste de constater que depuis cette date ces chiffres ont dû naturellement progresser ; s'il y a aujourd'hui 18 000 Sociétés, les membres participants peuvent approcher du nombre de 3 millions et les capitaux du chiffre de 370 millions.

La mutualité représente donc bien une force économique toujours ascendante et qui est loin d'avoir atteint sa limite d'extension, puisqu'il existe en France plus de 13 millions d'ouvriers, d'employés et de travailleurs isolés et à peu près autant d'enfants, qu'il importe de former dès leur jeune âge à la pratique de la prévoyance et de l'épargne.

Pourquoi cette force réelle n'a-t-elle qu'une portée insignifiante au point de vue économique ?

Parce que les mutualistes ont beaucoup plus considéré jusqu'ici leur intérêt individuel immédiat que la puissance possible de leur institution au point de vue général. Ils suivent une routine, et la routine est l'adversaire du progrès, ou ils s'engouent pour une mode, et une mode est passagère et futile : c'était il y a quelques années la mutualité à l'école, c'est aujourd'hui la mutualité à la caserne. Enfin, les millions ainsi amassés sont presque tous improductifs au point de vue de la prospérité nationale et jetés pour la majeure partie en dehors de la circulation ordinaire des capitaux.

Pour détruire cet état de choses, il faudrait tracer à la mutualité une voie large et sûre vers l'organisation familiale ou professionnelle, au lieu des sentiers où elle s'égare avec ses adhérents et sa fortune, à la merci d'un habile coup de main. L'effort d'épargne du travailleur a des limites, il importe de ne pas le gaspiller et d'en faire l'auxiliaire du développement de la richesse nationale. L'ouvrier, en effet, trouvera d'autant plus facilement l'utilisation de ses capacités, que l'industrie, le commerce, l'agriculture, toutes les forces vives du pays seront plus florissantes. S'il en était ainsi, la Société de Secours mutuels ne serait plus une sorte d'assurance — d'une espèce particulière et élevée, — mais une véritable force aidant à cette prospérité.

Seulement, toutes les difficultés surgiront lorsqu'on voudra donner une nouvelle direction aux capitaux mutualistes. La loi de 1898 sera à ce sujet une entrave moins puissante que l'esprit d'accaparement gouvernemental, qui anémie et stérilise les œuvres auxquelles, en bon apôtre, il a l'air de s'intéresser, parce qu'il y trouve tout avantage. Comment pourrait-il déconseiller, par exemple, l'institution du fonds commun *inaliénable* à laquelle est habituée depuis près d'un demi-siècle l'Administration, cette impérieuse maîtresse des pouvoirs publics. Le chiffre officiel de ce fonds commun était, nous l'avons vu en 1902, de 188 038 437 francs; il représente la forte majorité du capital des Sociétés *approuvées*.

Sur les 180 842 019 francs *disponibles*, une grande partie est placée à la Caisse des dépôts et consignations et par conséquent retirée de la circulation normale.

Chaque année, d'ailleurs, aggrave cet état de choses; l'immobilisation et l'inaliénabilité frappent actuellement près de 180 millions dans le fonds commun.

Toutefois, des initiatives diverses se manifestent dans le sens du rôle économique de ces Sociétés. M. Audiffred, le distingué député de la Loire, l'un des partisans les plus compétents de l'essor mutualiste, a préconisé avec succès l'acquisition de terrains que les Sociétés mutuelles cultivent ou font cultiver, et dont elles tirent des bénéfices. L'œuvre économique du reboisement du bassin du Rhône était pour lui la cheville ouvrière de cette initiative. Des efforts analogues ont été tentés dans différentes parties de la France; la Société de Secours mutuels rurale a tendance à devenir l'auxiliaire de l'agriculture.

L'honorable M. Cheysson, membre de l'Institut, voudrait associer la coopération à la Société de Secours mutuels en y intéressant au besoin le petit commerce par le moyen des escomptes et remises et faire bénéficier la mutualité des bonis coopératifs ; une partie des capitaux mutualistes ne pourraient-ils pas servir, en sens inverse, à créer des coopératives de consommation dont les bénéfices iraient dans la caisse de la Société ? (1) Des caisses de crédit populaire pourraient aussi être créées, et, dans chaque région, des entreprises d'intérêt local seraient avantageusement aidées et soutenues par les capitaux de Sociétés qui trouveraient ainsi, non seulement des bénéfices, mais la force économique dont profiteraient tous leurs membres. Ce serait pour le travail la meilleure et la plus sûre émancipation.

Enfin, à la limite des questions économiques et des questions sociales, la Société de Secours mutuels pourrait avec ses ressources constituer des orphelinats, des maisons ouvrières ou des habitations à bon marché pour ses sociétaires ; ils en retireraient, eux et leurs familles, des avantages autrement pratiques et réels que ceux que fait miroiter à leurs yeux la routine des placements actuels.

La loi du 1er avril 1898 autorise et peut autoriser par une interprétation légèrement extensive de son texte certaines de ces initiatives. Les Sociétés *approuvées* peuvent acquérir des immeubles jusqu'à concurrence des trois quarts de leur avoir, les vendre et les échanger ; elles peuvent aussi, d'après l'article 17, acquérir, avec l'autorisation du Conseil d'Etat, les immeubles nécessaires, soit à leur service d'administration, soit à leur service d'hospitalisation ; leurs placements en valeurs mobilières se trouvent malheureusement restreints par l'article 20 qui en contient une énumération limitative.

Quant aux Sociétés libres, elles ont une grande latitude pour leurs placements mobiliers. Mais elles ne peuvent acquérir des immeubles sous quelque forme que ce soit, à peine de nullité, sauf les immeubles exclusivement affectés à leurs services. A cet égard, les partisans des Sociétés libres demandent l'unification

---

(1) Cette entreprise, ainsi que la suivante, ne pourrait être tentée actuellement que par les Sociétés libres. Il y a lieu également de remarquer qu'il faudrait agir à bon escient afin de ne pas causer un préjudice trop brutal aux petits commerçants par l'installation d'une coopérative, afin aussi de ne pas s'exposer à cet égard aux échecs qui ont marqué un grand nombre d'essais de coopératives.

des droits et avantages pour toutes les Sociétés de Secours mutuels. Ce serait, à notre avis, une intéressante modification à apporter à la loi de 1898 : le gouvernement pourrait maintenir ses faveurs aux seules Sociétés approuvées, mais *a priori* on ne voit pas pourquoi la personnalité civile serait refusée aux Sociétés libres qui donnent des avantages aussi importants, parfois même supérieurs, et sont aussi bien administrées que les Sociétés approuvées.

On est obligé dans les hautes sphères administratives de rendre hommage, d'un air un peu pincé, à ces « prévoyants si jaloux de leur autonomie administrative » qui n'ont pas voulu se ranger sous la houlette dorée de l'approbation.

En développant ainsi le régime des Sociétés *libres*, on ferait en outre une œuvre utile pour tous les citoyens : les charges qu'ils supportent et supporteront dans l'avenir, du chef des subventions, seraient ainsi diminuées, et l'esprit d'initiative et de responsabilité, nécessaire au développement de la mutualité, se trouverait favorisé.

∴

Quoi qu'il en soit, et malgré les restrictions de la loi qui peuvent paraître regrettables, les Sociétés de Secours mutuels ont la possibilité d'utiliser leur force économique.

Certaines entreprises trop ambitieuses ou mal dirigées échoueraient peut-être; c'est, hélas ! le tribut que réclame le plus souvent sur sa route le progrès en marche. Mais d'autres tentatives réussiraient; l'impéritie des unes servirait d'enseignement, et la sagesse des autres indiquerait la marche à suivre.

Ainsi, l'organisation mieux comprise des Sociétés de Secours mutuels, au lieu de représenter une force à part, s'isolant volontairement des autres forces nationales, pourrait devenir leur plus précieux auxiliaire et collaborer plus efficacement à la prospérité du pays : ce serait là encore de la mutualité.

II

Nous avons un peu plus haut rapproché la Société de Secours mutuels des Sociétés d'assurances dont certaines représentent une véritable force économique. S'en suit-il que nous désirons établir entre elles une confusion?

Si l'on se place exclusivement sur le terrain économique, il est certain qu'elles se rapprochent l'une de l'autre sur beaucoup de points. Toutes les deux visent certains risques dont elles cherchent à garantir leurs sociétaires; les cotisations sont des sortes de primes, et le mot « secours », masque à peine le mot « assurance ». Il serait très désirable également que les premières empruntassent aux secondes leur arithmétique, leurs statistiques et leurs tables — où les probabilités, grâce à des calculs savants, peuvent arriver à de quasi-certitudes, — que les administrateurs des unes aient la compétence des directeurs des autres, que le hasard, enfin, tienne moins de place dans la prospérité mutualiste.

Nous estimons en effet que, riche ou pauvre, l'individu qui veut s'assurer contre les aléas de la vie est en droit de savoir la somme d'efforts personnels nécessaires pour produire le résultat qu'il vise. La science à ce point de vue ne peut que guider et encourager la prévoyance.

Les Sociétés de Secours mutuels ont donc intérêt à se rapprocher des Sociétés d'assurances, au point de vue économique. Ce phénomène se produira probablement par une sorte de *tassement :* les petites Sociétés devenant les sections d'une Société plus vaste, qui devrait être le couronnement de l'organisation du travail dans telle ou telle région, ou le prolongement de l'organisation familiale. La loi des grands nombres diminuera les risques, et la responsabilité plus réelle donnée aux administrateurs développera l'initiative et la force économique de la mutualité.

Mais, nous croyons que même arrivées à ce degré de perfectionnement, les Sociétés de Secours mutuels ne se confonderont pas avec les Sociétés d'Assurances proprement dites. Un billet de banque de cent francs peut avoir la même valeur *nominale* qu'une pièce d'or de cent francs, l'un et l'autre n'ont pourtant pas la même valeur *réelle.* Les Sociétés de Secours mutuels pourront avoir la même valeur nominale que les Sociétés d'Assurances proprement dites, mais elles auront sur ces dernières une valeur réelle supérieure au point de vue social.

Dans les premières, en effet, l'aide mutuelle apparaît avec un certain désintéressement qui ne se trouve pas dans les secondes: les mutualistes administrent eux-mêmes leurs Sociétés, et ils n'ont de ce chef aucune rémunération; les assurés payent, le plus souvent, une légion de fonctionnaires qui absorbent une partie des ressources. La conscience dans les unes est un élément indispensable, il est moins nécessaire dans les autres. Enfin le recrutement n'est plus le même : celles-là s'adressent aux travailleurs modestes, celles-ci ont, en général, affaire à des rentiers qui considèrent l'assurance comme une combinaison financière. Dans leur fonctionnement lui-même, des différences apparaissent.

En effet, tandis que l'assurance ne met en jeu que l'intérêt, secondé par la science et la raison, la Société de Secours mutuels recouvre son organisation d'une certaine part de sentiment, tout à l'honneur de notre humanité qui ne se compose pas seulement de *têtes,* mais aussi de *cœurs.* Et il ne serait pas mauvais de conserver avec soin, de développer même, cette part faite au sentiment qui est un legs des anciennes confréries où le travailleur n'était pas seulement un associé intéressé, mais un ami véritable pour ses confrères. On voyait alors le compagnon valide porter au compagnon malade, avec l'aide matérielle due par l'association, les encouragements et les paroles de consolation dues par l'ami ; il venait s'asseoir près du lit de souffrance, soignait le confrère malade, et témoignait ainsi à celui qui était momentanément éloigné de la vie active que ceux qui luttaient ne l'avaient pas oublié, qu'ils étaient là groupés dans l'association et tous prêts à l'aider.

Ne serait-ce pas, à notre époque de lutte pour la vie, d'agitations, de calculs et de froid positivisme, une vision consolant de beaucoup de misères sociales et morales, que la mise en pratique plus constante, dans les Sociétés de Secours mutuels, de cette vieille et douce charité, que l'on cherche à répudier, en la confondant avec l'aumône et qui n'est, après tout, que cet amour du prochain, exprimé par un autre mot : la Fraternité ? — Les rédacteurs des statuts modèles semblent d'ailleurs être de cet avis, car ils y ont introduit un article tout *imprégné de cet esprit du passé,* que M. Barberet (1) considère avec le dédain que lui inspire son poste de directeur de la Mutualité au ministère de l'Intérieur : c'est l'article 16 instituant *les visiteurs.* Nous croyons désirable que ces visiteurs ne soient pas de vulgaires *contrôleurs,* mais des mutualistes amis', reliant l'institution d'aujourd'hui aux confréries de jadis.

De cette association d'hommes animés de sentiments vraiment fraternels et ayant rempli les mêmes devoirs, naîtront forcément

---

(1) Barberet, *Commentaires de la loi du 1er avril 1898,* Introduction, p. 10.

les idées d'égalité et de justice. Chacun aura droit à ce que son effort personnel lui aura fait acquérir et bénéficiera, proportionnellement à cet effort, des avantages de la Société. Dès lors, la dignité de la Société de Secours mutuels sera faite de la dignité de chacun de ses membres. Mais pour que ces éléments moraux améliorent l'individu au point de vue social, il est nécessaire que les individus puissent s'en rendre compte et les apprécier; pour cela, il faut qu'ils aient entre eux des relations, des rapports sinon constants, tout au moins assez fréquents. Or, l'assurance proprement dite est seulement basée sur la loi du plus grand nombre; elle ne peut exister que si son rayonnement est aussi étendu que possible : Les rapports entre les associés sont donc nuls; n'ayant déjà pour mobiles que l'intérêt et la raison, ils n'auront aucune occasion d'apprécier entre eux ce que leur effort individuel peut produire pour l'amélioration sociale, et l'assurance à ce point de vue restera inféconde.

La Société de Secours mutuels, au contraire, devant fonctionner dans un rayon plus restreint, pourra étendre son influence morale vers le progrès social.

Enfin, il ne nous semble pas que la Société de Secours mutuels soit condamnée à ne posséder que ce qui lui est strictement nécessaire pour ses prévisions éventuelles. Il lui faut, au contraire, pour qu'elle soit une véritable force économique, un certain capital; c'est par ce capital qu'elle pourra élargir son horizon, entreprendre des œuvres profitables à tous, telles que les pensions à l'invalidité ou à la vieillesse, les maisons ouvrières, les caisses de crédit, les prêts d'honneur, la lutte contre la tuberculose, les soins préventifs, etc..... L'important sera de n'immobiliser que les sommes nécessaires pour les prévisions éventuelles et de laisser les autres dans la circulation normale des capitaux. Il ne s'agit donc pas de conseiller « aux mutuelles de thésauriser et de constituer de nouveaux biens de mainmorte », selon la phrase employée par M. Lépine (1) dans son ouvrage sur la mutualité. Il ne s'agit pas surtout de leur conseiller d'agir ainsi en employant le fonds commun inaliénable que ce distingué mutualiste combat avec une courageuse et impitoyable logique; mais de leur permettre, tout en appliquant les règles de l'égalité et de la justice, entre

---

(1) LÉPINE, *La Mutualité*, p. 121.

l'effort du sociétaire et les avantages accordés par la Société, de constituer une *caisse sociale* en vue de nouveaux et utiles services. Cette caisse sociale serait aussi bien la garantie des associés que la preuve de la vitalité et de la force de l'association.

L'assurance, au contraire, reste dans la sécheresse et l'étroitesse de sa mathématique; son horizon et son ambition ne vont pas plus loin que la préoccupation de couvrir des risques déterminés à l'aide de savants échafaudages de chiffres. Il ne peut y avoir en elle ni développement, ni progrès; son édifice est contenu dans une carcasse de fer; toutes les pièces en sont numérotées, et toucher à leur distribution ou à leur affectation risquerait de détruire la stabilité du monument lui-même. Nous ne pouvons donc pas admettre la conclusion de M. Lépine (1) : « La vraie mutualité ne se distingue en rien par ses *principes* et ses *méthodes techniques* de l'assurance proprement dite telle que la pratiquent les Sociétés industrielles, les Compagnies d'assurances mutuelles ou à primes fixes. Elle n'en diffère qu'en ceci : c'est qu'à sa clientèle, de condition généralement plus humble, *elle donne une sécurité moindre*, mais aussi à un moindre prix de revient. »

Si elle n'en diffère qu'à ce point de vue, ce n'est guère à son honneur, et, dès lors, ce n'était pas la peine de faire des lois spéciales et d'encourager tant d'initiatives. En dépit du titre de *sophiste* que M. Lépine nous appliquera, puisqu'il ne le ménage pas à MM. Vermont et Rostand, nous ne pouvons identifier l'assurance proprement dite à la Société de Secours mutuels. Sans parler de l'institution éminemment utile et sociale des membres honoraires — contre laquelle M. Lépine n'a pas de mots assez flétrissants, — nous estimons, avec les « mutualistes éminents » dont il parle, que la mutualité, au point de vue moral, social et économique, ne peut être confondue avec l'assurance.

III

Mais il n'y a pas seulement dans les Sociétés de Secours mutuels une force économique, il y a aussi en elles une force sociale; aujourd'hui pourtant, on rencontre d'indulgents sourires sur des lèvres qui murmurent : « Mais quelle portée sociale ont-elles ? »

Actuellement, il faut l'avouer, l'individualisme qui, pour on ne sait quel motif plausible, sert de base à la mutualité, permet

---

(1) *Loc. cit.*, p. 238.

le sourire et la sceptique interrogation. On s'ingénie à multiplier des organismes hâtifs, éclos au hasard des ambitions locales, insouciants à l'égard de la profession et de la famille qui sont les deux assises de la nation, poussières de Sociétés qui traquent l'individu et l'enrôlent, parce qu'il est une unité de plus à inscrire sur les statistiques.

On peut dès lors se demander, avec une certaine appréhension, si des tendances ainsi individualistes, où le dogme nouveau de la solidarité humaine peut conduire à l'égoïsme personnel, sont bien faites pour donner à la mutualité une force sociale.

Il nous semble indispensable de modifier une telle orientation, de rendre aux Sociétés de Secours mutuels, sans arrière-pensée et franchement, leurs vrais principes de fraternité et d'amour réciproque, d'en faire le complément de l'organisation familiale ou de l'organisation professionnelle, lorsque les circonstances le permettront, et de chercher en elles, non pas la panacée universelle, mais un remède possible à la question sociale.

Née de l'envie des richesses ou de la lassitude des souffrances, envenimée par la concentration capitaliste et le développement de la grande industrie, la question sociale creuse dans notre société moderne des fossés profonds et allume la lutte des classes avec des préjugés et des excitations désastreuses.

L'un des phénomènes de ce malaise social, qui, par un revirement singulier, peut aussi en devenir une *cause*, est *l'aléa de la vie des travailleurs*. Soumis aux crises industrielles qu'une production désordonnée et qu'une concurrence sans bornes exaspèrent, n'ayant pas la possibilité de mettre individuellement sa vie à couvert des conséquences elles-mêmes que cette vie entraîne pour tous les êtres humains, l'ouvrier voit son salaire à la merci d'un chômage ou d'une maladie, cet autre chômage plus cruel encore. Il est anxieux de son avenir et de celui de la famille qu'il procrée; sa mort prématurée jette dans la misère ceux qui l'aimaient; sa vieillesse sans appui le réduit aux pires alternatives de l'aumône, du désespoir ou du crime. Car, ils ne sont pas rares, les vieux travailleurs qui, repoussés de l'usine ou de l'atelier, parce que sans forces ou inhabiles, se voient réduits, après une vie laborieuse et digne, à recourir à l'assistance publique ou privée, à disparaître, ignorés comme des épaves sociales, ou à rechercher sur les bancs de nos tribunaux la prison, l'asile au moins assuré par le Code pénal. Ces aléas de la vie, habilement exploités, rendent donc les ouvriers prêts à la révolte contre une société imparfaitement organisée et représentent peut-être le résumé de la question sociale. L'un des remèdes les plus efficaces à cet état de choses serait l'épargne; mais l'épargne individuelle étant souvent impossible ou tout au moins insuffisante pour assurer la population laborieuse contre les risques de la vie, c'est à l'épargne collective, aidée et encouragée pratiquement, qu'elle doit avoir recours.

L'idée mutualiste devient ainsi l'une des solutions du problème social, parce qu'elle peut produire un rapprochement entre les citoyens d'une même patrie et arriver à affaiblir, sinon à écarter, les aléas de l'existence des travailleurs, c'est-à-dire de tout individu vivant des produits de son activité, coopérant à la prospérité nationale et ne possédant pas la force suffisante pour assurer, à lui seul, son avenir.

Aussi la Société de Secours mutuels, dont le but est précisément d'écarter ces aléas et d'opérer ce rapprochement, doit-elle être considérée comme une force sociale nécessaire et bienfaisante.

D'autre part, pour que la paix et la prospérité règnent dans un pays, il est nécessaire, semble-t-il, que tous les membres de la collectivité non seulement y trouvent leur avantage, mais encore qu'il en soient les collaborateurs *intéressés*. Or, si l'on examine la situation actuelle des travailleurs, on s'aperçoit qu'ils n'ont pas assez d'intérêts engagés dans le patrimoine national. Si la doctrine révolutionnaire a pu gagner rapidement du terrain, c'est que — à part les meneurs agissant pour leur compte, le plus souvent, — une grande partie de la nation est composée d'individus vivant au jour le jour, n'ayant rien pour leur avenir et souffrant d'autant plus des inégalités sociales que leur imprévoyance, leurs vices et les impulsions qu'ils subissent les aveuglent sur les conséquences et les résultats d'une telle doctrine. En un mot, une partie de la nation a tout à gagner à un bouleversement et rien à y perdre.

Il importe donc, pour la paix sociale, que les citoyens deviennent de plus en plus intéressés *matériellement* à la vie publique et que la démocratie possède non seulement une existence avec le moins d'aléas possible, mais aussi la force et les capitaux suffisants pour apprécier et ressentir les effets des lois générales; répudiant alors ce qui pourrait nuire à sa propre prospérité, elle collaborerait à la prospérité générale. Autrement dit, les ouvriers devraient être non pas ces *prolétaires* facilement exploitables par des meneurs et révoltés contre les injustices du sort et les inégalités matérielles, par trop choquantes parfois, mais des *propriétaires* d'une partie du patrimoine national et par cela même intéressés à son développement. Là encore l'individualisme est infécond et les principes de l'aide mutuelle peuvent amener pacifiquement cette évolution.

Par le moyen des institutions mutualistes et, en particulier, par la Société de Secours mutuels, les travailleurs apprennent à devenir et deviennent des propriétaires en commun, des rentiers en collectivité. Les capitaux considérables qu'elle possède et ceux plus nombreux encore qu'elle peut acquérir lui donneraient ainsi, non seulement une force économique, mais aussi une force sociale, intéressée au progrès et à la paix du pays. C'est pourquoi certains partis politiques repoussent une organisation raisonnée du travail : ils savent, en effet, que lorsque le peuple trouvera dans les institutions démocratiques cette puissance matérielle et cet intérêt national, ils ne pourront plus s'en servir comme tremplin de leurs ambitions; la question sociale aura vécu.

Pour arriver à ce résultat, il ne suffit pas que les travailleurs comprennent leurs intérêts, il faut que les favorisés de la fortune comprennent leurs devoirs.

Le patron, en versant des salaires, peut bien acquitter une dette individuelle justement proportionnée au travail fourni, mais se libère-t-il ainsi de son devoir social à l'égard de la collectivité des travailleurs ? Toutes les dettes individuelles payées, il semble devoir au *travail* une part dans les bénéfices qu'il a réalisés, car c'est le total des forces individuelles qui lui permet d'avoir ces bénéfices. Aussi, n'est-ce peut-être pas en élevant les salaires que le patron doit chercher à s'acquitter de son devoir social, mais en faisant participer à ses bénéfices la collectivité des travailleurs, après le juste prélèvement dû aux risques qu'il court, à sa responsabilité et à son intelligence.

Malheureusement, aucune théorie ne peut être appliquée d'une façon générale, et les ouvriers doivent savoir qu'aujourd'hui la majorité des patrons ne réalisent pas les gains que la doctrine socialiste peut croire. Pour maintenir leur industrie en vie et, par conséquent, assurer le paiement des salaires, certains de ces patrons — contre lesquels des démagogues, plus épris de théories brillantes que de faits, attisent la haine des travailleurs — sont tenus à un labeur que le dernier de leurs employés ne voudrait pas assumer. Avant donc de prétendre à une revendication qu'ils croient juste, ceux-ci doivent s'assurer si l'industrie à laquelle ils appartiennent et si le patron, en particulier, auquel ils sont attachés, sont en mesure d'y donner satisfaction. C'est là le sage examen que répudient les pontifes du socialisme.

Dans tous les cas, une partie importante de cette participation aux bénéfices — lorsqu'elle sera possible — devrait faciliter à la Société de Secours mutuels, groupant les travailleurs d'une même profession, la réalisation de ces buts les plus impatiemment attendus — par exemple, les retraites ouvrières, données, soit à la vieillesse, soit à l'invalidité.

Il est juste de constater qu'un certain nombre de patrons sont résolument entrés dans cette voie (1).

Mais ce devoir social n'existe-t-il pas aussi pour ceux que la naissance ou un hasard favorable ont fait entrer dans cette catégorie de citoyens appelés — souvent sans réalité — les heureux de la terre? N'est-il pas la conséquence de la juste et grande Mutualité Nationale? Aujourd'hui plus que jamais, un rapprochement s'impose entre ces favorisés de la fortune et les plus humbles. S'il est vrai, selon M. Ch. Gide, que « l'histoire nous apprend que l'émancipation des opprimés n'a été que très rarement leur œuvre, mais presque toujours — ne pourrait-on pas dire toujours — celle des classes qui leur étaient socialement supérieures », il est juste aussi de constater, malheureusement, que bien peu de ces favorisés savent comprendre leurs obligations et s'en acquitter d'une façon vraiment pratique et profitable pour tous.

La « charité aumônière », pratiquée à l'heure actuelle par l'assistance publique et privée, constitue un acte individuel;

---

(1) L'une des initiatives les plus récentes est celle de l'usine de Champagne-sur-Seine, où MM. Schneider et Cⁱᵉ ont transporté leur service d'électricité. L'ouvrier s'occupe de sa retraite par versements mensuels, et la Compagnie s'engage à y contribuer par des versements doubles de ceux de son personnel, jusqu'à concurrence de 4 francs par mois.

elle peut être un besoin du cœur mais elle n'est pas un acte social; or, les membres d'une société qui veulent être utiles au bien général, et qui comprennent leurs devoirs, doivent s'efforcer de faire des *actes sociaux*.

C'est, pour ces favorisés, démériter de la portion de faveurs qui leur est échue, que de se croire libéré de leur devoir social par des aumônes nécessaires, mais trop rarement efficaces; c'est, de leur part, enrayer la prospérité tout entière du pays, que de retarder par leur inertie l'amélioration du sort des travailleurs qui, si elle ne se fait pas avec eux, se fera contre eux.

Là encore, l'aide mutuelle se manifestera avec sa puissance morale et sociale : le règne de la fraternité ne sera réalisé, dans une nation, que lorsque les riches aideront leurs frères moins fortunés; nous demandions tout à l'heure aux patrons de faire participer, selon leurs forces, leurs ouvriers ou employés à une part de leurs bénéfices, nous demandons maintenant *aux heureux de la terre* de participer aux efforts des travailleurs prévoyants.

C'est dans la Société de Secours mutuels que cette participation semble devoir se manifester de la façon la plus pratique et la plus nécessaire. Nous l'indiquerons encore dans les chapitres suivants, et nous croyons même que c'est actuellement la seule institution sociale où cette collaboration puisse être utilisée sans fausser les principes de l'organisation théorique du travail; mais, nous ne pouvons admettre, avec certains auteurs, que le rôle des membres honoraires, dans une Société de Secours mutuels, soit antisocial. Il y a là, au contraire, un grand exemple de fraternité qu'il importe de généraliser, et sur lequel nous aurons l'occasion de revenir.

Si les citoyens veulent et savent s'entr'aider, les pouvoirs publics peuvent bien intervenir pour unifier ou coordonner les *actes sociaux* des individus, mais ils ne semblent pas avoir à prendre une participation effective et matérielle dans ces actes sociaux. L'État ne devrait intervenir que lorsque les citoyens ne veulent pas ou ne savent pas accomplir librement leurs obligations; c'est alors la collectivité qui rappelle à l'individu ses devoirs.

Actuellement, en France, l'État joue le rôle d'un membre honoraire très influent — trop influent même pour certains esprits, — il entend sans doute indiquer ainsi aux favorisés de la fortune la voie qu'ils doivent suivre. Mais, de même qu'une Société bien administrée ne pourrait supporter que ses membres honoraires voulussent la diriger et *l'accaparer*, de même, l'institution mutualiste par excellence ne doit-elle pas consentir à se laisser diriger et accaparer, même par ce modèle des membres honoraires qui est l'Etat. Ce serait sans doute, pour ce dernier, une politique très bien calculée, mais déplorable par son habileté même.

La mutualité a besoin, en effet, d'indépendance et de liberté pour se mettre résolument en marche vers un avenir de paix et de prospérité nationales, et il ne faut pas qu'elle trouve sur son chemin des entraves à l'expansion de la force sociale qu'elle représente, et qu'elle doit toujours tendre à accroître.

CHAPITRE IV

LA LIBERTÉ OU L'OBLIGATION

Comment la question se pose; — obligation *morale* de la prévoyance. — 1. La liberté anglo-américaine. — 2. La liberté « Subsidiée » de la Belgique. — 3. L'obligation allemande. — Comment notre liberté actuelle pourrait tourner à l'obligation. — Pas d'obligation sérieuse au point de vue social sans l'organisation professionnelle à la base.

L'État doit-il laisser le travailleur libre de se garantir ou non contre les conséquences des aléas de la vie — maladies, accidents, vieillesse, mort, — ou a-t-il le droit et même le devoir d'obliger ce travailleur à une telle assurance?

Les partisans de la liberté répondent : « Toute atteinte à la liberté individuelle est un mal; la prévoyance doit être un acte libre; la rendre obligatoire, c'est la détruire et la remplacer par l'impôt. » Et les interventionnistes de répliquer : « La prévoyance ne sera effective que si la loi l'ordonne, et le bien de tous exige qu'il y ait le moins possible de misères; le budget de l'assistance doit être supprimé par le budget de la prévoyance. C'est donc pour l'État une mesure d' « hygiène sociale » que de contraindre à l'assurance. »

Il a coulé des flots d'encre et d'éloquence sur ces deux thèmes, et les variations présentent des sonorités multiples à mesure qu'on transpose la question, du travailleur lui-même aux patrons et à la collectivité des citoyens.

Nous examinerons plus tard la possibilité de la contrainte *légale* en ce qui concerne l'assurance pour les retraites ouvrières, mais il semble se dégager de ce qui précède une triple obligation *morale* vis-à-vis de la prévoyance: pour l'individu, pour le patron, pour la collectivité. Il y a bien peu de libertés, en effet, qui ne renferment une certaine dose d'obligations, et ces dernières ne perdent rien de leur *force morale* à être exercées librement. Aussi, à moins d'adopter la doctrine collectiviste qui charge l'État de subvenir à tous les besoins des citoyens, doit-on laisser une certaine liberté aux individus dans l'accomplissement de leurs devoirs sociaux : la *prévoyance* est l'un de ces devoirs.

L'effort personnel de l'épargne en vue de l'avenir est une garantie de la liberté individuelle. Pouvons-nous nous dire libres lorsque nous sommes à la merci d'un événement naturel ou fortuit qui fera dépendre notre existence de la bienveillance d'autrui? Avons-nous vraiment conscience de notre responsabilité et de notre dignité, si nous remettons à nos concitoyens la charge de notre avenir? La prévoyance qui nous protège contre les risques humains est tout d'abord la garantie de notre propre indépendance et nous apparaît comme le devoir de tout être qui se dit libre.

Cette obligation personnelle se fortifie d'ailleurs lorsqu'on l'élève de l'individu à la famille. Le père doit être prévoyant pour sa femme et ses enfants; ces derniers doivent à leur tour remplir ce devoir à l'égard de leurs père et mère. Inscrit dans le Décalogue, un tel principe est sanctionné par nos lois civiles et enchaîne les générations les unes aux autres dans l'effort collectif de toute la race.

Et, comme les nations ne sont que des agrégats de personnes et de familles, il en résulte l'obligation de la prévoyance au point de vue social, afin que les individus et les groupes n'enrayent pas l'évolution du pays par une masse d'épaves et de forces perdues.

Le patron, de son côté, ne peut se désintéresser de l'avenir de son auxiliaire, l'ouvrier ou l'employé, afin de conserver le plus longtemps possible leurs forces économiques en activité. Toutes les fois où des impossibilités ne se manifesteront pas, le capital devra donc aider le travail à organiser cette prévoyance. Une telle action pourra se manifester sous forme de participation aux bénéfices ou sous forme de constitution de caisses d'assurances professionnelles.

Enfin, l'ensemble de la collectivité ne peut rester étranger à cette obligation morale. L'épargne primitive due à l'effort individuel est semblable au caillou qui tombe dans l'eau d'un lac paisible et y décrit des cercles de plus en plus larges jusqu'à la berge prochaine où ils viennent aboutir : Dignité personnelle, garantie de la liberté, devoir familial, intérêt social, devoir des patrons, et enfin obligation de la collectivité.

A ce dernier point de vue, il doit exister une véritable *coopération sociale*, qui rapproche le favorisé de la fortune du plus humble citoyen, afin de rendre plus égales et meilleures les conditions de chacun en présence de l'avenir; et c'est là, aujourd'hui, une obligation aussi impérieuse que les deux autres. La prévoyance individuelle du travailleur est dans la plupart des cas insuffisante et impuissante si elle n'est pas secondée par la prévoyance sociale. Or, comme nous profitons tous de nos activités respectives, que nous sommes tous rationnellement des travailleurs, nous avons l'obligation, chacun dans la mesure de nos moyens, d'aider nos compagnons de labeur. La prévoyance individuelle serait sans force et perdrait sa portée sociale si elle n'était pas *mutualisée*.

Au point de vue moral, nous nous trouvons donc en présence de trois obligations concernant la prévoyance.

Le problème ainsi présenté pourrait peut-être satisfaire tout le monde; on le résoudrait par l'accomplissement libre de ces obligations. Malheureusement, une telle solution est hypothétique et probablement illusoire; on peut bien admettre des devoirs, mais on est loin de les remplir. Nous allons donc rechercher quelle a été la pratique adoptée chez trois peuples voisins de la France, qui prétendent résoudre cette question de trois façons différentes : l'Angleterre, avec la liberté individuelle pure et simple; l'Allemagne, avec l'obligation imposée par la loi; la Belgique, avec une liberté et une obligation mitigées. Nous verrons en même temps le rôle des Sociétés de Secours mutuels dans ces différents pays.

I. La liberté dans les pays anglo-américains.

L'Angleterre est généralement offerte au point de vue mutualiste comme le pays de la *liberté*. Les institutions mutuelles, croit-on, s'y créent sans contrainte, les individus ne s'y affilient que par leur propre volonté, l'Etat ne leur concède aucun avantage. Ces propositions, nous le verrons par la suite, n'ont peut-être pas, en fait, une rigidité aussi absolue.

Il serait difficile de fixer une date exacte à l'apparition des premières Sociétés mutuelles anglaises; elles existaient certainement bien avant que Daniel de Foë écrivit en 1697 son *Essai sur divers projets* où il cherchait à organiser l'épargne pour l'avenir et contre les risques de la vie. On a pu retrouver en effet dans la ville de Borrowstonness des Sociétés remontant à 1634 et 1639 et ayant pour but d'assurer des funérailles décentes à leurs membres.

Les « Friendly Societies » actuelles semblent avoir pris naissance dans la deuxième partie du xviiie siècle. Elles étaient surtout au début des associations secrètes, sortes de Loges maçonniques ayant un caractère politique très tranché, et dans lesquelles les nouveaux élus devaient passer par des initiations mystérieuses.

Leur législation remonte à 1793, et douze lois ont été depuis promulguées à leur occasion.

Avant cette date, elles n'avaient qu'une existence précaire au point de vue juridique. Il est vrai que deux « acts » étaient intervenus, l'un en 1757, abrogé en 1770, l'autre en 1792, mais ils ne concernaient que les ouvriers et employés du commerce du charbon. La loi de 1793 ou « Rose Act » définissait les Friendly Societies :

Des Sociétés ayant pour objet de constituer, au moyen de contributions volontaires de la part des membres, des fonds particuliers, et de pourvoir à leur assistance mutuelle et à leur entretien, dans la maladie, la vieillesse et l'infirmité. Le bénéfice du secours s'étendait aux veuves et aux enfants des membres défunts. La définition de la loi ne devait pas être interprétée dans un sens restrictif : le législateur entendait généralement par Friendly Society toute association de bons camarades « of good fellowship » et les autorisait à rédiger des statuts qui ne fussent pas contraires aux lois du royaume. Ces statuts devaient être soumis à l'homologation des juges de paix, en leur session trimestrielle. Ceux-ci avaient le droit de les reviser et d'en annuler les clauses illégales (1).

Quelques autres formalités étaient exigées pour les modifications aux statuts et la liquidation, moyennant quoi les Friendly Societies jouissaient d'une grande liberté et de certains avantages, par exemple : l'exemption du droit de timbre, le droit d'agir en justice ou de défendre à une action, la faculté pour leurs membres de se livrer à leur profession partout où ils trouveraient avantage, sans crainte de se voir rayer des registres de leur paroisse, etc.

De 1707 à 1800 elles furent étroitement surveillées et com-

---

(1) RENÉ CRAGOS, *Les Friendly Societies*, chez Chevalier-Marescq, 1899. Nous avons puisé dans cet ouvrage une grande partie des renseignements contenus dans les pages suivantes.

battues. Les pouvoirs publics craignaient que les idées de la Révolution française ne s'infiltrassent dans le peuple grâce à elles. « L'association est la maladie du temps », trouve-t-on dans le rapport du *Select Committee of Secrecy*, 1801, aussi cherchait-on à entraver les Friendly Societies, Sociétés secrètes par trop populaires. Aucune crainte, au contraire, n'existait à l'égard de la franc-maçonnerie proprement dite, qui était et est encore en Angleterre un ordre aristocratique.

La loi régissant actuellement les Friendly Societies est l'act du 7 août 1896, qui condense les dispositions constitutives du régime de 1875 et des lois complémentaires échelonnées entre ces deux dates.

L'act de 1896 est la charte des Friendly Societies comme la loi de 1898 en France est la charte de nos Sociétés mutuelles ; on trouve même entre ces deux lois des rapprochements quelquefois si intimes, que l'on peut se demander si certains des rédacteurs de notre loi n'ont pas puisé quelques-unes de leurs inspirations de l'autre côté du détroit.

1° *Enregistrement*. — Pour avoir l'existence légale, les Friendly Societies doivent déclarer leur constitution et déposer leurs statuts chez le *Chief registrar* siégeant au *Registry office* à Londres. C'est la formalité de l'*enregistrement,* qui n'est pas obligatoire, mais qui est nécessaire pour donner à la Société certaines immunités et avantages à peu près semblables à ceux concédés par le Rose act. Le Registrar peut faire subir des modifications aux statuts et imposer certaines prescriptions : la constitution d'une Friendly n'est donc pas laissée au bon plaisir de ses promoteurs.

Les Sociétés non enregistrées ont une existence juridique très précaire, aussi incertaine et peu encourageante pour de nouvelles affiliations que celle des Sociétés antérieures à 1793.

Certaines de ces Sociétés non enregistrées sont de véritables Sociétés d'assurance sur la vie, tombant alors sous la réglementation des *Life assurance Compagnies Acts.*

D'autres prennent le nom de *Collecting Societies;* elles sont ou ne sont pas enregistrées, mais doivent se conformer néanmoins aux règles de l'act de 1896. Leur nom indique un plus large rayon d'action que les Friendly Societies ordinaires. Leur champ d'opérations en effet doit dépasser 10 milles; elles sont à vrai dire des assurances à buts plus ou moins financiers, prêtant souvent à de déplorables abus. Les Collecting Societies sont au nombre de 43;

elles groupent 4 millions de membres et possèdent un capital de
£ 2713214.

2° *Organisation intérieure.* — Les Sociétés enregistrées ne
peuvent pas se livrer à des opérations d'assurance dont la valeur
s'élève à plus de £ 200 ou de £ 50 d'annuité. Les assurances
contractées par la même personne à plusieurs Sociétés ne peuvent
dépasser ces sommes.

Cette disposition se rapproche sensiblement de l'article 28 de
notre loi de 1898.

Malgré la formalité de l'enregistrement, les Friendly Societies
ne jouissent pas de la personnalité civile; en droit, elles ne sont
pas des personnes morales ou *incorporated bodies*. Mais, en fait,
elles exercent presque tous les droits d'une personne morale par
l'intermédiaire de leurs *Trustees*.

Les trustees sont des hommes de confiance, ils sont les représentants de la Société et possèdent des droits très étendus, de sorte
que, en définitive, la Friendly a tous les moyens d'action utiles
à son fonctionnement. Les trustees ne peuvent remplir que cette
fonction, ils ne peuvent pas faire partie du bureau des Sociétés.

Quant aux placements de fonds, ils semblent être effectués surtout dans les caisses publiques et dans les caisses d'épargnes.
Il y a donc à ce point de vue une certaine centralisation économique.

Enfin les Friendly Societies sont soumises à une surveillance
assez étroite qui montre que la liberté a des bornes prochaines :

a) Chaque année elles doivent procéder à un apurement de
leurs comptes. Cette formalité est remplie le plus souvent par
des fonctionnaires; elle peut l'être également par de simples particuliers, mais choisis en dehors des administrateurs et désignés
par l'Assemblée générale.

b) Elles doivent aussi rédiger un rapport annuel sur leur fonctionnement et l'envoyer au Registrar avant le 31 mai.

c) Enfin, tous les cinq ans, elles doivent faire procéder à une
vérification de leurs opérations sociales.

3° *Pénalités.* — La loi de 1896 s'occupe aussi des divers incidents qui peuvent se manifester dans la vie d'une Société : fusion,
conversion, inspection, suspension, annulation de l'enregistrement, dissolution; et toutes les infractions à la loi, négligences
ou omission, sont frappées d'une amende, qui est généralement
de £ 5, environ 125 francs.

3. *Les diverses sortes de Friendly Societies.* — Les différentes Friendly Societies se divisent en deux types : les *local clubs* et les *affiliated orders*.

1° Les *local clubs* sont des sortes de Loges possédant un caractère très marqué de mysticisme et de religiosité. La philanthropie, les réjouissances en commun, les coopérations d'efforts sont les sentiments qui animent les « goodfellows » les « oddfellows », les « Thiasotes » (nom des associés). Le plus populaire de ces clubs est le « local burial club » qui s'occupe des funérailles de ses membres ou verse une somme d'argent, lors de leur décès, à leurs héritiers. Ces clubs ressemblent à nos tontines ou à nos Sociétés du franc au décès : à la mort de l'associé, on fait une quête ou *Levy*, la participation est généralement de un shilling. C'est là une organisation très rudimentaire, prêtant à des abus et n'assurant aucune vitalité à la Société. Les associés ont en effet intérêt à n'adhérer que le plus tard possible afin d'avoir à participer à moins de *Levies* et le chiffre de shillings ainsi versés peut être souvent très élevé pour le même individu, sans qu'il soit assuré qu'à son décès ses héritiers en toucheront l'équivalence. Aussi le rapport de la Commission en 1870 remarquait-il déjà qu'un « local club » ne survivait presque jamais à une génération. On a essayé de remplacer les inconvénients de ces tontines par une cotisation hebdomadaire fixe. Seulement l'habitude fut prise de partager entre les associés les bénéfices à la fin de l'année, de sorte qu'un tel usage invétéré de distributions de dividendes, joint au bout d'un certain temps à l'augmentation des décès, amenait la décadence rapide de l'association. Nous avons en France des institutions à peu près semblables mais qu'on ne peut guère recommander comme des types de mutualités sérieuses.

2° Les *affiliated Orders* ou grands Ordres ont une organisation plus stable et plus rationnelle. Les Anglais sont très fiers de cette organisation :

« Jamais une *affiliated Friendly Society*, — disaient les membres de la Commission de 1874, — n'est venue au monde ailleurs que dans les Iles Britanniques, les colonies britanniques, et les Etats-Unis. Elles constituent un type tout à fait particulier aux hommes de notre propre race. »

Leur structure est formée par une fédération à trois degrés : à la base, les « clubs » ou « branches primaires », ou « Loges »; — puis le « District », embrassant un certain nombre de Loges; —

enfin le « Corps central », composé des membres nommés par l'assemblée annuelle des délégués des Loges, qui prend le nom « d'Annual Moveable Committee » parce que le Congrès se tient à tour de rôle dans les principaux centres d'opérations. Le président d'une *affiliated Order* est appelé « Grand Maître », et les « officiers » prennent les noms les plus pompeux. Ainsi organisées, les Friendly Societies semblent une franc-maçonnerie composée de l'élite des travailleurs, à côté de la grande franc-maçonnerie anglaise toujours aristocratique.

Ces Ordres se font remarquer par une grande décentralisation et un *self government* au profit de chaque branche, d'où des frais d'administration très élevés.

Pour remédier à ces inconvénients, on organisa les *centralized orders*, sorte de vastes Unions ne possédant pas de branches proprement dites, mais des sections ou des « Ombres de branches ». L'un des principaux centralized orders est celui des « Cœurs de chêne » (Hearts of Oak). La plupart fonctionnent à Londres et tendent à dégénérer en de simples Compagnies d'assurances.

Ces deux types principaux se subdivisent en une foule de types secondaires; les uns, exclusivement professionnels, encourent les reproches des Trades-Unions sous prétexte qu'ils éloignent le travailleur de la véritable organisation professionnelle; les autres, surtout dans les campagnes, sont des sortes de banques où les versements des associés sont capitalisés; on les appelle *Comity societies* ou *patronized societies;* cette dernière dénomination désigne surtout les associations où les membres honoraires ont la plus large part dans l'administration et dans la constitution des fonds sociaux. On voit enfin les « dividing Societies », sortes d'assurances sur la vie, dont les frais d'administration s'élèvent jusqu'à 40 % des recettes et qui prêtent à des abus et à des scandales fréquents.

4. *Buts des Friendly Societies.* — Les buts communément poursuivis par les Friendly Societies sont les suivants :

Secours en cas de maladie, ou « Sick benefit » : soins du médecin et allocations hebdomadaires;

Payement d'une somme d'argent à la mort du sociétaire ou payement des funérailles, c'est le « burial money »;

Secours aux veuves et aux orphelins, généralement 250 à 300 francs : ces secours étant parfois insuffisants, on les complète au moyen d'une quête spéciale;

Allocations à la naissance d'un enfant et dotation des enfants;

« Travelling benefit » ou secours au confrère qui voyage à la recherche d'un emploi; à cet effet on lui remet un *travelling card* ou « travelling chèque »;

Enfin, depuis quelque temps, les *retraites* à partir de cinquante ans. Il est à remarquer que sur ce point la plupart des Friendly Societies ont échoué. Leur action n'empêche pas les vieux travailleurs d'en être réduits à bénéficier des secours humiliants de la loi des pauvres ou à subir la lugubre sequestration des Workhouses.

Aussi, dans ces dernières années, un mouvement très accentué s'est-il dessiné en Angleterre pour l'intervention de l'Etat et pour l'obligation en cette matière.

Dès 1878, des projets « d'assurance publique » sont publiés et émeuvent plus ou moins profondément l'opinion. En 1885, la question est soumise à la Chambre des Communes; en 1887, M. Booth, membre du Parlement, dépose un nouveau projet de « state pension ». Enfin, en 1891, M. Chamberlain présente une proposition de loi sur l'assurance obligatoire avec une large participation de l'Etat. L'enquête à laquelle il s'était livré lui avait révélé les tristes dessous d'une liberté plus belle de loin que de près.

— Actuellement, disait-il, parmi les vieillards appartenant aux classes laborieuses et ayant atteint l'âge de soixante ans, *un sur deux* est obligé pour vivre d'invoquer le bénéfice de la loi sur les pauvres. (*Cris : c'est une honte.*) Il se peut bien que quelques-uns méritent leur sort, qu'ils aient été réduits à cet état par l'intempérance et la mauvaise conduite. Mais personne ne me persuadera que cela est vrai de tous (*Applaudisse ments*) ou même de la majorité (1).

Une Commission fut nommée; les lourdes charges qui auraient incombé à l'Etat l'impressionnèrent, et elle se prononça contre toute innovation en déposant son rapport en 1898 (2).

Les Friendly Societies les plus prospères sont : — « l'Indépen-

---

(1) Chambre des communes, séance du 21 avril 1891.

(2) Lire sur cette question l'intéressante brochure de M. ETIENNE-MARTIN SAINT-LÉON. *Une Réforme sociale en Angleterre*. Rondelet et Cⁱᵉ, éditeurs, 3, rue de l'Abbaye, Paris.

Les derniers volumes actuellement parus sont : *Les Pensions de retraites*

dant order of Oldfellows of the Unity of Manchester, — l'Ordre des « Foresters », qui se combine avec l'Ordre des « Shepherds », — les « Druids », — les « Romans », — le grand United Order of Oldfellows; — le National Independant order of Oldfellows, — « the ancient noble order of United Oldfellows », — l'Ordre des « Free Gardeners », — l'Ordre des « Rechabites », etc.....

Les Friendly Societies comptent environ 5 millions de membres et possèdent un capital de 600 millions.

A côté de ces associations correspondant à nos Sociétés de Secours mutuels, nous avons vu l'importance de ces pseudo-mutualités qui sont plutôt des Compagnies d'assurance. Il faut y joindre l'organisation des *Trades-Unions*, vastes groupements professionnels ayant pour but la défense des intérêts économiques de leurs membres, mais aussi la répartition de nombreux secours en cas d'accidents, de maladie et de vieillesse.

La force du trade-unionisme anglais consiste dans des éléments qui font le plus souvent défaut dans nos Syndicats. Les chefs ont une grande valeur personnelle et un véritable dévouement. Beaucoup d'entre eux ont une élévation morale telle qu'ils deviennent non seulement des apôtres de l'idée corporative, mais aussi de l'idée religieuse. Il n'est pas rare de rencontrer parmi eux des « preachers » volontaires enseignant la doctrine méthodiste fondée sur la croyance dans le Christ rédempteur; leurs exhortations morales commentent les principes de la véritable charité et de la responsabilité. Il en résulte de très heureuses répercussions dans tout cet organisme, un véritable esprit de corps entre tous les membres qui le composent et des tendances orientées plutôt vers la conciliation et la paix que vers la lutte sociale. Les travailleurs des Trades-Unions sont une élite, leur cotisation, très régulièrement payée, varie entre 1 fr. 25 et 1 fr. 85 par semaine (1).

(*Old-age pensions*). A collection of short papers, 1903, Macmillan et Cᵒ, éditeurs, Londres.

*Old age pensions. Are they desirable and practicable. Pro and con. By :
Frederick Rogers et Frederick Millar*, 1903. — Isbister et Cᵒ, éditeurs, 15 et 16, Tavistock street, Londres. — A la fin de ce dernier volume se trouve une bibliographie très complète sur la question des pensions de retraites en Angleterre.

(1) Lire *Le Trade-Unionisme en Angleterre*, par M. P. DE ROUSIERS, et l'*His-*

Les Trades-Unions sont au nombre de 100, elles comptent de 600 à 700 000 membres. Leur organisation au point de vue des retraites est encore très incomplète. Une quarantaine des plus vastes ont obtenu en 1897 quelques résultats, mais peu considésables, car 10 % seulement de leurs dépenses sociales ont été affectées aux pensions de vieillesse, le reste passe en allocations de maladie, d'accidents, de chômage et de secours de route. Leur nombre de retraités s'élevait à moins de 2 % de l'effectif total. Les autres Trades-Unions n'avaient versé dans la même année que 200 000 francs comme pensions de vieillesse.

De ce qui précède, deux conclusions peuvent être tirées : —

Malgré la grande liberté laissée aux individus, une réglementation assez étroite régit les Friendly Societies. Les efforts de ces associations sont néanmoins désordonnés et la concurrence surtout parmi les « Affiliated Orders » détruit un plan d'ensemble sérieux et social.

En second lieu, malgré cette multiplicité d'institutions, la misère est encore extrême en Angleterre. Le travailleur anglais, lorsqu'il gagne sa vie, peut arriver à répondre aux « quêtes » et à s'assurer contre la maladie; mais, dès que ses forces le trahissent, c'est la « workhouse » qui l'attend, car il lui a été impossible d'exercer la prévoyance pour la vieillesse.

Aujourd'hui comme il y a un demi-siècle, au temps des émeutes chartistes, le paupérisme est encore le mal qui ronge l'Angleterre, et toutes les manifestations innombrables de la grandeur et de la prospérité de ce puissant pays : ces milliers de cheminées d'usines qui fument sous son ciel brumeux, attestant sa force et son activité productives, sa marine de commerce et de guerre qui lui assure en tout temps et en tous pays l'empire des vagues, ses armées qui font flotter sur tous les continents son orgueilleux pavillon, tous ces témoins d'une fortune dont l'histoire depuis Rome ne nous offre pas d'autre exemple, ne servent qu'à mettre encore plus en évidence la tristesse et l'odieux de cette constatation : dans ce pays si riche et si fort, derrière ce décor si riche et si imposant, il y a tout un peuple de vieillards auquel il n'est guère laissé d'autre alternative que la misère avec toutes ses tortures ou la *workhouse*, c'est-à-dire une prison déguisée, avec toutes ses amertumes et ses humiliations (1).

____

toire du trade-unionisme, par Sydney et Beatrice Webb, traduit en français par Metin.

(1) Etienne-Martin Saint-Léon, brochure citée plus haut. On trouvera

Aux Etats-Unis, l'organisation de la prévoyance ressemble beaucoup à celle de l'Angleterre. On y retrouve le mysticisme et la religiosité, ainsi que toute la hiérarchie et les symboles de la franc-maçonnerie. Les Sociétés de Secours mutuels américaines sont les annexes des Loges ou les Loges elles-mêmes; la plus ancienne remonte à 1868 (1).

Le principal type des « Orders » américains repose sur le système de la caisse unique ou fonds commun social. Nous avons vu cette application en Angleterre : il existe des sections qui sont des *ombres de branches*, mais toute l'administration est centralisée. Le Conseil suprême est un organe de propagande, il n'administre pas; il est constitué par les délégués des Conseils généraux. Ce sont des Comités désignés par le Conseil suprême qui sont chargés de l'administration, et les officiers ou directeurs sont très largement rétribués. En-dessous de ces hautes assemblées se trouvent les Loges.

Le Conseil suprême et son Comité sont chargés des opérations concernant les assurances sur la vie; — les Loges s'occupent des secours de maladie. Les Unions de travailleurs donnent également ces derniers secours.

Le régime le plus commun est l'allocation au décès, organisée à l'aide de la quête ou par un abonnement. Ce dernier mode constitue une amélioration au système de la tontine : les Américains remarquèrent que, en général, on quêtait dix-sept fois par an dans la plupart des circonscriptions, ils fixèrent donc une cotisation unique et annuelle, égale à vingt et une quêtes. Cette majoration est nécessaire pour couvrir les frais d'administration et de propagande qui sont énormes. Il existe entre les « Fraternel Orders » une concurrence effrénée en annonces, affiches, courtage, etc.; ces frais se sont élevés à 300 millions en 1901. On abaisse les primes pour avoir des adhérents, ou l'on augmente le quantum des avantages, de sorte que certaines associations ne peuvent plus arriver à tenir leurs promesses.

Quant aux pensions de vieillesse proprement dites, elles ne

exposé très clairement dans cette brochure l'organisation de la loi des pauvres et des workhouses, ainsi que les différents projets de lois sur les retraites pour la vieillesse. Lire aussi CHEVALIER, *La Loi des Pauvres*, et LALLEMAND, *Histoire de la Charité en Angleterre*.

(1) On sait d'ailleurs que la franc-maçonnerie anglaise et américaine n'a pas les mêmes allures que la franc-maçonnerie française.

sont qu'un but accessoire. La règle américaine est le travail à outrance, le travail jusqu'à la mort; aussi, pour avoir droit à une rente de vieillesse, faut-il être âgé de soixante-dix ans, être dans l'incapacité absolue de travailler et dans le dénûment complet.

Certains « Orders » atteignent à un capital social fantastique pour nos institutions européennes et qui paraît ordinaire en Amérique où la valeur de l'argent et le coût de la vie ne sont pas les mêmes. C'est ainsi que le « Royal Arcanum », fondé en 1879, compte 210 000 membres et 2 594 millions de capitaux.

On évalue à 5 millions le nombre des associés. En 1901, un grand Congrès avait lieu et groupait les délégués de 50 Sociétés représentant 3 636 000 membres et 24 600 millions de capitaux. Les indemnités de décès payées en 1901 se sont élevées à 250 650 000 francs.

Nous n'avons pas à envier, toutefois, l'organisation américaine; d'abord, parce que ce serait inutile : nos Sociétés n'atteindront probablement jamais à ce chiffre colossal de milliards, et il vaut mieux avoir la philosophie du renard de la fable et trouver cette fortune « trop verte ». Ensuite, cette organisation ne semble pas l'idéal, par le fait de cette concurrence effrénée et du mépris un peu trop marqué pour tous les travailleurs qui ne peuvent pas faire l'effort de prévoyance. Que sont ces 5 millions d'associés auprès de la population laborieuse des Etats-Unis? Les « Fraterne Orders » n'atteignent pas les couches profondes du peuple où l'on souffre et où la misère tue.

Nous pourrions néanmoins retenir de ces Sociétés de Secours mutuels l'esprit d'initiative, d'indépendance et d'*aide personnelle*, ce « self-help » qui est si développé au delà de l'Atlantique, et cette puissante notion de la dignité individuelle dans l'aide réciproque que le président Roosevelt résume en ces lignes :

Tout homme, parmi nous, a besoin d'une telle aide un jour ou l'autre, et chacun de nous devrait être joyeux de tendre la main à un frère qui trébuche. Mais, tandis que tout homme a besoin parfois d'être relevé quand il trébuche, aucun homme ne peut se permettre de se laisser porter, et il ne vaut le temps de personne d'essayer ainsi de porter quelqu'un d'autre (1).

____

(1) ROOSEVELT, *La Vie intense.* — *Droit de Cité Chrétien.* Discours prononcé à « Carnegie Hall », New-York, 30 décembre 1900.

II. La liberté subventionnée de la Belgique.

Les Sociétés de Secours mutuels proprement dites sont en Belgique les formes modernisées des anciennes Ghildes. Elles s'occupent des soins aux malades et des secours connexes; aucun trait saillant ne les distingue de nos Sociétés françaises. Au 1er janvier 1901, elles étaient 1891, leur nombre a dû s'accroître très probablement surtout dans les campagnes où une active propagande a été faite. La loi du 23 juin 1894 les régit.

Le grand encouragement de l'État va surtout aux affiliés de la Caisse générale des retraites et aux mutualités qui ont pour but exclusif cette affiliation.

La loi du 10 mai 1900 ne fait que réglementer un *modus vivendi* antérieur, elle établit légalement le régime de la « liberté subsidiée » et s'occupe exclusivement des pensions de vieillesse.

L'invalidité reste régie par l'article 50 de la loi du 16 mars 1865; c'est-à-dire que toute personne possédant un livret de pensions de retraites dont l'entrée en jouissance est fixée à un certain âge, soixante-cinq ans par exemple, peut demander la liquidation de sa rente en cas d'invalidité avant cet âge.

Les subventions belges (1). — Ces subventions sont nombreuses et accordées exclusivement aux *Sociétés d'affiliation à la Caisse générale des Retraites,* qui ont soumis leurs statuts à la formamalité de la *reconnaissance,* à peu près semblable à celle de notre *approbation.*

Lors de la constitution d'une telle Société, l'Etat accorde :

1º L'impression gratuite des statuts;

2º L'exemption des droits d'enregistrement, de timbre et de greffe;

3º L'autorisation de correspondre en franchise postale avec certains personnages officiels;

4º Une somme de 125 francs peut être également allouée pour couvrir les frais de premier établissement d'une telle association.

Pour exciter le zèle des Sociétés d'affiliation, l'Etat leur accorde en outre un subside de 2 francs « pour chaque livret sur lequel il aura été versé, pendant l'année écoulée, une somme de 3 francs

____

(1) Nous tirons ces renseignements de la remarquable brochure de M. G. SALAUN. *Les Retraites ouvrières en Belgique.* Rousseau, éditeur, Paris.

Lire du même auteur : *Les Résultats de la Loi belge sur les Retraites ouvrières.* (Extrait des *Annales du Musée social,* juillet 1902.)

au moins, non compris les subsides des pouvoirs publics (provinces) et à la condition que la gestion et les écritures de la Société aient été trouvées régulières ».

Dans ce but, chaque Société doit envoyer tous les ans au ministère du Travail un état statistique et des relevés.

A ces subventions, qui s'adressent à la Société en tant que personne civile et qui font corps avec les dons et les cotisations des membres honoraires, l'État accorde des subsides pour encourager la *prévoyance individuelle.*

—Chaque affilié à la Caisse générale des retraites a droit à 0 fr. 60 par franc jusqu'à concurrence de 15 francs versés sur son livret tant par lui-même que par son patron ou sa Société. Le maximum de cette subvention ne peut donc pas dépasser 9 francs, sauf pour les nouveaux affiliés, âgés de plus de quarante ans, et pour lesquels la limite de 15 francs est augmentée afin de les encourager à rattraper le temps perdu par leur prévoyance tardive.

Cette subvention s'arrête lorsque l'ensemble des sommes versées sur le livret donne droit à une rente de 360 francs. Pour rendre cette règle uniforme, on suppose tous les versements effectués à *capital aliéné* et l'entrée en jouissance de la rente fixée à soixante-cinq ans. En pratique, les versements à *capital réservé* au titulaire du livret et à ses ayants-droit sont la grande majorité; les versements à capital aliéné ou *abandonné* ne s'élèvent pas à plus de 5 % pour l'ensemble du pays.

Les subsides de l'Etat sont placés à *capital aliéné.*

La loi du 10 mai 1900 a introduit une innovation en ce qui concerne ces subsides. Avant elle, les affiliés à la Caisse générale des retraites par l'intermédiaire d'une mutualité y avaient seuls droit. Depuis la loi, tout affilié, même isolé, peut les réclamer s'il remplit les deux conditions suivantes :

1º Etre belge et résider en Belgique ou être citoyen d'un Etat étranger qui accorde les mêmes faveurs aux Belges. Actuellement, les Allemands et les originaires du canton de Neufchâtel sont les seuls à bénéficier de cette faveur.

2º Etre dans une situation de fortune digne d'intérêt. Sur ce point, on se sert du chiffre de contributions payé par l'affilié. Pour avoir droit à ces subventions, il devra verser moins de 50 francs de contributions dans les localités ayant un chiffre d'habitants inférieur à 10 000. Ce minimum s'élève proportionnellement, selon l'importance de la localité, pour atteindre 80 francs dans les villes possédant 30 000 habitants ou davantage.

— Enfin, le régime transitoire entraine une allocation de 65 francs par an pour les « vieux ouvriers », ouvrières, femmes et veuves d'ouvriers ayant atteint l'âge de soixante-cinq ans lors de la promulgation de la loi.

Les conditions requises sont les suivantes :

1° Etre ouvrier ou ancien ouvrier, domestique (agriculture, industrie ou métier), femme ou veuve d'un ouvrier ou ancien ouvrier ;

2° Etre Belge et résider en Belgique, ou originaire d'Allemagne ou du canton de Neufchâtel et, dans ce cas, résider depuis un an en Belgique ;

3° Avoir soixante-cinq ans au moment de la promulgation de la loi ;

4° Etre dans une situation digne d'intérêt.

Cette dernière condition est examinée par les *Comités de patronages* qui s'occupent également de l'organisation des habitations ouvrières. La subvention est accordée par la *Commission d'appel*, instituée par le décret du 5 avril 1901 au chef-lieu de chaque province et réglementée par l'arrêté du 25 avril 1901.

Ces allocations ne sont d'ailleurs que provisoires et cessent d'être accordées si le bénéficiaire revient à meilleure fortune.

Il est toujours préférable de s'affilier à la Caisse des retraites par l'intermédiaire d'une Mutualité reconnue parce qu'on bénéficie des versements que cette Société peut faire sur le livret de retraite. En outre, les Mutualités scolaires peuvent affilier leurs jeunes sociétaires dès l'âge de trois ans, tandis que dans les cas isolés la Caisse des retraites ne reçoit qu'à partir de l'âge de seize ans.

Caractère des Sociétés de Secours mutuels belges. — A part les Sociétés de Secours mutuels s'occupant de la maladie et des secours accessoires, les mutualités belges ne possèdent pas d'autonomie financière proprement dite. Ce sont de simples intermédiaires entre le travailleur et la Caisse générale des retraites, des « rabatteurs », pour employer l'expression de M. Salaun, qui a fait une si intéressante et si complète enquête en Belgique et que nous sommes heureux de remercier de sa grande amabilité à notre égard.

La plupart sans doute placent à la Caisse des retraites, en leur nom et comme personne civile, les fonds qui leur proviennent en dehors des cotisations des mutualistes, mais ces derniers sont plutôt les affiliés de la Caisse des retraites que de la Société de Secours mutuels.

Les retraites pour la vieillesse ne sont pas, en conséquence, accordées en Belgique par les mutualités, mais par la Caisse des retraites centrale, contemporaine de notre Caisse nationale des retraites pour la vieillesse et qui lui ressemble presque exactement. Aussi nos mutualistes, qui vantent si souvent l'organisation de leurs voisins du Nord, protesteraient-ils avec force et avec raison, si on *imposait* en France une telle centralisation et un semblable individualisme.

A ce rôle de propagande, — exercé avec une habileté telle que le principe de liberté est remplacé par le régime de la persuasion, souvent obligatoire, — les Sociétés belges se font pour ainsi dire les agents de la Caisse générale des retraites. Elles lui épargnent une partie de ses frais de gestion; elles se chargent, en effet, du recouvrement des cotisations et de leurs versements à l'aide de bordereaux où sont inscrits les noms et les cotisations de leurs membres respectifs.

Cette centralisation financière, volontairement opérée par le législateur, n'est pas l'unique point qui puisse faire rapprocher le régime belge de certain projet sur les retraites ouvrières : en France ce mode d'épargne est aussi le seul qui soit encouragé par l'Etat et vers lequel on pousse les travailleurs. Or, l'épargne ayant pour eux une possibilité restreinte, il s'ensuit que les retraites sont presque obligatoires, en fait, puisqu'il est fort difficile, d'une part, d'échapper aux « rabatteurs » et, d'autre part, d'exercer une prévoyance différente.

En fait même, l'*obligation* de s'affilier ainsi à la Caisse des retraites est souvent complète, des patrons mettant comme condition *sine qua non* de l'embauchage la présentation d'un livret de pension pour la vieillesse. C'est là l'obligation la plus tyrannique, puisqu'elle est unilatérale, frappant l'ouvrier et n'obligeant pas le patron.

Résultats de la loi belge du 10 mai 1900 sur les retraites ouvrières. — Après la première année d'application de la loi on a pu constater que si les populations rurales, à bas salaires, l'avaient bien accueillie, il y avait eu des déceptions du côté des ouvriers de l'industrie.

Rien n'est pourtant négligé pour faire apprécier les bienfaits de l'assurance pour la vieillesse. La Caisse générale des retraites multiplie les brochures et les circulaires. Des affiches sont placardées sur les murs, des plaques sont fixées dans les gares et jusque dans les compartiments des chemins de fer. Les provinces organisent des causeries et des conférences, les « hommes d'œuvres » déploient une activité digne de tous les éloges et n'épargnent ni leur peine, ni leur parole, ni leurs conseils; les Sociétés se créent en foule et vont jusque chez le travailleur toucher sa cotisation; les écoles primaires accordent des livrets de retraites en place de livres de prix ; des dictées et des calculs mutualistes sont donnés en devoirs aux enfants (1); enfin, ouvriers, patrons, ecclésiastiques font une active propagande individuelle.

Les couches ouvrières un peu profondes ne sont pourtant pas pénétrées, au dire des hauts fonctionnaires du ministère de l'Industrie et du Travail :

Les affiliés ne se recrutent guère, écrit M. Salaun, que parmi une élite relativement restreinte des ouvriers, ou bien parmi des personnes disposant déjà d'une petite aisance et dont les vieux jours seraient par ailleurs assurés. Il ne leur paraît pas que la masse profonde des travailleurs proprement dits soit encore suffisamment intéressée et sollicitée, et ils estiment que c'est sur ce point qu'il faudra faire porter prochainement l'effort principal en associant peut-être les bureaux de bienfaisance à l'application de la loi, en activant davantage encore la propagande déjà si active, en modifiant sur certains points le mode d'attribution des subsides, et en n'hésitant pas au besoin à majorer le chiffre de ces subsides eux-mêmes.

Le budget belge est néanmoins lourdement grevé par le régime de cette liberté « subsidiée » (2).

En 1901, les frais incombant de ce chef à l'Etat ont été les suivants :

> 1 100 000 francs de primes de 0 fr. 60 correspondant à 1 835 000 francs de versements primés.
> 410 000 francs de primes à 2 francs.
> 200 000 francs de frais d'administration.
> ___________
> 1 710 000 francs

(1) Voir à cet égard l'*Arithmétique de l'épargne et de la prévoyance*, par Mlle DU CAJU. Imprimerie A. Siffer, Gand.

(2) Les provinces accordent également des subventions, on a essayé sans succès de leur faire accorder des subsides d'une façon uniforme.

A cette somme de 1 710 000 francs, il y a lieu d'ajouter 176 000 allocations de 65 francs, accordées à des vieillards ayant atteint l'âge de soixante-cinq ans, ce qui correspond à 40 pour 100 de la population du même âge — soit 11 450 000 francs.

On avait prévu 6 500 000 francs pour le montant des charges budgétaires; on dut, par la suite, affecter à cet office, un fonds spécial de 12 millions en 1901, première année d'exercice de la loi; les dépenses que nous venons d'énumérer se sont élevées à 13 160 000 francs. Si l'on tient compte du peu d'étendue de la Belgique et de sa population, qui n'est que de 6 millions d'habitants environ, il est facile de voir la charge qu'imposerait à la France un régime semblable. En 1900, les Sociétés d'affiliation belges étaient au nombre de 3 604, et de 4 769 en 1901. Il y avait en tout, au 1er janvier 1904, 6 447 Sociétés mutualistes reconnues. Le chiffre total des versements a passé de 856 116 francs en 1900 à 1 368 406 francs en 1901.

Les affiliations nouvelles à la Caisse des retraites, qui avaient été de 136 384 en 1900, sont tombées à 133 606 en 1901, dont 131 148 dues à « l'intervention des intermédiaires, patrons ou Sociétés mutualistes; il ne reste donc qu'un chiffre tout à fait insignifiant de versements directs ».

Le régime belge, malgré son étiquette de « liberté », nous semble, dans la pratique, n'être qu'un état transitoire, vers l'*obligation* de la prévoyance, et c'est peut-être à tort que les partisans de la liberté le citent comme exemple.

III. L'OBLIGATION ALLEMANDE.

Si la Belgique, avec sa « liberté subsidiée », est arrivée à une centralisation étatique préparant la route de l'*obligation* tout au moins pour les retraites, l'Allemagne, avec sa vaste obligation, aboutit à une certaine liberté et à une grande décentralisation.

Nous ne pouvons, dans ces quelques pages, étudier en détail la plus énorme organisation économique et sociale qui ait été mise debout par les législateurs modernes; les personnes qui voudraient approfondir ce système pourront lire les différents travaux de M. G. de Saint-Aubert (1), l'un des auteurs les mieux

---

(1) G. de SAINT-AUBERT. *L'Assurance contre l'Invalidité et la vieillesse en Allemagne*, Larose, 1900. — *Les Leçons de l'expérience;* série d'articles parus dans la revue *l'Association catholique.* Imprimerie Emmanuel Vitte, 14, rue

documentés à cet égard, auquel nous empruntons la plupart des renseignements suivants.

Les points qui dominent la législation allemande sont :

1° Obligation générale de l'assurance contre la maladie, les accidents, l'invalidité et la vieillesse ;

2° Base professionnelle des Sociétés de Secours mutuels proprement dites et leur grande utilité comme intermédiaires pour les Caisses de retraites ;

3° L'invalidité servant de fondement à l'organisation des retraites ;

4° La grande décentralisation des organismes d'assurances, aussi bien au point de vue administratif qu'au point de vue du placement des fonds.

Nous nous bornerons à passer en revue ces quatre points.

1° *Obligation générale de l'assurance contre la maladie, les accidents, l'invalidité et la vieillesse.* — Cette obligation ne semble pas avoir été en Allemagne le produit d'un acte d'autorité brutale, elle a été amenée, pour ainsi dire, dans la législation par tout un ensemble d'idées morales et politiques.

L'influence du christianisme, qui s'était manifestée en France dans l'organisation des confréries du moyen âge, avait persisté dans les États allemands. Les communes devaient l'assistance aux malades et aux nécessiteux, et c'était pour elles une charge fort lourde.

Les économistes, d'autre part, tels que Schonberg et Wagner, avaient préparé l'opinion, et l'esprit des Hohenzollern avait toujours eu pour tendances de « prendre les intérêts des faibles dans la lutte économique », selon l'expression de Bismarck.

Enfin la nature méthodique et disciplinée des citoyens, jointe au besoin politique d'unification, donnait à un tel système un motif de réussite et une justification.

Il y eut néanmoins de grands tiraillements parmi les législateurs, puisque la loi d'assurance obligatoire pour l'invalidité et la vieillesse ne fut votée, en 1889, qu'avec vingt voix de majorité et après une consultation nationale.

Toute personne, occupée moyennant un salaire inférieur à

de l'Abbaye, Paris. — *L'Organisation de l'assurance ouvrière. Avantages et inconvénients de la décentralisation ;* et *Les Retraites ouvrières. Obligation et Décentralisation ;* Ville, éditeur, 14, rue de l'Abbaye, Paris.

2 000 marks par an, est obligée de s'assurer contre les risques de maladie, d'invalidité et de vieillesse. C'est ainsi que cette formidable organisation englobe 12 millions de personnes.

— 1° La loi d'assurance contre la maladie fut votée le 15 juin 1883, et entra en vigueur le 1er décembre 1884.

Tout patron occupant plus de 50 ouvriers fut tenu de créer une caisse de maladie à laquelle il est *obligé* de verser une cotisation et les ouvriers *obligés* de s'affilier.

D'autre part, les caisses des corporations et les caisses communales existantes obtinrent la reconnaissance légale; à ces dernières doivent s'affilier les ouvriers des petits ateliers et les ouvriers agricoles.

Ces institutions donnent des secours de maladie et des indemnités pour payer les frais funéraires des sociétaires décédés; elles sont, quant aux buts, de véritables Sociétés de Secours mutuels. L'Etat ne leur accorde aucune subvention.

2° La loi d'assurance contre l'invalidité et la vieillesse fut votée le 22 juin 1889. A l'unanimité moins trois voix, des modifications furent par la suite reconnues nécessaires et entrèrent en application le 1er janvier 1900.

La loi de 1889 englobe tous les salariés à partir de l'âge de seize ans. A cet effet, 31 caisses régionales ont été créées. Neuf caisses corporatives groupent, en outre, les travailleurs des mines et des chemins de fer : elles existaient antérieurement à la loi et reçurent la reconnaissance légale.

Les cotisations sont perçues au moyen de timbres vendus par les Caisses et qui doivent être collés sur la carte d'assurance de chaque travailleur. Cette cotisation, payée chaque semaine, ne s'élève jamais à plus de 0 fr. 45 (part des patrons et part des ouvriers).

A cet effet, les salariés sont divisés en cinq classes correspondant à leurs salaires.

La première classe comprend les ouvriers et employés ayant un salaire annuel inférieur à 437 fr. 50; la cotisation hebdomadaire est de 0 fr. 175. Il a été vendu dans cette classe en 1899 pour 108 millions de timbres.

La deuxième classe va de 437 fr. 50 à 687 fr. 50; la cotisation hebdomadaire est de 0 fr. 25. 197 millions de timbres ont été vendus dans cette classe en 1899.

La troisième classe s'étend de 687 fr. 50 à 1 060 fr. 50, avec une cotisation de 0 fr. 30. Elle a eu 133 millions de timbres en 1899.

La quatrième classe, de 1060 fr. 50 à 1437 fr. 50, a une cotisation de 0 fr. 371 représentée en 1899 par 106 millions de timbres.

La cinquième classe, au-dessus de 1437 fr. 50, a une cotisation de 0 fr. 45 représentée par des timbres doubles. Il y en a eu 823 000 vendus en 1899.

Le patron et l'ouvrier supportent chacun la moitié des cotisations indiquées.

Les recettes des Caisses de retraites se sont élevées en 1899 à la somme de 118 303 793 marks, soit 147 879 741 francs. La moyenne des rentes d'invalidité était à la même époque de 164 à 176 francs.

3° Enfin, les patrons furent obligés de s'affilier aux Caisses d'assurances contre les accidents créées par la loi du 6 juin 1884.

L'industrie possède 65 Caisses et l'agriculture 48. Chaque Caisse correspond à un corps de métier groupant tous les patrons qui en font partie.

2° *La base professionnelle du système allemand.* — Les législateurs d'outre-Rhin n'ont pas établi l'*obligation* à l'aveuglette, ils ont mis l'organisation professionnelle à la base. C'est ainsi que les caisses d'assurance contre la maladie sont purement professionnelles, sauf les caisses communales, qui forment la minorité.

Il en est de même des Caisses patronales contre les accidents. Les professions se trouvent ainsi douées des organismes sociaux pouvant garantir leurs membres contre les risques de la maladie ou des accidents.

Nous regrettons, avec M. Boediker, l'ancien président de l'Office impérial, que la profession n'ait pas été également choisie comme base des Caisses de retraites. La région est une base factice; la densité de la population peut varier ainsi que les risques.

Les Allemands n'ont pas tardé à s'en apercevoir : les Caisses des régions agricoles se trouvaient dans un état précaire parce que les travailleurs ruraux, vivant plus longtemps, grevaient plus lourdement le budget des retraites, tandis que les Caisses des régions industrielles prospéraient, les ouvriers d'usines vivant moins longtemps.

Ils cherchèrent donc un remède pour équilibrer entre eux ces vastes organes. Les législateurs, qui modifièrent à cet égard la loi en 1900, espèrent arriver à ce résultat par l'établissement d'un *fonds commun* appartenant aux 31 Caisses de retraites.

Ce fonds commun est alimenté par les quatre dixièmes des recettes totales de chaque Caisse, et administré respectivement par chacune d'elles pour sa part.

Est-ce là un remède très efficace? Comment une caisse qui fait à peine face à ses engagements va-t-elle pouvoir mettre les quatre dixièmes de ses recettes au fonds commun? Autant vaudrait dire que ce seront les autres caisses qui devront lui donner une part de leurs recettes. Mais, dans ce cas, ne va-t-on pas porter atteinte à cette autonomie administrative si juste et que les Allemands appliquent d'une si large façon?

L'innovation de 1900 semble indiquer l'une des graves erreurs des projets sur l'assurance obligatoire: le droit à une pension de retraite au même âge pour tous les travailleurs et quelle que soit la profession.

Si l'on avait établi les Caisses de retraites sur le principe professionnel, cette erreur aurait sans doute été évitée, et les inconvénients qu'elle créa ne se seraient peut-être pas produits. On aurait élevé l'âge donnant droit à une pension dans les industries où les travailleurs peuvent conserver leurs forces plus longtemps, et on l'aurait abaissé dans celles où les travailleurs sont usés beaucoup plus jeunes.

Mais avant de se prononcer sur l'innovation de ce fonds commun il faut lui donner le temps de faire ses preuves, et ne pas oublier que les Allemands ont un second balancier pour établir l'équilibre dans leurs pensions de retraites : l'invalidité.

3° *L'invalidité base des retraites.* — C'est là l'un des points caractéristiques de la législation allemande. Pour avoir droit à la pension de vieillesse, il faut être âgé de soixante-dix ans; il faut en outre, avoir versé sa cotisation à une Caisse régionale pendant 1 200 semaines au moins. Aussi de telles pensions sont-elles relativement peu nombreuses.

Dans la plupart des cas, le travailleur est invalide avant soixante-dix ans, c'est-à-dire ne peut gagner que le tiers du salaire normal qu'un ouvrier d'une profession semblable peut se procurer dans la même région. Mais il lui faut aussi un certain nombre de semaines de sociétariat, 200 au minimum.

Les rentes d'invalidité sont donc les plus nombreuses, mais ne se cumulent pas avec la rente de vieillesse. A soixante-dix ans, le travailleur touche la seconde et perd la première.

Chaque année le budget de l'empire donne 50 marks (62 fr. 50), à titre de majoration pour chaque rente d'invalidité et de vieillesse. Le montant de la rente est proportionnel aux sommes versées selon la classe à laquelle appartient le travailleur ou les classes auxquelles il a successivement appartenu.

L'Etat accorde, en outre la franchise postale aux Caisses d'assurance et de retraites. Cette faveur, jointe à la majoration de 50 marks, a coûté au budget 60 000 000 de francs en 1903.

4° *Grande décentralisation.* — Si chaque travailleur et chaque patron doivent obligatoirement faire des versements pour l'assurance contre la maladie, contre les accidents et contre l'invalidité et la vieillesse, chaque Caisse d'assurance est absolument autonome et indépendante en ce qui concerne son administration et ses capitaux.

Les Caisses de maladie ou Sociétés de Secours mutuels et les Caisses régionales de retraites sont administrées par des ouvriers et des patrons. Les uns et les autres ont dans cette gestion des droits proportionnels aux versements qu'ils font. Ainsi, dans les Caisses de maladie où le patron doit payer au moins le tiers des cotisations de ses ouvriers, il y a un représentant du patron pour deux représentants des ouvriers.

Cette disposition si logique n'a pas été introduite dans notre législation de 1898. Il existe des Sociétés de Secours mutuels professionnelles où le patron accorde de fortes allocations, et, malgré cela, il doit se conformer à l'article 3, avant-dernier paragraphe, c'est-à-dire être nommé au scrutin secret; il peut donc très bien ne pas être élu, d'où un échec pour son amour-propre qui ne l'engage pas à continuer ses allocations. Les Allemands sont autrement pratiques et ils ont déjà pu constater que cette gestion mixte des Caisses de maladie aussi bien que des Caisses de retraite produisait les plus excellents résultats moraux du côté des travailleurs.

Les *lois d'assurance ouvrière*, écrit M. G. de Saint-Aubert, font depuis dix ans l'éducation administrative d'un grand nombre d'ouvriers qui, plus instruits, savent distinguer leurs véritables intérêts des promesses mensongères des révolutionnaires.

D'autre part, les Caisses de maladie (Sociétés de Secours mutuels) sont dans de très nombreux cas les intermédiaires entre les travailleurs et la Caisse régionale des retraites. C'est ainsi qu'elles sont :

1° *Corps électoral* nommant les délégués des patrons et des ouvriers dans les organes des Caisses d'assurance contre l'invalidité et la vieillesse;

2° *Office de renseignements* et *Conseil des ouvriers;*

3° Collaborateurs directs des Caisses de retraites pour la délivrance de *secours de guérison* aux ouvriers en danger de devenir invalides;

4° *Intermédiaire entre les Caisses régionales et les patrons* pour le collage des timbres d'assurance.

Une telle décentralisation est aussi un moyen de diminuer considérablement les frais de gestion. Ces frais se sont élevés en 1899, pour l'organisation des assurances allemandes, à 9 755 148 francs, soit 5 fr. 67 % seulement des recettes de l'année.

L'administration centrale se contente d'une surveillance nullement tracassière ou bureaucratique : les Caisses de retraites régionales, elles-mêmes, ont librement élaboré leurs statuts et, sur 769 membres des Comités, il y a 305 patrons, 305 ouvriers et seulement 159 fonctionnaires, auxquels il y a lieu d'ajouter 38 secrétaires de directions.

Il n'y a aucune caisse centrale.

A cette grande *liberté* dans l'administration ainsi décentralisée se joint une grande *liberté* dans le placement des fonds. Ces capitaux ne sortent pas en général de leurs régions et sont placés en grande partie « en hypothèques et dans des entreprises d'utilité générale : chemins de fer, canaux, maisons ouvrières, hôpitaux et sanatoria, etc..... »; une somme de 365 920 390 marks, avait été prêtée, au 31 décembre 1903, par les Caisses de retraites pour la construction de maisons ouvrières et d'hôpitaux. Un tel chiffre indique que l'épargne des travailleurs n'est pas uniquement employée en acquisition de valeurs d'Etat. M. G. de Saint-Aubert, auquel nous exprimons notre reconnaissance pour les renseignements personnels qu'il a bien voulu nous donner, écrivait à ce sujet : « L'office impérial des assurances est obligé « de recommander la prudence aux administrateurs des Caisses. »

Les capitaux affectés aux retraites, qui étaient en 1899 de 876 915 661 francs, dépassent actuellement le *milliard* et servent à verser 663 140 pensions d'invalidité et 156 618 pensions de vieillesse, soit en tout 819 758 pensions, dont la moyenne est de 170 francs (1).

Nous sommes loin, en France, de tels résultats. La mesquine organisation de notre fonds commun n'a réussi depuis 1856 qu'à immobiliser dans les Caisses publiques à titre inaliénable 180 millions, à tout jamais retirés de la circulation normale des capitaux et inutilisables par nos Sociétés; nous n'avons d'autre part que 80 000 mutualistes pensionnés environ, avec une rente moyenne inférieure à 100 francs.

Le système allemand, si admirablement décentralisé, n'est pas davantage soumis à une brutale capitalisation de toutes les ressources de la prévoyance. On prévoit que les capitaux ne s'élèveront pas au-dessus de 2 à 3 milliards et que, dans quatre-vingts ans environ, les cotisations pourront être facilement calculées chaque année de façon à couvrir exactement les dépenses de l'année.

Nous n'insisterons pas davantage sur l'assurance obligatoire de nós voisins d'Allemagne. Quels qu'en soient les défauts possibles, il nous semble que bien des mutualistes français la connaissent mal et en font une sorte d'épouvantail pour de trop crédules intelligences.

Nous trouvons dans ce système trois principes qui nous semblent néanmoins dignes d'être retenus, à titre d'indication, par nos législateurs futurs : la base professionnelle, l'autonomie administrative, la décentralisation économique. Si nos projets de lois utilisaient et généralisaient même ces trois principes, l'obligation perdrait pour nous une grande partie de ses inconvénients ociaux.

---

(1) Voici les derniers résultats officiels de la loi allemande d'assurances pour l'année 1902 : 31 caisses régionales et 9 caisses corporatives groupent 9 888 495 assurés obligatoires et 6 635 assurés volontaires.

En 1902, il a été accordé 112 720 pensions d'invalidité, 8 734 pensions de maladie, 12 885 pensions de vieillesse. Les recettes se sont élevées à 127 785 658 marks, en augmentation de près de 4 millions et demi sur l'exercice précédent. On a distribué 108 884 218 marks de pension. Depuis l'origine, il a été versé 050 062 581 marks de pension; plus de 900 000 pour soins médicaux et 600 000 environ pour secours aux familles des assurés. L'avoir total des caisses régionales est de plus d'*un milliard*.

III

En France, la mutualité vécut jusqu'en 1856 sous le régime de la liberté pure et simple. A partir de cette époque, les subsides de l'État apparurent et, chose rare, ne coûtèrent rien aux contribuables : les sommes provenant de l'aliénation des biens de la famille d'Orléans suffirent, en effet, pendant de longues années à encourager les mutualistes dans la déplorable voie de l'immobilisation de leurs capitaux dans les caisses publiques. Peu à peu, de nouvelles subventions furent réclamées et accueillies avec une grande joie par le nombre croissant des prévoyants, mais elles partaient en général du même principe : l'encouragement à verser à l'État l'épargne des travailleurs. Les mutualistes ne voulurent pas voir le piége qui leur était ainsi tendu, et le résultat répondit aux prévisions des habiles financiers, soi-disant philanthropes; la mutualité française se démunit de sa force économique pour la mettre sans contrôle au service des pouvoirs publics.

Cette liberté subventionnée, telle qu'elle est appliquée en France, semble, comme en Belgique, une période de transition, acheminant pas à pas les Sociétés de Secours mutuels vers l'absorption finale par cette entité fictive, sorte de bon Dieu ou de mauvais génie laïque, l'État, ne représentant plus la collectivité des citoyens, mais un être à part, minotaure monstre ou Ugolin sauvage, dévorant les institutions où les citoyens puisaient la grandeur de l'indépendance et la noblesse de la liberté.

L'appât des subventions actuelles, au lieu d'encourager l'épargne, démoralise le prévoyant, qui ne cherche plus qu'à diminuer son effort personnel en réclamant toujours plus haut, toujours plus fort, une augmentation de ces subventions. Il prétend rester libre d'être ou de ne pas être prévoyant, mais il soutient que tous ses concitoyens ont le devoir de lui venir en aide, et il lui importe peu que tous les contribuables soient obligés à un impôt, qu'il subit lui-même sans s'en douter, tout en restant libre d'en profiter.

Sans doute, il y a lieu d'encourager la prévoyance, car on diminue ainsi, non pas par équivalence, mais par une dégression multipliée, le budget de l'assistance; encore ne faudrait-il pas que cet encouragement devînt lui-même une forme d'assistance.

Les partisans de l'obligation ne manquent pas de mettre en

lumière cet argument : « Vous ne voyez donc pas, disent-ils, qu'en obligeant les travailleurs à s'assurer, nous allons diminuer le budget de l'assistance; par conséquent, tous les contribuables bénéficieront de cette assurance obligatoire. » Alors, ce serait en définitive pour favoriser les *bourgeois* qu'on enlèverait la liberté aux *prolétaires*. La conséquence est tout au moins inattendue, étant donnée l'amitié sincère ou déguisée que les partisans de l'*obligation* témoignent aux travailleurs. Elle n'est pas juste, dans tous les cas, puisque, pour diminuer soi-disant le budget de l'assistance, on commencerait par augmenter de quelques centaines de millions le budget général : il n'y aurait diminution nulle part mais augmentation sur le tout.

L'étendue, l'obligation et la continuité de l'encouragement diminueraient le mérite de la prévoyance et transformeraient le travailleur en un assisté. Elles pourraient aussi servir d'une façon plus ou moins déguisée à masquer une vaste exploitation.

Ne voit-on pas quelquefois, en effet, d'habiles brocanteurs qui, flairant dans un artiste le succès de son avenir, font avec lui de ces traités scandaleux par lesquels le génie pauvre cède, pour quelques billets de banque, sa force productrice et la richesse de sa notoriété future.

Avec l'assurance obligatoire et la centralisation étatiste, nos Sociétés de Secours mutuels pourraient ressembler à cet artiste de talent. Quant à la liberté subventionnée d'aujourd'hui, elle paraît esquisser vigoureusement cette ressemblance; pour avoir un peu d'argent, les mutualistes aliènent, au profit de ce calculateur habile qu'est l'Etat, leur force économique et leur force sociale, en lui livrant les millions de leur épargne, et en remettant entre ses mains leur avenir et leurs espérances.

Un tel système semble mauvais au point de vue moral, puisqu'il établit un régime d'inégalité, les uns restant libres d'être prévoyants, les autres étant obligés de subventionner, — puisqu'il ne fait que développer dans l'individu des tendances vers l'assistance, — puisqu'il pourrait bien. n'être au fond qu'une sorte d'exploitation. Si la liberté subventionnée, telle qu'elle existe actuellement en France et en Belgique, n'est pas un idéal, devons-nous, dans notre pays, établir la liberté anglaise ou l'obligation allemande? Nous ne le croyons pas.

Toutefois nous ne serions nullement étonnés que cette institution bâtarde de la liberté subventionnée d'aujourd'hui conduisit dans un délai plus ou moins rapproché à l'obligation de l'assurance et à la plus déplorable de toutes, l'obligation étatiste, c'est-à-dire appliquée en faveur de l'Etat. Si l'Allemagne a été conduite à l'obligation par une idée d'unification économique et territoriale, si la Belgique, avec son allure de liberté mal connue, se rapproche en fait de l'obligation, la France pourrait y être amenée par une spéculation financière. En effet, tous les travailleurs français devenant des assurés forcés, ce ne serait plus une vingtaine de millions qui tomberaient chaque année dans les caisses de l'Etat, mais plusieurs centaines de millions. Logique avec le principe de l'obligation qui consiste à établir la contrainte, aussi bien du côté du travailleur accomplissant par la prévoyance un devoir social, que du côté de la collectivité des citoyens accomplissant par un impôt spécial sa coopération nationale, son devoir civique, l'Etat saurait en outre tirer de tous les contribuables d'autres millions en faveur du budget de la prévoyance. Ce serait donc pour lui un double bénéfice puisque, au nom de la solidarité, il tirerait profit des prévoyants et des contribuables.

C'est pourquoi il nous semble qu'en demandant des subventions de plus en plus élevées, beaucoup de mutualistes, et des plus convaincus, se dirigent presque allègrement vers cette ténébreuse vallée de l'obligation qu'ils considèrent comme un pays maudit. Ils admettent déjà l'inaliénabilité pour la majorité de leurs capitaux — inaliénabilité, cela va s'en dire, au profit de l'Etat; — ils admettent en outre l'inaliénabilité de ces fameuses subventions — principe faux en droit comme en fait, destiné à faire tomber dans les caisses de l'Etat le produit de la coopération sociale de tous les citoyens, — et ils semblent indignés qu'on les pousse tout doucement à l'accaparement final. S'ils continuent ce système, leurs protestations n'auront probablement pas plus de portée que celles du propriétaire trop confiant qui, après avoir introduit chez lui une bande d'aigrefins, leur avoir confié les clés de son coffre-fort et abandonné joyeusement tout ce qu'il possédait, se verrait jeté par eux à la porte de sa propre maison.

Cette justification financière du principe de l'obligation est assez peu morale; en existe-t-il une plus fondée au point de vue social ?

S'il est vrai que déjà, dans certaines administrations ou dans certaines industries, l'obligation de l'assurance existe, elle ne frappe, dans tous les cas, que les employés et ouvriers qui ont bien voulu entrer dans ces administrations ou dans ces industries; l'obligation de la prévoyance est restreinte à certaines organisations professionnelles. Il arrivera un jour probablement où toutes les professions étant suffisamment organisées, la prévoyance se fera pour ainsi dire mécaniquement sans que les travailleurs s'aperçoivent trop cruellement de l'obligation qui les frappe. Notre société moderne est arrivée par l'évolution à subir et à supporter une série de contraintes, contre lesquelles on s'élève de temps en temps, mais que la masse accepte après quelques murmures passagers. Tous les travailleurs subiront probablement un jour l'obligation de l'assurance qui s'établira à mesure que l'organisation du travail deviendra meilleure ou plus perfectionnée, et les murmures qui pourront s'élever au début disparaîtront peu à peu devant la force de l'habitude et des bienfaits retirés.

Est-ce à dire que nous soyons partisans de brusquer les choses et d'établir immédiatement l'obligation? Nous répondons énergiquement non, parce que notre État social n'y est pas encore préparé et qu'un tel régime, brutalement implanté dans le monde du travail, risquerait de détruire les organisations existantes plutôt que de favoriser cette évolution lente, mais sûre, qui pousse les générations vers un idéal humain, fait de plus de justice et de plus de bonheur. Obliger les citoyens à étreindre imparfaitement une partie de cet idéal, par une contrainte, brutale pour les uns, ruineuse pour les autres, pénible pour tous, serait détruire cet idéal lui-même et arrêter, à tout jamais peut-être, l'évolution sociale.

L'obligation de l'assurance, actuellement, même en admettant que l'on se serve des institutions existantes, enrôlerait les travailleurs dans des organismes qui, la plupart du temps, ne seraient pas professionnels; on s'enfoncerait plus profondément dans cette fâcheuse erreur qui consiste à considérer le citoyen à titre individuel et non pas comme membre d'un groupement naturel ou social, et l'on rendrait ainsi encore plus difficile, presque impraticable, une organisation raisonnée du travail. Comment, en effet, retirer de ces institutions individualistes, pour les rattacher au groupe auquel ils appartiennent par profession, les millions de travailleurs disparates qu'on y aurait *obligatoi-*

rement jetés pêle-mêle? Comment retirer des caisses publiques, où ils auraient été sans doute centralisés, les milliards épargnés par ces travailleurs, pour les verser à leurs caisses professionnelles respectives? Obligé à l'assurance, l'ouvrier resterait isolé au point de vue social et les groupements qu'il organiserait n'auraient aucune force puisque l'Etat aurait accaparé, en vue de la prévoyance, une partie sinon la totalité de la puissance d'épargne de chaque salarié; l'organisation du travail serait donc rendue impossible et, en admettant qu'elle groupât les êtres, elle ne pourrait pas arriver à obtenir une force économique en groupant des capitaux : nous ne verrions jamais en France ces Trades-Unions imposantes et réfléchies qui se savent responsables des actes qu'elles commettent, et peuvent, sans fléchir, supporter 550 000 francs d'indemnité pour avoir, sans droit, rompu le contrat de travail.

Nous avons, au début de ce chapitre, brièvement examiné *l'obligation*, au point de vue moral, mais nous croyons que son établissement actuel serait nuisible au point de vue économique et social. La sanction du *devoir de prévoyance* des travailleurs serait mieux appliquée par le *travail* lui-même, doté d'une organisation rationnelle et puissante, que par l'Etat, qui aurait été seulement l'auxiliaire de cette organisation. Lorsque les travailleurs seront groupés dans de vastes associations, disciplinées et puissantes, ayant pour but de les protéger aussi bien dans leurs vies professionnelles que dans leurs vies sociales, le devoir de la prévoyance s'accomplira *obligatoirement* peut-être, mais dans tous les cas *naturellement* — car rien n'est plus obligatoire que les lois naturelles.

Il faut donc, à notre avis, se résigner à attendre, plutôt que de risquer, par une hâte intempestive, d'enrayer l'évolution sociale. Mais il faut néanmoins encourager, aider, favoriser par tous les moyens justes et possibles le développement de cette initiative, de ce « self-help », qui chez les peuples transatlantiques a donné de si merveilleux résultats.

Notre tempérament français n'est pas celui de l'Anglo-Saxon, individualiste peut-être, mais, dans tous les cas, profondément convaincu de la nécessité de l'effort personnel et continu; il n'est pas davantage celui de l'Allemand, automate merveilleux se pliant à toute discipline; s'il se rapproche du Belge, il n'en a pas

les profondes qualités de patience, de méthode et de froide
logique : les institutions doivent être autant que possible adé-
quates aux tempéraments des peuples. Le régime de la liberté
subventionné, tel qu'il fonctionne aujourd'hui, favorise notre
tendance à l'irresponsabilité, il abuse de notre bonne foi, de notre
confiance naturelles, et, en ayant l'air de nous pousser en avant,
il nous retient dans les filets de l'Administration.

Si l'on désire donner à la mutualité française un véritable rôle
économique et social, il faudrait la dégager des rouages qui l'an-
nihilent, comme le fonds commun inaliénable, lui donner une
orientation moins administrative et moins individualiste, mais
plus sociale, en la basant sur la famille ou la profession, supprimer ces deux classes de Sociétés de Secours mutuels, les
libres et les *approuvées*, donner enfin une large liberté et des
subventions plus méritées et mieux réparties.

Qu'on s'efforce de stimuler parmi tous les citoyens et particulièrement chez ceux qui, par leur situation de fortune, se trouvent
des privilégiés, ce devoir civique, cette coopération sociale qui
doit tendre vers une amélioration du sort des travailleurs coura-
geux et prévoyants, c'est-à-dire que les membres honoraires se
multiplient, par suite, l'Etat aura d'autant moins à intervenir,
que les citoyens rempliront plus exactement leurs devoirs
sociaux. Son rôle sera de les y pousser par les nombreux moyens
qu'il peut posséder, dégrèvement de droits sur les donations
testamentaires, faculté pour toutes les Sociétés d'accepter des
dons immobiliers après un simple examen des charges pouvant
exister, extension, en un mot, de la personnalité civile des
Sociétés mutuelles. Quant aux subventions, devenues malheureusement aujourd'hui chez beaucoup de mutualistes une passion
qui parfois trouble leur raison d'administrateurs loyaux et
honnêtes, elles ne devraient pas être perpétuelles, mais simplement momentanées, encouragements de début, ou allocations
d'invalidité ou de vieillesse proportionnelles à l'effort de prévoyance du mutualiste.

Une liberté mieux comprise et mieux dirigée conduirait naturellement les travailleurs vers l'organisation professionnelle. La
loi elle-même pourrait la hâter et le motif de l'assurance ouvrière
contre les risques sociaux devrait être saisi avec empressement

par les vrais démocrates. Si la famille renferme des obligations au point de vue moral ou au point de vue social, la profession peut servir de cadre à leur accomplissement. Le devoir de prévoyance serait, alors, dans cette organisation du travail parachevée, une obligation semblable à celle qui prescrit au père de famille de nourrir et d'entretenir sa femme et ses enfants et aux enfants d'honorer leurs père et mère, c'est-à-dire, en définitive, leur assurer la vie matérielle. Il ne serait pas seulement la mise en pratique de cette Solidarité, que nous sentons plus ou moins vaguement dans notre conscience, et que notre égoïsme, souvent, étouffe, mais l'accomplissement d'une obligation morale, dont nous verrions les bienfaisants effets autour de nous et parmi ceux que nous aimons.

DEUXIEME PARTIE

LA MUTUALITÉ ET LES RETRAITES

CHAPITRE PREMIER

IDÉES GÉNÉRALES — L'INVALIDITÉ OU LA VIEILLESSE

Manque d'uniformité dans la constitution des retraites. — La légitimité de la pension de vieillesse et son caractère individualiste. — La pension d'invalidité et sa justification.

Si l'on n'est pas d'accord sur les moyens à employer pour verser des pensions de retraites aux travailleurs âgés ou invalides, on admet généralement aujourd'hui le principe de ces pensions. Notre législation se ressent de ces désaccords et manque d'uniformité : c'est ainsi que pour la constitution des pensions de retraites civiles et militaires les intéressés subissent une retenue obligatoire sur leurs appointements. Il en est de même pour certaines administrations qui sont admises à déposer à la Caisse des dépôts et consignations les sommes provenant des retenues obligatoires, faites en vue de la retraite, sur les appointements ou traitement de leur personnel. Un service spécial est même affecté à ces opérations sous le nom de « Pensions de retraites sur fonds spéciaux », et organisé par l'instruction ministérielle du 30 novembre 1877. Voici la liste des administrations constituant des pensions dans ce service : Chambre de commerce de Lyon, Grand-Opéra de Paris, Assistance publique, Imprimerie Nationale, Mont-de-Piété, Préfecture de police, Octroi de Paris, Préfecture de la Seine, Ecclésiastiques, Ecole Centrale, Police suburbaine. Les sommes affectées à ces pensions sont généralement placées en rentes sur l'Etat (1).

______

(1) Les départements et les communes possèdent des Caisses de retraites pour leurs fonctionnaires ou agents (mairie, sapeurs-pompiers etc.....) Les

Plusieurs grandes entreprises industrielles constituent également des pensions à leurs employés par des prélèvements obligatoires sur leurs salaires ou honoraires et par la capitalisation des sommes ainsi obtenues : telle, par exemple, la Compagnie des omnibus à Paris. Dans le même ordre d'idées, les Compagnies de chemins de fer, par la loi du 27 décembre 1890, complétant l'article 1780 du Code civil, et les Compagnies minières, par la loi du 29 juin 1894, versent des pensions de retraites à leurs agents et employés, grâce à des retenues *obligatoires*, et font capitaliser ces sommes, soit dans des Caisses spéciales administrées sous leur contrôle, soit par l'intermédiaire de la Caisse nationale des retraites pour la vieillesse.

Cette dernière institution, d'autre part, créée par la loi du 18 juin 1850 et réorganisée par la loi du 29 juillet 1886, reçoit les versements *volontaires* de toute personne qui désire s'assurer une rente pour la vieillesse.

Enfin, certaines associations de travailleurs, les unes robustes, les autres plus humbles, versent à leurs sociétaires des pensions de retraites par la capitalisation ou la répartition des sommes ainsi librement obtenues, ou par de multiples combinaisons de ces deux systèmes. Ces Sociétés sont régies, les unes par la loi du 3 février 1902, comme les Prévoyants de l'Avenir, par exemple; d'autres, sont des Sociétés d'assurance sur la vie, ne se distinguant du droit commun des Compagnies d'assurances que par une prime ou cotisation plus modeste. Il va sans dire que tout travailleur, pouvant faire des versements suffisants, est libre de s'assurer sur la vie aux grandes Compagnies d'assurances, comme n'importe quel bourgeois.

La loi du 1er avril 1898 sur les Sociétés de secours mutuels institue également un régime de retraites que nous nous proposons d'étudier dans les pages suivantes.

Il y a donc manque de direction et d'uniformité dans l'application du principe des retraites: on y voit l'*obligation* aussi bien que la *liberté*, et le système de la *capitalisation* des sommes recueillies en vue de la retraite, comme celui de la *répartition* de ces sommes avec toutes les modalités intermédiaires.

---

prélèvements obligatoires sur les traitements de ces fonctionnaires reçoivent des subventions des départements ou des communes.

Les inscrits maritimes ont leur caisse de retraites alimentée par des prélèvements obligatoires.

Aussi, depuis quelques années, différents projets de lois ont-ils été déposés sur cette question pour donner une application plus large et plus uniforme au principe des pensions de retraites. Nous examinerons rapidement à la fin de cette étude les deux propositions de lois qui semblent aujourd'hui avoir les faveurs de la majorité parlementaire.

.·.

Avant d'étudier les divers moyens offerts aux mutualistes par la loi de 1898 pour l'organisation des retraites, une question préliminaire nous paraît devoir être examinée.

Doit-on accorder les pensions de retraites à la *vieillesse*, ou est-il préférable de ne les donner qu'à l'*invalidité?* La question est grosse en conséquences, car elle entraîne vers deux orientations sociales absolument différentes.

Les peuples anglo-américains considèrent que l'homme doit travailler tant que ses forces le lui permettent; il n'y a pas de retraites pour le travailleur; mais s'il vient à trébucher ou à ne plus pouvoir gagner sa vie, l'aide sociale doit intervenir.

Les Allemands ne sont pas éloignés de ce principe; la retraite de vieillesse est donnée à un âge si avancé, soixante-dix ans, qu'il est à peu près certain que l'ouvrier touchera auparavant sa retraite d'invalidité.

Chez nous, l'école socialiste prétend que le travailleur a droit à une retraite de vieillesse et, pour se faire mieux venir de la collectivité laborieuse, les leaders abaissent progressivement l'âge ouvrant les portes dorées de la rente viagère.

C'était soixante-cinq ans, puis soixante, on voudrait cinquante-cinq; il n'y a aucune raison pour qu'on n'arrive pas à cinquante ans.

Or, s'il est vrai que dans certaines industries l'homme de cinquante ans est « fini », c'est-à-dire épuisé, lorsqu'il a fourni un certain nombre d'années de travail, le même phénomène ne se produit pas dans beaucoup d'autres industries. Prétendre donner une retraite à tous les travailleurs au même âge semble donc un projet illogique.

Enfin, est-il conforme à une morale élevée de persuader à une masse d'individus qu'ils ne sont plus que des forces usées à un certain âge? Cette idée qu'on leur insuffle, ne vont-ils pas la prendre pour une réalité, et ne vont-ils pas la mettre en pratique en ne cherchant plus à gagner leur vie? « Tant mieux, diront les socialistes, il y aura davantage de places vacantes. » — « Tant pis, répliqueront les moralistes, car l'oisiveté est mauvaise conseillère et, en limitant le champ d'activité des individus, vous limitez en même temps le champ d'activité nationale; vous appauvrissez le pays, vous arrêtez son expansion au dehors, en supprimant une partie des forces économiques encore utilisables. »

Pour prendre raisonnablement parti sur un tel sujet, il est utile de tenir compte de certains principes.

La retraite à la vieillesse est légitime et juste, mais ne doit-elle pas être donnée réellement à la vieillesse, c'est-à-dire au travailleur auquel l'âge avancé aura procuré une déperdition de forces telle qu'il n'est plus à même de gagner sa vie? La retraite serait donc la compensation des forces perdues.

Et comme, à cet égard, cette compensation ne peut entrer en jeu qu'à des âges variables selon les industries et selon les individus, il ne paraît pas possible d'établir une règle uniforme pour tous les travailleurs. Une grande liberté doit être laissée à l'individu sur ce point: il lui appartiendra de faire des efforts d'épargne suffisants pour mettre ses vieux jours à l'abri. C'est le bénéficiaire de la rente qui doit tout d'abord constituer la majeure partie des capitaux nécessaires à cette rente; c'est également à lui de décider l'entrée en jouissance de la pension, le jour où il sentira que ses forces physiques déclinent et que son travail effectif a besoin d'une compensation.

Il semble que nous devions tous, du haut en bas de l'échelle sociale, consacrer au travail toutes nos forces, tant qu'elles ne nous ont pas complètement trahis. Il semble juste également que nous fassions, tandis que le sang est fort et vigoureux dans nos veines, ces sacrifices volontaires qu'on appelle épargne ou prévoyance, et qui seront souvent des bienfaits pour notre santé physique, et toujours des bienfaits pour notre dignité morale.

Par conséquent, pour avoir droit à une retraite, il faudrait l'avoir gagnée par son effort personnel et ne l'accepter qu'à titre de compensation des forces perdues. Hâtons-nous de dire que beaucoup de travailleurs, repoussant la retenue obligatoire sur leur salaire, déclarent cette pensée de retraites illusoire et utopique.

Sommes-nous sûrs de travailler régulièrement et de pouvoir faire un prélèvement sur nos salaires? Comment ferons-nous pendant les jours

de chômage pour verser la cotisation? Il faut d'abord songer à vivre et
à élever nos enfants. Les sacrifices que nous faisons pour ces derniers
sont aussi un mode de retraites. Ils nous devront plus tard les soins
nécessités par notre vieillesse et, en vivant près d'eux, nous pourrons
encore leur rendre de multiples services, ne serait-ce que la garde et
l'éducation de nos petits-enfants. — Ma rente de vieillesse — ajoutait
un brave ouvrier avec lequel nous nous entretenions de ce sujet, — ma
rente de vieillesse, elle est dans l'éducation que j'ai donnée à mes enfants.
Je me suis privé pour qu'ils aient une situation honorable et lucrative,
c'est à eux à m'en récompenser.

Il y a certainement dans une telle conception du devoir familial
de hautes idées morales, mais tous les travailleurs ne les possèdent pas, et devant la difficulté de prélever régulièrement une
cotisation sur des salaires parfois problématiques, on comprend
que toute une école veuille mettre les retraites ouvrières à la
charge de l'Etat.

Pour ne pas verser dans les conséquences d'un socialisme sans
dignité pour les travailleurs, nous sommes donc obligés de con-
clure que les retraites de vieillesse dépendent tout d'abord de
l'individu. Son effort personnel d'épargne doit être aidé et favorisé; il ne peut être supprimé.

Mais avant de penser à cette retraite de vieillesse ainsi « person-
nalisée », les associations de travailleurs, et, en particulier les
Sociétés de Secours mutuels, devraient garantir leurs sociétaires
contre l'invalidité survenant à un âge où normalement les forces
physiques permettent un travail lucratif.

L'homme de quarante ans qui est frappé d'incapacité plus ou
moins absolue de travail est plus intéressant que le vieillard de
soixante ans, sain et robuste, qui peut puiser dans son activité
le gain nécessaire à son existence.

A cet égard, la loi de 1898 semble n'avoir pas été assez libérale
en ne permettant de ne venir en aide aux invalides qu'à l'âge de
cinquante ans. Il était juste dans l'intérêt de l'association d'exiger
un certain temps de sociétariat, mais il semble moins juste de
fixer un âge.

Il eût été mieux aussi, croyons-nous, de diriger les mutualistes
vers les pensions d'invalidité que vers les pensions de vieillesse.
D'abord, nous l'écrivions plus haut, parce que l'organisation de
la pension de vieillesse incombe principalement à l'individu,

tandis que la pension d'invalidité est l'assurance contre un risque aussi fortuit que celui de la maladie.

Ensuite, parce que s'il faut, même dans ce cas, tenir compte des statistiques et des données scientifiques, une Société assez étendue peut arriver au bout de quelques années d'expérience à acquérir sur ce sujet les renseignements nécessaires.

Sans doute, une pension d'invalidité peut être versée plus longtemps qu'une pension de vieillesse, mais différentes considérations viennent contre-balancer une telle charge. La loi sur les accidents du travail soustrait déjà une grande partie d'invalides aux Sociétés de Secours mutuels : les pensions pour ces cas d'incapacité de travail, absolue et permanente, ou partielle mais permanente, sont à la charge des chefs d'industrie. En second lieu, les cas d'invalidité entrainés par d'autres causes que les accidents du travail sont heureusement assez peu nombreux. On pourrait d'ailleurs spécifier que le mot « invalidité » signifie *l'état d'une personne rendue, par suite de ses infirmités, incapable de gagner de quoi vivre.* Enfin, lorsque la pension est accordée au vieillard-invalide, il est plus que probable qu'elle sera moins longtemps versée qu'au vieillard robuste, qui ne possède aucune infirmité et peut très souvent conserver, jusqu'à un âge avancé, la plus grande partie de sa force économique.

Il nous semble donc que dans la Société de Secours mutuels les pensions de retraites auraient trouvé une meilleure base dans l'invalidité plutôt que dans la vieillesse. Les prévoyants auraient mieux su que, pour s'assurer des pensions de *vieillesse* ne les laissant pas mourir de faim, il leur fallait faire un réel effort d'épargne, et ils ne courraient peut-être pas après d'amères déceptions.

.·.

C'est dans les articles 22, 23, 24 et 25, que la loi du 1er avril 1898 prévoit la constitution de retraites en faveur des membres participants des Sociétés de Secours mutuels. Trois systèmes sont offerts aux mutualistes: le fonds commun inaliénable; — le livret individuel de la Caisse nationale des retraites pour la vieillesse; — les allocations non pas viagères, mais annuelles, prises sur les ressources disponibles.

Nous devons passer en revue chacun de ces systèmes.

CHAPITRE II

LE FONDS COMMUN INALIÉNABLE

I. Historique. — Organisation. — Les deux modes de versement des pensions.

II. Caractères du fonds commun inaliénable. — Ses avantages.

III. Ses inconvénients : au point de vue moral; au point de vue social et économique; au point de vue des avantages eux-mêmes; au point de vue des pensions : conséquences antimutualistes.

I. Historique et Organisation du Fonds Commun.

La loi des 8 mars, 5 et 15 juillet 1850, en réglementant *les associations* CONNUES *sous le nom de Sociétés de Secours mutuels*, leur interdisait de promettre des pensions de retraites à leurs membres (1).

Mais on s'aperçut bientôt qu'il y avait intérêt, au point de vue gouvernemental, à concentrer le plus possible les épargnes du peuple dans les caisses d'institutions officielles; c'est pourquoi le décret du 25 mars 1852 sur les Sociétés de Secours mutuels approuvées autorisa ces Sociétés à *verser dans la Caisse des retraites, au nom de leurs membres actifs,* les fonds restés disponibles *à la fin de chaque année.*

Cet avantage sembla décider beaucoup de Sociétés à se faire approuver.

Profitant de cette expérience, le gouvernement rendit le décret du 26 avril 1856 relatif à la constitution d'un fonds de retraite dans les Sociétés de Secours mutuels.

C'était la naissance du fonds commun auquel fut accordé, comme don de joyeux avènement, une somme de 200 000 francs imputable sur les intérêts disponibles de la dotation des Sociétés de Secours mutuels (2). Cette naissance coïncidant avec celle du

---

(1) La Caisse des Retraites avait été créée par la loi du 18 juin 1850.

(2) Le fonds de dotation des Sociétés de Secours mutuels fut constitué par les décrets des 22 janvier, 27 mars 1852, au capital de 10 millions. Cette

prince impérial, « l'Empereur accorda la somme de 500 000 francs, en faveur des vieillards inscrits comme membres participants dans les Sociétés approuvées, pour être répartie immédiatement et employée par les Sociétés, soit en rentes viagères constituées par la Caisse générale des retraites, soit en versements au fonds de retraites créé par le décret du même jour » (1).

Cette nouvelle institution fut accueillie avec une grande allégresse par les mutualistes; c'était, d'après eux, la réalisation de « l'un des vœux les plus chers aux ouvriers ». « L'œuvre des pensions de retraites était instituée », et une série de circulaires et d'instructions en expliquèrent le fonctionnement : la Caisse des dépôts et consignations reçut aussitôt plusieurs centaines de mille francs.

Toutefois, les Sociétés *approuvées* seules pouvaient profiter de ce fonds commun : la guerre aux Sociétés libres continuait; en 1864, il n'y en avait plus que 1 474 contre 3 356 Sociétés approuvées.

Le décret de 1856 n'attribuait pas d'une façon précise le caractère d'*inaliénabilité* à ce fonds commun et, pour ne pas causer préjudice à la « Caisse générale des retraites », il permettait aux Sociétés d'y placer la portion du fonds de retraites qu'elles fournissaient, *soit à capital aliéné, soit à capital réservé*. Il était seulement spécifié que la portion du même fonds accordée par l'Etat demeurait inaliénable (art. 4).

Autrement dit, l'inaliénabilité ne frappait que *les revenus du fonds de la dotation,* ce qui était assez juste, et permettait de les capitaliser; les Sociétés avaient la liberté de retirer de la Caisse des dépôts et consignations la portion de capital qu'elles avaient confiée au fonds commun, et d'acquérir des livrets de la Caisse des retraites, *même à fonds perdus.*

Un certain nombre de Sociétés usèrent de cette faculté; elles divisaient leur part de fonds commun entre leurs membres participants et prenaient en leurs noms des livrets de la Caisse des retraites; d'autres se rendaient acquéreurs de ces mêmes livrets

---

somme provenait de la vente des biens de la famille d'Orléans. Elle fut versée à la Caisse des dépôts et consignations, par décret du 28 novembre 1853, avec intérêts à partir du 17 juillet 1853.

(1) *Manuel des Sociétés de Secours mutuels,* par M. l'abbé Borel. — Honoré de la souscription de S. Exc. M. le ministre de l'Intérieur sur le rapport favorable de la Commission supérieure, Librairie Paul Dupont, 1862.

et les mettaient en loterie. Cette façon de procéder n'avait évidemment rien de scientifique et ne pouvait produire de bons résultats : l'effet le plus désastreux était de priver l'Etat de la jouissance des capitaux accumulés au fonds commun.

En frappant d'*inaliénabilité* la portion du fonds de retraite accordée par l'Etat, le gouvernement n'avait-il pas « suffisamment indiqué la voie dans laquelle il désirait voir entrer les Sociétés » ? Aussi s'efforça-t-on tout d'abord de démontrer aux Mutualités qu'elles devaient, dans tous les cas, adopter *la réserve à leur profit des fonds de retraites*, afin qu'aux décès des pensionnés le capital servant à ces pensions fût restitué au fonds commun. On eut gain de cause sur ce point, car le rapport de 1860 constate que « toutes les Sociétés ont adopté pour leurs versements la *réserve du capital* ».

Ces difficultés de débuts servirent de leçons aux philanthropes gouvernementaux. Il importait d'enlever aux Sociétés cette *faculté* de retirer leurs capitaux du fonds commun, selon leur bon plaisir, pour les placer à la Caisse des retraites, qui était réellement devenue une concurrente gênante. La loi du 1er avril 1898 apporta la solution désirée par les finances publiques : les Sociétés de Secours mutuels approuvées furent admises à verser des capitaux à la Caisse des dépôts et consignations *en compte affecté pour toute la durée de la Société à la formation et à l'accroissement d'un fonds commun inaliénable.*

L'inaliénabilité aujourd'hui ne frappe donc plus seulement les *revenus* de la dotation, mais aussi les *capitaux* versés à ce fonds commun par les Sociétés; et, pour bien préciser cette innovation et rompre définitivement avec les errements du passé, l'article 23 stipule que « les pensions de retraites alimentées par le fonds commun sont constituées à *capital réservé au profit de la Société* ».

On laissa toutefois aux Mutualités le choix de verser directement leurs pensions sur les *revenus* du fonds commun (car les revenus seuls peuvent être employés à cet unique usage, le capital est inaliénable), — ou de distraire *momentanément* du fonds commun une somme suffisante pour acquérir, à *capital réservé à la Société*, un titre de rente de la Caisse nationale des retraites pour la vieillesse, donnant droit à la pension désirée.

De ces deux moyens, le second fut le plus généralement

employé. L'Etat ne tarda pas à s'en émouvoir : en effet, cela l'obligeait à sortir réellement de ses Caisses des sommes qu'il y croyait à tout jamais ensevelies, pour les verser à la Caisse nationale des retraites, qui ne se payait pas avec des chiffres seulement. Si cette façon de procéder venait à se généraliser, tout le profit de cette inaliénabilité, dont le fonds commun avait été si ingénieusement enduit, serait perdu pour l'Etat.

Aussi organisa-t-on une campagne pour persuader aux Sociétés de Secours mutuels qu'elles avaient tort d'agir ainsi.

, — Le fonds commun jouit d'un taux d'intérêt de faveur de 4 1/2 %, la Caisse nationale des retraites ne jouit que du taux de 3,50 %. En constituant leurs pensions *par l'intermédiaire* de la Caisse nationale, les mutualistes sont obligés de retirer la somme nécessaire à verser la rente désirée, mais au taux de 3,50 %. Tandis qu'en laissant leur argent au fonds commun et en versant la pension directement sur ses revenus, la somme à immobiliser est moindre, puisque l'intérêt est supérieur.

Les mutualistes se laissèrent à moitié persuader. L'appât d'un titre de rente était fort tentant; on avait entre les mains quelque chose, une garantie véritable, un bien tangible. D'autre part, certains amis des Sociétés de Secours mutuels faisaient ressortir l'injustice de cette différence d'intérêts sur les deux modes offerts pour la constitution de ces pensions.

Un récent arrêté ministériel est donc venu reconnaître le légitime désir des premiers et sanctionner les vœux des seconds. Le 3 septembre 1903, le ministre de l'Intérieur arrêtait « que les pensions de retraites accordées par les Sociétés de Secours mutuels *par l'intermédiaire* de la Caisse nationale des retraites pour la vieillesse seraient à l'avenir servies aux titulaires *sur le taux de 4,50 % au moyen d'une majoration donnée par l'Etat*. Le supplément de rente, correspondant à l'élévation à 4,50 du taux de 3,50 servi par la Caisse nationale des retraites, sera constitué à capital aliéné au moyen d'un prélèvement sur le crédit spécial inscrit au budget du ministère de l'Intérieur. »

En y réfléchissant bien, on avait reconnu qu'une telle gracieuseté ne coûterait rien au Trésor (1) : seulement les termes de

---

(1) En effet, la loi des finances du 31 mars 1903 a modifié une partie de l'article 21 de la loi du 1er avril 1898, modification qui ne touche en rien aux droits des Sociétés et même à leur régime antérieur. Les fonds des Sociétés approuvées pour jouir de l'intérêt de 4 1/2 % doivent être déposés

l'arrêté étaient tellement ambigus, manquaient tellement de précision, que certains mutualistes crurent que cette bonification s'appliquait aux pensions concédées au moyen des *livrets individuels* de la Caisse nationale des retraites pour la vieillesse.

L'Etat considère le fonds commun d'une façon si exclusive, que les rédacteurs de cet arrêté ne s'étaient pas donné la peine de spécifier que cette faveur gratuite ne profitait qu'à *l'une des modalités* du fonds commun pour le service de ses pensions. Le manque de netteté dans les textes ou dans les documents officiels

---

à la Caisse des dépôts et consignations. C'est cette Caisse qui est chargée de les administrer et de leur appliquer la bonification d'intérêt. Or, pendant ces dernières années, on s'apercevait que les bénéfices de la Caisse des dépôts et consignations baissaient graduellement. Après enquête, on reconnut que la faute en était à la gestion des fonds des Sociétés de Secours mutuels. La Caisse des dépôts et consignations ne trouvait que des placements à 3 % et même inférieurs, et, comme on ne lui versait qu'une bonification de 1 %, cela ne faisait en fin de compte que 4 %. Elle devait donc retirer de ses bénéfices le 1 1/2 % nécessaire pour accorder aux Sociétés l'intérêt de faveur de 4 1/2. Il sembla préférable d'inscrire au budget la somme nécessaire pour mettre à la charge de la mutualité la bonification tout entière de l'intérêt. Nous désirons croire que ce n'est là qu'un virement de chiffres, puisque, si l'on augmente d'un côté le budget, les bénéfices de la Caisse des dépôts et consignations doivent croître en proportion égale aux pertes que l'ancien état de choses leur faisait supporter.

La nouvelle disposition, apportée par la loi du 31 mars 1903, prescrit donc que l'intérêt servi par la Caisse des dépôts et consignations « est égal à celui qu'elle a retiré de ses placements durant le cours de l'année précédente ; le taux en est déterminé au commencement de chaque année, après avis de la Commission de surveillance de la Caisse des dépôts et consignations, par un décret rendu sur la proposition du ministre des Finances et du ministre de l'Intérieur. »

« En fait, ajoute un article paru dans le Bulletin des Sociétés de Secours mutuels (octobre 1903), c'est purement et simplement la réduction du taux de 3 1/2 % à 3 %. Le taux de 1903 a été fixé à 3,105 %, mais il ne faut pas prévoir pour les années suivantes beaucoup plus de 3,03 ou de 3 % ; il en résulte donc que la bonification d'intérêt accordée par l'Etat sera désormais de 1 1/2 %. » D'où nous voyons que la gracieuseté faite aux mutualistes par l'arrêté du 3 septembre 1903 est plutôt à l'avantage des finances publiques : La Caisse des dépôts et consignations ne donne, en effet, au fonds commun que 3 % d'intérêt *comme base* ; lorsqu'une Société retire de son fonds commun une somme pour verser une retraite à un sociétaire par l'intermédiaire de la Caisse nationale des retraites, cette somme placée à cette dernière Caisse jouit de l'intérêt de 3 fr. 50.

La bonification, qui aurait été de 1 1/2 % à la Caisse des dépôts et consignations, n'est donc que de 1 % par l'intermédiaire de la Caisse nationale des retraites ; d'où un bénéfice de 1/2 % pour le Trésor.

peut ainsi induire *passagèrement* en erreur les personnes de la meilleure foi du monde.

Le fonds commun inaliénable est donc aujourd'hui le système-type des retraites mutualistes, et, malgré les imperfections que certains de ses partisans mêmes lui reconnaissent, on risque d'être officiellement très malmené si l'on s'avise d'en médire (1).

Les 741 234 francs représentant, en 1856, le fonds commun des 1 406 Sociétés approuvées à cette époque, ont considérablement grossi. Si bien que, à partir de 1877, plus de la moitié des ressources de la mutualité approuvée tombe chaque année dans le fonds commun et que, aujourd'hui, sur les 370 millions des mutualistes, près de 180 millions sont frappés d'inaliénabilité dans le fonds commun de la Caisse des dépôts et consignations.

Ce succès merveilleux du fonds commun n'a rien qui doive surprendre : tous les orateurs et les conseillers officiels le préconisent, toutes les faveurs lui sont acquises ; il s'enveloppe pour beaucoup d'un mystère imposant, apparaît aux yeux des étatistes comme un premier degré vers leur idéal et aveugle une foule de mutualistes par ses avantages miroitants et faciles à atteindre.

II. Caractères du fonds commun inaliénable.

Son nom révèle son caractère comme la physionomie de certains êtres dévoile leur mentalité.

Que l'on se figure un grand pressoir dans lequel les mutualistes ont amassé les fruits de leurs épargnes sociales. Ces braves gens attendent en dessous, le gobelet à la main, que les fouleurs fassent jaillir un peu de nectar : certains, en attendant, finissent par mourir, ceux qui ont eu plus de patience arrivent à recevoir quelque chose ; mais, généralement, ils font une amère grimace, car ils n'ont pas seulement de quoi étancher leur soif, et il leur est formellement |interdit de toucher aux belles grappes qu'ils ne reverront plus.

En termes moins imagés, le fonds commun est le système par lequel les mutualistes amassent à la Caisse des dépôts et consi-

---

(1) Nous faisons allusion à un article anonyme paru en tête du numéro 9, septembre 1903, de la *Revue des Associations professionnelles* (Paul Dupont, éditeur) et intitulé *Mutualiste en chambre*. La plume de l'auteur, qui cache sans doute sous l'anonymat sa marque de fabrique officielle, pique de traits acérés M. Lépine, un adversaire du fonds commun.

gnations les capitaux qu'ils destinent au service des retraites. La Société ne reçoit à cet égard que le seul revenu de ces sommes; quant au capital il est frappé d'inaliénabilité, la Société ne doit plus le revoir et, à quelques lettres près, on peut tristement songer à la fosse commune.

— C'est donc un fonds *commun*, c'est-à-dire que les sommes qui le composent appartiennent à tous les sociétaires dans le passé, dans le présent et dans l'avenir. Si elles sont bien inscrites aux comptes respectifs des Sociétés, elles n'en sont pas moins toutes ensemble et en commun entre les mains de l'Etat, représenté par la Caisse des dépôts et consignations qui a la faculté d'en faire emploi *dans les mêmes conditions que pour les fonds des Caisses d'épargne.* (1)

Ainsi, les Sociétés sont mises au rang des mineurs ou des incapables dont le patrimoine est géré par l'Etat jouant le rôle de tuteur, mais de tuteur sans conseil de famille, sans surveillance effective, sans reddition de comptes relativement à l'emploi de ces millions, et qui, pour administrer plus commodément la fortune de ses pupilles, en forme un fonds commun.

— Ce fonds commun est *inaliénable*, c'est-à-dire que les Sociétés ne peuvent pas y toucher pendant toute leur durée, qui est illimitée. Il n'y a pas à ce point de vue de majorité pour elles, et les intérêts qui leur sont remis ne peuvent être employés qu'au seul service des pensions.

Il arrive parfois qu'un brave président de Société, encore plein d'illusions, demande, au décès de l'un de ses sociétaires pensionnés, la restitution à sa Société du capital qui avait servi à verser la pension. « Mon bon ami, lui est-il répondu, nous ne rendons pas l'argent; contentez-vous de voir figurer la restitution qui est faite à votre fonds commun par un chiffre. »

— Il n'y a aucun cas de restitution réelle, même si la Société est obligée d'avoir recours à une liquidation. « En effet, dans ce cas, il est prélevé sur l'actif social, y compris le fonds commun inaliénable de retraites déposé à la Caisse des dépôts et consignations et dans l'ordre suivant :

---

(1) Sans doute, l'administration de la Caisse des dépôts et consignations est distincte du Trésor public. Mais, est-il téméraire de croire que celle-là donne son aide à celui-ci : achats de rente pour le maintien du cours, achat de bons du Trésor qui, par ce moyen, trouvent toujours un emploi, sans que l'opinion publique soit impressionnée par leur circulation, etc.....

1° Le montant des engagements contractés vis-à-vis des tiers ;

2° Les sommes nécessaires pour remplir les engagements contractés vis-à-vis des membres participants, *notamment en ce qui concerne les pensions viagères* et les assurances en cas de décès, de vie ou d'accident : etc..... (Art. 31. Loi de 1898.)

Or, l'existence d'un fonds commun implique précisément un engagement pour les pensions viagères ; il en résulte que, même après la liquidation de la Société, les anciens membres participants auront le droit de réclamer leurs retraites. Ces retraites, ne pouvant être versées que sur les revenus du fonds commun, seront de plus en plus fortes à mesure que les ayants-droit seront moins nombreux ; et, comme il est impossible de savoir, avec l'organisation actuelle, la part de ce fonds commun provenant de tel ou tel sociétaire, l'Etat, au décès du dernier pensionné, qui aura pu jouir d'un revenu scandaleux, se trouvera en présence d'un capital en déshérence et se l'appropriera purement et simplement, en le versant à la Caisse de la dotation.

Le fonds commun, qui justifie son existence par le principe de la *solidarité humaine*, ne trahit pas son principe en disparaissant.

Ce parfum de communisme et d'inaliénabilité n'est pas la seule vertu du fonds commun : il possède, au dire de ses partisans, d'incomparables avantages.

— « Que voulez-vous, disent-ils, c'est bien plus simple et bien moins fatigant de charger quelqu'un de gérer sa fortune que de s'en occuper soi-même, et quel gérant meilleur que l'Etat peut-on trouver? Ne réunit-il pas toutes les garanties de solvabilité et de compétence; n'arrive-t-il pas toujours d'une façon quelconque à équilibrer son budget?

Et puis, voyez-vous, nous aurions sans cela de la responsabilité — cette question des retraites est si délicate, — et dans les temps où nous vivons il faut savoir faire ses affaires sans prendre de responsabilité. Chaque président de Société devient ainsi un petit président de République.

De plus, trouvez-vous beaucoup de gérants qui font donner à nos capitaux les avantages matériels retirés du fonds commun — 4 1/2 % d'intérêts; — des subventions si bien imaginées que l'on peut arriver à doubler le versement annuel au fonds commun grâce au barème n° 1 (arrêté du 30 avril 1900) ou tout au moins à l'augmenter très facilement de moitié — des bonifications

d'intérêts (barême n° 3), — une part dans les comptes abandonnés des Caisses d'épargne (loi du 20 juillet 1895)..... sans
compter les médailles et décorations que nous pouvons obtenir?

Avec tout cela, nous sommes sûrs de pouvoir garantir une
pension à nos sociétaires. »

Beaucoup de très braves gens chantent ces louanges après avoir
été convertis par l'un des émissaires, conscients ou inconscients,
qui s'emploient à trouver de l'argent pour la grande entreprise
qu'est l'Etat.

On voit souvent des lanceurs d'affaires promettre à leurs action-
naires 100 % de leurs capitaux. Ne faut-il pas promettre beaucoup, si l'on veut obtenir beaucoup? Dans l'espèce, les promesses
sont faciles à faire et elles obtiennent inévitablement le résultat
cherché, c'est-à-dire la concentration dans les Caisses de l'Etat
des millions des mutualistes. Système vraiment admirable qu'un
de nos ingénieurs ne manquerait pas de comparer à une pompe
aspirante et foulante, tellement son fonctionnement est régulier
et sûr, tellement ces irrigations de millions doivent rendre fertile
un terrain malheureusement trop bien gardé pour que nous
puissions admirer sa fécondité.

Dans une pareille matière, ne doit-on pas se demander si des
avantages si éblouissants ne cachent pas derrière leur clarté des
ombres menaçantes, et s'ils ne devraient pas plutôt servir à écarter
l'épargne des mutualistes, comme le rayon lumineux d'un phare
cache derrière lui l'écueil et avertit du danger.

III. Ses inconvénients.

A) — Au point de vue moral.

Les Sociétés choisissent le fonds commun inaliénable parce
qu'il leur enlève de la responsabilité.

Il y a dans ce fait une défiance qui n'est pas à l'honneur des
conseillers chargés de leur administration; on se défie de leur
compétence, ou d'autre chose, et l'on veut qu'ils ne soient pas
responsables de la gestion des capitaux.

Il y a en outre, de la part des administrateurs qui, le plus
souvent, veulent cette irresponsabilité, un état d'âme particulier
que l'on peut constater aujourd'hui du haut en bas de l'échelle
sociale et politique. On a peur d'user d'une liberté qui est chaque
jour marchandée davantage, comme si l'on voulait par ce moyen

atrophier en nous jusqu'au sentiment de cette liberté. L'idée de responsabilité est liée à l'idée de liberté; le peuple qui renie la première est bien près de perdre la seconde.

On pouvait comprendre, en 1856, l'utilité du fonds commun. Beaucoup de mutualistes manquaient de compétence, et, de plus, ne savaient où s'adresser pour recevoir des avis et des conseils désintéressés. Aujourd'hui, l'éducation s'est répandue jusque dans le plus petit hameau et des groupements mutualistes se sont constitués pour donner à ceux qui en auraient besoin tous les renseignements utiles.

D'autre part, les Sociétés de Secours mutuels approuvées possèdent une capacité juridique très étendue, presque la personnalité civile: elles ne sont ni des incapables, ni composées d'incapables; pourquoi donc les soumettre à la tutelle de la Caisse des dépôts et consignations, encourager et patronner tout particulièrement cette forme de constitution de retraites, alors que la loi en reconnaît deux autres, celle des livrets individuels et celle des allocations annuelles renouvelables? Pourquoi? Si ce n'est pour monopoliser les ressources de la mutualité?

Le fonds commun inaliénable inspiré par le principe d'irresponsabilité est donc une institution mauvaise, parce qu'elle porte atteinte au sentiment de liberté, parce qu'elle arrête l'essor de la mutualité, car on ne s'intéresse réellement à une chose que lorsqu'on en est responsable.

D'autre part, c'est un devoir moral, pour celui qui veut s'assurer une pension de retraite, de faire dans ce but un effort de prévoyance réelle. Il faut avoir mérité une récompense pour avoir le droit de l'exiger. Nous ne voyons rien de semblable dans le fonds commun. A l'origine, l'État distrait 10 millions sur le produit de la vente des biens de la famille d'Orléans pour le constituer, — c'est là une naissance qui n'a rien de mutualiste, — et les intérêts capitalisés de cette fortune sont, même de nos jours, sous le couvert de subventions, l'un de ses plus sérieux appoints.

De plus, si l'on relève le montant des sommes remises annuellement au fonds commun par les Sociétés et le montant des cotisations de leurs *membres honoraires*, on arrive à un chiffre sensiblement égal. M. Clémentel, député, le fait remarquer dans son rapport sur le budget du ministère de l'Intérieur pour l'exercice 1901 :

Voici des chiffres ; en 1899, les Sociétés de Secours mutuels (approuvées) ont reçu de leurs membres honoraires 2 591 062 fr. 74 (1) et elles ont affecté à leurs fonds de retraites 2 703 582 francs ; en 1900, elles ont reçu de leurs membres honoraires 2 933 620 fr. 27 et elles ont affecté à leurs fonds de retraites 2 944 645 francs. Les cotisations des membres honoraires représentent donc la presque totalité du montant des sommes versées au fonds de retraite. Ceci est très important, car ce fait a une conséquence inattendue constatée par le rapport officiel : « C'est au précieux concours des membres honoraires que sont dus les versements aux fonds de retraites, lesquels ont provoqué les subventions de l'Etat et les intérêts capitalisés à 4,50 %. » On ne prête qu'aux riches, dit le proverbe ; ici l'Etat ne subventionne que les riches ; les petites Sociétés qui n'ont pas eu le bonheur de grouper autour d'elles des membres honoraires, ces bourgeois influents qu'on appelait les « autorités locales » et dont le patronage n'a pas toujours l'assistance pour seul mobile, ces petites Sociétés, disons-nous, n'ont rien à attendre de l'Etat ; l'Etat ne dit pas : « Fais des efforts et je t'aiderai » ; il dit : « Fais-toi aider et j'ajouterai ma subvention à celle que tu auras reçue » ; ce n'est pas l'effort personnel et louable qui provoque la subvention de l'Etat, c'est *l'assistance privée* qui entraîne après elle *l'assistance publique*.

Nous ne sommes pas de l'avis de M. Clémentel en ce qui concerne la flétrissure résultant du concours des membres honoraires, concours abaissé par lui au degré de l'aumône, — nous reviendrons d'ailleurs plus tard sur ce point, — mais nous regrettons avec lui de voir si peu figurer l'effort personnel des prévoyants dans l'institution du fonds commun. Ne verser des pensions aux mutualistes qu'au moyen des fonds provenant des générosités de l'Etat ou des membres honoraires, fait fortement ressembler les retraités des Sociétés de Secours mutuels à de simples imprévoyants ; or, telle n'est pas leur prétention.

Aussi ne peut-on pas considérer comme moral un système de prévoyance où la prévoyance n'a qu'une part secondaire.

---

(1) Le chiffre du rapport annuel est de 2 617 165 fr. 74 pour les cotisations des membres honoraires des Sociétés approuvées, pour l'exercice 1899, et de 2 986 829 fr. 27 pour l'exercice 1900. Cette rectification ne fait d'ailleurs que renforcer l'argument de M. Clémentel, surtout pour l'année 1900, où le chiffre donné par lui pour les versements au fonds de retraites est inférieur au montant des cotisations des membres honoraires.

Pour l'exercice 1901 (dernier exercice connu), les Sociétés approuvées ont reçu de leurs membres honoraires 2 871 809 fr. 87 ; la subvention ordinaire s'est élevée à 1 421 007 ; et elles ont versé au fonds commun 4 260 000.

En 1902, ce versement a été de 4 500 000 ; en 1903 de 4 800 000.

Enfin, si nous ne contestons pas l'existence de la solidarité sociale, nous croyons qu'il existe des degrés parmi les obligations que cette solidarité entraine. Il y a entre le père de famille et sa femme et ses enfants une solidarité plus vivante et plus efficace, qu'entre ce père de famille, considéré comme simple citoyen, et d'autres citoyens qu'il ne connait pas et qu'il ignorera peut-être toujours.

Le fonds commun ne voit en tout participant qu'un individu; il ne se préoccupe pas de savoir si cet individu a ou n'a pas le devoir de penser à d'autres êtres, et il fait table rase de cette solidarité, la meilleure et la plus touchante, qui prend sa chaleur et sa force dans le foyer familial. Les principes de la solidarité humaine résultent d'un bordereau de dettes que chacun de nous trouve dans son berceau. Mais qui parle de « dettes » sous-entend des « créances ». Si nous sommes débiteurs envers nos semblables, nous sommes aussi créanciers; et, dans ces conditions, quel est le maladroit qui commencera à payer ses dettes avant de recouvrer ses créances? Cette doctrine, qui prétend répudier les principes de la morale chrétienne, aboutit donc à l'égoïsme, et l'institution du fonds commun nous en fournit un exemple, car ses partisans ne manquent pas de baptiser un tel avorton dans la source religieuse de Pierre Leroux (1).

Au nom de la responsabilité individuelle, au nom de l'effort personnel, au nom des devoirs les plus sacrés de l'être humain, nous estimons que, au point de vue moral, le fonds commun inaliénable ne peut qu'abaisser les caractères et détruire les sentiments les plus nobles et les plus légitimes.

B) — Inconvénients au point de vue social et économique.

Puisque nous ne considérons pas la mutualité comme une institution individualiste, nous ne pouvons admettre que le système du fonds commun inaliénable soit fécond au point de vue

___

(1) J'ai le premier emprunté aux légistes le nom de *solidarité* pour l'introduire dans la philosophie, c'est-à-dire, suivant moi, dans la religion de l'avenir. J'ai voulu *remplacer la charité du christianisme par la solidarité humaine.* (PIERRE LEROUX, *La Grève de Samarez.*)

Tel semble être aujourd'hui encore le réel mais impuissant désir de la doctrine solidariste qui prétend posséder la vérité philosophique, économique et sociale.

social et économique en général. Ce n'est pas le moyen de donner à la Démocratie une véritable force, que d'immobiliser et de rendre intangibles les capitaux sur lesquels se fonde l'une de ses espérances : la constitution des retraites pour ses vieux serviteurs.

D'autre part, la question sociale ne s'acheminera, sans doute, vers une solution que lorsque chaque citoyen pourra se prétendre propriétaire d'une partie du capital national; non pas d'un capital fictif, représenté par des chiffres qu'un habile jongleur, l'Etat, fera passer devant ses yeux émerveillés et plus ou moins convaincus, mais d'un capital réel, qu'il pourra administrer lui-même, dont il connaîtra exactement l'emploi, aux revenus duquel il attribuera librement et équitablement une destination.

Il n'est nullement dans notre pensée que le partage et la distribution, en parts théoriquement égales, de la propriété actuelle puissent amener un tel résultat; l'inégalité aurait le lendemain remplacé l'égalité de la veille, et la révolution sociale serait chaque jour à recommencer. Ce n'est que graduellement et par une lente évolution que chaque citoyen doit, par son effort personnel et par sa persévérance, devenir propriétaire; peu importe, au fond, qu'il le devienne individuellement ou en collectivité; le but à atteindre est qu'il soit assuré de son avenir et que les aléas de l'existence ne soient pas pour lui le cauchemar incessant, qui le transforment en un indifférent à la vie nationale, quand ils n'en font pas le révolté haineux, à la raison obscurcie.

Le fonds commun est bien, en théorie, la représentation de cette propriété collective, mais il ne l'est pas en fait. On peut concevoir qu'une convention le rende inaliénable jusqu'à un certain chiffre, afin de représenter la garantie des retraites futures; mais on ne peut concevoir que cette inaliénabilité s'étende hors de raison à tous les capitaux qui y sont versés, car dans ce cas l'idée de propriété est détruite.

Le fonds commun d'aujourd'hui n'est donc pas une véritable propriété, puisqu'il est dans le présent et dans l'avenir frappé totalement d'inaliénabilité.

Il l'est encore moins si l'on considère son organisation. Sont-ils des propriétaires, ces mutualistes qui non seulement immobilisent entre les mains d'un tiers — le plus vaste des tiers, l'Etat, — le gage de leur avenir, mais qui s'interdisent encore d'en contrôler l'administration, d'en vérifier la situation, d'en examiner l'emploi? Si oui, ce sont dans tous les cas d'étranges propriétaires, et nous ignorons quel serait le particulier assez original pour les imiter. Nous savons que les placements à fonds perdus entraînent une désapprobation instinctive, nous savons aussi combien ces espèces de fonds perdus, qu'on appelle les biens de mainmorte, ont inspiré d'horreur à nos gouvernants, et, en examinant de près le fonds commun inaliénable, aimé de beaucoup de mutualistes et officiellement béni, nous ne voyons pas, en principe, en quoi il diffère de ces fonds perdus ou de ces biens de mainmorte. Oh! nous savons qu'il *est réservé à la Société;* pure chinoiserie, légale en droit, inexistante en fait; il y a *fonds perdu* de la part du sociétaire (dans les Sociétés où une portion de ses cotisations alimentent le fonds commun) puisqu'il est entendu qu'il ne jouira que des revenus de cette somme, et encore, s'il remplit certaines conditions dont la principale est l'existence. Il y a *fonds perdu* aussi de la part de la Société, malgré cette soi-disant *réserve* légale; la Société, en effet, ne peut toucher qu'aux revenus de son fonds commun, et seulement pour le service des pensions. Le capital est immobilisé et inaliénable, elle ne peut le revoir même dans le cas d'une liquidation, puisque les sociétaires ont des droits acquis à son sujet, et nous savons qu'une fois le dernier pensionné disparu, le fonds commun fait retour à l'Etat. A quoi cette fameuse réserve a-t-elle servi à la Société? N'aurait-il pas mieux valu tout de suite, et, tant qu'on était en veine d'immobilité et d'inaliénabilité, prescrire l'*aliénation* du fonds commun au profit des finances publiques? Une telle prescription aurait eu le mérite de la franchise et l'avantage d'assurer des rentes plus fortes. Puisque nous sommes dans ces bas-fonds, nous ne croyons donc pas téméraire de croire que *fonds perdu* ou *fonds commun* inaliénable actuel se ressemblent autant que deux gouttes d'eau, pour employer l'expression populaire.

Et, dans ces conditions, où est le titre de propriété du mutualiste qui, dans le présent, n'a aucune des prérogatives du propriétaire et beaucoup de chances de ne pas en avoir les avantages dans l'avenir?

Avec une telle organisation, le fonds commun inaliénable ne peut avoir aucune portée sociale; il ne changera rien à la situation de ces *prolétaires* dont il aggrave la situation, par une idée fausse de la propriété; ses millions invisibles et intangibles seront toujours impuissants à arrêter le peuple dans sa marche vers l'anarchie ou vers un collectivisme brutal; ils pousseront les travailleurs vers l'idéal de l'Etat-Tout et légitimeront peut-être entre leurs mains l'étendard de la révolution.

Est-il téméraire d'ajouter qu'il incarne un déplorable principe économique, celui de la monopolisation financière de l'Etat? Sans doute, il anémie la mutualité en la privant de cette vie et de cette responsabilité qu'une institution devrait avoir lorsqu'elle possède des capitaux considérables : l'argent qui dort incite au sommeil son propriétaire, et le sommeil est une sorte de mort.

Mais ce qui est plus triste encore, c'est qu'il anémie la nation. Un pays est d'autant plus riche, en effet, que plus de capitaux y circulent; sa prospérité dépend de l'intérêt qui est apporté à l'industrie, au commerce, à l'agriculture, à tous les modes d'exploitation de sa richesse nationale. Or, immobiliser dans les caisses de l'Etat des millions, c'est les retirer de la circulation nationale sans que l'on connaisse l'emploi qu'en fait cet impérieux gérant.

Que l'on n'invoque pas l'intérêt public pour justifier ce système. Les charges de l'Etat, en effet, doivent être couvertes par le produit des impôts, contributions et autres revenus divers qu'il retire du pays; monopoliser à titre inaliénable les capitaux d'une institution, c'est en tirer profit d'une façon plus ou moins avouée, mais condamnable, parce qu'elle stérilise et tue lentement l'institution qui en est victime. Ce serait d'ailleurs donner au fonds commun un caractère assez piquant, celui de l'impôt; et certaines personnes tout à fait ignorantes de ces questions — il s'en trouve encore — pourraient avoir une telle impression.

Il y a quelques mois, nous exposions ce système de retraites à un financier qui ne connaissait pas un seul mot du langage mutualiste; après avoir pris la peine de réfléchir — la question est assez difficile pour prêter à réflexion, — il prononça cette phrase surprenante : « Somme toute, votre fonds commun inaliénable n'est qu'une sorte d'impôt que payent volontairement les Sociétés de Secours mutuels. »

— Absurdité! s'écriera-t-on.

— Hélas! il y a peut-être un fond de vraisemblance dans cette absurdité.

L'impôt n'est, en effet, que la participation des citoyens aux charges de l'Etat qui, moyennant cette contribution, doit leur assurer tels ou tels services. Or, le fonds commun inaliénable contribue bien aux charges de l'Etat, puisque, d'après la loi du 1er avril 1898, la Caisse des dépôts et consignations — lisez l'Etat — a la faculté d'en faire emploi dans les mêmes conditions que pour les fonds des Caisses d'épargne. Autrement dit, l'Etat en fait l'emploi qui lui semble le meilleur dans son intérêt.

D'autre part, moyennant cette *contribution*, l'Etat accorde à ce fonds commun inaliénable différents avantages, qu'il tire des contribuables ordinaires, cette fois, et qu'il s'attribue à lui-même, puisqu'il les joint audit fonds commun. Enfin, pour bien marquer la ressemblance avec l'impôt, l'Etat dit aux mutualistes : « Je vais vous rendre *le service* de vous verser des pensions. Seulement, les intérêts seuls de votre contribution — pardon ! — de votre fonds commun, serviront à cette opération; moi, je garde le capital à titre inaliénable. »

Les partisans du fonds commun nous ont répliqué : « Mais cette combinaison est tout à fait « indiquée » et nullement « illogique ». L'Etat, en la circonstance, joue le rôle d'un banquier, il administre les ressources des mutualistes, et quel banquier meilleur pourrait-on choisir « que le premier détenteur des capitaux nationaux ».

Voilà un nouveau son de cloche. Le fonds commun serait taxé « capital national », et l'Etat en serait de droit l'administrateur comme il l'est de nos musées, de beaucoup de nos forêts, des dunes de sables, des rochers du bord de la mer et d'un certain nombre de kilomètres de vagues tout autour de nos côtes maritimes. C'est là, sans doute, un domaine qu'il sait administrer, nous le voulons bien, avec une rare compétence; est-ce une raison pour lui confier des capitaux qui n'ont pas la prétention d'appartenir à tout le monde, mais à trois millions de personnes seulement et qui, par conséquent, ne peuvent se parer du titre de biens nationaux?

D'ailleurs, ce serait là un nouvel apanage de l'Etat qui, en se généralisant, pourrait causer des inquiétudes à un certain nombre de bourses : on connaissait l'Etat-gendarme et l'État-providence; s'il doit y avoir également l'Etat-banquier, la mécanique collectiviste va pouvoir graisser ses rouages.

Nous ne pensons pas que ce soit la destination à laquelle les mutualistes destinent la plus grosse part de leur fortune; ils ne doivent pas avoir l'intention de socialiser des ressources déjà sociales. Et puis, tant qu'à choisir un banquier, ils pourraient peut-être en prendre un possédant quelques milliards de moins de dettes; car, dans une telle situation, il ne s'agit pas pour ce banquier d'*administrer*, dans le vrai sens du mot, des biens mobiliers, mais de chercher, lorsqu'il en a la possibilité — et cela n'arrive pas toujours, — à boucher quelques accrocs par trop impudiques aux fonds de son budget.

Les contribuables ne suffisaient pas à ce ravaudage, et un gouvernement, honni par nos grands politiciens, a trouvé bon et précieux d'y associer, en 1856, les mutualistes. Il est étonnant qu'un système ayant de telles origines ait été si favorablement maintenu dans un régime qui traite avec un impérieux dédain « les institutions du passé »; il faut donc que ce système ait également du bon à son point de vue.

Les administrateurs des Sociétés de Secours mutuels n'en continueront pas moins à envoyer probablement la majeure partie des ressources de leurs Sociétés au fonds commun inaliénable, parce que cela leur évite la peine d'être de véritables administrateurs et parce que si quelque chose se détraque dans la machine sociale, ils pourront se laver les mains en public et crier de toutes leurs forces : « C'est la faute de l'État! »

C) — Au point de vue des avantages eux-mêmes.

§ Ier. *Le 4 1/2.*

Le principal avantage du fonds commun est de rapporter un intérêt de faveur de 4 1/2 %. Les subventions qui lui sont accordées doivent l'être également aux livrets individuels, il n'est donc pas, *en droit*, favorisé à ce point de vue.

Or, les mutualistes qui ont *à tout jamais* immobilisé leurs fonds de retraite dans la Caisse des dépôts et consignations ont-ils au moins des garanties absolues au sujet de cet intérêt de 4 1/2 %.

L'article 21 de la loi du 1er avril 1898 s'exprime ainsi à cet égard :

Le compte courant et le *fonds commun* portent intérêts à un taux égal à celui de la Caisse nationale des retraites pour la vieillesse (égal actuellement au taux d'intérêts que la *Caisse des dépôts et consignations* retire de ses placements. — Loi du 31 mars 1903. Note de la page 108).

La différence entre le taux fixé par le paragraphe précédent et le taux de 4 1/2 %, déterminé par le décret-loi du 26 mars 1852 et le décret du 26 avril 1856| sera versée, à titre de bonification, à chaque Société de Secours mutuels approuvée ou reconnue d'utilité publique, en raison de son avoir à la Caisse [des dépôts et consignations (fonds libres et *fonds de retraites*), au moyen d'un crédit inscrit chaque année au budget du ministère de l'Intérieur. »

Trois points sont donc à examiner : la garantie du 4 1/2 en lui-même ; — la solidité de la base de ce 4 1/2, c'est-à-dire l'intérêt versé par la Caisse des dépôts et consignations ; — la garantie de la bonification formant la différence entre le taux d'intérêts de la Caisse des dépôts et consignations et ce taux de faveur.

I. *Garantie du 4 1/2.* — L'article 21 ne contient pas un tel mot dans sa rédaction, et d'ailleurs il ne pouvait pas en être autrement si l'on envisage les discussions du Parlement sur ce point, lors de l'étude de la loi de 1898. A la Chambre des députés comme au Sénat, des déclarations formelles ont été faites pour servir d'avertissement aux mutualistes.

A la Chambre des députés, M. Louis Ricard avait proposé ce texte : « Le compte courant et le *fonds commun* portent intérêt au taux de 4 1/2 %. » Cet amendement, combattu par le rapporteur, M. Audiffred, par M. Georges Cochery et le ministre des Finances, fut repoussé. M. Ricard insista et finit par obtenir l'établissement de la bonification et la rédaction du texte définitif. Mais il fit cette déclaration :

Que disait l'honorable rapporteur ? Il disait : Avez-vous la prétention, avec votre amendement, d'arrêter le cours des choses ? Voulez-vous demander à la Chambre que *toujours, dans l'avenir*, l'intérêt servi par la Caisse des dépôts et consignations sera de 4 1/2 % ?

Mais où ai-je dit une pareille absurdité ? J'ai dit que le moment ne me paraît pas venu d'enlever aux Sociétés de Secours mutuels le droit qu'elles tiennent de la loi de 1852, sous l'empire de laquelle elles se sont constituées..... (Séance du 28 mai 1897.)

Au Sénat, M. Cuvinot rappelait le passage de l'article 6 de la loi des 8 mars, 5 et 15 juillet 1850, ainsi conçu : « Le taux de l'intérêt des sommes déposées est fixé à 4 1/2 % par an — *jusqu'à ce qu'il ait été statué autrement par une loi.* »

M. Boulanger, reconnaissant la sagesse de cette disposition, déposa alors un amendement tendant à l'introduire dans la loi de 1898.

Aujourd'hui, disait-il, il ne faut pas davantage que les mutualistes se méprennent. Or, si nous modifions la loi de 1850 en supprimant la réserve qu'elle contenait, je crains qu'ils ne se croient autorisés, au moins en apparence, à penser que le législateur a entendu cette fois leur promettre, *in infinitum* et sans modification possible, le taux de 4,50 %.

..... Je tenais à bien établir à la tribune ce point *qu'aujourd'hui pas plus qu'en 1850, on ne prend de disposition qui puisse lier l'État vis-à-vis des mutualistes d'une façon définitive.*

M. le ministre de l'Intérieur déclara alors :

Il est bien entendu que l'article 21 ne consacre pas un droit absolu, définitif et imprescriptible; les Sociétés de Secours mutuels ne l'ignorent pas; elles suivent avec beaucoup d'attention le débat qui se poursuit dans cette enceinte.

Je pense, dans ces conditions, que les déclarations que je viens de faire au nom du gouvernement sont *suffisantes* et de nature à rendre inutile l'adjonction proposée par l'honorable M. Boulanger.

En retirant son amendement, M. Boulanger répliqua :

J'aurais obtenu un résultat sérieux si M. le ministre des Finances veut bien renouveler cette déclaration dans les instructions qu'il aura à donner aux agents de ses services pour la mise à exécution de la loi, *afin de prévenir les méprises sur la portée de la disposition nouvelle.* (Sénat, séance du 11 février 1898.)

Vouloir garantir à tout jamais un taux d'intérêt de 4 1/2 %, ç'eût été commettre une « absurdité », selon l'expression de M. Ricard. Est-il possible, en effet, d'assurer que nos institutions humaines seront éternelles? N'y a-t-il pas, au contraire, une évolution continue, qui échappe parfois à nos observations actuelles, mais que les historiens des siècles à venir pourront concevoir et apprécier, lorsque les grandes lignes leur apparaîtront dégagées des courbes et des sinuosités qui frappent et retiennent surtout notre attention dans le présent? Dès lors, comment promettre pour l'avenir la stabilité d'un taux d'intérêt, élément variable et impressionnable au premier chef, subissant toutes les influences économiques et nationales?

Les mutualistes doivent donc se déclarer avertis, ce fameux 4 1/2 % n'est et ne peut pas être immuable.

2° *La base du 4 1/2 0/0.* — On s'était fixé, pour établir la base de cet intérêt de faveur, sur le taux d'intérêt de la Caisse nationale des retraites pour la vieillesse. Il fallait bien se fixer sur quelque chose, à moins de vouloir errer éternellement dans les espaces des probabilités. Mais si cette base est peut-être la plus solide que nous possédions, elle a donné en un demi-siècle un exemple de mobilité qui n'est rien moins que rassurant pour l'avenir. L'intérêt des capitaux en général ressemble à une colonne d'airain édifiée sur du sable : par suite de cette loi de la pesanteur, qui se manifeste même dans certaines expressions des habitués du Parquet ou de la coulisse de nos Bourses, « La Bourse est lourde », la colonne de l'intérêt s'enfonce. Un jour peut-être la vieille « usure », condamnée par les économistes antiques, aura totalement disparu ; le sable capitaliste ne fera plus germer d'intérêts, mais seulement des dividendes, c'est-à-dire des participations dans les bénéfices possibles des entreprises.

Cette base du 3 1/2 de la Caisse nationale des retraites pour la vieillesse a été détruite par la loi de finances du 31 mars 1903, comme nous l'avons vu plus haut (en note, p. 108), et le nouveau fondement ne semble pas bâti à chaux et à sable. C'est aujourd'hui le taux d'intérêt retiré par la *Caisse des dépôts et consignations* « pour ses placements effectués pendant l'année précédente » qui est la base du 4 1/2. Or, tandis que la Caisse nationale des retraites pour la vieillesse possède encore un taux moyen de 3,549 % pour l'ensemble de son portefeuille, celui de la Caisse des dépôts et consignations est officiellement de 3 % seulement, et l'on prévoit dans un avenir plus ou moins rapproché une profonde génuflexion.

Tel est le sol croulant sur lequel est édifié le 4 1/2 %. On compte toujours sur les contribuables pour consolider l'édifice, mais, en admettant que cette espérance ne soit pas déçue, elle ne semble pas à l'honneur de la mutualité. Lorsque l'on compte trop sur les autres pour obtenir un résultat, on risque de ne jamais atteindre ce résultat : et si la mutualité désire devenir une vraie force nationale, ce ne sera pas en implorant l'aide des contribuables pour relever, en sa faveur, ce malheureux taux d'intérêt de la Caisse des dépôts et consignations (1).

3° *La bonification*. — « Peu importe, disent les mutualistes, la bonification est là. On nous donne 1 1/2 % pour parfaire la différence entre le 3 % de la Caisse des dépôts et consignations et le

---

(1) La Caisse des dépôts et consignations a été créée par la loi du 18 avril 1816, article 110, et organisée par l'ordonnance royale du 3 juillet 1816.

4 1/2 dont jouit notre fonds commun; si le 3 % baisse, on augmentera la bonification. »

C'est très facile à dire. « On », en pareille matière, c'est le contribuable; jusqu'ici, il est très bon garçon, on le saigne à blanc et il ne crie pas trop fort. D'ailleurs, les Sociétés de Secours mutuels n'ont pas été très exigeantes : mais, si elles le devenaient, le contribuable qui applaudit à cette institution mutualiste, si morale et si sociale, se refroidirait rapidement lorsqu'il lui faudrait payer son enthousiasme. Les subventions données aux Sociétés de Secours mutuels ne sont, en effet, que des portions d'impôts, les mutualistes eux-mêmes en payent leur part, et s'ils doivent ajouter à leurs cotisations un nouvel impôt, même à leur profit, ils trouveront peut-être les subventions moins agréables à solliciter et à recevoir. Le contribuable et le mutualiste feront cause commune et ce ne sera peut-être pas le moyen d'amener l'harmonie dans la mutualité et de faciliter son développement. Aussi, pour couper court à toutes récriminations, on se propose de prendre un grand parti : celui de mécontenter tout le monde. C'est un moyen très ingénieux : la retraite sera obligatoire grâce à une participation *obligatoire* pour les prévoyants intéressés, pour les patrons et pour les contribuables. Cette dernière et très gracieuse subvention atteindra chaque année un chiffre de millions pour lequel il paraît inutile de fixer une limite, tout au moins dans le projet de MM. Millerand et Guieysse, car on ne peut douter de l'empressement et de la bonne volonté des contribuables français.

Il semble cependant que la consultation nationale du 2 juillet 1901 doive édifier les législateurs sur de tels projets. « Personne ne désire l'augmentation de ses impôts », disait M. Vermont, ce qui n'empêche pas le sympathique mutualiste de réclamer davantage de subventions pour les Sociétés de Secours mutuels.

La bonification du 4 1/2 a atteint, en 1904, la somme de 2 700 000 francs; elle est la plus lourde de toutes les subventions données aux Sociétés mutuelles; elle marche en outre à grandes enjambées (1). Aussi peut-on se demander avec une certaine crainte

---

(1) Pour faire face à cette bonification, le décret-loi du 24 décembre 1898 mettait à la disposition de la Caisse des dépôts et consignations une somme de 000 000 francs.

En 1899, la loi de finances du 30 mai éleva ce crédit à 1 190 000 francs. Ce crédit fut dépassé de 12 084 francs qui furent prélevés sur les fonds de la Dotation.

En 1900, la loi de finances du 13 avril a alloué pour ce service

où elle pourrait atteindre si le 3 % actuel de la Caisse des dépôts et consignations venait à baisser encore, alors qu'en même temps les capitaux mutualistes afflueraient à cette Caisse (fonds libres et *fonds communs*). Malgré cet orage qui monte, les partisans du fonds commun continuent leur course à l'abime avec les poches gonflées des bénéfices de leurs Sociétés.

Pour calmer notre anxiété, on nous a donné l'argument que nous reproduisons tel quel :

« La logique, en effet, ne dit-elle pas que, dans un Etat démocratique, la condition *sui generis* de stabilité gouvernementale est de plaire au plus grand nombre ?

« Or, puisque les mutualistes représentent une très grande partie des électeurs, puisque la plupart de ceux-ci ont recours au fonds commun inaliénable, il est bien évident que l'abaissement de son taux produirait un mécontentement général dont la plus élémentaire prudence ordonne de se garder. »

Qu'il nous soit permis, tout d'abord, de constater que c'est ainsi introduire la politique dans la mutualité; mais passons, il y a peut-être longtemps que cela est fait pour le plus grand dam de notre institution mutualiste. Dans tous les cas, nous voulons bien admettre que cet argument paraisse persuasif dans la bouche d'hommes politiques caressant la démocratie, mais il ne semble pas être la justification de la conduite des vrais mutualistes qui s'inspirent de considérations plus hautes, et plus profondes aussi, que celle basée sur la « stabilité gouvernementale ». Ils doivent s'efforcer, en effet, de se mettre à l'abri d'une « instabilité » possible et des causes rendant impuissantes les meilleures des bonnes volontés.

---

1 250 000 francs. Ce crédit fut dépassé de 80 933 francs, ce qui nécessita la loi du 27 juin 1901 accordant un crédit supplémentaire de pareille somme.

En 1903, ce crédit a été porté de 1 670 000 francs, chiffre demandé, à 2 470 000 francs.

Cette augmentation de 800 000 francs sur le chiffre demandé vient de ce que le taux de 3 1/2 % adopté par la Caisse des dépôts et consignations n'est plus le taux réel. Ce taux actuellement ne dépasse pas 3 %. La bonification prise sur les fonds budgétaires n'étant que de 1 %, il restait 1/2 % pour atteindre le taux légal de 4 1/2 %. Jusqu'en 1903, ce 1/2 % était prélevé sur les bénéfices de la Caisse des dépôts. Le gouvernement a jugé plus régulier de le faire payer par les fonds budgétaires, d'où cette augmentation de 800 000 francs. (Rapport présenté au Sénat au nom de la Commission du budget pour l'exercice 1903.) Voir en outre la note de la page 108.

Il est donc dangereux de laisser croire aux mutualistes qu'ils obtiendront du gouvernement et du Parlement tout ce qu'ils demanderont.

Il est, en outre, téméraire d'assurer que les contribuables qui, jusqu'ici, supportent de très bon cœur les encouragements à la mutualité et en particulier cette bonification d'intérêts, soutiendront toujours leurs représentants politiques lorsqu'ils sauront que l'Etat profite bien plus que les Sociétés elles-mêmes de ce 4 1/2 % attribué au fonds commun inaliénable. Nous savons, en effet, que c'est l'Etat qui jouit à titre inaliénable et du capital de ce fonds commun tiré des mutualistes et des subventions qui s'y rapportent tirées des contribuables, puisqu'il peut employer de telles ressources comme les fonds des Caisses d'épargne.

Enfin, s'il n'est pas vrai que « la plupart des mutualistes ont recours au fonds commun (1), » il est vrai que beaucoup d'entre eux sont hypnotisés par ses soi-disant avantages : qu'ils prennent au moins la peine de voir si ces avantages sont bien garantis, ce sera de la prévoyance très justifiée.

§ II. *Les subventions.*

Le fonds commun inaliénable reçoit des subventions qui, légalement, doivent être données aussi aux livrets individuels.

L'article 26 de la loi de 1898 est formel à cet égard :

A partir de la promulgation de la présente loi, les arrérages des dotations et les subventions annuellement inscrites au budget du ministère de l'Intérieur au profit des Sociétés de Secours mutuels seront employés à accorder à ces Sociétés des allocations : 1° pour encourager la formation des pensions de retraites *à l'aide du fonds commun ou du livret individuel* ; 2° pour bonifier les pensions liquidées à partir du 1er janvier 1895 et dont le montant, y compris la subvention de l'Etat, ne sera pas supérieur à 360 francs..... etc.

Les partisans du fonds commun ne peuvent donc pas se

______

(1) Sur les 10804 Sociétés approuvées (Sociétés proprement dites qui cumulent maladies et pensions), il y en a d'abord *4 535 qui ne constituent pas de retraites.*

..... Il y a 5032 Sociétés qui possèdent un fonds de retraites (46 %), mais 2431 seulement ont effectué des versements en 1900 (soit 48 % des 46 %) ; il *y a donc à peine 25 % des Sociétés qui font annuellement des versements à leurs fonds de retraites.* (Rapport de M. Clémentel, député, déjà cité.)

croire favorisés à cet égard; les barèmes déterminant ces subventions — établis sous forme d'arrêtés ministériels à la date du 30 avril 1900 (1) — en prévoient une répartition égale entre les Sociétés approuvées constituant des pensions, soit à l'aide du fonds commun, soit à l'aide du livret individuel de la Caisse nationale des retraites pour la vieillesse.

En droit, il ne doit donc pas y avoir de jaloux; en fait, une partialité illégale et injuste s'est manifestée en faveur du fonds commun jusqu'en ces derniers temps; nous reviendrons sur ce point lorsque nous étudierons le système du livret individuel.

Nous savons, de plus, qu'en ce qui concerne le fonds commun, ces subventions ne sont peut-être pas très morales, puisque, — d'après M. Clémentel, député, elles n'encouragent pas l'effort personnel du prévoyant, mais « l'assistance privée » qu'il reçoit.

En outre, la répartition, que nous donnons en note ci-dessous, est soumise à plusieurs restrictions : d'abord, les versements doivent être effectués *avant le 31 décembre*. Il faut, en effet, avoir le temps de contrôler ces sommes et de fixer sur leur montant une demande de crédits dans le budget. Ensuite le barème n° 1 prescrit :

Lorsque le nombre des membres !participants est égal ou inférieur à 1 000, la subvention ne peut excéder 3 000 francs. Si le nombre de ces membres est supérieur à 1 000, la subvention ne peut excéder ce nombre multiplié par 3, sans pouvoir dépasser la somme de 10 000 francs. *En aucun cas, la subvention ne peut être supérieure au chiffre du versement.*

Voici, par exemple, une Société qui s'occupe *en même temps*

---

(1) Barème n° 1. — Subventions à accorder aux Sociétés de Secours mutuels approuvées qui constituent des pensions à *l'aide des fonds communs*.

ARTICLE PREMIER. — Des subventions sont accordées chaque année aux Sociétés de Secours mutuels approuvées qui effectuent, avant *le 31 décembre de l'année précédente*, des versements à leur compte fonds de retraites.

ART. 2. — Ces subventions sont établies d'après les bases suivantes :

1°. Le quart du versement :

2° a). — 1 franc par membre participant des Sociétés qui assurent à la fois le service des retraites et celui de la maladie;

b). — 50 centimes par membre participant des Sociétés qui n'assurent que le service des retraites;

3° a). — 1 franc par membre participant *âgé de plus de cinquante-cinq ans* des Sociétés qui assurent à la fois le service de la maladie et celui des retraites;

b). — 50 centimes par membre participant *âgé de plus de cinquante-cinq ans* qui n'assurent que le service des retraites.

de la retraite et de la maladie : elle a 200 participants et a effectué avant le 31 décembre un versement de 100 francs. Va-t-elle toucher la subvention selon le barême n° 1? C'est-à-dire le quart de son versement, soit 25 francs et un franc par membre participant, soit 100 francs? Pas du tout, une telle subvention s'élèverait à 125 francs et serait supérieure, par conséquent, à son versement de 100 francs. La Société touchera donc au maximum 100 francs.

Or, nous verrons, dans le chapitre spécial aux subventions, que toute Société approuvée, *s'occupant seulement de la maladie*, a droit à une subvention de 0 fr. 50 par participant. Notre Société en question, possédant 200 membres, aurait donc eu droit à 100 francs de subvention.

S'occupant en outre des retraites, mais n'ayant pu effectuer qu'un versement de 100 francs, elle n'a pas droit à plus de subvention qu'une Société ordinaire. Son bénéfice est donc nul et la prévoyance de ses membres aucunement encouragée.

Elle a même moins de bénéfices *réels* avec une telle combinaison. En effet, si elle n'avait pas fait de versement pour les retraites, elle touchait *effectivement* 100 francs. « La Caisse des dépôts et consignations à Paris et ses préposés dans les départements » lui en opéraient le payement en bonnes espèces. Comme elle a fait un versement à son fonds commun, elle doit se contenter de recevoir cette subvention..... en chiffres inaliénables.

Enfin, établies selon un barême qui n'est qu'un simple arrêté ministériel, ces subventions peuvent être modifiées ou atténuées par un coup de tête d'un ministre ou d'une Commission, et, comme le 4 1/2 %, finiront peut-être par effrayer les contribuables.

L'auréole dorée de ces avantages n'empêche pas la vilaine grimace du fonds commun qui reste immobilisée sur sa physionomie. Mais, comme les mutualistes voient de loin l'auréole, cela leur suffit, ils sont amplement éblouis et ne regardent pas le visage.

En définitive, les retraités ne bénéficient que des revenus de ces belles subventions, dont le capital est à la merci de la Caisse des dépôts et consignations. La part de chacun d'eux est maigre, mais ils croient néanmoins que l'Etat s'intéresse infiniment à leurs personnes.

En notre temps d'incrédulité, il y a vraiment des croyances qu'il faut entretenir.

Telles sont les garanties assurées à ces avantages si tentants et qui sont obtenus au prix de l'inaliénabilité et de l'immobilisation des capitaux dans les Caisses de l'Etat; inaliénabilité et immobilisation qui seraient probablement maintenues dans le cas où il n'y aurait plus moyen de continuer ces subventions et bonifications qui auraient servi de miroirs à alouettes. Il arrivera peut-être un moment où l'on ne voudra plus croire, même dans la foi des chiffres alignés sur un bout de papier.

D) Inconvénients au point de vue des pensions.

L'un de nos correspondants nous écrivait naguère :

Tout ce que vous nous racontez sur le fonds commun est peut-être juste, après tout. Mais les grandes considérations que vous invoquez n'ont aucune prise sur les intelligences des travailleurs de notre région : peu leur importe que ce système soit déplorable au point de vue général s'ils y trouvent leur intérêt particulier. Comment voulez-vous faire admettre un tel principe: le fonds commun est le moyen de vous assurer les plus fortes pensions de la façon la plus facile, mais comme il est mauvais dans son ensemble nous vous déconseillons son emploi ?

Pénible constatation, en effet; malgré les grandes théories d'humanité et de solidarité, l'individu ne pense qu'à son intérêt; il semble ignorer que le bien général n'est que la résultante des biens individuels. Tout se tient dans une Société, et ce qui est mauvais en général est, ou devient mauvais en particulier.

Il en est ainsi pour le fonds commun; notre correspondant reconnaît ses défauts généraux, mais il croit à ses qualités particulières; c'est une erreur; l'organisation actuelle du fonds commun est aussi déplorable que possible au point de vue de l'intérêt du mutualiste.

On prétend qu'il doit donner les plus fortes pensions; un mutualiste qui a fait de profondes études scientifiques sur ce point, M. Lépine, démontre le contraire (1). Nous laissons à cet adversaire raisonné du fonds commun la responsabilité de ses chiffres et de ses assertions, que nous nous contentons de résumer.

Le fonds commun est constitué à *capital réservé au profit de la Société*, et les pensions ne sont versées qu'au moyen des revenus de ce capital, qui reste lui-même intangible et inaliénable. Or, ce système, *à l'égard du mutualiste*, n'a, en fait, aucune différence

____

(1) LÉPINE, *La Mutualité*, ouvrage déjà cité, p. 83 et suiv.

avec celui du *fonds perdu*. Seulement, dans le *fonds perdu* ou dans le système du *capital aliéné*, le pensionné touche d'abord les intérêts de son apport, ensuite une fraction du capital apporté.

Le montant annuel des arrérages restant fixe, la première partie composante décroît (intérêts de la portion non amortie du capital constitutif de la rente), et la seconde croît d'année en année (fraction de ce capital) jusqu'à l'amortissement total du produit capitalisé des versements. Un franc, versé à capital aliéné à la Caisse nationale des retraites par un déposant âgé de cinquante-cinq ans, lui donne droit sur le tarif 3 1/2 % à une rente viagère immédiate de 0,0805. A capital réservé il n'obtiendrait que 0,035. La différence, soit 0,0455, représente *l'amortissement du capital versé*.

Un franc versé au fonds commun d'une Société mutuelle par un sociétaire âgé de cinquante-cinq ans ne lui donne qu'une rente viagère immédiate *égale au revenu* de cette somme à 4 1/2 %, soit 0,045.

Autrement dit, dans le fonds commun on ne voit jouer que les ressorts du système de la *capitalisation*, tandis que dans la Caisse nationale des retraites pour la vieillesse et de beaucoup de Compagnies d'assurances, la *capitalisation* s'allie avec une certaine *répartition*. Le mutualiste est donc leurré, malgré tous les avantages qu'on a fait miroiter devant ses yeux; seulement il aurait mauvaise grâce à se plaindre, puisque, en définitive, comme nous l'avons constaté, le capital sur lequel on lui verse une pension a été accumulé, à son insu parfois, ou tout au moins sans qu'il y ait contribué dans la juste proportion de son devoir moral et social.

— Mais cette pension, peut-être inférieure à ce qu'elle pourrait être avec un autre moyen, est au moins *garantie* au mutualiste! réplique-t-on avec une assurance désespérée et désespérante aussi.

Dans une matière aussi grave, il ne faut pas jouer sur les mots. Or, nous craignons que nos contradicteurs prennent le mot « garantie » dans le sens « d'assurée ». Nous savons que le fonds commun n'est garanti que par la confiance reposant sur l'inlassable bienfaisance des contribuables. Les millions du fonds commun se promènent en effet, Dieu sait où! Nous n'aurions peut-être pas une dette flottante aussi colossale si l'Etat avait moins de capitaux à sa disposition. Sans doute, ces 180 millions sont représentés par quelque chose à la Caisse des dépôts et consignations, mais par quoi au juste? Et quelles seraient les conséquences économiques et la répercussion sur notre crédit national, si par hasard un Parlement, écœuré de ce fonds commun, venait à le supprimer et à en ordonner la restitution aux Sociétés de Secours mutuels? La garantie d'un tel système consiste dans l'élasticité du porte-monnaie des citoyens; nous voulons, à ce point de vue, la croire peut-être effective, mais nous nous refusons à l'estimer digne de la mutualité.

Quant aux pensions, elles ne sont nullement *assurées*. La loi fixe tout d'abord des conditions que rien ne pourrait transgresser.

Pour bénéficier de ces pensions, les membres participants doivent être âgés d'au moins cinquante ans, avoir acquitté la cotisation sociale pendant quinze ans au moins, et remplir les conditions statutaires fixées pour l'obtention de la pension.

Par conséquent, si le sociétaire, pour des causes peut-être très légitimes, ne peut pas continuer à verser sa cotisation pendant au moins quinze ans (certaines Sociétés demandent un laps de temps plus long), il n'aura aucun droit sur ce fonds commun prestigieux. Si, d'autre part, la Société à laquelle il appartient a spécifié dans ses statuts que la pension ne sera versée qu'aux participants âgés de soixante ans, il pourra très bien avoir cotisé depuis l'âge de dix-huit ans et mourir à soixante ans sans avoir absolument rien touché.

Enfin, comme les statuts, généralement, ne disent pas que la pension sera proportionnelle au nombre d'années de sociétariat et au montant des sommes versées par le participant, celui-ci n'a pas intérêt à entrer jeune dans la Société. Voici un exemple : les statuts spécifient que les pensions seront versées aux sociétaires âgés de soixante ans et ayant vingt ans de sociétariat. Celui qui entrera à quarante ans touchera par conséquent autant que celui qui sera entré à vingt ans.

La prévoyance n'est donc pas favorisée par ce système.

Mais laissons de côté cette inégalité, et admettons que le sociétaire a la bonne fortune de remplir toutes les conditions qui ont été stipulées, combien va-t-il avoir comme retraite? Sur quoi sa pension va-t-elle être calculée? Il n'en sait rien et la Société pas davantage. Il est impossible à la plupart des Sociétés employant le fonds commun d'*assurer* à leurs participants un chiffre fixe de pension, parce qu'elles ignorent ce qu'elles auront en caisse au moment de l'ouverture des pensions et le nombre des candidats qui se présenteront. Aucune base scientifique, aucun barème ne les guident; les fameuses tables de mortalité promises depuis 1898 ne sont pas encore achevées.

Elles ignorent surtout s'il leur sera possible de faire des versements annuels à leur fonds commun.

Or, quand on ne fait pas de versement, on n'a aucune de ces subventions qui font tourner la tête à tant de braves mutualistes. Ce n'est qu'au mois d'octobre 1903 qu'il a été pratiquement accordé aux Sociétés n'ayant pas pu faire de versements à leur fonds commun une subvention de 0 fr. 50 par tête de participants, comme les Sociétés qui ne constituent pas de retraites. Ces cas sont plus fréquents qu'on ne le croit : M. Clémentel, dans son rapport déjà cité, établit que la moitié seulement des Sociétés approuvées possèdent un fonds de retraites, mais qu'il n'y a que la moitié de cette moitié, c'est-à-dire le quart, qui y fait des versements annuels. Comment, dès lors, les sociétaires pourraient-ils être sûrs d'obtenir une retraite?

Nous trouvons, d'ailleurs, dans le dernier rapport officiel paru en 1904 et relatant les opérations des Sociétés de Secours mutuels pendant l'exercice 1901, une constatation qui peut alarmer sur ce point les plus confiants des partisans du fonds commun :

Le montant total des sommes placées à ce fonds s'élevait à 158 038 435 fr. 64 (au 1er janvier 1902). Il en résulte un avoir moyen de 28 892 francs par association et de *128 francs par sociétaire*.

128 francs de capital inaliénabilisé sur lequel le mutualiste *n'a droit qu'au revenu* à 4 1/2 %, c'est avec cela, sans doute, qu'on prétend lui garantir du pain pour ses vieux jours! Il fera bien d'espérer la mort d'un grand nombre de ses collègues et d'empêcher de nouvelles recrues, s'il compte sur le fonds commun pour ne pas mourir de faim plus tard.

Un autre phénomène peut d'ailleurs se produire. Bien souvent, après s'être privée de ses ressources disponibles pour les abandonner à tout jamais dans le fonds commun, la Société se trouve dans l'impossibilité de faire face à ses autres engagements : maladie, funérailles, allocations diverses; il nous a été donné de considérer à cet égard de pitoyables situations financières amenées par cette immobilisation de capitaux à la Caisse des dépôts et consignations.

Cela prouve que, lorsqu'une Société veut s'occuper des retraites, elle doit demander à ses participants une cotisation spéciale dans ce but. Sans cela, l'intérêt de la Société et l'intérêt du sociétaire sont menacés.

Les Mutualités qui n'ont pas pris cette précaution — et c'est la grande majorité parmi celles qui ont adopté le fonds commun — peuvent donc se voir, non seulement dans l'impossibilité d'effectuer des versements pour les retraites au moment où elles vont être forcées d'en accorder, mais même dans l'impossibilité de faire face à leurs dépenses ordinaires, parce que les sociétaires, ayant vieilli, deviennent plus coûteux et qu'il n'y a pas d'argent disponible en caisse. C'est l'histoire d'un pauvre animal qui meurt de faim devant un sac d'avoine auquel il ne peut pas toucher. Aussi, les participants qui, au début, ont été, sans doute, alléchés par la petite fortune amassée pour leurs retraites et sont venus en assez grand nombre pour avoir une part du gâteau, n'ont-ils plus que des miettes à se partager.

Si les mutualistes trouvent que ce système est le seul à leur *assurer* ou à leur *garantir* une retraite, ils ne sont réellement pas difficiles.

— Les Sociétés, pendant longtemps et peut-être même encore aujourd'hui, ont cherché un pis aller. Ne pouvant donner à leurs candidats à la retraite qu'une pension dérisoire, elles répartissaient *entre quelques-uns d'entre eux seulement* les revenus disponibles de leur fonds commun. *Dix* candidats se présentaient, par exemple, *deux* seulement étaient élus : c'était l'application de la parole : « Il y aura beaucoup d'appelés, mais peu d'élus. »

Les huit autres candidats vieillissaient tranquillement et mouraient à tour de rôle sans avoir vu s'ouvrir les portes de la Terre Promise. Et à chaque décès les survivants se frottaient les mains, se comptaient d'un regard soupçonneux, s'informaient hypocritement de leurs santés mutuelles et se souhaitaient les uns les autres une bonne et prochaine mort.

Ce délicieux système, bien propre à développer les grands sentiments altruistes et humanitaires, était contraire à la loi ordonnant aux Sociétés de Secours mutuels « de garantir à tous leurs membres participants les mêmes avantages », et celles qui l'employaient furent rappelées au principe « à charges égales, droits égaux ». Nous voulons espérer qu'il n'est plus en usage nulle part; nous nous garderions bien de l'affirmer.

Il montre, dans tous les cas, ce qu'a pu produire d'injustices l'institution du fonds commun et la façon dont les retraites sont assurées.

Admettons que tous les pensionnés touchent une pension égale au moment de l'ouverture de leurs droits; s'ensuit-il que tous ceux qui vont venir après eux pourront toucher la même pension? Nullement. Sur quoi, en effet, se seront fixés les administrateurs pour accorder les premières pensions?

— Sur les revenus globaux du fonds commun à ce moment?

— Ce sera le système le plus tentant; alors, que restera-t-il pour les nouveaux candidats? Car nous savons que bien des causes empêchent le fonds commun de s'augmenter en proportion aussi rapide que le nombre des candidats à la retraite, surtout au moment où les ayants-droit viennent nombreux et en nombre toujours croissant.

— Les administrateurs apprécieront-ils à vue de nez la somme qu'ils peuvent accorder aux premiers arrivants, laissant s'accumuler une réserve pour les candidats futurs? — Ce sera plus sage, mais là encore c'est l'aléa et l'imprécis : car il est difficile d'escompter la mort d'autrui; il y a des gens qui ont la vie chevillée au corps, ils sont les cauchemars des Caisses de retraites. Et, si l'on s'est trompé sur ces prévisions, ceux qui touchent une pension inférieure à ce qu'ils espéraient vont crier comme des écorchés, et leurs coassociés vont maudire leur longévité qui les prive soi-disant d'une retraite plus forte. Nous aboutissons quand même à l'aimable spectacle de tout à l'heure où les gêneurs sont en plus les gênés, et les gênés d'aujourd'hui les gêneurs de demain.

Cette pension, même fixée avec une telle sagesse, sera susceptible d'être abaissée parce que le nombre des nouveaux arrivants pourra être tel qu'il dépassera les prévisions, absorbera les réserves et nécessitera pour établir l'uniformité la réduction des premiers pensionnés.

Criailleries, gêne, injustice, illégalité, tout se trouve dans l'organisation actuelle du fonds commun qui est bien le mode de retraites le plus désavantageux et présentant le moins de garanties pour les sociétaires.

..

Le plus triste est la mort lente à laquelle il condamne les Sociétés qui en font usage. La vie d'une association résulte, en effet, de l'équilibre existant entre l'intérêt social et l'intérêt des sociétaires; or, un tel système détruit cet équilibre. L'intérêt de la Société est d'avoir le plus grand nombre de participants, l'intérêt du participant, dans une Société ayant un fonds commun assez considérable, est d'avoir le moins de coassociés. Plus il y aura de sociétaires et plus la Société sera riche, moins il y en aura et plus le participant touchera une pension élevée. Cette antinomie d'intérêts, nous l'avons bien souvent constaté, produit les résultats les plus déplorables. De vieilles Sociétés qui ont amassé un fonds commun considérable s'anémient et ne se recrutent plus. Les administrateurs poussent des cris d'alarme, les membres honoraires restent fidèles à leur poste et quelquefois même augmentent en nombre, mais les membres participants ne viennent plus. Et pourquoi? Parce que la meilleure des propagandes est celle qui est faite par les sociétaires eux-mêmes; or, ces participants, qui ont vieilli dans une telle Société avec l'espoir de partager les gâteaux du fonds commun, se garderont bien d'inviter à leur goûter des intrus nouveaux. Ils se sont comptés, ils ont calculé ce que les bénéfices effectués par leurs prédécesseurs ont pu amasser dans le fonds commun, et, par un accord tacite, ils ont conclu : « Il y en a assez, nous ne voulons plus de gêneurs. »

Les vieux ont hâte de toucher; les moins âgés pensent à la mort des vieux, et les derniers inscrits, brochant sur le tout, se disent que le magot sera en définitive pour eux, puisqu'ils ont des chances pour résister plus longtemps. De sorte que ni les anciens, ni les moyens, ni les jeunes ne veulent s'adjoindre des gêneurs qui ne feraient que diminuer leur morceau de gâteau.

On pourrait compter par centaines les vieilles Sociétés qui offrent une telle physionomie. Il y en a, et ce sont les plus sages, qui fusionnent avec une Société plus jeune; c'est parfois une mauvaise affaire pour la jeune Société. Il y en a d'autres qui s'éteignent tout doucement; leurs sociétaires deviennent tous membres du Conseil à un moment donné, et la Société finit par se réduire à un seul membre, en même temps président, conseil et dernier participant pour lequel le fonds commun est un magnifique revenu (1). S'il a des parents ou des amis qui lui sont chers, il les appelle près de lui et, solennellement, les sacre membres participants afin qu'ils jouissent après lui des gros revenus amassés par les générations passées; s'il est égoïste et maniaque, il meurt, seul, drapé dans son fonds commun, et l'Etat vient lui fermer les yeux et recueillir sa dépouille.

Le fonds commun inaliénable, contraire aux principes de la morale, antisocial et antiéconomique, arbitraire et sans garantie pour le participant, nous semble donc l'institution la plus opposée à la Mutualité.

Pour remédier à une organisation si défectueuse, de profondes réformes seraient nécessaires; nous essayerons d'indiquer un système meilleur à notre avis, mais nous n'ignorons pas que la lutte est inégale quand l'adversaire est représenté par la routine. C'est à la raison et à la conscience des mutualistes qu'il faut faire appel; les intéressés seuls, en effet, ont qualité pour exiger des modifications ou renoncer à une institution dont ils peuvent seuls pâtir.

____

(1) Il existe à Limoges une telle Société qui n'a plus qu'un membre participant et possède un fonds commun.

CHAPITRE III

LE LIVRET INDIVIDUEL

I. Généralités.

La Caisse nationale des retraites pour la vieillesse fut créée par la loi du 18 juin 1850 sous le nom plus modeste de « Caisse générale des retraites ». Elle prit son titre actuel par la loi du 20 juillet 1886 qui la réorganisa ; le décret du 28 décembre 1886 régla son fonctionnement.

Son rôle est de mettre à la portée des petites bourses les avantages de l'assurance-vie ; aussi reçoit-elle des versements, à partir de la somme de un franc jusqu'au maximum de 500 francs, dans la même année ; le maximum de la rente totale inscrite sur une tête est de 1 200 francs et, jusqu'à concurrence de 360 francs, cette rente est incessible et insaisissable.

Les pensions peuvent être constituées à capital réservé aux ayants-droit du déposant ou à capital aliéné ; le taux de capitalisation qui sert actuellement au calcul des pensions est de 3,50 %. Chaque déposant reçoit, lors de son premier versement, un livret qui porte son numéro matricule et sur lequel seront inscrits tous ses versements à venir. Comme ce livret est la propriété du déposant, on l'appelle en terme courant *Livret individuel*.

La Caisse nationale des retraites pour la vieillesse s'est annexé une Caisse d'assurance en cas de décès qui permet d'allouer à la famille du prévoyant, frappé de mort prématurée, une somme déterminée grâce au versement d'une prime unique ou de primes annuelles.

Cette intéressante institution fonctionne sous le contrôle et la garantie de l'Etat et bénéficie, conformément à la loi du 31 décembre 1895, des majorations de rentes viagères et des bonifications spéciales accordées à ses pensionnaires, sur des crédits inscrits annuellement au budget.

D'après le dernier rapport déposé le 3 juillet 1903 et indiquant les opérations de l'année 1902 :

Les versements pendant cet exercice se sont élevés à 69 448 113 francs et ils ont été au nombre de 3 249 861.

Le total des recettes a été de 239 982 849 fr. 57.

Les dépenses totales ont atteint 54 963 548 fr. 33, comprenant les remboursements après décès des capitaux réservés et les payements de rentes viagères.

Les bénéfices de 1902 ont donc été de 185 019 301 fr. 24.

Voici les résultats de ses opérations depuis le 11 mai 1851 jusqu'au 31 décembre 1902 :

Nombre de déposants : 2 269 005.

Nombre de versements : 36 712 330.

Sommes versées : 1 241 245 771 fr. 60.

Total des recettes : 2 009 375 246 fr. 39.

Capitaux remboursés après décès : 300 037 150 fr. 50.

Payement de rentes viagères : 557 249 520 fr. 06.

Total des dépenses : 903 630 565 fr. 13.

L'excédent des recettes est donc de 1 105 744 681 fr. 17.

La loi du 26 mars 1852 autorisait, comme nous l'avons vu, les Sociétés de Secours mutuels approuvées « à verser dans la Caisse des retraites, au nom de leurs membres actifs, les fonds restés disponibles à la fin de chaque année », et la loi du 1er avril 1898 a prévu et encouragé également la constitution des retraites mutualistes, aussi bien au moyen du fonds commun inaliénable qu'au moyen du livret individuel (art. 26). (1)

Un grand nombre de Sociétés de Secours mutuels et de Caisses mutuelles de retraites emploient donc le système du livret individuel. Elles demandent à leurs membres participants une cotisation spéciale qui est versée sur chacun de leurs livrets, où elles répartissent en fin d'année une part des bénéfices sociaux sur lesdits livrets. Le premier moyen est le meilleur et le plus scienti-

____

(1) Voir également l'article 31, dernier paragraphe.

fique, il n'exclut pas d'ailleurs l'emploi du second qui représente une sorte d'encouragement social (1).

Mais, si Sociétés et sociétaires ont jusqu'ici, dans la mesure de leurs forces, fait acte de prévoyants, l'Etat seul, jusqu'en 1903, n'a pas, à leur égard, rempli ses engagements. Il devait, avons-nous écrit plus haut, encourager les livrets individuels comme le fonds commun, il n'a donné ses encouragements qu'au fonds commun qui lui procurait des ressources et s'est désintéressé des livrets

---

(1) En 1902, les Sociétés de Secours mutuels et quelques Sociétés diverses de retraites ont effectué 18 964 versements pour une somme de 389 951 francs, dont 108 250 francs (5 126 versements) à capital aliéné et 271 701 francs 13 838 versements) à capital réservé. (Extrait du tableau E du rapport ci-dessous mentionné.)

Il y a lieu de joindre à ces sommes les versements effectués par les patrons, industriels et Compagnies diverses, pour leurs ouvriers ou pour leurs Caisses de retraites professionnelles, dont voici le relevé :

PROFESSIONS	VERSEMENTS	CAPITAL VERSÉ	RÉSERVÉ	ALIÉNÉ
Bois et ameublement	466	5 040 fr.	5 040 fr.	»
Fer et métaux	83 259	839 790 »	313 183 »	526 607 fr.
Imprimerie, librairie, papeterie.	8 455	234 111 «	201 996 »	32 115 »
Banques et administrations	27 847	503 316 »	286 498 »	16 818 »
Industries diverses	6 588	159 054 »	111 281 »	47 773 »
Agriculture	824	7 073 »	2 573 »	4 500 »
Alimentation	2 023	35 345 »	30 270 »	5 075 »
Industries textiles	7 690	189 034 »	6 604 »	182 430 »
Mines et carrières	1 044 440	8 239 000 »	962 584 »	7 296 506 »
Navigation	1 683	41 705 »	18 337 »	23 368 »
Chemins de fer	835 074	14 059 152 »	12 187 848 »	2 471 304 »
Transports	82 234	1 042 390 »	269 545 »	772 845 »
Produits chimiques	30 445	271 315 »	269 237 »	2 078 »
Bâtiments, travaux publics	1 077	13 073 »	4 222 »	8 851 »
Mines, mécanique	3 512	41 866 »	23 599 »	18 267 »
Vêtements, nouveautés	4 462	671 906 »	636 049 »	45 857 »
Éclairage, chauffage	5 593	107 236 »	87 998 »	19 238 »

Dans le tableau d'ensemble, on relève pour les Sociétés de Secours mutuels approuvées (versements opérés en vertu du décret du 26 avril 1856 et de la loi du 1er avril 1898) : 5 173 versements à capital réservé, s'élevant à une somme de 8 124 531 francs.

D'autre part, les Sociétés de Secours mutuels scolaires, au nom de leurs membres, et les instituteurs au nom d'écoliers, ont effectué un total de 1 840 versements à capital aliéné pour une somme de 9 160 francs, et de 366 185 versements à capital réservé pour une somme de 1 094 472 francs, soit 368 025 versements s'élevant à 1 103 632 francs.

(Chiffres extraits du rapport de la Commission supérieure de la Caisse nationale des retraites pour la vieillesse — exercice 1902 — paru le 3 juillet 1903.)

individuels dont les capitaux allaient à la Caisse nationale des retraites pour la vieillesse.

Nous allons rapidement passer en revue les principaux arguments invoqués pour justifier cette abstention d'encouragement.

Objections de la Caisse nationale des retraites. — « Nous ne pouvons accepter des versements de l'Etat même à titre d'encouragement sur les livrets de nos sociétaires, disait la Caisse des retraites, parce que nos livrets ne peuvent recevoir que des versements émanant de leurs titulaires ou de leurs représentants. L'Etat ne peut être considéré, à ce point de vue, sous aucune de ces deux qualités. »

La réplique était assez facile. Ce n'est pas l'Etat qui verserait la subvention sur les livrets individuels : cette subvention serait accordée aux Sociétés qui la répartiraient sur les livrets en leur qualité de représentants des titulaires.

« — D'accord, répondait la Caisse des retraites, mais nous ne pouvons recevoir que des versements d'*au moins un franc* et toujours en *nombres entiers*. Or, la part de subvention destinée à chaque titulaire de livret sera souvent *inférieure* à un franc et rarement représentée par un *nombre entier*. »

— C'est très juste, répondons-nous; mais n'y a-t-il pas dans le barème nº 2 (arrêté du 30 avril 1900), art. 5, § 2, cette phrase :

Les sommes formées par les *fractions de franc* et les subventions individuelles qui, par suite de liquidations de pensions, de décès ou *de toute autre cause* ne pourront être inscrites au compte des ayants-droit, *seront portées en unités de franc sur les livrets d'après un roulement établi par ordre d'inscription.*

Peut-être n'est-ce pas la seule solution possible, mais elle est très applicable telle quelle et montre, dans tous les cas, que les rédacteurs du barème nº 2 n'avaient pas été aussi imprévoyants qu'on veut bien le laisser croire.

Hâtons-nous d'ajouter que ces objections ne provenaient que de l'organisation elle-même de la Caisse nationale des retraites et ne témoignaient aucune mauvaise volonté de sa part.

M. Delatour, le sympathique Directeur général actuel, semble aussi bien disposé que possible vis-à-vis des Sociétés de secours mutuels. Il est tout prêt à faire inscrire les subventions sur les livrets individuels des mutualistes. Aucune impossibilité n'existe donc du fait de la Caisse des retraites ; il suffira de lui remettre les bordereaux contenant les indications nécessaires pour cette répartition.

Or, à ce point de vue, le ministère de l'Intérieur est le meilleur agent vérificateur possible, puisque c'est à lui qu'on fournit les états statistiques sur le vu desquels il accorde des parts proportionnées de subventions. Il le fait déjà, pour le fonds commun, pour les Sociétés qui ne constituent pas de retraites, etc..... ce serait très simple pour lui d'agir de même pour les livrets individuels.

D'ailleurs, il pourrait se faire aider dans ce travail par les Sociétés bénéficiaires, s'il y avait lieu.

Objections du ministère de l'Intérieur. — C'est alors que le ministère de l'Intérieur lève les bras au ciel et pousse un grand cri d'indignation.

— Vous oubliez que les subventions sont *inaliénables!* Ce que nous avons tiré des contribuables, nous entendons le garder. C'est inaliénable! entendez-vous? — Or, à quoi aboutirait votre système?

Si la Société bénéficiaire a constitué ses pensions à l'aide du livret individuel à capital *réservé à son profit*, cela peut encore s'expliquer. Nous retrouverions nos chères subventions dans le capital social si une liquidation venait à se produire, et nous pourrions les reprendre pour les verser dans notre fonds de la dotation.

Mais si la Société constitue ses retraites à capital *réservé au titulaire du livret individuel et à ses ayants-droit* ou à *capital aliéné au profit* de la Caisse nationale des retraites pour la vieillesse, voyez-vous l'épouvantable résultat qui se produirait.

Dans le premier cas, nos subventions iraient profiter à des parents plus ou moins rapprochés du titulaire du livret, à des parents qui ne sont peut-être pas de notre grande famille mutualiste ; dans le second cas, elles iraient profiter à cette Caisse nationale des retraites pour la vieillesse, qui porte ombrage à notre fonds commun bien aimé.

Dans ces deux alternatives, le saint principe de l'inaliénabilité des subventions serait profané, nous serions dans l'impossibilité de retrouver notre argent.

Nous ne croyons pas que toutes les subventions soient en droit e t en fait inaliénables. C'est là, nous semble-t-il, un principe faux, et nous nous en occuperons dans le chapitre réservé aux subventions.

Quoi qu'il en soit, un crédit de 550 000 francs a été ajouté au chapitre xvi du budget du ministère de l'Intérieur, particulièrement pour allouer des subventions aux Sociétés constituant des retraites à l'aide du livret individuel (1). Jusqu'ici, en effet, on pouvait bien détruire les objections les unes après les autres, mais on se heurtait à la dernière : « Il n'y a pas d'argent pour cela ! »

Comment ces subventions vont-elles être réparties aux livrets individuels? Va-t-on faire un nouveau barème? La solution jusqu'ici n'est pas définitive, et nous n'estimons pas pouvoir critiquer et même parler de projets qui n'existeront peut-être pas lorsque paraîtra cette étude. Toutefois, celui qui semble sourire le plus aux partisans de l'inaliénabilité est le suivant : on verserait ces subventions au fonds commun inaliénable, dont seraient dotées de force les Sociétés qui n'en avaient pas voulu. Nous espérons que cette idée ne sera pas suivie, car elle serait manifestement contraire aux désirs des Sociétés qui ont adopté le *livret individuel* et elle créerait une foule de complications (2).

II. Avantages du livret individuel.

Certains auteurs font un panégyrique du livret individuel, auprès duquel notre simple exposé paraîtra bien froid.

La Caisse nationale des retraites pour la vieillesse est une sorte de grande Compagnie d'assurances sur la vie, permettant aux modestes prévoyants de s'assurer une rente pour leur vieillesse et de laisser à leur décès un petit capital à leurs héritiers. L'ins-

---

(1) M. Albert Congy, député de Paris, est l'auteur de l'amendement concernant cette augmentation de crédit. Le chiffre primitif portait 1 250 000 francs, M. Congy fit adopter son amendement, élevant cette somme de 750 000 francs à la séance de la Chambre des députés du 30 octobre 1903, et, à une faible majorité, le Sénat réduisit cette somme à 550 000 francs. La subvention définitive fut donc de 1 800 000 francs (chapitre xvi du budget de l'Intérieur).

(2) Nous connaissons une Caisse de retraites (livrets individuels) qui, pour toucher cette subvention, dut se faire ouvrir un compte au fonds commun inaliénable en y déposant..... 5 francs. On lui accorda alors 220 francs de subvention. L'État en arrive donc par ce moyen à subventionner un fonds commun illusoire. L'illogisme d'un tel régime de subvention n'en dépasse pas l'arbitraire.

titution est naturellement aussi bien administrée que possible et rend de très grands services aux travailleurs et aux petits rentiers.

Dans une séance qu'il présidait, le 9 février 1904, au Musée social, M. le comte d'Haussonville émettait le vœu que les Sociétés de Secours mutuels servissent d'intermédiaires entre leurs membres et quelques grandes Sociétés d'assurances françaises. Au point de vue économique général, l'idée serait peut-être bonne, mais nous ignorons si les Sociétés d'assurances particulières pourraient offrir aux mutualistes des avantages supérieurs à ceux de la Caisse nationale des retraites; nous ne le croyons pas.

Cette institution semble, en effet, offrir la plupart des grandes combinaisons ordinaires que l'on retrouve dans les Sociétés d'assurances : constitution des retraites à capital réservé ou à capital aliéné, assurance en cas de décès, réversibilité du capital réservé à la veuve, aux orphelins ou aux ayants-droit, possibilité d'aliéner le capital réservé à tout moment du sociétariat, etc.....

Elle favorise les principes familiaux en stipulant que les versements effectués par l'un des deux conjoints, mariés sous le régime légal de la communauté de biens, serviront en parts égales à constituer une rente pour la vieillesse à chacun d'eux. Cette disposition qui peut toutefois rencontrer des objections, surtout si les versements sont faits par la femme, peut être améliorée par l'emploi de ces intermédiaires, tout désignés en la circonstance, les Sociétés de Secours mutuels. En effet, dans le cas de versements effectués par la Société de Secours mutuels au nom de l'un de ses sociétaires, les capitaux ainsi déposés ne servent à constituer une retraite que pour lui seul.

Elle offre enfin à ses adhérents une garantie nette et absolue à l'égard des pensions espérées. Les barèmes, établis grâce à la loi des grands nombres, ne permettent pas de surprises, et, à moins d'une modification dans le taux d'intérêt qui sert à calculer ces barèmes, chacun peut savoir en remettant son argent la pension qu'il touchera à l'âge indiqué.

Pour tous ces motifs, le livret individuel est de beaucoup supérieur au fonds commun.

III. Inconvénients du livret individuel.

Au point de vue mutualiste, ce système présente néanmoins quelques inconvénients.

Ceux qui désirent, comme nous, voir les Sociétés de Secours

mutuels devenir de véritables forces économiques, ne peuvent considérer qu'à regret une organisation qui les prive de la gestion et de la propriété effective de leurs capitaux. Ce que nous avons écrit à ce sujet pour le fonds commun peut s'appliquer au livret individuel : la Société de Secours mutuels perd avec ce moyen sa force économique.

D'autre part, le livret individuel, comme son nom l'indique, est *individualiste*. Il ressemble à une police d'assurance et ne tient pas compte des grands et nobles sentiments qui honorent le mutualiste. On trouve en lui le premier principe de la mutualité, l'effort personnel, on trouve moins distinctement l'aide mutuelle qui, d'après nous, devrait réunir entre eux les membres des diverses familles ou les représentants de la même profession. La Société de Secours mutuels deviendrait, par ce système, l'un de ces « rabatteurs » dont la Belgique nous fournit l'exemple, et n'aurait qu'une personnalité sociale très restreinte.

Pour remédier en partie à cet inconvénient, il faudrait qu'elle adoptât le régime du capital *réservé* à son profit. Alors apparaissent toutes les difficultés matérielles qui ont vivement frappé certains partisans du livret individuel et contribué à les convertir au fonds commun.

Un grand nombre de Mutualités scolaires avaient adopté ce système; au bout de quelques années, il était impossible de retrouver une notable partie des jeunes mutualistes qui, pour se servir de la phrase consacrée par nos facteurs, « étaient partis sans laisser leur adresse ». Or, pour réintégrer dans la caisse de la Société les fonds *réservés,* la Caisse nationale des retraites demande un extrait de l'acte de décès du titulaire du livret.

Comment remplir cette formalité alors qu'on ignore l'existence ou le décès desdits titulaires? Le nombre des livrets abandonnés dans les Mutualités scolaires est de 95 pour 100.

Il en fut de même pour les mineurs. En 1894 on comptait parmi cette laborieuse population 97 pour 100 de prévoyants pour la retraite. Le 29 juin de cette même année fut promulguée une loi rendant pour eux la prévoyance obligatoire au moyen de livrets; et, comme le constate M. Vermont, « six ans après cette loi, sur 168 316 ouvriers mineurs, on ne comptait pas moins de 47 283 livrets de retraites abandonnés ».

En définitive, l'éducation vers la prévoyance ne semble pas être encore suffisante. L'individu n'attache pas assez de prix à ce livret qui est son titre de rente pour la vieillesse, il le considère avec d'autant moins d'attention qu'il n'y effectue pas *lui-même* les versements et que le capital représenté sur ce livret n'est pas *sa propriété*. Si les déposants directs de la Caisse nationale des retraites prennent un grand soin de leurs livrets, c'est parce qu'ils font directement et individuellement acte de prévoyants; ce système, excellent pour les individus isolés, semble donc peu favorable aux institutions mutualistes. Le nombre considérable de livrets abandonnés est, comme nous venons de le voir, une très grosse perte pour elles. Il faut espérer que cette éducation de prévoyance deviendra plus complète et que les mutualistes considéreront un jour leurs livrets individuels comme les travailleurs, en général, considèrent leurs livrets de caisse d'épargne, où l'on voit néanmoins des centaines de mille francs abandonnés chaque année. Mais ce n'est pas au détriment de la mutualité qu'il importe d'instruire ces adhérents.

Les grands avantages du livret individuel pour le prévoyant isolé nous paraissent donc, quant à présent, notablement atténués pour le prévoyant mutualiste.

CHAPITRE IV

LES ALLOCATIONS ANNUELLES RENOUVELABLES

Leurs avantages. — La capitalisation et la répartition.
Leur emploi actuel. — Leur organisation.

Reste donc un troisième et dernier moyen offert aux mutualistes par la loi de 1898 pour l'organisation de pensions « non pas viagères, mais annuelles ». Ces cinq mots, inscrits dans l'article 25, sont une excellente précaution; nous savons, en effet, que les Sociétés attendent encore les tables de mortalité promises. Elles n'ont donc pas plus de fondement pour *assurer* un chiffre de pensions avec leur fonds commun, que pour *promettre* des allocations annuelles fixes. A ce point de vue, ce système présente le même inconvénient que le fonds commun. Il en a un plus grand pour les budgétivores d'une certaine espèce, qui ne se déclarent jamais satisfaits des subventions obtenues : c'est que l'Etat ne lui accorde pas de subvention. Aussi ne le considère-t-on, le plus souvent, que comme un accessoire.

Ces deux inconvénients ne masquent pourtant pas certains avantages très appréciables. Dans la boutique d'un antiquaire, l'amateur qui hésite entre deux objets ébréchés ou vermoulus peut quelquefois en découvrir un troisième, imparfait, sans doute, mais plus conforme à son désir. Il faut donc un peu épousseter ce système pour en chercher la valeur.

I. AVANTAGES DES ALLOCATIONS ANNUELLES.

Autonomie et responsabilité administrative. — Nous avons déjà aperçu les rouages principaux de ce mécanisme. Chaque année l'Assemblée générale accorde des allocations sur les ressources disponibles. En agissant ainsi, la Société peut conserver l'administration de ses capitaux. Elle ne va pas les immobiliser et les frapper d'inaliénabilité dans une caisse quelconque. Les administrateurs auront donc à déployer leur intelligence pour trouver des placements sérieux et utiles au bien général du pays; on en trouve encore, ne serait-ce que grâce aux obligations communales et départementales (1).

A cette initiative se joindra une juste responsabilité. Si la démocratie prétend avoir des droits, ce n'est pas en reculant devant toutes les responsabilités qu'elle se montrera digne de les exercer. Le manque de force économique de la Mutualité vient surtout de l'inertie d'un grand nombre d'administrateurs de Sociétés qui ont peur de se donner de la peine. La faiblesse ou l'inertie des individus entraînent la faiblesse et la stagnation des Sociétés et toutes les tendances qui s'exercent actuellement sur la Mutualité semblent agir dans ce sens.

Répartition possible. — Le système de la capitalisation à outrance est déplorable, aussi les allocations pourraient-elles permettre de répartir une portion des ressources lorsqu'une certaine réserve serait atteinte. Il est bon, non pas de thésauriser, mais d'avoir suffisamment de capitaux pour faire face aux éventualités et aussi pour développer les buts déterminés à l'origine; mais il est contraire, semble-t-il, à la logique d'amasser toujours, en avare éternel, et de s'interdire de toucher à l'ensemble de ses capitaux. Le rôle de la Société de Secours mutuels est comparable à celui d'un père de famille qui doit léguer à ses enfants un patrimoine que ceux-ci auront l'obligation de faire fructifier et de transmettre à leurs descendants. Mais, tandis que la fortune paternelle peut être dissipée en quelques mois par un rejeton prodigue, celle d'une Société est censée fructifier sans cesse, grâce à la sollicitude d'administrateurs choisis parmi les plus dignes, les plus sages et les meilleurs des sociétaires (2). Il y a donc moins de risques de ruine dans une Société de secours mutuels que dans une famille.

---

(1) Voir à cet égard les placements effectués en obligations départementales et communales par la Caisse nationale des Retraites pour la vieillesse. — Rapport sur l'exercice 1902. — La Caisse nationale des retraites a placé, en 1902, 500 164 francs au taux de 4,30 %, 537 362 francs à celui de 4,20 %; 2 544 748 à 4,10, 9 925 384 à 4 %, 10 063 982 à 3,93 %, 5 193 991 à 3,85 %, 1 908 807 à 3,80 % 6 012 633 à 3,75 % etc. etc. « Le taux moyen des placements en obligations départementales et communales, en tenant compte de l'impôt sur le revenu, des frais de timbre et de taxations allouées aux préposés, ressort à 3,682 %. »

(2) Nous verrons que, dans tous les cas, des précautions peuvent être prises pour éviter toutes malversations possibles.

D'autre part, si la solidarité sociale demande qu'une génération n'absorbe pas à son profit toute l'épargne de la génération passée, elle n'exige pas non plus qu'elle se sacrifie à la génération future; s'il en était autrement, l'effort personnel serait un leurre, il ne jouirait pas de ses fruits.

Aussi, croyons-nous que l'usage des allocations permettra à la Société de verser aux mutualistes, se trouvant dans les conditions statutaires, non seulement les revenus du capital amassé par la génération présente, mais aussi une portion de ce capital. Elle léguera à la génération suivante un fonds social que celle-ci aura le devoir d'entretenir et d'augmenter proportionnellement à ses besoins; et ainsi de suite. Le laboureur ne vend pas tout son blé, il en garde une partie dans ses greniers; d'abord, pour les semailles, ensuite, pour les surprises possibles. Le blé des semailles représente l'effort continu des prévoyants qui doit procurer la récolte nécessaire à leurs besoins; la réserve sera pour l'avenir, et la génération qui viendra aura la charge de la renouveler et de la léguer à la génération suivante, augmentée en proportion du développement pris par la Société.

Ce serait ainsi une solidarité rationnelle et morale, supérieure à celle qui ne consiste qu'à amasser des capitaux éternellement.

Encouragement à la prévoyance. — Avec les autres systèmes offerts aux mutualistes pour l'organisation des retraites, il est triste de voir tant de braves gens, dont certains se privent de petites satisfactions humaines, n'avoir droit qu'à de si minimes bénéfices. Quelques-uns auraient pu faire un meilleur emploi de leur épargne : celui-ci aurait acheté une tête de bétail, celui-là un outil, cet autre, plus fortuné, serait arrivé à acquérir un lopin de terre. Après avoir peiné dans les villes, les travailleurs aspirent vers l'air des campagnes, et le cultivateur cherche toujours, selon une vieille expression, « à s'arrondir ».

L'immobilisation des capitaux n'offre aux prévoyants que des avantages dérisoires. S'il savait, au contraire, qu'après le prélèvement d'une juste réserve, lui, sa femme et ses enfants auraient droit, dans tels ou tels cas, à une portion des fonds sociaux, il ferait sans doute un effort plus considérable pour grossir sa part; la Société ne pourrait qu'en bénéficier au point de vue économique et la mutualité tout entière au point de vue social. Les caisses mutuelles posséderaient ainsi une fortune considérable et elles deviendraient des institutions où l'argent circulerait d'une façon

normale, comme le sang dans un corps bien constitué, au lieu
de produire par son immobilité ces sortes d'embolies économiques
qui peuvent tuer les organisations sociales.

Réserve l'avenir de la mutualité. — Cette répartition sage
d'allocations d'invalidité ou de vieillesse pourrait permettre
d'attendre une organisation meilleure. Nous ne croyons pas que
le fonds commun puisse jamais résoudre la question des retraites;
nous avons vu que le livret individuel, excellent peut-être pour
les individus, produit souvent de déplorables résultats au point
de vue mutualiste; il importe donc de se retourner vers le dernier système offert par la loi et de chercher à l'organiser.

Il faut enfin remarquer que s'il laisse à la Société toute sa
liberté, il n'entraine aucune déception pour le sociétaire. Le
participant sait, en effet, que plus la Société sera prospère,
plus il aura d'allocations, c'est à lui de s'employer à cette prospérité; et le voilà un véritable associé au lieu d'être le porteur
d'un billet de la loterie de la vie ou de la mort. Ce sera un spectacle d'une grande dignité et d'une grande puissance que celui
présenté par l'assemblée de ces mutualistes qui connaissent la
situation de l'un de leurs camarades, qui savent aussi les limites
de leurs ressources, et qui, en toute conscience, et à égale dis-
tance du sentimentalisme et de la froideur des calculs égoïstes,
accordent une allocation sur les revenus et sur une part du capital
social. Ce ne sera pas scientifique, nous l'accordons à Messieurs les
actuaires, qui hausseront les épaules et s'écrieront : « Ces gens
sont fous »! mais en dépit de la science, on peut faire le bien;
l'expérience vaut plus que des calculs qu'un changement de
coefficient renverse comme un fragile château de cartes; et nous
ne proposons ce système qu'en attendant une meilleure organisation de la mutualité au point de vue des retraites.

Lorsque cette organisation sera faite, les Sociétés pourront
au moins en profiter, parce qu'elles auront des ressources disponibles; tandis que si elles continuent en dépit du bon sens
à frapper d'immobilité et d'inaliénabilité leur puissance économique, il est inutile de chercher une amélioration que l'état des
choses rendrait inutilisable. Ce système des allocations n'est donc
que transitoire et provisoire, il acheminera la mutualité vers la
science et vers l'autonomie : il lui permettra de remplir, dans le
présent, un rôle humain et de réserver sa puissance économique
pour des jours meilleurs.

Ces allocations, formées par un amalgame de capitalisation et de répartition, sont d'ailleurs adoptées par un certain nombre de grandes Sociétés, soi-disant mutualistes, et que les mutualistes intitulent, parfois un peu dédaigneusement, « pseudo-mutualités ». Nous ne voulons pas dans cette étude prendre parti ni pour ni contre elles; nous constatons simplement que leurs organisations paraissent souvent plus avantageuses que le fonds commun au moyen duquel on éblouit les Sociétés de Secours mutuels. Nous croyons aussi que si l'on désire diriger vers ces dernières le plus grand nombre des travailleurs, il faut leur montrer qu'ils peuvent trouver, dans la loi de 1898 et par l'intermédiaire de leurs Sociétés, tous les avantages qui leur sont offerts ailleurs.

Nous devons également ajouter qu'un certain nombre de Sociétés de Secours mutuels véritables versent aussi des pensions sur leurs fonds libres et que leurs sociétaires n'ont pas à s'en plaindre, puisque la moyenne de ces allocations est supérieure aux pensions si bien garanties par le fonds commun inaliénable (1).

II. Organisation des allocations annuelles renouvelables.

Nous supposons naturellement une Société de Secours mutuels qui ne demande pas à ses participants une cotisation spéciale de retraite, comme c'est le cas pour la majorité des Sociétés, sauf pour un certain nombre de celles qui se servent du livret individuel de la Caisse nationale des retraites pour la vieillesse.

La retraite pour une telle Société est un accessoire et non pas le but principal. C'est pourquoi il ne nous paraît pas logique d'immobiliser et de frapper d'inaliénabilité les ressources disponibles destinées seulement à cet accessoire.

Il nous semble également préférable, pour les raisons que nous avons données au début de ce travail, d'accorder ces allocations à l'invalidité plutôt qu'à la vieillesse. Lorsque le vieillard deviendra invalide il y aura droit, mais tout sociétaire, âgé de cinquante ans

---

(1) Si nous ne considérons que les Sociétés approuvées, nous voyons qu'en 1901, 1 487 Sociétés ont servi sur *leurs fonds libres* 36 687 pensions ou suppléments de pensions représentant ensemble 3 285 100 fr. 75.

La moyenne de ces pensions a été de 96 fr. 20, et la moyenne des suppléments 56 fr. 38, tandis que la pension moyenne constituée en 1901 sur le fonds commun des retraites était de 68 fr. 05.

et ayant quinze années de sociétariat (conditions légales), pourra en bénéficier lorsqu'il se trouvera dans l'impossibilité physique de gagner sa vie. (1)

Pour nous, qui désirons constituer les Sociétés de Secours mutuels sur la base familiale, lorsque la base professionnelle ne sera pas praticable, nous voyons dans les allocations d'invalidité un des buts de la Société familiale. L'invalidité est, en effet, un des accidents que peut rencontrer le corps familial dans son évolution ; il lui importe donc de se mettre à l'abri contre les conséquences d'une telle éventualité, triste pour l'un de ses membres, pour son chef surtout, et coûteuse pour son modeste budget.

Pour faire face à ce risque, la Société de Secours mutuels, qui ne demande pas de cotisation spéciale à cet égard, divisera ses ressources en deux parts : Les *recettes normales* (cotisations des membres participants) resteront affectées aux *dépenses normales,* qui sont dans la plupart des cas les secours de maladie. Toutes autres recettes, cotisations des membres honoraires, dons, subventions, amendes, profits venant des fêtes, etc..... constitueront les *ressources complémentaires,* et seront affectées aux *dépenses accessoires* dont feront partie les allocations d'invalidité.

Au bout de quinze ans au moins, il est à espérer que les *bénéfices annuels* de ce compte, ressources et dépenses accessoires, auront formé un capital assez sérieux : ce sera le *fonds de réserve.* A partir de cette époque, la Société pourra donc verser des allocations d'invalidité s'il s'en présente.

On affectera à ces allocations, d'abord : tout ou partie des ressources *complémentaires de l'année,* et, s'il y a lieu, on y ajoutera une part des revenus du fonds de réserve.

Rien n'empêcherait d'ailleurs une Société de prendre pour but principal ces allocations renouvelables de retraite ou d'invalidité. Dans ce cas, une cotisation spéciale serait demandée aux socié-

---

(1) Est invalide celui qui ne peut pas subvenir à son existence par suite d'infirmités ou de vieillesse. Nous préférons cette définition à celle que nous avons déjà donnée dans l'étude du régime allemand et que nous retrouverons dans les propositions de loi de MM. Millerand et Dormoy. Il est facile, en effet, de contrôler une telle invalidité, tandis qu'il peut être arbitraire d'apprécier l'invalidité d'un travailleur à ce *qu'il n'est plus en état de gagner un tiers de ce que les personnes appartenant à son ancienne profession gagnent d'ordinaire par leur travail dans la même région.* Cette dernière définition correspondrait à une seconde étape que la mutualité pourrait entreprendre, lorsqu'elle aurait, avec succès, couvert la première.

taires. L'allocation serait proportionnelle au montant des versements ainsi effectués, et un supplément serait ajouté au moyen des ressources complémentaires que nous avons énumérées un peu plus haut.

On objectera peut-être que certains administrateurs ne sauront pas agir avec assez de sagesse. Ils donneront aux premières allocations tous les revenus du fonds de réserve et toutes les ressources de l'année, de sorte que si un nouvel ayant-droit venait à se présenter, il n'y aurait rien pour lui.

Il est probable que des hommes qui ont administré pendant quinze ans une Société auront acquis suffisamment d'expérience pour ne pas se laisser entraîner à de telles extrémités. Les allocations auront été tout d'abord étudiées par les conseillers, elles seront soumises à la vérification et à l'assentiment de l'assemblée générale annuelle; faut-il donc croire que tous ces conseillers et tous ces sociétaires seront des imprévoyants, après avoir pratiqué pendant quinze ans la prévoyance? S'il en était ainsi, ce serait à désespérer de tenter toute éducation populaire.

Mais, en admettant que tous ces sociétaires soient des ignorants, il y aura, comme cela existe déjà, des unions, des associations composées d'hommes compétents qui pourront leur donner conseil et leur indiquer la juste part qu'il y a lieu de faire à l'avenir.

Nous n'admettons donc pas, en principe, une telle objection.

Le fonds de réserve serait placé conformément à l'article 20 de la loi du 1er avril 1898, de préférence en obligations départementales et communales, ce qui éviterait une concentration de capitaux dans une caisse unique et viendrait en aide aux initiatives locales.

Il pourrait aussi servir à l'acquisition d'immeubles. Parfois, pour quelques billets de mille francs, on peut avoir dans nos campagnes des terrains fort avantageux. La Société, qui a pour elle la pérennité, peut attendre ces occasions. Tel terrain, acheté bon marché, procurera des ressources intéressantes : il ne serait pas difficile dans les communes rurales de trouver parmi les membres participants les bras nécessaires pour cultiver à tour de rôle le *bien mutualiste* et, si la Société ne veut pas continuer à être propriétaire, elle pourra de nouveau attendre l'occasion et revendre ses immeubles avec bénéfice.

CHAPITRE V

LE LIVRET MUTUALISTE DE RETRAITES

I. Organisation. — Emploi des allocations renouvelables. — Les objections
au point de vue du livret individuel et au point de vue scientifique.
II. Avantages du livret mutualiste. — Autonomie économique. — Alliance
entre la capitalisation et la répartition. — Bienfaits pour la mutualité.

Les allocations annuelles renouvelables, que nous avons étudiées au chapitre précédent, seront le plus souvent un accessoire destiné aux Sociétés qui ne demandent pas à leurs participants une cotisation spéciale de retraites. Plus avantageuses au point de vue général que celles accordées par le fonds commun, elles n'auront pas, dans les premiers temps tout au moins, la certitude mathématique des pensions de la Caisse nationale (livrets individuels). De ces trois systèmes, elles peuvent être le meilleur pour l'avenir de la mutualité; elles ne représentent pas, néanmoins, quelque chose de définitif et de parfait. Est-ce à dire que la Mutualité est impuissante à organiser et à garantir des pensions à ses adeptes? Devons-nous supposer qu'éternellement elle sera à la remorque de la Caisse des dépôts et consignations qui l'anémie, ou de la Caisse nationale des retraites pour la vieillesse qui en tire profit? Nous espérons le contraire.

Un jour viendra, sans doute, où elle sortira de ses entraves, s'organisera, bénéficiera de toute la force économique de ses centaines de millions et de la force sociale de son armée pacifique et prévoyante.

Pour arriver à ce résultat, il faudra probablement lutter contre certains préjugés et de déplorables routines; ce sera l'œuvre de l'éducation qui s'opérera par la presse, par la parole, par les exemples.

Ces derniers, plus convaincants que tous les autres moyens, trouveraient peut-être dans le *livret mutualiste de retraites* une juste et féconde utilisation.

I. Organisation du livret mutualiste de retraites.

Chaque sociétaire reçoit à son entrée dans la Société un livret sur lequel sont versées ses cotisations destinées à la retraite. Ce livret est la propriété du sociétaire; il peut continuer à y faire des versements dans toute localité où l'appelleront les nécessités de la vie. Il n'aura, pour constater le versement envoyé à la Société, qu'à fixer sur son livret le talon du bon de poste ou du mandat-poste concernant cet envoi : ceci, en attendant que la Société possède un correspondant ayant qualité pour recevoir l'argent du sociétaire et contrôler son livret.

Le capital inscrit sur le livret mutualiste pourrait être réservé; dans ce cas, il serait remboursé intégralement à la veuve ou aux orphelins du titulaire décédé. Il pourrait aussi être aliéné, mais une petite prime supplémentaire permettrait de s'occuper de l'assurance en cas de décès et de verser une somme proportionnée soit à la veuve, soit aux orphelins.

— Jusqu'ici, nous dira-t-on, votre livret mutualiste n'est qu'une reproduction du livret individuel de la Caisse nationale des retraites.

— Nous le savons, et c'est en toute connaissance de cause que nous avons pris au livret individuel ses propres qualités; nous allons même pousser plus loin la ressemblance.

Puisqu'il est impossible actuellement de constituer une pension au mutualiste en dehors du fonds commun, du livret individuel et des allocations annuelles, nous prendrons le système qui nous semble le meilleur : les allocations annuelles renouvelables, mais nous chercherons à les rendre aussi stables et aussi fixes que les pensions de la Caisse nationale des retraites. En effet, lorsqu'au jour de l'ouverture de sa retraite le mutualiste demandera une pension, l'Assemblée générale de la Société considérera, d'une part, le capital versé sur le livret mutualiste du postulant et la durée de ses versements, d'autre part, les barèmes de la Caisse nationale des retraites pour la vieillesse. Puis, par un calcul rapide et très simplifié, grâce à cette mathématique toute préparée, elle accordera une allocation semblable à la pension donnée dans les mêmes conditions par la Caisse nationale des retraites.

— Alors, le prévoyant aurait aussi bien fait de s'adresser individuellement à la Caisse nationale des retraites.

Nous répondons, non; car cette allocation ne représente que

la part prise sur l'épargne même du prévoyant, et nous savons que les ressources d'une Société de secours mutuels ne sont pas restreintes aux seules cotisations des membres participants.

Il y a les dons, les cotisations des membres honoraires, le produit des fêtes, les bénéfices divers, etc.....; ces différentes ressources ont été inscrites à un compte spécial intitulé « recettes complémentaires » et grossissent chaque année le *fonds de réserve*. La Société fera donc à son participant retraité un second versement pris comme nous l'avons indiqué plus haut pour les allocations d'invalidité, partie sur les revenus du fonds de réserve, partie sur le produit annuel des recettes complémentaires. Cette seconde allocation, qui n'aura pas la fixité de la première, pourra néanmoins être fort intéressante et, dans tous les cas, elle rendra le livret mutualiste beaucoup plus avantageux que le livret individuel.

Une objection nous sera encore faite :

— Votre système ne se tient pas au point de vue scientifique ; il fait dresser les cheveux des actuaires : il est une hérésie mathématique. Comment une Société de 300 ou 400 membres peut-elle vouloir s'arroger les barèmes d'une institution chez laquelle joue la loi des grands nombres et qui sont établis sur des moyennes calculées pour 100 000 individus au moins.

Nous nous hâtons de répliquer, tout d'abord, que la Commission chargée de dresser les barèmes destinés aux Sociétés de Secours mutuels finira bien, il faut l'espérer, par en achever l'exécution. Le livret mutualiste ne serait effectivement utilisé pour le service des pensions que dans quinze ou vingt ans; à cette époque, si nous avons disparu, les barèmes, eux, existeront, nous le supposons. Le ministère de l'Intérieur ne peut pas être, à ce point de vue, comparé à l'Académie française : un travail si impatiemment attendu par toute la mutualité n'est pas semblable à la rédaction d'un dictionnaire qui ne rend personne impatient, et dont nos petits-enfants pourront posséder quelques lettres de plus que nous.

Ce seront donc ces barèmes *mutualistes* qu'on appliquera aux livrets *mutualistes*.

Enfin, il n'est nullement dans notre pensée de pousser les petites Sociétés comptant quelques centaines de membres vers l'adoption de ce livret. Il est évident qu'elles ne pourraient pas le faire *scientifiquement;* mais cette mathématique, si chère aux esprits justement clairvoyants et raisonnables, ne pourrait-elle s'appliquer à de vastes et populeuses Unions? Nous souhaitons, et c'est encore un espoir de notre part, que les Sociétés de Secours mutuels profitent de l'article 27 de la loi du 1er avril 1898, et créent une ou plusieurs Caisses autonomes par l'intermédiaire desquelles les pensions de retraites seraient servies.

Il faudrait une initiative intelligente et influente pour fonder cette utile institution. Certaines de nos Unions comptent plus de 100 000 mutualistes; un léger coup de barre les porterait à créer une Caisse mutualiste autonome.

Dans ce cas, on ne traiterait plus notre système de monstrueux et d'hérétique, car la loi des grands nombres pourrait y fonctionner. Si les barèmes mutualistes n'avaient pas encore achevé leur lente gestation, à cette époque, rien n'empêcherait, au point de vue scientifique, d'adopter ceux de la Caisse nationale des retraites pour la vieillesse qui ont fait leur preuve.

Le livret mutualiste de retraites serait délivré par cette vaste Union ou par cette Caisse autonome; il porterait simplement la mention de la Société à laquelle appartiendrait le participant et un numéro matricule.

Les allocations seraient versées au moyen de règles mathématiques, qui en feraient de véritables rentes garanties et fixes; elles deviendraient des pensions viagères.

II. Avantages du livret mutualiste
et de la caisse autonome.

Nous voyons à ce mode de constitution des retraites d'incontestables avantages au point de vue mutualiste.

Économie. — Les capitaux des Sociétés de Secours mutuels s'occupant de la retraite seraient administrés par des mutualistes dévoués et compétents qui n'hésiteraient pas sans doute à rendre les frais généraux d'une telle entreprise aussi minimes que possible. Le placement des fonds s'effectuerait selon l'article 20 (paragraphe 1er) de la loi de 1898 et particulièrement en obligations départementales et communales. Un petit nombre d'employés suffirait au fonctionnement de la Caisse, car ce ne serait qu'à des époques fixes, chaque année par exemple, que chacune des

Sociétés possédant des livrets mutualistes opérerait ses versements. Une grande division du travail régnerait dans une telle organisation; les Sociétés se chargeraient de tous les contrôles les concernant et la Caisse ne serait qu'un bureau d'enregistrement.

Contrôle. — Décentralisation. — Répartition. — Au point de vue économique, ce système aurait une réelle supériorité sur celui du fonds commun actuel. Ce ne serait plus l'immobilisation de capitaux considérables dont les mutualistes ne peuvent pas contrôler l'emploi, mais la circulation de ces mêmes capitaux qui viendrait fortifier et encourager les initiatives locales intéressantes. Il n'y aurait pas une inaliénabilité forcée, puisque le sociétaire pourrait opter pour le capital réservé à sa veuve ou à ses orphelins; une fois une certaine réserve sociale atteinte, la *répartition* pourrait s'allier à la *capitalisation* et procurer des pensions plus fortes que celles obtenues par les autres moyens.

Autonomie financière. — Bénéfices. — La Mutualité surtout y puiserait d'énormes bienfaits. Avec le fonds commun inaliénable actuel, il est impossible de lui concéder une force économique; elle pourrait avoir une puissance colossale le jour où elle serait maîtresse de ses propres capitaux. Avec le livret individuel, quelle que soit la modalité choisie, fonds perdus ou fonds réservés, la Mutualité perd quelque chose; dans le premier cas, ses capitaux eux-mêmes, dans le second cas, les intérêts ou partie des intérêts de ses capitaux. En effet, au décès du titulaire d'un livret individuel à capital réservé, la Caisse nationale des retraites rembourse bien le capital du livret à quelque époque qu'intervienne le décès du titulaire, mais elle conserve les intérêts. Ce serait là un des bénéfices de la Caisse mutualiste. D'autre part, si l'on se plaint de l'abandon des livrets individuels, ces abandons n'auraient plus de conséquences avec les livrets mutualistes. Les capitaux abandonnés resteraient à la Mutualité, ils lui serviraient, soit à grossir ses pensions, soit à entreprendre la création des grands services sociaux qu'elle est appelée à rendre.

Le livret mutualiste de retraites aurait donc ainsi une organisation scientifique, et la Société de Secours mutuels pourrait réellement promettre des pensions garanties et fixes.

Le prévoyant y trouverait tout avantage, puisqu'il aurait une certitude correspondante à son effort d'épargne et l'agréable surprise de voir cet effort récompensé au moyen des secondes allocations prises sur les recettes complémentaires de la Société. Une majoration de rente pourrait être demandée aux pouvoirs publics et versée au retraité proportionnellement à la pension obtenue grâce aux versements effectués sur son livret.

Enfin, la Mutualité française aurait acquis une autonomie et une personnalité qu'elle ne possède pas; elle aurait son *fonds commun*, non pas l'invisible, l'intangible et le mystérieux fonds commun inaliénable d'aujourd'hui, mais le *fonds commun mutualiste*, le seul qui puisse la rendre puissante, utile et rénovatrice (1).

---

(1) Les Sociétés de Secours mutuels basées sur des professions identiques pourraient constituer entre elles une Caisse autonome de retraites afin de verser des pensions au moyen du livret mutualiste. Dans certains groupements de travailleurs, cette initiative pourrait être prise sans grande difficulté.

CHAPITRE VI

LES PROJETS DE LOI SUR LES RETRAITES OUVRIÈRES

Historique.
I. La proposition de loi de MM. Millerand et Guieysse. — Exposé. — Charges
imposées aux travailleurs, aux patrons. La question ouvrière. — Les Contribuables : charges imposées au budget. — Minimum de liberté. — Remboursement du capital versé après l'acquisition de 360 francs de rentes.
— Pensions d'invalidité.
II. La proposition de loi de MM. Dormoy, Charles Chaumet et Cazeaux-Cazalet. — Similitudes avec la précédente proposition de loi. — Points
saillants : utilisation des institutions existantes ; système financier (limite
apportée à la capitalisation par la répartition) ; étude plus sérieuse de
charges.
Conclusion : Nécessité de l'organisation professionnelle pour établir une
obligation vraiment sociale.

Depuis vingt-trois ans, le problème de l'organisation des
retraites ouvrières est l'un des formidables points d'interrogation posé par la démocratie à notre régime parlementaire. Nombreux furent les systèmes proposés : les différents exposés des
motifs qui précèdent ces propositions de lois sont des monuments
fort intéressants à parcourir où se découvrent les tendances
politiques et sociales de leurs auteurs, ainsi que des combinaisons plus ou moins ingénieuses pour procurer des ressources
à cet important service. Une telle étude sortirait du cadre de
notre travail ; nous nous bornerons à noter ces divers projets,
nous arrêtant particulièrement à ceux qui semblent aujourd'hui
occuper avec plus de force l'opinion publique.

Qu'il nous soit néanmoins permis de saluer respectueusement
l'une des conceptions sociales les plus élevées à cet égard, dont
se sont, hélas ! écartés la plupart des auteurs de projets plus
récents ; nous voulons parler de la « proposition de loi sur la
protection des ouvriers contre les conséquences de la maladie et
de la vieillesse » déposée à la Chambre des députés, le 25 mai 1886,
par M. le comte Albert de Mun.

Au mois de mai 1881, M. Martin Nadaud avait déjà déposé un

projet de loi sur cette matière : plus tard, MM. La Roche-Joubert, puis Waldeck-Rousseau, Frebault, Jaurès, proposèrent la création d'une Caisse de retraites en faveur des ouvriers. C'est alors que M. le comte Albert de Mun chercha à donner une force légale aux idées sociales dont il se faisait le promoteur, et qu'il développa dans un exposé de motifs, aussi brillant par le style que profond par la pensée, l'organisation de Caisses corporatives.

L'association est la loi providentielle à laquelle l'humanité ne saurait se soustraire, et pour l'avoir méconnue et violée, notre société déracinée, réduite à la poussière de l'individualisme, a fait de l'ouvrier le prolétaire des temps modernes.

C'est sur ce principe fécond dont l'application au travail constitue le régime corporatif, que nous comptons nous appuyer pour fonder nos Caisses de prévoyance, nous contentant de réclamer des pouvoirs publics une sanction légale.....

Nous nous proposons donc d'instituer dans chacune des quinze circonscriptions territoriales établies par la loi du 19 mai 1874 et déterminées par le décret du 13 février 1875 sur le travail des enfants dans les manufactures, pour chaque corps de métier et chaque industrie ou groupe d'industries similaires, une ou plusieurs Caisses corporatives de prévoyance, dans le but de garantir les membres participants contre la conséquence de la maladie ou de la vieillesse. Elles seront alimentées par une retenue sur le salaire de l'ouvrier ou employé et par une contribution de l'entreprise (1).

L'éminent député désirait donc donner à l'assurance ouvrière, contre les risques sociaux, l'organisation professionnelle comme fondement; nous avons cherché après lui à développer des idées semblables. Ce projet repose malheureusement dans les cartons de la Chambre des députés, et c'est vers une autre orientation que le gouvernement et la Commission d'assurance et de prévoyance sociales semblent se diriger.

La proposition de loi de MM. Millerand et Guieysse a vivement ému le monde du travail; elle a donné lieu à la Chambre des députés à de longs et intéressants débats et compte dans le monde parlementaire de nombreux partisans.

MM. Dormoy, Charles Chaumet et Cazeaux-Cazalet se sont inspirés d'elle dans leur récente proposition de loi sur l'organisation des retraites pour la vieillesse ou l'invalidité. Nous nous

____

(1) Extrait de l'exposé des motifs.

bornerons à l'étude de ces deux projets qui menacent nos institutions mutualistes, sans édifier leur système sur la base professionnelle, indispensable, à notre avis, pour le fonctionnement pratique ... .el service (1).

_____

(1)　　PROPOSITIONS ET PROJETS DE LOI
SUR L'ORGANISATION DES CAISSES DE RETRAITES OUVRIÈRES

Prop. Laroche-Joubert, 8 novembre 1881. — Prop. Guyot et Hippolyte Maze, 19 novembre 1881. — Prop. Waldeck-Rousseau, 16 mars 1882. — Projet de loi, 18 mars et 1er juillet 1882. — Prop. Laroche-Joubert, 24 juillet 1882 (retirée).

Prop. Frébault et Camille Dreyfus, 26 novembre 1885. — Prop. Jaurès, Marty et Charles Dupuy, 8 avril 1886, sur l'organisation générale des Caisses corporatives. — Prop. Cte A. de Mun et Mgr Freppel, 25 mai 1886, Caisses corporatives. — Prop. Jamais, Bousquet, Ribot, 10 mars 1888.

Prop. Antide Boyer et Baudin, 25 novembre 1889. — Prop. Laisant et Gabriel, 18 janvier 1890. — Prop. Bérard, 27 mars 1890. — Prop. Papelier, 3 juin 1890. — Prop. Adam et Piérard, 3 juin 1890. — Prop. de Ramel, 8 juillet 1890. (Ces cinq propositions précédentes ont été prises en considération et renvoyées à la Commission du travail, 5 février 1891.) — Prop. Terrail-Mermeix, 24 mars 1890. — Projet de loi concernant les Caisses de retraites, de secours et de prévoyance fondées au profit des employés et ouvriers, 20 décembre 1890. Adoption, 3 mars 1891. Présentation au Sénat, 10 mars 1891. Adoption avec modifications, 16-28 février 1893. Retour à la Chambre, 13 mars 1893. La Chambre n'a pas statué. — Prop. Isambard, 21 mars 1891. — Projet Constans, ministre de l'Intérieur, 6 juin 1891. — Prop. Papelier, 30 décembre 1891. — Prop. Lacôte, 16 février 1892. — Prop. Chassaing, 11 avril 1892. — Rapport de M. Guieysse, au nom de la Commission du travail, sur le projet de loi et les diverses propositions de loi, concernant les Caisses de retraites ouvrières, proposant la création d'une Caisse nationale ouvrière de prévoyance, 11 février 1893. — Prop. Chautemps, 30 novembre 1893. — Prop. de Ramel, 4 décembre 1893. — Prop. Michelin, 18 janvier 1894. — Prop. Isambard, 16 janvier 1894. — Prop. Jouffroy, 20 janvier 1894. — Prop. Brincard, 18 février 1894. — Prop. Defontaine, 17 février 1894. — Prop. Yung, 17 février 1894. — Prop. André Lebon, 8 avril 1895. — Amend. Clément Clament, 20 novembre 1896. — Prop. F. Martin, 27 février 1897. — Prop. Paschal Grousset, 13 mars 1897. — Prop. Gellé, 8 avril 1897. — Prop. Chauvière, 10 octobre 1897. — Prop. Girault, 21 octobre 1897. — Prop. Jaurès, 4 novembre 1897. — Prop. Martinon, 20 novembre 1897. — Prop. Guieysse, 18 décembre 1897. — Prop. Bérard, 4 février 1898. — Prop. Zévaès, 20 juin 1898. — Prop. Audiffred, 4 juillet 1898. — Prop. Gervais, 12 juillet 1898. — Prop. Fernand de Ramel, Achille Adam, de Mahy, Graux, Cte de Montalembert, Brincard, Cte de Pontbriand, Denys Cochin, Papelier, 43 juillet 1898 (retirée par ses auteurs). — Prop. Maruéjouls, 28 octobre 1898. — Prop. Dubuisson, 25 octobre 1898. — Prop. Chauvière, 14 novembre 1898. — Prop. Puech, 14 novembre 1898. Prop. Coulant, 17 janvier 1899. — Prop. Vaillant, 4 mars 1899. — Prop. Lemire, 10 avril 1900. — Prop. Jules Dansette, 14 janvier 1901. — Prop.

I. LE PROJET MILLERAND-GUIEYSSE.

1. Obligation. — L'économie de ce projet repose sur l'*obligation*.

1° Obligation pour tout ouvrier ou employé de prélever 2 % de son salaire pour se constituer une retraite.

2° Obligation pour les patrons et chefs d'entreprise de majorer ce prélèvement en y ajoutant 2 % des salaires de chacun de leurs ouvriers et employés.

3° Obligation pour l'Etat, les départements et les communes, c'est-à-dire pour tous les contribuables, d'accorder des majorations et bonifications de retraites dans des limites et conditions déterminées, mais sans qu'on en puisse connaitre le montant.

Sont néanmoins soustraits à cette obligation :

1° Les employés dont les émoluments dépassent 4 000 francs par an.

2° Les ouvriers et employés de l'agriculture, les colons partiaires, métayers et bordiers, les domestiques attachés à la personne, les artisans façonniers, les commerçants ou cultivateurs travaillant habituellement seuls ou n'employant habituellement que des membres de leur famille, ou n'étant pas imposés à la contribution personnelle et mobilière au-dessus de la somme déterminée par règlement d'administration publique.

Si l'on se reporte au recensement de 1896, il y aurait ainsi plus de 5 500 000 travailleurs qui échapperaient à l'obligation ; (1) elle s'appliquerait à environ 8 millions d'individus.

Cette énorme quantité de travailleurs mis hors la loi commune suffirait à condamner théoriquement un tel projet. Il y aurait donc dans la nation huit millions d'individus jouissant obligatoirement de pensions de retraites, et pour lesquels les contribuables

---

Carnaud, 13 juin 1901. — Prop. Georges Berry, 20 juin 1901 (retirée par son auteur). — Prop. Achille Adam, Taillandier. Plichon, B°⁰ X. et A. Reille, Jules Desjardins, Maurice Pain, Gaston Galpin, de l'Estourbeillon, Dansette. Boute, de Grandmaison, Fabien-Cesbron, de Saint-Pol, 6 décembre 1902. — Prop. M¹¹ de Laurens-Castelet, 25 juin 1903. — Prop. Emile Rey et Lachièze, 30 novembre 1903.

(1) Dans son récent projet de loi sur les retraites agricoles, M. le M¹¹ de Laurens-Castelet, député, évalue à environ 1 000 000 les travailleurs ruraux. Le recensement professionnel de 1896 indique 762 000 domestiques et 4 291 000 travailleurs isolés (artisans, façonniers, etc.). En admettant que dans ce dernier chiffre figurent 500 000 agriculteurs, il resterait encore près de 5 500 000 travailleurs auxquels le projet Millerand ne s'appliquerait pas.

consentiraient des sacrifices indéterminés, ce qui établirait une sorte de caste. Séparés de leurs concitoyens, ces laborieux se trouveraient marqués au fer du salariat, — en butte aux récriminations du peuple tout entier, — considérés avec moins d'estime encore par leurs employeurs pour lesquels ils deviendraient une charge, — amoindris dans leur propre dignité.

L'obligation ainsi brutalement édictée produirait non seulement des froissements, mais aboutirait, sans doute, à des dissimulations. Le bien que l'on veut faire de force est rarement accueilli avec faveur; la légion socialiste, à laquelle on voulait donner des gages, froncera les sourcils devant la *contribution personnelle obligatoire*, et les travailleurs pacifiques, qui préfèrent leur liberté à un caporalisme d'outre-Rhin, ne seront peut-être pas tous fiers et honorés d'être élevés au rang de fonctionnaires budgétivores.

2. Centralisation. — Le projet Millerand-Guieysse accentue d'ailleurs la concentration économique dont nous nous plaignions plus haut au sujet du fonds commun. Cette organisation obligatoire doit profiter à une nouvelle institution intitulée *Caisse nationale des retraites ouvrières.*

Elle sera le confluent de tous les capitaux du monde du travail, et ne croyez pas qu'elle en profitera; non, son estomac est très peu solide, il rejettera tous ces aliments dans la Caisse des dépôts et consignations. L'intermédiaire est merveilleusement complaisante et les milliards des travailleurs seront d'excellentes ressources pour un ministre des Finances aux abois.

Sans doute, on admettra à côté de la grande institution prolétarienne les Caisses plus modestes, Sociétés de Secours mutuels par exemple, mais il leur faudra passer par un examen officiel, et, en admettant qu'elles soient déclarées dignes de s'occuper de retraites, c'est la Caisse nationale ouvrière qui sera chargée de centraliser leurs réserves mathématiques, leurs fonds de garantie et de payer leurs pensions. C'est donc l'étranglement sans phrase, malgré la caresse qu'on leur fait dans le dos, de toutes les organisations mutualistes. La captation économique, que nous avons observée dans le fonds commun inaliénable, serait perpétrée et officiellement consommée.

Pour rendre pratique leur système, MM. Millerand et Guieysse adoptent « une carte annuelle d'identité, sur laquelle doivent être apposés des timbres-retraite représentant une somme égale à 4 % des *salaires dus*, dont moitié à prélever sur les salaires et moitié à fournir par les employeurs ». — Ce seront les employeurs qui devront faire cette apposition de timbres, lors de chaque paye, à des intervalles qui ne pourront excéder seize jours pour les ouvriers et un mois pour les employés.

Croit-on remédier par ce moyen aux inconvénients du livret individuel que nous avons signalés? Les travailleurs auront-ils plus de soin de leurs cartes qu'ils en ont de leur livret?

Fortement inspiré par la législation allemande, ce système n'en a pas la grande pratique. Nous savons, en effet, que le plus souvent en Allemagne, ce sont les Caisses de maladie (Société de Secours mutuels) qui sont chargées de coller ces timbres : établies sur la base professionnelle, elles sont des intermédiaires tout indiqués pour les patrons et les ouvriers. Mais nos Sociétés de Secours mutuels françaises ne pourront guère être utilisées pour cet office; il faudra une armée de vérificateurs et de contrôleurs, autrement dit de fonctionnaires : l'application de la loi sera brutale et peut-être peu efficace.

Enfin, que fera-t-on des milliards de l'épargne forcée? Ils seront *capitalisés* par les soins du Trésor public, qui sera seul juge d'en déterminer l'emploi en certaines valeurs françaises, et, chose grave, même en valeurs internationales sans qu'aucune publicité ni concurrence soient opérées à cet égard.

A l'usage déjà déplorable de la capitalisation à outrance s'ajoute l'agiotage mystérieux et international. La démocratie française ligottée pourrait un jour se voir à la merci des finances de l'étranger. Sa force économique ne serait pas employée à son profit, mais pour on ne sait quels calculs.

3. Charges et répercussions économiques. — Les charges du projet de loi Millerand-Guieysse pèseront très inégalement sur les travailleurs intéressés et sur les patrons.

Les travailleurs devront subir une retenue de 2 % sur leurs salaires; or, aujourd'hui, dans certains métiers, le gain de l'ouvrier est juste suffisant pour le faire vivre. M. P. de Rouziers l'a constaté en Angleterre, et il est facile de le constater en France avec les intéressantes monographies de M. Pierre du Maroussem; il existe des métiers où le travailleur, fût-il sobre et économe, arrive très difficilement à subvenir à son existence et à s'assurer contre les principaux risques de sa vie sociale et familiale : avant d'être rentier il faut pouvoir vivre, et, sans vouloir pousser le tableau au noir, la vie est parfois difficile.

Ces ouvriers moins favorisés seront donc obligés de supporter des privations beaucoup plus graves et plus pénibles que celles de leurs collègues d'autres professions.

Mais, à salaires égaux, l'inégalité va paraître encore plus flagrante. Le célibataire a moins de charges que le père de famille ; le père de famille qui n'a qu'un enfant a moins de charges que celui qui en a trois ou quatre ; et à ces charges de la famille directe et *descendante* peuvent se joindre les charges de la famille *ascendante* et collatérale. Celui-ci a sa vieille mère à nourrir et à soigner, celui-là a un frère ou une sœur infirme, et nous connaissons certaines familles sur lesquelles pèsent lourdement ces obligations de parenté et d'humanité.

Ce sont là des inconvénients matériels qui aggravent les inconvénients d'ordre moral ou social que nous avons déjà relevés contre le système de l'obligation, rigide et inflexible.

Du côté des patrons, la même inégalité régnera. Sera-ce proportionnellement à l'importance de leurs bénéfices que les employeurs devront contribuer aux retraites de leurs ouvriers ou employés ? Non ; les patrons devront majorer de 2 % l'épargne obligatoire de leurs laborieux auxiliaires, et cela d'après *les salaires* versés. Aussi apparaissent de suite les conséquences les plus déplorables : *Tous* les patrons ne pourront peut-être pas faire de tels sacrifices sans porter préjudice à leurs industries elles-mêmes. Tel qui pouvait *tenir*, grâce au *nombre* de ses ouvriers, ne le pourra plus si ce *nombre* lui occasionne une source de dépenses, en maintes occasions disproportionnées avec les bénéfices qu'il lui permettait de retirer. Il réduira donc son personnel ou liquidera son industrie.

Les grosses entreprises anonymes ou capitalistes pourront peut-être soutenir cette crise. Beaucoup d'entre elles font déjà des versements pour les retraites de leurs ouvriers ou employés ; à cet égard, rien ne sera changé. S'il y a quelque chose de changé, ce sera parfois à leur profit et au détriment des travailleurs. En voici un exemple : la Compagnie des Omnibus de Paris verse pour les retraites de ses conducteurs, cochers et employés, un chiffre égal à celui qui est retenu sur leurs salaires. La retenue obligatoire est de 2 fr. 50, mais la plupart des travailleurs de la Compagnie des Omnibus versent 5 francs parce que, jusqu'à ce chiffre, la Compagnie verse autant. Voici donc des ouvriers ou employés dont le capital de retraite est constitué au moyen d'une somme mensuelle de 10 francs, c'est-à-dire de 120 francs par an, dont 60 francs à la charge de la Compagnie. Les salaires des conducteurs et cochers sont en moyenne de 6 fr. 50 par jour, soit 2 340 francs par an. Avec le nouveau projet de loi, la Compagnie des Omnibus ne sera plus obligée qu'à verser 2 % sur ces 2 340 francs, c'est-à-dire 46 fr. 80 au lieu des 60 francs qu'elle verse aujourd'hui; la loi serait donc au détriment des ouvriers et au bénéfice de la Compagnie.

Mais qu'adviendra-t-il des petites entreprises, des petits ateliers où, tous comptes faits, le patron ou l'employeur se trouve n'avoir pas plus de gain que l'un de ses ouvriers et quelquefois moins. Il sera obligé de prendre sur son propre gain pour solder la contribution de retraites, sans avoir droit, lui, à une retraite, sans pouvoir même épargner pour cela, car il a également ses charges de famille. Pour que les autres pratiquent la prévoyance, il sera tenu à être lui-même imprévoyant; la loi sur l'assurance obligatoire fera non seulement, comme nous l'avons vu plus haut, des *out-law* dans le monde du travail, mais elle stérilisera l'assurance libre qui devrait être pratiquée par tous ces petits patrons pour eux-mêmes et leurs familles.

4. L'obligation et la question ouvrière. — L'obligation, au point de vue économique, loin d'apaiser la question ouvrière, ne fera que l'envenimer, en la rendant définitivement insoluble. Les petits ateliers, les petites entreprises où les travailleurs ont encore une certaine indépendance, parce qu'ils se trouvent en contact direct avec leurs patrons, seront obligés à disparaître, par suite des charges imposées. L'*obligation* hâtera cette concentration des forces économiques qui se manifeste déjà clairement aujourd'hui; les ouvriers se trouveront de plus en plus en présence du capitalisme anonyme et insaisissable; ils s'enfonceront dans le régime du salariat, d'autant plus oppresseur qu'il fera d'eux de simples rouages broyés, meurtris, entraînés dans de formidables organismes. A cette concentration capitaliste s'ajoutera une diminution de places pour les salariés : de puissantes machines remplaceront, comme elles le font déjà, les bras des ouvriers; plus l'organe générateur prendra de l'importance, suffira aux besoins de la consommation et défiera la concurrence, moins les autres organes seront utilisés. Dix usines aujourd'hui peuvent occuper 10 000 ouvriers; réunissez-les en une seule, elles n'en occuperont plus que 7 ou 8 000. Après avoir ruiné toutes les petites entreprises, l'*obligation* pourra rejeter de l'industrie des centaines de mille ouvriers et enrayer gravement pour les autres les progrès d'une émancipation dont on les aurait vainement leurrés.

La question ouvrière pourrait donc être poussée à l'extrême par l'omnipotence capitaliste que le régime de l'obligation désirait peut-être frapper. La démocratie ouvrière se trouverait misérablement dénuée des ressources qui auraient pu aider à son *évolution* sociale; elle n'aurait plus à compter que sur une *révolution* qui est généralement la résultante de l'oppression, de la misère et de l'étranglement des libertés.

Un autre phénomène inattendu pourrait être la conséquence de cette transformation économique, hâtée par l'obligation de l'assurance. Peut-être verrait-on se retourner vers les campagnes une partie des travailleurs inutilisés et inutilisables dans l'industrie. Cet exode vers l'agriculture, vers ces emplois où le principe de l'obligation ne sévirait pas et où l'activité humaine pourrait se déployer librement, loin de l'étreinte de la concentration industrielle, serait sans doute un résultat non prévu par les auteurs du projet de loi sur les retraites ouvrières. Ils voulaient favoriser les travailleurs de l'industrie comme les mineurs ont été déjà favorisés; leur faveur aboutirait à les chasser de cette industrie elle-même et à ramener vers le sol natal les plus actifs et les plus laborieux. Nous ne pourrions qu'applaudir à cette conséquence si elle ne devait être précédée d'une crise sans doute cruelle et dont souffrirait toute l'organisation économique du pays.

5. *L'obligation et les contribuables*. — Mais qu'adviendra-t-il des contribuables avec cette assurance obligatoire telle que la comprennent MM. Millerand et Guieysse? L'on pourrait peut-être rechercher les contre-coups imprévus qu'ils auront à subir. Dans nos Sociétés modernes, tous les rouages s'engrènent les uns dans les autres, et le moindre des citoyens connaît le phénomène appelé répercussion de l'impôt. Comme il y aurait de nouveaux impôts

pour les contribuables, il y aurait donc des répercussions insoup-
çonnées et très éloignées de la cause qui les aurait fait naître. Cela
se voit chaque jour, et les auteurs de la loi de 1898 sur les accidents du travail ne se doutaient pas sans doute qu'ils porteraient
un coup à la famille ouvrière. La rente d'invalidité ou l'indemnité pour mort entraînée par un accident du travail sont, en
effet, d'autant plus lourdes à supporter pour les chefs d'entreprises que la victime est mariée et père de famille; dès lors, les
patrons préfèrent de beaucoup les célibataires, et, pour mieux
trouver à se placer, les travailleurs sont poussés vers les unions
illégales.

Avec un projet de loi tel que celui que nous étudions, les répercussions les plus inattendues sont à prévoir, mais l'effet direct
sera une augmentation certaine des impôts.

Pour faire face aux obligations entraînées par l'état transitoire
— c'est-à-dire aux pensions à payer aux travailleurs ayant de
soixante-quatre à trente-six ans lors de la promulgation de la loi, —
le projet prévoit, tout d'abord, un crédit annuel de 15 000 000 de
francs ouvert à la « Caisse nationale des retraites ouvrières ».

Puis, il y a le *fonds des bonifications*, qui sera alimenté, sans
doute pour la plus grosse part, au moyen « de centimes addi-
tionnels au principal des contributions directes ». Le nombre
de ces centimes sera fixé chaque année par la loi de finances.
Aussi, ceux d'entre Messieurs les Députés qui désirent surtout
soigner leurs propres électeurs — fût-ce même au détriment de
tous les autres citoyens — auront-ils beau jeu pour réclamer
telle ou telle augmentation, au profit d'une partie plus ou moins
intéressante des travailleurs de leurs circonscriptions.

En outre, les pensions d'invalidité auront droit à des majorations, afin d'atteindre le minimum de 50 francs. Les charges
résultant de ces majorations seront réparties entre « l'Etat à raison de 75 %, le département à raison de 15 % et la commune à raison de 10 %. Ces dépenses seront obligatoires ».

Par conséquent, l'heureux contribuable d'une commune possédant un invalide sera imposé gracieusement trois fois. Sans doute,
un règlement d'administration publique, rendu sur la proposition
des ministres du Commerce, de l'Intérieur et des Finances, déterminera la commune et le département appelés à concourir à ces
charges. Mais ce projet de loi n'indique pas que ce soit à tour de
rôle; et dans quel arbitraire allons-nous tomber alors? Ah ! les

pauvres communes, les pauvres départements, qui n'auront pas le bonheur d'être bien notés près de Messieurs les Ministres du Commerce, de l'Intérieur et des Finances !

Enfin « au cas où l'ensemble des sommes placées ou déposées pour le compte de la *Caisse des retraites ouvrières* produirait un revenu inférieur à 3 %, la différence lui serait bonifiée par l'Etat ». Nous avons vu que ce serait la Caisse des dépôts et consignations qui aurait la gestion financière de tous ces milliards. Or, son taux moyen arrive aujourd'hui très péniblement à 3 % et l'on prévoit une baisse sinon prochaine, du moins certaine. Cette bonification n'est donc pas à dédaigner.

Quant au nombre de milliards nécessaires à assurer le service des pensions, il n'a pas été évalué; c'est là chose secondaire, on verra lorsqu'on y sera. Le projet adoptant comme base la capitalisation continue, il faudra entasser milliards sur milliards; « le rapporteur avait annoncé 12 milliards, il a reconnu qu'il en fallait 17 ; on lui a démontré que ce serait 22 ou 24, et ce chiffre colossal deviendra insuffisant si la loi s'étend, comme elle le devrait, à tous les travailleurs. Jamais on n'entendit parler d'un projet aussi grandiose, mais jamais on ne vit les finances d'un pays sacrifiées aussi légèrement (1) ».

Si encore les auteurs de ce projet avaient dégrevé de ces multiples contributions les travailleurs intéressés et les patrons ou chefs d'entreprises, mais il n'en est pas ainsi, de sorte que l'ouvrier ou l'employé se payera un impôt à lui-même et que les patrons payeront deux nouveaux impôts : le 2 % des salaires et la participation aux charges générales.

Aussi, ajoute M. Vermont, on a calculé que, dans l'industrie textile, ce nouvel impôt représentait de quatre à douze fois l'impôt foncier, du double au quadruple les quatre contributions, de six à huit fois la patente, de 20 à 30 % de la valeur locative.

Avant qu'un seul de ceux qu'il emploie touche la rente de vieillesse, le patron de 1 000 ouvriers devra verser pour eux 900 000 francs sans avoir lui-même aucun droit à la pension.

Malgré les grandes imperfections de ce projet, il s'y trouve, à notre avis, quelques louables intentions.

---

(1) M. HENRI VERMONT, membre du Conseil supérieur de la Mutualité. — Conférence faite à la Société d'Economie sociale, le 12 janvier 1903. (Tirage à part.)

— D'abord, le travailleur peut réclamer la liquidation de sa retraite à partir de l'âge de cinquante-cinq ans.

C'est une petite fleur de liberté au milieu des épines de l'obligation. Toutefois, nos législateurs n'ont pas renoncé à l'illogisme d'une retraite à âge fixe pour toutes les industries : s'ils ont stipulé un âge minimum, ils ont également déclaré que les travailleurs auxquels la loi s'applique ont « droit..... à une retraite de vieillesse à soixante-cinq ans ».

— En second lieu, lorsque la retraite en cours de constitution excède 360 francs, le titulaire peut réclamer le versement en capital de la valeur actuelle, pour tout ou partie de la portion de cet « excédent »..... Il est néanmoins obligé de continuer ses versements personnels, quitte à les retirer s'il en a besoin.

On a critiqué cette clause et cependant elle nous paraît contenir une bonne intention. Le travailleur qui a commencé à épargner perdrait peut-être cette habitude s'il en était dispensé à un certain moment; en outre, cette épargne qu'il continue à effectuer pourra lui être d'un très utile secours dans des cas de gêne.

Ce qui est moins juste, c'est que le patron continue également à verser pour ce travailleur, et que ces versements, au lieu de profiter à cet ouvrier, sont attribués au fonds commun de bonifications.

— Enfin le projet de loi introduit le système des pensions d'invalidité. Il n'en fait pas la base de son organisation, il les rend illusoires — 50 francs au moins, — parce qu'il n'a d'autres principes que celui de la capitalisation, mais il plante un jalon qui pourra peut-être indiquer une voie meilleure.

MM. Millerand et Guieysse ne se font pas d'ailleurs d'illusions sur la valeur de leur projet et laissent à de multiples règlements d'administration publique le soin de solutionner les plus grosses difficultés.

Si la Chambre en a voté l'article 1er dans sa séance du 2 juillet 1901, la suite de la discussion fut interrompue par l'amendement de M. de Gailhard-Bancel invitant le gouvernement « à consulter sur ce projet les associations professionnelles, patronales et ouvrières, industrielles, commerciales et agricoles légalement constituées et les Chambres de commerce ». (1)

____

(1) M. Lasies avait déposé un amendement à peu près dans le même sens, il le joignit à celui de M. de Gailhard-Bancel.

Les résultats de cette enquête nationale ne furent guère favorables à cette proposition de loi (1).

En décembre 1901, M. Millerand, ministre du Commerce, fit connaître à la Commission d'assurance et de prévoyance sociales de la Chambre sur quels points et dans quelle mesure le gouvernement estimait que le texte en discussion devait être rectifié.

Le 31 janvier 1902, M. Guieysse, rapporteur, soumettait à la Chambre, dans son troisième rapport supplémentaire, le nouveau texte arrêté par la Commission d'accord avec le gouvernement.

C'est ce texte même que les auteurs du projet en question déposèrent à la séance du 14 octobre 1902. Ils avouent que s'ils agissent ainsi, c'est « pour saisir la Chambre, et pour relier les travaux de la législature nouvelle à ceux de la précédente, *sans prétendre lui donner un caractère définitif.* » Toutefois, bien qu'ils admettent la discussion et l'adoption de « toute *modification secondaire,* » ils veulent être très fermes sur leurs bases, en étant très souples sur les moyens de construction. Ces « bases fondamentales », auxquelles ils tiennent, sont : « l'obligation de la retraite, les versements corrélatifs des ouvriers et des patrons, la capitalisation de ces versements ». Las d'attendre l'application de ces principes, M. Millerand, président de la Commission d'assurance et de prévoyance sociales, a interpellé le gouvernement, le 17 mars 1904, « sur l'exécution des engagements qu'il a pris en ce qui touche les retraites ouvrières ».

Mais le gouvernement a, sans doute, des préoccupations autrement importantes !

II. Le projet de MM. A. Dormoy, Charles Chaumet et Cazeaux-Cazalet, députés.

Cette nouvelle proposition de loi sur « l'organisation des retraites pour la vieillesse ou l'invalidité » a été déposée à la

---

(1) 7 664 associations professionnelles et 196 Chambres de commerce et Chambres consultatives des Arts et Manufactures avaient été consultées. Le premier groupe ne donna que 2 286 réponses, le second 94 délibérations. Il se dégagea de cette enquête une mordante critique du projet de M. Millerand. Deux opinions, en effet, se trouvaient émises : celle de la retraite universelle *alimentée par l'impôt général :* et celle de la retraite *facultative* s'appuyant sur des institutions diverses, *principalement sur les Sociétés de secours mutuels.* Mais quelle est l'opinion des institutions qui n'ont pas répondu et qui semblent jouer à l'indifférence avec une question aussi grave ?

séance de la Chambre du 14 janvier 1904, et renvoyée à la Commission d'assurance et de prévoyance sociales.

Les rédacteurs de ce projet se sont fortement inspirés de celui de MM. Millerand et Guieysse et le reproduisent textuellement dans un grand nombre de ses parties, notamment en ce qui concerne les pensions d'invalidité.

Ils admettent donc « à la base de leur système l'obligation de versements égaux pour l'ouvrier et pour le patron ».....

La liberté complète pour les deux parties ne donne rien, et si, comme le proposait l'un des premiers projets, le projet Constans de 1891, et beaucoup d'autres depuis, les versements étaient facultatifs, les patrons n'ayant à donner leur cotisation qu'autant que les ouvriers fourniraient la leur, on risquerait fort de n'aboutir que dans un avenir bien lointain (1).

Ces versements sont de 4 % des salaires, — la moitié incombant à l'ouvrier et l'autre moitié aux patrons, — et constatés par des timbres-retraite lorsque les intéressés prendront comme intermédiaire la Caisse nationale des retraites pour la vieillesse.

Malgré la grande ressemblance de ces deux propositions de loi, celle de M. Dormoy présente des différences notables et certaines améliorations.

Tout d'abord, l'âge donnant droit à la retraite est soixante ans au lieu de soixante-cinq. Ensuite, l'article 1er semble vouloir embrasser « tous les salariés de nationalité française, notamment les ouvriers et les *employés de l'agriculture*, du commerce et de l'industrie, etc. ». Mais l'article 38 reproduit textuellement l'article 45 du projet précédent et classe les ouvriers et employés de l'agriculture, etc., parmi les travailleurs admis simplement à effectuer des versements *facultatifs* pour les retraites et non pas *obligatoires*.

Les deux points véritablement intéressants de cette proposition de loi sont l'emploi des institutions existantes sans créations nouvelles pour constituer les retraites et le système financier qu'elle présente.

— M. Dormoy juge inutile d'établir une « Caisse nationale des retraites ouvrières ».

____

(1) Extrait de l'exposé des motifs de la proposition de loi de M. Dormoy.

Aucune Caisse d'Etat ne sera imposée. La Caisse nationale des retraites pour la vieillesse telle qu'elle est, les Sociétés de Secours mutuels, les Caisses patronales ou syndicales, les Sociétés d'assurance, les Syndicats de garantie ou autres, tous fonctionnant sous le contrôle de l'Etat, donneront des avantages égaux ou supérieurs à ceux que donne la Caisse nationale des retraites pour la vieillesse, sans qu'il y ait un minimum garanti qui pourrait être une prime à la paresse..... toute la liberté compatible avec l'intérêt général subsiste : c'est ce que l'on doit demander à une réglementation nécessaire.

Quoi qu'il en soit, le nouveau projet reproduit les articles de celui de MM. Millerand et Guieysse, relatifs aux Sociétés de Secours mutuels. Il faudra qu'elles soient agréées, qu'elles remplissent les conditions fixées dans un règlement à faire et qui doit les rendre perplexes, qu'elles opèrent le transfert du capital constitué « au profit de toutes retraites en cours de constitution », et qu'elles effectuent des versements annuels à la Caisse nationale des retraites pour la vieillesse, pour établir un fonds spécial de garantie.

Les belles déclarations relatives à « la liberté compatible avec l'intérêt général » aboutissent donc, dans la pratique, pour les Sociétés de Secours mutuels, aux résultats du précédent projet : il en est ainsi quelquefois des meilleures intentions.

— Le système financier de M. Dormoy est fort ingénieux : il consiste à répartir une partie des sommes recueillies et à mettre en réserve le reste.

De la première à la vingt et unième année de fonctionnement de la loi, le fonds de répartition recevra 90 %, et le fonds de réserve 10 %; de la vingt et unième année à la trente et unième année, la somme réservée ne serait plus que de 5 %, et, à partir de la trente et unième année, la totalité des versements annuels sera attribuée au fonds de répartition.

A partir de la trente et unième année, le régime normal de fonctionnement de la loi sera atteint, les travailleurs auront droit à une retraite calculée en raison de leurs versements, suivant les tarifs de la Caisse nationale des retraites pour la vieillesse. S'ils sont affiliés à des Caisses de retraites dues à l'initiative privée, leur pension devra obligatoirement atteindre un chiffre au moins aussi élevé. En outre, une bonification pourra être allouée.

Dans la période transitoire, la retraite sera composée de deux parties :

1º La pension résultant des versements, calculée comme ci-dessus ;

2° Une majoration maxima de 120 francs pour les pensions inférieures à 360 francs, jusqu'à concurrence de ce chiffre; une réduction proportionnelle serait faite dans le cas où le pensionné ne justifierait pas d'un total de trente années pour la durée du travail salarié (avant la mise en vigueur de la loi) et pour la période de versement (depuis lors); en outre, chaque année complète de versement devra correspondre à 12 francs au moins (1).

M. Dormoy prévoit, d'après le recensement de 1896, qu'il y aura :

8 000 000 de participants de vingt-trois ans à soixante ans.

950 000 retraités de soixante ans et au-dessus.

Il estime que le versement annuel sera d'environ 320 millions. Aussi s'effrayait-il justement d'une telle accumulation de capitaux pouvant aboutir au bout d'une trentaine d'années à 15 milliards retirés de la circulation normale.

Son système arrête le fonds de répartition à 5 milliards et le fonds de capitalisation à 2 milliards, cela fait une accumulation de capitaux s'élevant à 7 milliards, ce qui est déjà passable.

Malgré l'ingéniosité de ce système qui a coûté beaucoup de temps et d'études à son auteur, ne doit-on pas considérer au point de vue économique la gravité d'une telle organisation qui soustrait au moins 7 milliards à la circulation normale des capitaux?

Ne peut-on pas se demander avec une certaine anxiété ce que deviendraient ces 7 milliards dans le cas d'une crise nationale, par exemple : d'une guerre? Sans doute, M. Dormoy a limité autant que possible la portée de l'objection : cette accumulation de capitaux ne sera pas opérée, uniquement ou presque, dans les Caisses de l'Etat, comme le supposait le projet Millerand. Il n'en est pas moins vrai qu'une grande partie sera versée dans ces Caisses. Le gage des retraites disparaîtrait dans de telles circonstances, et, pour le retrouver, les intéressés, qui n'auront même pas joui de son accumulation, devront en supporter la reconstitution, en même temps que les autres lourds impôts entraînés par de telles crises.

On peut prétendre que, dans des cas semblables, tous les capitaux souffriront, que la baisse sera générale. C'est entendu; mais qui dit souffrance ou déperdition, ne dit pas mort ou ruine, et

____

(1) Exposé des motifs.

ce sont ces derniers phénomènes qui se produiraient lors d'une
telle éventualité pour une grande partie de ces milliards accumulés.

Il est à considérer, d'autre part, que près de la moitié de cet
énorme capital aura été fourni par les travailleurs, et la question
revient toujours de savoir si pour beaucoup un autre genre
d'épargne n'aurait pas été plus avantageux.

C'est là une des grosses pierres d'achoppement du régime de
l'obligation. M. Dormoy l'a vue; il tient à ses principes et toutefois il écrit :

L'épargne peut, en effet, servir à constituer un capital en numéraire
ou un capital immobilier. Il semble qu'en particulier l'effort du travailleur des campagnes qui cherche à acquérir pour la tranquillité de
ses vieux jours un champ ou une maison, soit tout à fait digne d'encouragement. La loi pourrait admettre le principe de la dérogation
à l'obligation des versements en espèces et autoriser les actes équivalents de prévoyance qui seraient dûment justifiés d'une part, et irrévo-
cablement garantis d'autre part (art. 42).

Un règlement d'administration publique entrera dans le détail des
justifications à fournir et des garanties à donner.

C'est toujours au règlement d'administration publique qu'incombe la périlleuse et délicate mission d'entrer dans les détails.
Par une habile pirouette, le législateur se met à couvert derrière
l'administration, et si le règlement qui intervient est mauvais —
cela arrive quelquefois, — notre homme peut s'écrier :

— « Que voulez-vous, j'ai fait un acte merveilleux, mais on
m'en a gâché les conséquences! »

L'une des conséquences de cette organisation serait l'établissement d'un autoritarisme tel que le moindre travailleur
ne pourrait plus faire une petite acquisition immobilière ou
épargner pour acheter, par exemple, un fonds de commerce,
sans voir l'administration fourrer son nez dans ses affaires,
lui demander ses intentions, exiger des garanties, et, si cela lui
passe par la tête, estimer que ce n'est pas là une épargne suffisante,
que le chiffre fatidique de 360 francs ne peut pas être atteint
et que l'assurance obligatoire pour la vieillesse doit ligotter cet
homme; en outre, les biens ainsi acquis seraient frappés d'une
hypothèque légale.

Le système financier de M. Dormoy est utile néanmoins à signaler et à retenir parce qu'il condamne l'institution accumulatrice du fonds commun inaliénable. Les Sociétés de Secours mutuels doivent donc chercher à allier une sage répartition avec une capitalisation réservée; et, en attendant l'établissement de la Caisse nationale de la Mutualité, elles peuvent appliquer ce système au moyen des allocations annuelles renouvelables que nous avons étudiées précédemment.

Enfin, cette proposition de loi diffère de la précédente en ce que les intérêts des contribuables ont été pris en considération.

Pas de créations nouvelles, pas de Caisse d'Etat..... pas de subventions directes nouvelles, mais les encouragements ordinaires qui évidemment vont occasionner des dépenses plus élevées..... Dans le présent, rien n'est à changer. Dans l'avenir, nous pensons qu'il faut assigner une limite à la charge de l'Etat.

M. Dormoy suppose que les travailleurs vont se précipiter en foule dans les Sociétés de Secours mutuels, aussitôt après la promulgation de la loi, et le 1 1/2 % (la bonification d'intérêt actuel) attire son attention. Il estime que cette bonification « ne pourrait en aucun cas dépasser 60 millions par an ». Aussi, conclut-il, « les mutualistes ont toute sécurité, et l'Etat ne verra *que peu à peu s'accroître ses obligations* ».

. C'est consolant! — Seulement, il y a quelques autres gracieusetés que les contribuables devront faire à sa loi, comme ils devraient la faire à celle de ses collègues, MM. Millerand et Guieysse. Par exemple: la petite majoration de 120 francs, au plus, à donner au travailleur pour que sa retraite à soixante ans atteigne ou se rapproche de 360 francs. Qu'on en juge d'ailleurs par les évaluations suivantes faites par M. Dormoy lui-même:

La première année, il sera distribué, à raison de 120 francs par pension (ces retraites sont considérées être 950 000):

$$120 \text{ francs} \times 950\,000 = 115\,000\,000.$$

Cette dépense *ne cessera d'augmenter* jusqu'au moment où les pensionnés de la période transitoire étant tous décédés, tous les retraités qui resteront auront pu se constituer, par des versements à leur profit faits depuis l'âge de ving-trois ans, l'intégralité de la pension afférente à leurs salaires.

Les tables de mortalité nous apprennent qu'il en sera ainsi au bout de soixante-sept ans.

L'enfant qui naîtrait le jour de la promulgation de cette loi pourrait en voir le fonctionnement normal. Les générations actuelles, en attendant, auraient à faire face à une charge annuelle qui partira de 115 millions pour atteindre 355 millions dans soixante-sept ans, époque où le système de la répartition et de la capitalisation jouera régulièrement avec ses 7 milliards.

— Il y a aussi la majoration maxima de 150 francs pour permettre aux invalides dont la retraite, liquidée par anticipation, n'atteint pas 250 francs, d'arriver dans les environs de cette somme de 250 francs.

— Enfin, s'il est vrai que les Sociétés de Secours mutuels vont prendre soudain un formidable développement, il faudra bien aussi appliquer la loi du 1er avril 1898, à laquelle M. Dormoy entend ne pas toucher. Les subventions devront jouer dans leur plein et de tous les côtés. Déjà on éprouve des tiraillements pour en obtenir, que sera-ce alors? Pour endiguer le flot débordant, il faudra peut-être se résoudre à modifier les barèmes actuels. Une telle proposition de loi est de nature à faire réfléchir ceux d'entre les mutualistes qui comptent béatement sur l'éternité de leurs subventions.

En définitive, lorsqu'on veut plier de force une barre de fer, il arrive bien souvent qu'on la casse : vouloir astreindre obligatoirement tout un pays à épargner d'une certaine façon et à encourager uniquement ce mode de prévoyance, peut aboutir à une rupture générale, à une désorganisation de toutes les forces nationales.

Il faut songer d'abord à organiser ces forces avant de leur faire donner obligatoirement certains résultats. Comme elles se résument dans le travail, c'est le travail que l'on doit commencer par organiser.

Lorsque les ouvriers et employés seront groupés en grande majorité dans des associations professionnelles n'ayant pas pour but exclusif la lutte contre un capital qu'elles doivent elles-mêmes posséder si elles veulent le bien de leurs associés, il sera temps alors de songer sérieusement à la question des retraites. Les vieux compagnonnages n'ont pas attendu nos lois modernes pour discuter les intérêts professionnels de leurs membres et organiser tous les services pouvant leur venir en aide; les associations de travailleurs, organisées d'une façon uniforme, reliées à une fédération autonome et puissante, seraient les organismes tout trouvés pour s'occuper des retraites. Obligatoirement peut-être, mais dans tous les cas, naturellement, les travailleurs feraient alors les versements nécessaires.

Les patrons organisés de la même façon, de leur côté, feraient également des versements obligatoires, mais à la caisse de leur Union professionnelle. Ces versements seraient proportionnels à la force industrielle qu'ils représenteraient, au lieu d'avoir la rigidité souvent injuste d'un impôt manquant de proportionnalité : des Commissions mixtes d'atelier, d'usine ou d'entreprise en étudieraient le montant.

Enfin, chaque profession serait couronnée d'un Comité supérieur composé de délégués des associations patronales et ouvrières, qui serait un trait d'union entre elles et aurait, en particulier, la mission d'allouer des pensions d'invalidité ou de vieillesse aux travailleurs de leur profession.

Ce Comité intersyndical, qui pourrait avoir des branches dans les agglomérations industrielles, serait beaucoup plus à même de s'intéresser au sort de la profession et des travailleurs qu'une Commission composée en majorité de fonctionnaires, comme celle que les auteurs des deux projets étudiés voudraient instituer pour assurer l'exécution de leurs lois respectives.

On nous objectera, sans doute, que, pour organiser l'assurance au point de vue professionnel, il serait nécessaire de grouper en une vingtaine de Caisses corporatives les divers métiers ou industries.

Or, en agissant ainsi, on rapprochera des intérêts différents qui ne pourront pas s'unir. D'autre part, certaines de ces Caisses, les agricoles, par exemple, auront un bien plus grand nombre de vieillards à pensionner et, par conséquent, seront dans un état d'infériorité financière vis-à-vis de certaines autres.

Nous répondons : 1° l'assurance contre l'invalidité ou la vieillesse est un risque général frappant tous les hommes et n'ayant rien de commun avec les revendications économiques de telle ou telle profession. En admettant donc que deux professions similaires faisant partie de l'une de ces vingt Caisses aient des intérêts dissemblables au point de vue syndical, elles auront les mêmes intérêts sociaux au point de vue de l'assurance. On peut pousser d'ailleurs la conciliation jusqu'à admettre que ces Caisses de retraites professionnelles posséderont une *autonomie distincte* de celle des corporations qui y auront recours. L'important est que tous les éléments de ces Caisses fassent partie d'une organisation professionnelle englobant des métiers similaires et encourant des risques à peu près identiques.

2º L'une des plus graves erreurs des différents exemples *d'obligation* est de fixer un âge uniforme pour tous les travailleurs ayant droit à une retraite. Si nous proposons le système des Caisses corporatives, c'est précisément parce qu'elles permettront d'établir des âges variables pour l'ouverture des pensions et d'utiliser cette inégalité pour équilibrer leurs budgets respectifs. Il est certain, par exemple, que l'âge fixé dans l'agriculture pour donner droit à la retraite sera plus élevé que dans la métallurgie, parce qu'il est établi qu'un agriculteur vit plus vieux et est plus longtemps à même de gagner sa vie que l'ouvrier d'usine. Si l'on prenait surtout l'invalidité pour base de l'assurance professionnelle, une uniformité assez exacte pourrait s'établir entre les résultats des différentes Caisses.

Aussi, nous le répétons, si nous sommes des adversaires de *l'obligation*, telle qu'on nous la présente, c'est pour beaucoup parce que nous craignons qu'elle enraye l'organisation sociale et rationnelle du monde des travailleurs.

Il y a dans les deux projets examinés comme une vague idée de ce qui pourrait être fait à cet égard. L'un et l'autre prévoit le rôle des Caisses patronales et syndicales dans la constitution des retraites. Faites-donc un pas de plus, Messieurs les législateurs, rendez, si vous y tenez tant, les retraites obligatoires, mais généralisez, organisez ces Caisses patronales et syndicales. Ce serait ainsi, croyons-nous, s'orienter vers la solution de bien des problèmes sociaux. Accordez aussi à nos Sociétés de Secours mutuels plus de liberté et une autonomie économique plus complète, faites-en les annexes naturelles des corps de métiers.

La loi du 1ᵉʳ avril 1898 possède d'excellentes choses, mais il faut montrer aux intéressés la façon de s'en servir. Jusqu'ici, les Sociétés de Secours mutuels ont été individualistes, elles n'ont pas suffisamment tenu compte des liens familiaux et professionnels qui unissaient les citoyens entre eux. Il en est résulté une poussière d'organismes ne reposant sur aucun principe social, manquant de cohésion, ne possédant pas une véritable force économique, puisque la majorité de leurs capitaux leur échappe.

Le projet de M. Dormoy, qui n'impose aucune création nouvelle et désire utiliser les institutions existantes, nous semble toutefois un progrès effectué sur celui de MM. Millerand et Guieysse. Mais les objections générales subsistent quant au principe de *l'obligation*; et ne faut-il pas craindre que si l'on aborde ce régime sans avoir cimenté à la base l'organisation professionnelle, nous ne soyons conduits par un semis de chausse-trapes, plus ou moins habilement dissimulées, à l'étatisme le plus autoritaire et le plus intransigeant?

TROISIÈME PARTIE

ORGANISATION
D'UNE SOCIÉTÉ DE SECOURS MUTUELS

CHAPITRE PREMIER

ÉTUDES ET DÉMARCHES PRÉPARATOIRES

Plan d'ensemble. — I. La circonscription territoriale.
II. Examen des groupements existants; façon de les utiliser.
III. Quel genre de Société faut-il créer?
IV. Comment entrer en contact avec les intéressés. — Le Comité d'initiative.

Lorsqu'un architecte veut construire un édifice, il doit étudier tout d'abord le sol où doivent en être jetés les fondements, puis il s'efforce de tirer parti du plan adopté, dans les meilleures conditions possibles.

Trop souvent les organisateurs de Sociétés de Secours mutuels ont bâti au hasard, presque par caprice parfois; de telles créations n'offrent que peu de solidité, manquent de bases et peuvent ne pas répondre aux plus pressants désirs des populations chez lesquelles on les a implantées.

Nous nous sommes efforcé d'établir les principes qui nous semblaient devoir guider les Sociétés de Secours mutuels. Le rôle de la Mutualité est de lutter contre l'individualisme, et c'est pourquoi nous croyons que la famille doit être la base de la Société mutuelle. Sa fonction principale est de compléter les institutions professionnelles, et c'est pourquoi nous voudrions les voir se rapprocher des Syndicats et même s'unir à eux, lorsque c'est possible.

Les Sociétés constituées sur et pour l'individu seul ne seraient donc que des exceptions au lieu d'être la règle comme aujourd'hui. L'objectif des organisateurs ne devrait pas se limiter à la constitution d'une œuvre où l'assistance, la prévoyance et l'assurance se coudoieraient avec plus ou moins de brutalité; il devrait se diriger plus loin vers des horizons économiques et sociaux afin d'apercevoir les voies les plus directes pour les atteindre.

Sortant des principes, il nous faut maintenant envisager les réalités. Prenons donc l'une des 29 500 communes de France qui ne possèdent pas de Sociétés de Secours mutuels et cherchons à l'en doter. Nous allons nous heurter à certaines questions : quelle est l'étendue de la circonscription territoriale qu'il faut donner à la Société? — Quelle attitude doit-on avoir en présence des groupements divers ou semblables qui peuvent exister? — Quelle Société faut-il créer? — Comment entrer en contact avec les intéressés et connaître leurs besoins et leurs désirs?

I. La circonscription territoriale.

Pour qu'une Société de Secours mutuels donne des résultats pratiques et moraux, il faut qu'elle embrasse un territoire ni trop restreint ni trop vaste.

Nous devons immédiatement mettre à part les Mutualités qui s'occupent exclusivement des retraites; ces Sociétés de prévoyance seront d'autant plus prospères qu'elles s'adresseront à une plus grande multitude et auront un plus large rayonnement.

Des garanties sérieuses ne pouvant être offertes à la constitution des retraites que si la loi des grands nombres peut s'appliquer, ce serait aux Caisses autonomes, dont nous avons parlé, ou à l'organisation professionnelle, qu'il faudrait confier une telle mission.

Pour la Société de Secours mutuels qui s'occupe de la maladie, soit exclusivement, soit avec des allocations ou pensions de retraites comme accessoires, la délimitation territoriale sera beaucoup plus restreinte.

Il faut, en effet, pouvoir surveiller les sociétaires lorsqu'ils sont malades, afin de s'assurer qu'ils reçoivent bien les secours statutaires. Il faut, de plus, entretenir entre eux des liens de confraternité, qui se relâcheraient s'ils étaient trop éloignés les uns des autres.

D'autre part, il est nécessaire de s'assurer un recrutement facile. Une agglomération d'individus assez considérable, soit par son étendue territoriale, soit par son groupement compact en un endroit déterminé, est donc indispensable.

Par exemple, il y a des communes qui comprennent plusieurs milliers d'individus; ce seront des agglomérations suffisantes pour constituer une Société de Secours mutuels, il y en a d'autres qui ne comprennent que 200 ou 300 individus, ce sera insuffisant pour entreprendre une œuvre sérieuse.

Dans ce dernier cas, s'il s'agit de communes rurales et si l'on veut agir sagement, on prendra pour circonscription mutualiste le canton. On établirait alors le siège central de la Société au chef-lieu de canton et l'on formerait des sections dans les communes environnantes. Afin de tenir compte des susceptibilités locales et de satisfaire les amours-propres, on formerait le Conseil d'administration central avec des délégués communaux dont le nombre serait proportionné au chiffre de mutualistes dans chaque commune. Ces délégués-conseillers seraient respectivement chargés du contrôle et de la surveillance dans leurs communes respectives.

On peut procéder de la même façon lorsqu'on se trouve en présence de plusieurs communes rapprochées les unes des autres et formant une agglomération assez considérable sans toutefois être un canton.

Il est évident que l'on peut remplacer ces délimitations administratives par la circonscription paroissiale. Plusieurs paroisses s'uniraient au besoin de la façon indiquée pour les communes.

Ce champ d'action mutualiste a également son importance au point de vue des membres honoraires. Ils peuvent, sans doute, être recueillis dans toute la France et même à l'étranger; mais il est certain que les personnes qui s'intéresseront à la Société seront plutôt celles de l'endroit où elle est établie et de la circonscription où elle rayonne. Si ce rayon d'action est assez étendu, on pourra se procurer plus facilement et en plus grand nombre des membres honoraires.

En créant des Sociétés trop rapprochées les unes des autres dans les campagnes, ou trop nombreuses dans les villes, on s'expose donc à plusieurs inconvénients :

D'abord, on se nuit mutuellement pour le recrutement des membres actifs; ce qui est de la mutualité à rebours. Ensuite, on restreint pour chaque Société le nombre des membres honoraires qui lui est utile pour bien fonctionner. De sorte que là où une Société aurait suffi et aurait été florissante, plusieurs petites Sociétés se font une concurrence que l'on peut taxer de désastreuse, aussi bien au point de vue social qu'au point de vue moral, et n'ont qu'une vie illusoire.

On a malheureusement, dans les hautes sphères administratives, beaucoup trop poussé à ces éclosions de Sociétés, qui laissaient croire à un développement factice de la Mutualité. Du nombre de Sociétés nouvelles qui se créaient avec un chiffre inconnu de membres, on concluait à une augmentation considérable et nullement fondée de mutualistes.

Il faut donc, autant que possible, prendre comme champ d'action une agglomération urbaine assez importante ou, dans les campagnes, se baser sur la circonscription cantonale, à moins que l'on ne puisse trouver des éléments suffisants dans plusieurs communes rapprochées les unes des autres.

II. Examen des groupements existants.

Lorsqu'on a déterminé le champ d'action de la future Société, il importe d'examiner les groupements qui existent déjà dans cette circonscription.

Les individus déjà groupés possèdent ce qu'on peut appeler « l'esprit d'association », qui les rend plus aptes que tous autres à apprécier les avantages d'une Société de Secours mutuels. Il est donc utile — lorsqu'il n'existe aucune impossibilité — de s'adresser tout d'abord à ces groupements, non pas avec l'intention de toucher à leur autonomie ou de les détruire, mais avec le désir d'utiliser, en faveur de la Mutualité, les forces actives qui les composent.

C'est très souvent même un service à leur rendre, car, manquant d'impulsion ou d'initiative, ils végètent peut-être dans le terrain stérile d'une vague organisation.

Nous diviserons en trois catégories les groupements en présence desquels on peut se trouver.

Sociétés de Secours mutuels déjà existantes. — La question d'une nouvelle constitution mutualiste est alors très délicate; il faut, en effet, se garder d'une concurrence inutile et nuisible, comme nous le disions plus haut.

Il y a, toutefois, des cas particuliers : certaines agglomérations peuvent supporter, étant donné le nombre de leurs habitants, plusieurs Sociétés ; d'autres fois, la Société en présence de laquelle on se trouve ne s'adresse qu'à une catégorie très restreinte de personnes, ou, pour des raisons diverses, est mal administrée ou ne répond pas aux besoins généraux de la population.

Dans ces circonstances et après une enquête scrupuleuse, on pourra constituer un nouvel organisme mutualiste.

La Société de Secours mutuels existante aidera peut-être même la future création.

— Ainsi, lorsqu'il s'agit d'une section de ces grandes Sociétés de prévoyance qui ne s'occupent que de la retraite, une Société familiale ayant pour but les secours de maladie ou diverses allocations pourrait être désirée et bien accueillie.

— Lorsqu'il existe une Société d'hommes et qu'il est *impossible* ou *difficile* de la transformer en Mutualité familiale par l'admission des femmes et des enfants, l'esprit d'émulation entre les deux sexes facilitera peut-être la création d'une Mutualité féminine.

Nous voulons espérer toutefois que les Sociétés d'hommes écouteront les voix autorisées qui leur conseillent cette transformation. On a souvent cité en exemple cette décision du Conseil général de Seine-et-Oise qui accorde une subvention dans un tel cas ; il serait à désirer que tous les Conseils généraux manifestassent les mêmes tendances.

Les trois objections principales que font les partisans des Sociétés exclusives à chaque sexe sont les suivantes :

1º La femme est une cause de ruine. — Nous avons déjà vu que la différence des moyennes entre l'homme et la femme ne justifiait pas cette appréciation (1). D'ailleurs, les dépenses pourraient devenir sensiblement les mêmes si on adoptait le système de l'indemnité seule par jour de maladie au lieu des soins en nature ; nous reviendrons sur ce sujet.

2º Les salaires sont différents et les cas de maladie ne sont pas les mêmes. — On demandera dès lors une cotisation inférieure et l'on accordera une indemnité quotidienne de maladie moins forte. Cette indemnité en argent aura pour but d'établir une sorte d'égalité entre des cas de maladie différents.

---

(1) Voir les moyennes générales aux annexes.

3° Beaucoup de femmes ne travaillent pas. Ce sont simplement des ménagères, on n'a donc pas de base pour fixer la cotisation en considérant leurs salaires. — Cette objection nous semble un excellent argument pour le principe de la Mutualité familiale. De ce que la femme n'est pas salariée, il n'en résulte pas qu'elle soit indigne d'intérêt lorsqu'elle vient à tomber malade. Personne ne conteste le grand rôle de la femme *ménagère* aussi bien au point de vue économique qu'au point de vue social, et il importe de lui épargner les risques qui pourraient porter atteinte à ce rôle. Le mari est le premier intéressé à ce point de vue; ce sera donc à lui de solder la cotisation de sa femme; et comment cette prévoyance *ménagère* pourra-t-elle s'établir avec plus de simplicité et de force morale, sinon dans une Société ayant pour base la famille!

Les adversaires de telles transformations semblent n'accorder confiance qu'à l'égoïsme individuel et ne pas tenir compte des grands principes qui devraient guider la Mutualité au point de vue social, économique et moral. Ils méconnaissent même l'intérêt des Sociétés, car plus elles seront nombreuses, plus on pourra posséder des bases scientifiques pour calculer les risques et les dépenses. La meilleure façon de rendre les Sociétés nombreuses et d'établir des moyennes au moyen d'observations relevées sur une échelle d'êtres, aux âges différents, est d'enrôler tous les membres de la famille dans la même Société.

— Enfin l'existence d'une Mutualité scolaire ne sera pas sans utilité pour l'organisation d'une Société d'adultes.

On peut espérer qu'en présence des bons résultats obtenus pour leurs enfants, les parents soient plus aisément accessibles aux idées mutualistes. La Mutualité scolaire n'aurait-elle d'autre utilité que celle de faire *l'éducation de prévoyance* des enfants et des parents, il faudrait l'en féliciter.

Mais le grand problème, encore mal résolu dans la pratique, est le passage du jeune mutualiste dans une société d'adultes, le *pont*, pour employer l'expression consacrée.

En effet, vers seize, dix-huit ou vingt et un ans, les jeunes gens ne trouvent plus dans la Mutualité scolaire des avantages suffisants. Ils deviennent les recrues assurées de la Société d'adultes.

Nous croyons cette mutation bien préférable à l'établissement de sections d'adolescents et même de grandes personnes dans le groupement qui a pris naissance sur les bancs de l'école. Un tel édifice manquerait de cohésion et de sérieux, et présenterait des complications d'ordre intérieur.

Aussi, combien eût-il été préférable de ne pas toujours agir avec une hâte où se devinent des préoccupations qui n'ont rien de commun avec la Mutualité. Si l'on avait pris la famille comme base de la Société, la question du *pont* ne se présenterait pas, de nouvelles couches seraient venues sans interruption rajeunir et renouveler l'association, et l'enfant n'eût.pas été séparé de ses soutiens naturels. C'est au père de remplir la mission de prévoyance et non pas au maître d'école, qui a déjà bien assez à faire d'instruire ses élèves dans les sciences les plus diverses, sans oublier la morale..... civique.

Les Syndicats professionnels. — Ce sont là les groupements sociaux par excellence, dont la mission est d'entreprendre l'organisation du travail.

Beaucoup, malheureusement, sont animés de passions tendant plus à détruire qu'à consolider l'édifice social et économique; à la remorque de quelques intrigants qui les leurrent et les exploitent, ils s'éloignent de la large voie qui leur était tracée. Mais quelques-uns donnent de sérieuses espérances, il est donc important de chercher à établir près d'eux une Société de Secours mutuels, complément nécessaire de l'organisation professionnelle (1).

Groupements divers. — La personne de bonne volonté qui étudie sa circonscription mutualiste trouvera le plus souvent, à défaut de Sociétés de Secours mutuels déjà existantes ou de Syndicats professionnels, des groupements religieux, tels que les Patronages ou les Cercles, il sera très intéressant de les gagner à l'idée de la Mutualité.

Que leurs directeurs se tranquillisent, une Société de Secours mutuels telle que nous la préconisons ne portera pas ombrage à leurs œuvres. Bien au contraire, elles les fortifiera tout en leur laissant leur parfaite autonomie. Elle unira plus intimement les familles, classera les travailleurs par profession et entourera d'un réseau social des institutions généralement intéressantes et bonnes en principe.

---

(1) Voir *infra* le chapitre intitulé : *Bases sociales des Sociétés de Secours mutuels.*

Dans les campagnes, on pourra également chercher les premiers éléments d'une Société de Secours mutuels parmi les groupements d'un genre tout différent, comme les Sociétés de tir, de gymnastique, les orphéons, les compagnies de sapeurs-pompiers, etc.

En procédant à cet examen, on évitera de créer une nouvelle association, pouvant nuire à des organismes sociaux déjà existants, et l'on utilisera des forces qui n'attendaient souvent qu'une impulsion pour agir.

Enfin, on peut se trouver dans une circonscription où il n'existe aucune institution utilisable, et cela est encore assez fréquent. On aura donc le champ libre, mais cette liberté même embarrassera parfois les organisateurs inexpérimentés; c'est dans ce cas qu'il leur faudra posséder quelques idées d'organisation sociale, afin de ne pas tomber dans la malheureuse routine suivie jusqu'ici.

III. QUEL GENRE DE SOCIÉTÉ FAUT-IL CRÉER ?

Oh! tout d'abord, que l'on ne nous accuse pas d'exclusivisme. Si, pour améliorer le sort des travailleurs de cette circonscription, où les principes généraux de l'aide mutuelle n'ont pas été mis en pratique, une institution autre que la Société de Secours mutuels paraît meilleure, il faudra de préférence l'organiser. Mais, le plus souvent, ces institutions ne devraient être que les corollaires d'un Syndicat professionnel ou d'une Société de Secours mutuels familiale, de sorte qu'en agissant à la légère on risque de mettre « la charrue devant les bœufs ». C'est le cas d'une foule d'organismes excellents en eux-mêmes, telles que les Caisses de crédit rural, les Coopératives de consommation et même de production, les Mutualités maternelles et de tant d'associations rendues si faciles depuis la loi du 1er juillet 1901.

Seulement, les personnes qui veulent se dévouer au bien social d'une circonscription déterminée sont quelquefois effrayées de leur propre audace et des conséquences qu'elle peut entraîner. Elles se laissent circonvenir par des préjugés et par les objections de certains esprits, qui font l'office de freins arrêtant net les meilleures initiatives. Les mauvais conseils sont plus nombreux que les bonnes volontés, le manque d'idées directrices plus fréquent qu'une compétence facile à acquérir.

Parfois, où une organisation syndicale serait difficile à créer, une Société de Secours mutuels pourrait être la cellule qui donnerait naissance à une foule d'œuvres utiles. Constituons donc une Société de Secours mutuels sur ce terrain vierge. Mais laquelle? — Il y a, nous le savons, les Mutualités scolaires, les Sociétés d'hommes, les Sociétés de femmes, les Mutualités maternelles, les Caisses mutuelles de retraites et des contrefaçons de la vraie Mutualité.

Nous estimons que la Société de Secours mutuels qu'il faudra choisir — certains cas exceptionnels mis de côté — est la Mutualité fondée sur la famille, dont nous avons déjà parlé. Non seulement, en effet, elle présente l'immense intérêt de reposer sur une base sociale et immuable, mais elle peut, en un seul bloc, donner tous les avantages que les autres Sociétés ne donnent qu'au détail. Par exemple, elle sera aussi avantageuse pour l'enfant que la Mutualité scolaire et peut-être moins coûteuse pour le père de famille possédant plusieurs enfants; elle pourra donner aux mères de famille tous les bénéfices offerts par les Mutualités maternelles, très spécialisées, comme leur nom l'indique; — il sera inutile ainsi de prêcher à une Société d'hommes la transformation dont nous parlions précédemment pour la rendre accessible aux femmes et aux enfants, et, d'autre part, on n'aura pas à craindre qu'une fois une Société exclusivement féminine créée, une Société d'hommes fasse cette transformation, ce qui nuirait au recrutement de la Mutualité composée de femmes seules et l'anémierait rapidement; — ayant plus de participants, la Société fondée sur la famille sera plus à même de donner des allocations de retraites, et, dans tous les cas, n'empêchera pas l'organisation d'une Caisse de retraites dans son sein avec cotisation indépendante. Cette cotisation, pouvant être versée par l'enfant de bonne heure et sans interruption, permettra de servir des pensions plus fortes.

C'est donc la Mutualité familiale qu'il faudra choisir lorsque les circonstances ne permettront pas d'organiser une Mutualité ayant pour base un syndicat professionnel, — une usine, — un ou plusieurs métiers. Le plus regrettable service que l'on puisse rendre aux travailleurs est de les pousser dans une mauvaise voie, et l'excuse généralement donnée : « On a fait pourtant comme cela à côté », manque de sérieux et de justification.

Si une faute a été commise « à côté », il faut se garder de la généraliser et ne pas s'en faire une arme pour défendre sa ligne de conduite (1).

IV. Comment entrer en contact avec les intéressés?

Une bonne volonté isolée risque de perdre beaucoup de temps dans ces enquêtes préliminaires, et quelquefois même d'inspirer certaines suspicions. Il sera donc toujours prudent de former un *Comité d'initiative*.

D'ailleurs, une Société de Secours mutuels, comme n'importe quelle autre association, ne peut se constituer sans que les intéressés soient consultés; il faudra faire correspondre ses buts à leurs désirs et à leurs besoins. S'entourer des personnalités locales les plus à même de fournir à ce sujet d'utiles renseignements est donc une précaution élémentaire.

Lorsqu'il existe, dans la circonscription choisie, l'un quelconque des groupements mentionnés plus haut, il sera facile de prendre dans leur sein les individualités les plus intelligentes, les plus actives, qui constitueront ce que nous appelons le *Comité d'initiative*.

Lorsque ces groupements n'existeront pas, on recherchera, dans ce but, les personnes qui paraîtront posséder ces différentes qualités : connaissance de l'état d'esprit des travailleurs, aptitudes morales, activité et une certaine influence; elles appartiendront, autant que possible, à la catégorie des futurs membres participants. Une dizaine de personnes, moins même, si elles sont bien convaincues des avantages de la Mutualité, suffiront pour le Comité d'initiative.

Son rôle sera de faire connaître l'œuvre projetée, d'y gagner des adhérents de principe — qui constitueront plus tard la première Assemblée générale — et surtout de jeter les bases de la Société en en choisissant les buts.

---

(1) Dans une petite commune rurale de Seine-et-Oise, nous avons dernièrement fait cette expérience. Il n'existait aucun groupement mutualiste, nous avons constitué une Société fondée sur la famille, conformément aux statuts annexés à ce travail. Un mois après la constitution, cette Société comptait 333 membres participants (pères, mères et enfants). Un tel résultat n'aurait certainement pas été atteint si nous avions suivi l'ancienne routine consistant à créer des Sociétés exclusives aux hommes, aux femmes ou aux enfants. Les familles de cette commune se trouvent *mutualisées* d'un seul coup.

L'on peut grouper ainsi autour de soi les premières bonnes
volontés nécessaires, recueillies et décidées après des démarches personnelles. On peut également convoquer à une
réunion mutualiste les habitants de la circonscription choisie,
organiser une conférence sur les grandes lignes d'une Société de
Secours mutuels et, si l'on a eu le succès de convaincre l'audi-
toire, faire désigner devant tout le monde ce Comité d'initiative
qui sera chargé de mettre la dernière main à la constitution de
la Société.

Dans tous les cas, il est bon que les intéressés croient avoir
une part dans cette initiative mutualiste. Le Comité sera pour
ainsi dire leur représentant.

Lorsque la circonscription choisie comprendra plusieurs communes ou plusieurs villages, il sera utile d'avoir dans le Comité
d'initiative des délégués de chaque agglomération afin d'éviter les
froissements d'amour-propre.

On a lutté et on lutte encore contre ce que nous pourrions
appeler — par un pléonasme destiné à mieux faire saisir notre
pensée — l'individualisme individuel; or, un autre danger est
à craindre : l'individualisme collectif.

Il y a, en effet, de petites agglomérations qui ont une extrême
jalousie de leur autonomie, et c'est ce qui explique en partie cette
multitude de minuscules Sociétés de Secours mutuels, le plus
souvent rurales, qui n'ont aucune force au point de vue social.
Nous nous rappelons à ce sujet l'expression défiante et circons-
pecte d'un brave ouvrier agricole, partisan de la création d'une
Société de Secours mutuels dans sa commune, mais qui ajoutait :
« C'est point pour nous faire adhérer à celle de X... au moins? »
Il y avait à X..., commune voisine, une Société qui avait été
autrefois constituée sans que l'on consultât les habitants d'à côté!

Nous avons terminé avec ces « Études préparatoires », qui
seront souvent rapides et faciles si la personne qui prend une
telle initiative a la volonté et l'activité nécessaires. Il nous faut
maintenant entrer dans le vif de la rédaction des statuts.

CHAPITRE II

LE CHOIX DES BUTS

I. Les secours en cas de maladie; les accidents. — Soins médicaux et médicaments : inconvénients de ce système, le forfait ou l'abonnement, le payement à la visite. L'indemnité quotidienne : simplicité, avantages au point de vue moral et social. — Fixation du quantum de l'indemnité. — Durée des secours de maladie. — Le système mixte.
II. Les allocations de naissance. Les Mutualités maternelles.
III. Les secours en cas de gêne momentanée.
IV. Les allocations d'invalidité.
V. Les allocations aux veuves ou aux orphelins. — La Caisse d'assurance collective en cas de décès.

Nous avons inséré aux annexes de ce travail la loi du 1er avril 1898, dont l'article 1er donne une énumération des buts d'une Société de Secours mutuels. Les prendre tous est impossible, à moins de demander aux membres participants une cotisation que beaucoup ne pourraient pas donner. Il faut donc faire une sélection, et à cet égard, la tâche sera relativement facile à l'organisateur qui partagera les idées que nous avons émises dans notre chapitre : *Bases sociales des Sociétés de Secours mutuels.* Des statuts tout préparés ont été joints à cette étude, nous n'avons donc qu'à justifier les choix que nous avons faits à l'occasion de ces buts.

Nous avons cherché à couvrir les risques les plus ordinaires qui menacent une famille de travailleurs; nous avons pris cette famille dans son évolution et nous en avons marqué les incidents habituels : — la maladie des parents ou des enfants, — les naissances, — l'état de gêne momentanée, — le décès du chef de famille, — l'invalidité.

I. LES SECOURS EN CAS DE MALADIE.

On peut tout d'abord se demander si l'on doit comprendre dans le terme « maladies » les blessures ou infirmités provenant des accidents du travail visés par la loi du 9 avril 1898.

Le plus souvent on écarte les conséquences des accidents du travail du champ d'application de la Société de Secours mutuels, et c'est justice, puisque dans ces cas l'assurance èst à la charge des patrons ou chefs d'entreprises.

Si la Société désire s'occuper des accidents du travail, élle agira donc sagement en s'entendant avec les chefs d'industrie intéressés et en passant avec eux la convention prévue par l'article 5 de la loi du 9 avril 1898, et par un arrêté ministériel du 16 mai 1899. (Voir aux annexes.)

Nos lecteurs devront remarquer que, pour agir de la sorte, il est à peu près indispensable que la Société de Secours mutuels soit « professionnelle », c'est-à-dire composée de membres participants pris dans la même industrie ou dans des industries similaires, et, qu'en outre cette adjonction aux statuts aménera une certaine complication et exigera des administrateurs très éclairés.

Mais certaines Sociétés demandent à leurs membres participants, victimes d'un accident autre que ceux visés par la loi du 9 avril 1898 (cas fortuits, — chutes, — accidents causés par un cheval emballé, etc.....), de les subroger dans leurs droits contre l'auteur responsable de cet accident, jusqu'à concurrence des sommes dépensées par elles à cette occasion en soins médicaux, médicaments ou indemnités quotidiennes.

Cette disposition peut entraîner la Société dans des difficultés judiciaires qu'il est bon de lui épargner; d'autre part, l'on se trouve parfois en présence de membres participants qui se figurent que la minime cotisation donnée doit les assurer contre tous les aléas de l'existence, et qui regimbent devant un tel remboursement.

Si donc on exclut les accidents du travail, il est prudent d'exclure aussi les accidents de tout autre nature.

Cette disposition est néanmoins très radicale et ne serait peut-être pas du goût des futurs participants. Il y a, d'ailleurs, des cas fort intéressants qu'une Société de Secours mutuels doit chercher à soulager : c'est ainsi que parfois la victime d'un accident quelconque (travail ou autre) ne touche pas de suite son indemnité. Des enquêtes sont nécessaires, les Compagnies d'assurances discutent et font trainer l'affaire, un procès peut s'engager. Voici donc une malheureuse victime qui, pendant un temps plus ou moins long, n'aura peut-être aucune ressource pour se soigner. Dans les grandes villes, il y a les hôpitaux, mais, dans beaucoup d'endroits, c'est à son domicile que le blessé sera transporté et devra se faire soigner.

C'est pour remédier à ce pénible état de choses que nous proposons l'adoption d'un article analogue à celui-ci :

Les membres participants qui ont été blessés et qui sont en droit de réclamer des soins ou des indemnités à l'auteur responsable de l'accident, à une assurance ou à un patron, ne recevront de la part de la Société que l'indemnité quotidienne (*soit* — conformément à l'article....., — *soit* — conformément à la décision du Conseil), jusqu'au moment où ils commenceront à être indemnisés par les personnes ci-dessus. Ce laps de temps ne pourra dépasser ..... jours.

Les secours de maladie sont de deux sortes : la gratuité des soins médicaux et des médicaments, ou une indemnité quotidienne en argent ayant pour objet de compenser *en partie* le préjudice causé au travailleur et à sa famille par la cessation de travail forcé qu'il doit subir.

Le premier moyen a de très chauds partisans. D'abord, il représente une routine depuis fort longtemps suivie; ensuite, il s'appuie sur ce fait, que le travailleur ne se soignera pas à temps, ou se soignera mal si le médecin et le pharmacien ne sont pas gratuits.

Mais ses inconvénients sont nombreux. Au point de vue moral, il suppose que le travailleur est une sorte d'incapable, un être doué d'une mentalité si inférieure qu'il ne sait même pas se soigner quand il en a besoin. Or, ce n'est pas par suite d'une faiblesse intellectuelle que l'ouvrier hésite à cesser son travail et à se rendre chez un médecin; s'il en était ainsi, il faudrait d'ailleurs essayer par tous les moyens de transformer une telle mentalité; c'est parce que le travail pour lui, c'est la vie, c'est-à-dire le pain quotidien, et que l'arrêt de travail en supprimant son salaire, le pousse vers la misère. Il faut donc qu'il soit sûr que ce terrible chômage de maladie ne va pas entraîner la gêne à son foyer, il faut le garantir contre la conséquence directe de la cessation forcée de travail. Pour le surplus, il doit être assez raisonnable, ou l'on doit chercher à le rendre assez raisonnable, pour qu'il se soigne convenablement, c'est son intérêt et c'est aussi l'intérêt de la Société de Secours mutuels.

Il y a, en outre, une sorte d'atteinte à la dignité du travailleur dans le fait de lui accorder gratuitement les soins médicaux et les médicaments ; les pauvres gens ont droit aussi à cette gratuité médicale. Les mutualistes ont, sans doute, payé une cotisation à cet égard, mais nous avons été néanmoins plusieurs fois frappé du sentiment d'humiliation que certaines personnes attribuaient à cette gratuité.

Au point de vue pratique, les inconvénients sont bien autrement démonstratifs. Pour faire fonctionner ce système, il faut avoir un médecin très dévoué à la Société et animé des sentiments les plus philanthropiques. Nous avons un très grand respect pour ces hommes qui se consacrent à soulager l'humanité souffrante et nous nous garderons bien de généraliser des constatations, qui, nous voulons le croire, ne sont que des exceptions. Néanmoins, il se produit des abus déplorables.

Ou bien le médecin est payé à l'abonnement, ou bien il est rémunéré à la visite.

S'il est payé à l'abonnement, c'est-à-dire à tant par tête de sociétaire, cela lui paraît souvent désavantageux. Cet abonnement varie de 2 à 7 francs, et lorsqu'une Société s'établit sous de puissants auspices dans un endroit où il n'y a qu'un médecin, le pauvre docteur est obligé d'en passer par les volontés des mutualistes ou de quitter la place. Au besoin, si la Société a réuni un grand nombre de travailleurs de l'endroit, on fait venir un nouveau docteur en quête de clientèle, et l'on force ainsi l'autre à se retirer. Dans de tels cas, le médecin, se sentant seul contre toute une population, accepte le tarif qu'on lui demande ; mais on ne peut espérer qu'il donnera avec beaucoup d'entrain ses soins aux mutualistes malades. Payé le même prix, qu'il y ait des malades ou non, que les visites soient à domicile ou dans son cabinet, il fera en sorte de se déranger le moins possible, et les sociétaires pourront en souffrir ; ils se plaindront, et finalement rejetteront toute la responsabilité d'un tel état de choses sur la Société.

Ne pas pouvoir choisir son médecin est quelquefois pour les individus une des raisons pour lesquelles ils refusent de s'affilier à une Société de Secours mutuels. Ils croient, à tort ou à raison, que le médecin de la Société les soignera moins bien qu'un docteur payé et choisi par eux.

Pour remédier à cet inconvénient, on emploie quelquefois l'un des deux moyens suivants : ou bien l'on s'entend avec plusieurs médecins, parmi lesquels on laisse le sociétaire libre de choisir ; — ou bien l'on fixe statutairement le tarif des visites de 1 fr. 50 à 3 francs, par exemple ; le participant malade peut alors prendre le médecin qui lui plaît, mais il paye de sa poche le surplus d'honoraires dépassant ces 1 fr. 50 à 3 francs. Cette modalité se rapproche des combinaisons dont nous nous occuperons en traitant le système de l'indemnité quotidienne seule.

Si le docteur est payé à la visite, la chanson change de couplet. Les Sociétés préfèrent le premier système, parce qu'elles savent à quoi s'en tenir pour leurs dépenses de maladie, mais le médecin préfère le second, parce qu'il peut faire à son aise autant de visites que cela lui plaît. Or, comme les sociétaires, en vertu du principe de la gratuité, ont une tendance à abuser des visites et des consultations, il y aura, contre l'intérêt de la Société, comme une coalition sourde de la part du médecin et des membres participants.

— Enfin une conséquence d'un autre ordre peut résulter de cette organisation. Dans les petites localités, où le médecin est unique, la Société de Secours mutuels peut exercer à son égard une sorte de boycottage, mais dans les villes où il existe plusieurs médecins, ce sont eux qui boycotteront la Société et lui imposeront leurs volontés. A l'établissement de la Mutualité, les médecins répondront en s'organisant en Syndicat et en établissant un tarif généralement supérieur à celui que la Société espérait obtenir d'un docteur de bonne volonté. Lié par la confraternité professionnelle, ce docteur ne pourra plus faire de faveurs à la Société, et celle-ci devra subir les décisions du Syndicat. C'est ainsi que nous avons vu des Mutualités se heurter à des difficultés inextricables, et certaines échouer, parce que les organisateurs, malgré l'hostilité du groupe médical de l'endroit, voulaient maintenir la gratuité des soins et s'entêtaient à réclamer des tarifs de faveur.

Il est fort regrettable qu'une institution de paix et de concorde aboutisse à une lutte ouverte avec des hommes qui sont en droit d'exiger de leur profession de légitimes bénéfices. Le plus sage en pareille matière est donc de ne pas s'exposer à ces difficultés et, par conséquent, de supprimer le motif de mauvaise entente, c'est-à-dire la gratuité des soins médicaux.

Du côté des pharmaciens, des inconvénients presque semblables peuvent se produire lorsqu'on concède la gratuité des médicaments aux malades. Les membres participants abusent des drogues et n'en prennent aucun soin. Le pharmacien y trouve son compte, car il est sûr d'être payé par la Société, mais cela ne fait pas les affaires de cette dernière. D'autres fois, le pharmacien se prétend, au contraire, lésé par le tarif de faveur qu'on lui demande, et on aboutit, là aussi, à une hostilité regrettable et à des réclamations fastidieuses.

Nous nous hâtons d'ajouter qu'il ne faut pas néanmoins vouloir établir une règle rigide. Dans certains endroits on pourra trouver sans doute des médecins et des pharmaciens bien disposés pour les Sociétés de Secours mutuels et accordant leurs services très consciencieusement. Mais, même dans ce cas, les inconvénients de principe existeront et il serait préférable de profiter de telles bonnes volontés pour les signaler aux mutualistes jouissant déjà de l'indemnité quotidienne *seule*.

La gratuité des soins sera toujours contraire à l'idée de justice. On ne peut pas, en effet, établir pour toutes les maladies une égalité au point de vue des visites et au point de vue des médicaments : celles-ci en exigeront davantage et celles-là moins ; et la même maladie entraînera, selon les tempéraments, des soins plus vigilants ou plus coûteux.

L'indemnité quotidienne. — L'emploi de l'indemnité quotidienne de maladie est plus rationnel et prête à moins d'abus. La Société verse à son sociétaire malade la somme fixée aux statuts et celui-ci se charge de solder son médecin et son pharmacien. L'administration est aussi simplifiée que possible, l'indemnité est apportée au malade par le visiteur. Il suffit de trouver *un* médecin que la Société payera raisonnablement pour une visite de contrôle lors de la déclaration de maladie et qui, bien souvent, deviendra le médecin du malade. C'est donc une sorte de réclame que l'on fait ainsi au docteur, ce qui l'incite à prendre en toutes circonstances l'intérêt de la Société. Une seconde visite pourra être faite dans les mêmes conditions, au cas où le participant voudrai frauder la Société, en prolongeant sans raison un état de cessation de travail que la maladie ne justifie plus.

Ce système est aussi plus moral. Il donne conscience au sociétaire de sa responsabilité, puisqu'il a intérêt à n'avoir recours au médecin et au pharmacien que selon ses besoins : c'est lui qui paye, il ne peut donc pas faire le raisonnement suivant : « Puisque cela ne coûte rien, profitons-en le plus possible. » Il considère enfin les médicaments à leur juste valeur et ne les gaspille pas.

On objecte que par ce moyen le malade va préférer mettre de côté ou employer à tout autre usage l'indemnité de maladie, et qu'il ne recourra pas, comme il le devrait, au médecin et au pharmacien. Mal soignée, sa maladie sera plus longue et finalement coûtera très cher à la Société. — L'objection touche à la conscience du mutualiste; la Société de Secours mutuels doit joindre à ses avantages directs un but indirect, celui de développer parmi ses membres une mentalité meilleure. Est-il possible, avec l'autre principe, de contraindre le malade à se bien soigner et à ne pas faire d'imprudence? On lui en donne la possibilité, on établit même des déchéances s'il n'exécute pas les prescriptions du médecin, mais on ne peut empêcher, malgré toutes ces précautions, les sottises d'un cerveau borné ou les fraudes d'un individu peu scrupuleux. — Quant au mauvais emploi de l'indemnité quotidienne, des pénalités très sévères peuvent être établies. Comme c'est l'argent de la Société qui circule, les autres sociétaires sont directement intéressés à ce qu'il en soit fait un bon usage, et l'on aura souvent en eux des contrôleurs, parfois même sévères.

On objecte encore que cette indemnité seule va encourager le malade à rester dans cet état le plus longtemps possible; elle sera une prime à la paresse. — Nous répondons, tout d'abord, que le malade en question est visité à brûle-pourpoint par ses confrères, qui ont pour cela une mission officielle et la confiance de la Société; une telle fraude peut également exister avec l'autre organisation. Ensuite, le sociétaire n'a pas intérêt à prolonger cet état de chômage forcé, parce que l'indemnité n'est pas — ne doit pas être — égale au salaire qu'il a l'habitude de gagner. Nous ne conseillons donc pas de donner une indemnité quotidienne trop forte; à notre avis, elle ne devrait pas dépasser, au grand maximum, la moitié du salaire habituel.

Quant aux abus — et il peut toujours y en avoir, — ce système semble moins y prêter. Il nous paraît également plus familial; l'indemnité devant servir avant tout à soigner le malade, mais

aussi à rendre moins pénible pour toute la famille la suspension
du gain journalier de son chef.

Organisation de l'indemnité quotidienne. — Beaucoup de Sociétés
accordent cette indemnité en proportion décroissante : 2 francs,
par exemple, pendant le premier mois, et 1 fr. 25 pendant les
soixante jours suivants. Une proportion contraire semblerait
être préférable; car, à mesure que la maladie se prolonge, les
ressources et les économies du malade diminuent, et une augmentation de l'indemnité, après les trois ou quatre premières
semaines, servirait à équilibrer le budget du participant.

Avec ce moyen, rien n'empêche la Société de s'entendre avec
un ou plusieurs médecins et pharmaciens pour que des prix de
faveur soient accordés aux sociétaires. Mais quelquefois les
médecins demandent, comme contre-partie des avantages qu'ils
concèdent, la garantie par la Société du payement de leurs honoraires.

— Nous sommes aussi bien disposés que possible à l'égard de
votre Société; nous sommes persuadés qu'elle ne contient que de
braves travailleurs et non pas des bourgeois déguisés qui cherchent
par son intermédiaire à se faire soigner à moins de frais; seulement il faut que nous gagnions notre vie. Nous vous accorderons
un tarif réduit à la condition que nos honoraires nous soient
sûrement payés.

Or, comme il est parfois désastreux, pour une Société qui
débute, d'avoir contre elle des adversaires aussi influents, la
combinaison suivante peut être prise.

Rien n'est changé aux statuts : les sociétaires n'ont droit qu'à
l'indemnité seule. Le Conseil dresse une liste des médecins disposés à abaisser leur tarif au profit des sociétaires et avertit les
malades, qui voudront bénéficier de ces avantages, que les honoraires de ces médecins, au tarif fixé, seront retenus sur le montant
de leur indemnité. Au moment de la déclaration de maladie, le
membre participant indique s'il accepte ces conditions.

Ainsi, on n'oblige pas les mutualistes à prendre tel ou tel
médecin; ils restent absolument libres d'en choisir un en dehors
de la liste, et même de toucher leurs indemnités quotidiennes
entières, en payant eux-mêmes les soins médicaux comme s'ils
n'étaient pas affiliés à une Société de Secours mutuels.

Dans le cas où ils acceptent cette combinaison, il est bien

entendu également que les honoraires du médecin ne seront payés par la Société que jusqu'à concurrence seulement de l'indemnité à laquelle les malades ont droit.

Fixation du quantum de l'indemnité. — Il est très difficile de donner à cette fixation une base mathématique absolue. Les meilleures statistiques n'ont quelquefois qu'une application restreinte dans un milieu déterminé; elles sont établies sur une multitude d'individus, et dans cette masse les différences qui peuvent affecter tel ou tel groupement se noient et s'effacent. Mais cela n'empêche pas ces différences particulières d'exister, de sorte que bien souvent l'expérience sera préférable à une détermination fixe que l'on croit juste, parce qu'elle est conforme aux données de la statistique.

Nous avons annexé toutefois à ce travail les moyennes les plus récentes; elles serviront d'éclaireurs à la compétence, qui ne peut être acquise que par une longue pratique et une observation personnelle et rigoureuse.

Pour fixer l'indemnité quotidienne, lorsqu'elle est donnée seule, on pourra se servir du moyen suivant: on prend le chiffre de la cotisation sociale comme dividende, et comme diviseur le chiffre moyen des journées de maladie par tête de membre participant. Le quotient indiquera le taux de l'indemnité quotidienne.

Exemple.

$$\frac{\text{Cotisation annuelle}}{\text{Moyenne des journées de maladie par tête}} \quad \frac{12}{6} = 2 \text{ francs.}$$

Comme il faudra plusieurs années, dans une Société déterminée, pour obtenir par l'observation et l'expérience le chiffre du diviseur (moyenne des journées de maladie par tête de participant), comme il faudra, d'autre part, tenir compte de l'effectif variable de la Société, il sera prudent, dans les débuts, de n'indiquer statutairement qu'une indemnité inférieure aux moyennes générales que voici pour l'année 1901:

	SOCIÉTÉS APPROUVÉES.	SOCIÉTÉS LIBRES.
Cotisation moyenne :	14,52	13,71
Moyenne des journées de maladie par participant :	5,87 = 2,47	6,19 = 2,21

On pourrait, par exemple, accorder 2 francs pendant les trente premiers jours de maladie, et 2 fr. 25 pendant les soixante jours suivants.

Durée des secours de maladie. — Aussi bien avec le système des soins médicaux et pharmaceutiques qu'avec celui de l'indemnité seule, il faut avoir la prudence de donner une limite à la durée des secours de maladie. Sans doute, l'idéal serait de pouvoir promettre de tels secours pendant toute la durée de la maladie. Un grand nombre de Sociétés anciennes ou ayant plusieurs années de fonctionnement peuvent le faire avec succès, mais on ne saurait le conseiller pour une Société débutante et qui peut voir ses ressources disparaître tout à coup par un nombre anormal de malades.

L'exemple des Sociétés qui donnent de splendides et longs avantages ne peut pas toujours être suivi : certaines arrivent à ne pas être en déficit grâce à de très nombreux membres honoraires; d'autres, qui ont débuté avec des individus jeunes et très bien portants, ont pu mettre de côté pour l'avenir; mais, avec la concurrence que se font aujourd'hui les Mutuelles, ces anciennes associations restent presque stationnaires comme effectif, ne se renouvellent pas au moyen d'éléments jeunes. Aussi, à mesure que leurs sociétaires vieillissent, les frais de maladie deviennent plus considérables et il n'est pas rare de les voir obligées, soit d'augmenter les cotisations, soit de diminuer les avantages sociaux.

Ce sont pour les participants qui ont versé depuis longtemps leurs cotisations de bien désagréables surprises qu'il faut autant que possible éviter en ne faisant pas, dès les débuts, trop de promesses.

Malgré les calculs les plus scientifiques, il y a toujours une large part de tâtonnements dans une Société de Secours mutuels ; on peut en trouver la preuve parmi les plus importantes. Les organisateurs d'une Mutualité, surtout à la campagne, s'exposeraient peut-être à des désillusions s'ils voulaient prendre pour modèles des institutions qui ne ressemblent pas à la leur, ni par les chances de recrutement, ni par les moyens de propagande, ni par les ressources possibles.

Nous croyons donc sage de limiter les secours de maladie à une durée de trois mois par an, ou à une durée de trois mois pour chaque maladie. Il sera toujours possible, au bout de quelques années de fonctionnement et d'expérience, de modifier ces délais que *le Conseil aura toujours la faculté de prolonger dans des cas particulièrement dignes d'intérêt.*

Le système mixte. — Un grand nombre de Sociétés de Secours mutuels accordent les soins médicaux et les médicaments *ainsi que* l'indemnité quotidienne. Il va sans dire que ce système mixte n'atténue pas les inconvénients que nous avons signalés plus haut, pour la première partie de ces secours; il est au contraire de nature à en aggraver les conséquences.

Le principe qui ne peut être violé, dans ce cas, sans de sérieux dangers, est de ne pas accorder une indemnité quotidienne supérieure à la cotisation mensuelle. Par exemple : la cotisation mensuelle est de 1 fr. 50; l'indemnité quotidienne ne devra pas dépasser 1 fr. 50. Toutefois, les chiffres suivants vont montrer les périls de ce système.

Pour ces Sociétés, la moyenne générale était, en 1901, de 8 fr. 68 pour les soins médicaux et les médicaments, et de 7 fr. 78 pour les indemnités, par *membre participant*, soit au total 16 fr. 46 par participant. Si l'on prend pour base la moyenne générale des cotisations, qui est de 14 fr. 52, on voit donc que les Sociétés sont par ce moyen dans un perpétuel aléa. Elles ont à trouver 1 fr. 93 par sociétaire pour équilibrer leur budget, en n'accordant pas d'autres avantages que ceux dont il est question. Toutes n'ont pas de généreux protecteurs, toutes ne peuvent pas donner des fêtes fructueuses; la subvention de l'Etat n'est que de 0 fr. 50 par participant, il reste encore un déficit à couvrir (1).

Cette combinaison ne semble donc pas de nature à pousser les Sociétés dans une voie scientifique et à offrir des garanties sérieuses aux mutualistes. Nous répétons, encore une fois, qu'une direction exclusive ne peut pas être proposée en pareilles circonstances, mais il nous a été donné de constater que si des Sociétés peuvent tenir de tels engagements, c'est grâce à une affluence de membres honoraires ou de dons exceptionnels.

C'est pourquoi nous estimons que, dans la plupart des cas, les indemnités quotidiennes seules prêtent à moins d'abus, offrent plus de garanties et exposent moins la Société.

____

(1) Ces chiffres concernent les Sociétés approuvées. Dans les Sociétés libres, ils sont les suivants en 1901 : soins médicaux et médicaments, 9 fr. 30; indemnités quotidiennes, 9 fr. 33; soit un total de de 18 fr. 63. La cotisation moyenne n'étant que de 13 fr. 71, il reste un déficit de 4 fr. 92 par participant.

II. LES ALLOCATIONS DE NAISSANCE

De très intéressantes Sociétés se sont créées pour s'occuper de la mère de famille au moment de ses couches. Sous l'inspiration de leur promoteur, M. Félix Poussineau, elles ont donné les résultats les plus encourageants à Paris, à Vienne (Isère), à Dammarie-les-Lys (Seine-et-Marne), etc..... Dans ces diverses localités, on a remarqué que la statistique des décès des nouveau-nés s'était abaissée pour les sociétaires, respectivement de 10 à 6 %, de 21,8 à 6,5 %, de 8 à 4 %. A Dammarie-les-Lys, en particulier les naissances dans les sept dernières années, depuis la création de la Mutualité maternelle, ont dépassé de 24 % celui des sept années antérieures. M. Poussineau explique ainsi ce résultat : « Les femmes ayant moins à redouter la crise de la maternité, rétablies chaque fois par un repos réparateur, certaines d'une assistance qui n'est pas humiliante, ne voient plus la venue d'un nouvel enfant comme un surcroît de charges et une cause directe de misère. »

Ces constatations témoignent de l'intérêt à attacher à cet incident normal dans la famille : la maternité. Aussi, tout en jugeant excellentes ces initiatives, croyons-nous préférable de ne pas semer dans des institutions distinctes les unes des autres les différents avantages que le ménage peut tirer de l'aide mutuelle. La Société fondée sur la famille devra donc inscrire parmi ses buts les allocations de naissance. Elle pourra, mieux encore qu'une mutualité spéciale, en apprécier les bienfaits à tous les points de vue.

L'on peut désirer, dans le même ordre d'idées, que la femme cesse son travail pendant les dernières semaines de sa grossesse. Mais les contrôles à cet égard seraient peut-être délicats. La fatigue pouvant résulter du travail varie avec le genre d'occupations et n'a pas les mêmes inconvénients selon les tempéraments.

A moins de combinaisons spéciales, il vaut mieux laisser de côté cette période antérieure à l'accouchement, pour réserver les secours de la Société à la période suivant la naissance de l'enfant. Mais dans ce laps de temps limité, que de bien ne peut-on pas faire ?

Bien souvent, la mère de famille se hâte de reprendre son travail; il faut bien gagner le pain de chaque jour. Alors on donne un biberon à l'enfant et l'on confie cette fragile petite créature à une voisine plus ou moins dévouée, ou à la plus âgée des fillettes. Les vieux parents ne sont pas toujours là pour exercer le rôle que leur réservent, dans l'organisation de leurs cités utopiques, des théoriciens philosophes plus épris de rêves que de réalités. De telles pratiques sont certainement désastreuses pour la santé de la mère et pour celle de l'enfant.

La Société de Secours mutuels établie sur la famille cherchera à atténuer ces inconvénients. Aussi accordera-t-elle une allocation de maternité pendant dix, quinze ou vingt et un jours, à partir de la naissance, pour permettre à la maman de reprendre ses forces et de donner des soins vigilants à son bébé. Cette allocation pourrait être de 1 franc par jour à condition que le mari et la femme fissent partie de la Société, et que cette dernière cessât tout travail fatigant pendant ce laps de temps. On pourrait remplacer cette indemnité quotidienne par une allocation unique de 10, 15 ou 20 francs au moment de la naissance; mais les résultats cherchés ne seraient peut-être pas ainsi obtenus.

III. LES SECOURS EN CAS DE GÊNE MOMENTANÉE

La gêne dans un ménage de travailleurs est généralement la conséquence de la cessation du travail ou de l'attente de travail. Les indemnités quotidiennes auront remédié au chômage occasionné par cet accident de la vie : la maladie. Mais, sans rentrer dans la rupture brusque et irraisonnée du contrat de travail, l'ouvrier peut être en état de chômage par suite d'une foule d'autres conséquences : fermeture de l'atelier, renvoi injustifié, etc.....

D'un autre côté, pour obtenir un emploi, il faut parfois avoir un petit capital : une mise correcte est souvent obligatoire pour se présenter chez un patron et quelquefois un cautionnement modeste est demandé. La gêne peut venir aussi d'engagements financiers souscrits par le travailleur et qui arrivent à échéance (achats à crédit par exemple), du loyer ou des impôts qu'il faut payer, de petits événements dont la répercussion est quelquefois désastreuse dans un budget familial.

Enfin il importe de détourner les travailleurs des lamentables effets de la « vente à crédit » (1); une petite somme avancée à bon escient pourra les habituer à payer comptant.

____

(1) Lire à cet égard l'intéressante petite brochure *populaire : Le Roi Salomon* ou *la Vente à crédit* . — Collection de *l'Écho des Syndicats*, 14, rue des Petits-Carreaux, Paris.

C'est pour faire face à ces éventualités que nous conseillons d'annexer à la Société de Secours mutuels une Caisse de prêts gratuits ou prêts d'honneur, sur laquelle nous reviendrons plus tard et dont nous avons reproduit un type de statuts. (1)

IV. LES ALLOCATIONS D'INVALIDITÉ

Nous avons traité cette question dans la partie de ce travail intitulée « La Mutualité et les retraites »; nous n'y reviendrons donc pas ici. Nous n'appelons pas invalide le travailleur qui n'est plus en état de gagner qu'un tiers de ce que les personnes de la même profession gagnent d'ordinaire par leur travail dans la même région; mais celui qui ne peut plus ou *presque plus gagner sa vie*. L'invalidité ainsi entendue, qu'elle provienne d'un cas fortuit à l'âge légal de cinquante ans, ou qu'elle soit la conséquence de la vieillesse, est un fait qui dans l'un et l'autre cas mérite l'intérêt de la Société de Secours mutuels familiale.

Quant aux retraites de vieillesse proprement dites, nous estimons qu'il est nécessaire de percevoir une cotisation spéciale à leur intention, si l'on veut essayer de les constituer avec quelque garantie pour le sociétaire. Il sera possible, dans ce cas, — soit d'accorder des allocations annuelles renouvelables de retraite proportionnées à la durée du sociétariat et au montant des sommes versées, — soit d'employer le livret individuel, — soit d'utiliser le livret mutualiste si la Société est importante ou fait partie d'une union organisée à cet effet.

V. LES ALLOCATIONS AUX VEUVES ET AUX ORPHELINS

Sur l'exemple des Collèges romains, un grand nombre de Sociétés de Secours mutuels s'occupent des frais de funérailles de leurs affiliés. Par un sentiment, sans doute, très respectable, les membres participants tiennent à s'assurer un enterrement entouré d'une certaine dignité. Nous savons combien ce sentiment est puissant dans certaines contrées, et, pour organiser une Société, il faut respecter les désirs du plus grand nombre. Toutefois si les morts sont dignes du respect des vivants, « ils vont vite », selon l'expression populaire, et les vivants demeurent.

La veuve ou les orphelins, auxquels le décès du chef de famille jette un voile de deuil et de douleur morale, traversent souvent

____

(1) Voir aux annexes.

alors une de ces crises, la plus poignante peut-être, de la vie familiale. La misère peut se joindre au chagrin; et, s'il est impossible aux institutions humaines de guérir les souffrances de l'âme, elles doivent s'efforcer de garantir le foyer domestique contre de tristes conséquences matérielles.

L'allocation donnée à la veuve l'aidera à faire face aux nécessités les plus urgentes, à payer précisément ces frais funéraires, à attendre une situation rémunérée. Dans tous les cas, elle évitera l'affolement et la détresse, qui parfois, en de telles circonstances, s'abattent sur une pauvre femme.

Elle pourra même, dans les pays ruraux, faciliter le retour vers des jours meilleurs. Avec son allocation, la ménagère prévoyante couvrira les frais d'une récolte; ce petit capital lui permettra d'en obtenir un plus considérable, par les ingénieux résultats que nos villageoises savent tirer de leurs basses-cours ou de leurs potagers.

M. le vicomte de Bizemont, dans son intéressante monographie d'une Caisse rurale (1), cite l'exemple d'une très pauvre femme travailleuse et énergique, mais qui, par le manque des premières ressources, était dans l'impossibilité de sortir de la misère. La Caisse rurale lui prêta de quoi acheter un porc. La paysanne l'engraissa, le vendit, put rembourser et en acheter un second et revint ainsi à meilleure fortune. La Société de Secours mutuels pourrait, à cet égard, jouer le rôle de la Caisse rurale; la petite somme remise à la veuve courageuse l'aiderait à sortir de la misère.

Pour les orphelins de père et de mère, on accorderait une allocation unique ou renouvelable selon les circonstances et les milieux. Elle pourrait également servir aux frais funéraires ou aider l'enfant à entrer en apprentissage ou couvrir les dépenses de voyage pour se rendre chez des parents, à l'autre bout de la France peut-être, mais qui consentent à recevoir ces orphelins, etc.

Beaucoup de sociétés, non seulement se chargent en tout ou en partie des frais funéraires, mais encore donnent une couronne. C'est là, sans doute, un touchant souvenir de confraternité. Mais le budget d'une société mutuelle est quelquefois restreint; aussi, ne serait-il pas mieux, au point de vue moral et social, d'employer de telles sommes pour des allocations aux veuves et aux orphelins?

------

(1) Imprimerie populaire d'Arras, 1897.

La loi du 1er avril 1898 autorise les Sociétés à étendre les secours de maladie et les secours après décès à la famille et aux ascendants des membres participants. Malgré les encouragements donnés à cet égard par des mutualistes influents (1), nous croyons utile, dans l'intérêt de la Société, de limiter ses avantages à la famille directe, c'est-à-dire au père, à la mère et à leurs enfants. Rien n'empêche les autres membres de la famille, collatéraux ou ascendants, de faire partie de la Mutualité. Nous traiterons plus loin du système à choisir pour les cotisations; si l'on adopte la progression selon l'âge, une personne de cinquante ou cinquante-cinq ans, en admettant qu'elle soit en bonne santé, pourrait entrer dans l'association. Il semble donc juste de n'accorder les avantages de la Société qu'à ceux qui auront participé à ses charges.

D'autre part, une Caisse d'assurance collective en cas de décès a été établie à la Caisse des dépôts et consignations par les lois des 11 juillet 1868 et 26 juillet 1893. Les Sociétés de Secours mutuels peuvent en bénéficier en payant, pour *chacun* des membres qu'elles désirent assurer à cet égard, une prime proportionnelle à son âge. Ce tarif est calculé à l'aide de la table de Deparcieux : pour assurer 100 francs au décès de l'un des sociétaires indiqués, la prime s'élèvera progressivement de 1 fr. 047 à l'âge de vingt ans jusqu'à 1 fr. 932 à l'âge de cinquante ans.

Ce système présente une certaine complexité et l'inconvénient ordinaire de la plupart des assurances : si, par suite d'événements quelconques, la Société ne peut plus continuer à verser ses primes, le capital antérieurement accumulé est perdu pour elle. Aussi les Mutualités n'y ont-elles pas beaucoup recours.

En 1902, 126 d'entre elles ont contracté une assurance collective pour leurs membres au nombre de 20 512. Ces 20 512 primes représentaient 138 542 francs. Dans la même année, il a été payé 95 600 francs pour 275 décès (2).

----

(1) En 1900, le Congrès de la Mutualité a émis le vœu « d'étudier les moyens d'étendre à toute la famille les bienfaits de la Société de Secours mutuels. »

(2) Nous avons néanmoins indiqué aux annexes les articles nécessaires à cette organisation.

CHAPITRE III

LES MEMBRES PARTICIPANTS

Exposé juridique. — Nombre des membres participants au début d'une
Société. — Age d'admission des participants ; les Mutualités scolaires :
utilité des Mutualités familiales. — Conditions d'admission. — Cotisation
des membres participants ; utilité de leur progression.

Les membres participants, dans une Société de Secours mutuels, sont ceux qui ont droit à tous les avantages de l'association
moyennant le payement régulier de leurs cotisations.

L'article 2 de la loi stipule que « les Sociétés de Secours
mutuels sont tenues de garantir à tous leurs membres participants les mêmes avantages, sans autre distinction que celle qui
résulte des cotisations fournies et des risques apportés ». C'est
ce qui a été résumé dans le principe : « A charges égales, droits
égaux. » En d'autres termes : « Ne seraient pas considérées
comme Sociétés de Secours mutuels les associations qui créeraient,
au profit de telle ou telle catégorie de leurs membres et au détriment des autres, des avantages particuliers. »

Il est à remarquer que les femmes peuvent faire partie des
groupements mutualistes et en créer sans que l'assistance de
leurs maris soit nécessaire, et que les mineurs peuvent également
en faire partie sans l'intervention de leur représentant légal.

Il est possible d'admettre les étrangers comme membres participants ; seulement, ils ne peuvent pas faire partie du Conseil
d'administration, et si la Société est exclusivement composée
d'étrangers, il lui faudra pour exister un arrêté ministériel qui
sera toujours révocable.

Cet exposé juridique nous amène à examiner certaines questions de détail.

Nombre des participants au début d'une Société. — Certains
organisateurs s'imaginent qu'il faut, pour constituer une Société
de Secours mutuels, grouper dès le début un grand nombre de

participants; aussi, pour arriver à ce résultat, ils multiplient leurs démarches, retardent la date de l'organisation définitive et aboutissent souvent à lasser la patience de ceux qui avaient été des adhérents de la première heure. C'est là une erreur et une mauvaise politique.

Il n'y a aucun chiffre demandé à cet égard; une Société peut se constituer avec dix participants aussi bien qu'avec cent; à vrai dire, il est préférable d'en grouper dès les débuts un nombre aussi élevé que possible, mais lorsqu'on se trouve en présence de bonnes volontés prêtes à agir, il faut se garder de les faire attendre. D'ailleurs, on fera beaucoup plus aisément de la propagande pour une Société qui fonctionne et qui a peut-être déjà donné quelques petits résultats que pour une œuvre seulement en projet.

Nous ne voulons pas dire par là que le caprice de quelques personnes sera un élément suffisant pour former une Mutualité. Dans un précédent chapitre, nous avons indiqué les études et les enquêtes qui nous semblaient devoir être faites avant la réalisation d'un tel projet. Il est incontestable que si le *Comité d'initiative* n'a pas pu recueillir un certain nombre d'adhésions de principe aussi nombreuses que la circonscription choisie le permet, cela prouve que la population, ou bien ne ressent pas la nécessité de l'aide mutuelle, ou n'a pas été suffisamment éclairée sur ses avantages. Lutter contre une hostilité presque générale n'est pas un moyen à recommander en la circonstance; il sera préférable d'attendre et de faire mieux connaître les avantages de la Société par tous les moyens, démarches personnelles, conférences, articles de journaux, brochures, etc..... ou d'organiser un groupement d'un autre genre, mais susceptible de faire naître l'idée mutualiste.

Age d'admission des participants. — La plupart des Sociétés de Secours mutuels qui font de la Mutualité à l'usage individuel fixent un âge minimum, avant lequel les portes de l'association ne s'ouvrent pas, et un âge maximum, après lequel elles sont radicalement fermées. Avant seize ou dix-huit ans, les jeunes gens se heurtent à la consigne : « Trop jeunes, mes amis. » Après quarante ou quarante-cinq ans, les braves gens qui se présentent entendent cette encourageante parole : « Vous venez trop tard, on ne reçoit plus, tant pis pour vous. »

— Les premiers ont la ressource des Mutualités scolaires, qui les prennent marmots sur les bancs de l'école. Aux fastidieuses leçons de solidarisme, on joint le leurre d'une retraite future. On semble oublier que cette fameuse retraite aboutit à des réalités décevantes : environ 94 pour 100 des livrets individuels de retraites sont abandonnés par les écoliers.

Quant aux retraites au moyen du fonds commun inaliénable dont les nouveaux statuts ont doté les Mutualités scolaires, combien peu les verseront. Il faut, en effet, quinze ans de sociétariat pour y avoir droit : la Société scolaire ne recevant les enfants qu'à partir de l'âge de trois ans, il faut donc supposer que jusqu'à dix-huit ans l'enfant puis l'adolescent continueront à être affiliés à la même Mutualité scolaire. N'est-ce pas là une chimère? A treize ou quatorze ans, bien des enfants quittent l'école pour toujours, et, en admettant qu'ils aient profité des leçons de prévoyance et d'épargne, les conditions de l'existence, l'éloignement, les multiples événements qui peuvent alors se produire dans la vie leur feront oublier qu'ils doivent encore verser pendant deux ou trois ans pour prétendre à une retraite trente ou quarante ans plus tard. Que sera-ce si, au lieu d'être entrés à trois ans, ils n'ont été affiliés qu'à huit ou dix ans! L'obligation des quinze années de sociétariat ne sera plus possible puisque la Mutualité scolaire croit avoir terminé son œuvre lorsque ses adhérents ont atteint vingt et un ans, limite extrême.

C'est pourquoi l'on s'évertue, sans beaucoup de succès, à créer des sections enfantines, puis des sections d'adolescents, puis des sections d'adultes, comme si l'école était une base stable sur laquelle une institution sociale pouvait s'édifier.

Nous estimons que ce n'est pas dans l'école que l'enfant doit appliquer la prévoyance, mais dans la famille.

Au point de vue des secours de maladie, une Mutualité familiale donnerait à l'enfant des avantages égaux, sinon supérieurs à ceux de la Mutualité scolaire; la Société se trouvant plus nombreuse pourra faire plus de bénéfices.

Quant aux retraites, la situation serait simplifiée par la continuité des versements dans la même caisse ou par la même société servant d'intermédiaire jusqu'à l'âge d'ouverture de cette retraite. Il n'y aurait plus cette question du *pont*, reliant l'adolescence à l'âge mûr, qui embarrasse nos plus distingués mutualistes.

Les systèmes adoptés actuellement pour la constitution des retraites subiraient une amélioration au moyen du livret mutualiste dont nous avons parlé. Ce livret pourrait avoir ses feuillets divisés en trois parties : l'une pour le père, l'autre pour la mère, la troisième pour le ou les enfants au-dessous d'un certain âge, seize ou dix-huit ans par exemple. Le père de famille qui posséderait ainsi le titre d'épargne de tous les siens y attacherait certainement une grande importance; l'on verrait peu de livrets abandonnés. Lorsque les enfants auraient atteint seize ou dix-huit ans ou à l'époque de leur majorité, ou encore au moment de leur mariage, on leur remettrait un livret, sur lequel serait inscrite la partie des versements correspondant à leurs comptes sur le livret du père de famille. Enfin, d'intéressantes combinaisons pourraient être étudiées et appliquées. Dans le cas, par exemple, où l'enfant viendrait à tomber orphelin de père et de mère, il pourrait avoir droit, soit à des allocations annuelles renouvelables, soit à l'inscription sur son livret d'un capital proportionné aux versements effectués par ses père et mère.

La solution de bien des problèmes contre lesquels on se débat, qui découragent les travailleurs et enrayent les progrès de la Mutualité, se trouverait peut-être dans l'établissement de Caisses mutualistes autonomes délivrant de tels livrets.

En résumé, l'âge d'admission minimum dans une Société de Secours mutuels familiale ou professionnelle serait trois ans.

Rien n'empêche légalement d'accepter les enfants plus jeunes; mais les nombreuses maladies dont ils sont susceptibles en bas âge exposeraient les finances de la Société. Il faudrait alors demander une cotisation plus forte, dans les premières années de l'existence du petit mutualiste : scientifiquement, parce que les risques seraient plus nombreux, financièrement, parce que les dépenses seraient plus élevées.

— En fermant leurs portes aux personnes qui se présentent au-dessus de quarante ou quarante-cinq ans, parfois cinquante ans, les Sociétés de Secours mutuels d'aujourd'hui montrent un égoïsme féroce.

Si les écoliers ont constitué des organismes, excellents peut-être au point de vue de l'éducation, mais peu sérieux comme avenir, l'on n'a pas entrepris une bruyante campagne pour les malheureux exclus de quarante-cinq et de cinquante ans.

Les mutualistes sont des ouvriers de la première heure, ils méprisent les ouvriers de la dernière heure. Nous, qui donnons à notre doctrine sociale une base plus morale et plus humaine aussi que l'intérêt individuel, nous voudrions que ces ouvriers de la dernière heure, pleins de bonne volonté, qui se repentent peut-être d'arriver si tard, soient paternellement accueillis et reçoivent aussi les bienfaits dus à leurs efforts.

Avec la Mutualité familiale, il y aura moins de mutualistes tardifs. Les cadres se formeront d'eux-mêmes et se renouvelleront naturellement. Mais il y a une période transitoire; on ne peut pas, aujourd'hui, rejeter de la Mutualité une grande partie de nos travailleurs sous prétexte qu'ils sont de quelques années, de quelques mois peut-être, trop âgés. Nous avons donc établi les statuts en vue de cette périmde transitoire, et nous examinerons un peu plus loin la solution possible, en étudiant le quantum des cotisations.

Conditions d'admission. — Les Sociétés de Secours mutuels peuvent, à leur gré, fixer les conditions qu'elles exigent des postulants. L'intérêt moral, autant que l'intérêt financier de la Société, justifient ces exigences.

C'est ainsi qu'il faudra par exemple :

— Etre Français. — Toutefois, la loi, nous le savons, n'interdit pas de recevoir des étrangers.

— Etre présenté par deux membres de l'association. — Cette sorte de *parrainage* établit un lien de confraternité qu'il est utile de faire sentir; d'autre part, il y a là une garantie pour le bon recrutement. Des mutualistes honnêtes et loyaux tiendront à ne présenter que des confrères qui leur ressembleront. Il importe, surtout lorsqu'il s'agit d'une union de familles, que l'harmonie règne au point de vue moral.

— Avoir un domicile de quelques mois dans la circonscription sociale. — Il est difficile, en effet, de faire une œuvre sérieuse et de longue haleine, avec des personnes qui ne représentent que des camps volants. Une quittance de loyer, ou toute autre pièce établie de bonne foi serait à cet égard une justification suffisante.

— Déclarer ne pas avoir de maladie chronique, et posséder une bonne santé. — Une Société qui s'occupe de donner des secours de maladie ou des allocations d'invalidité doit prendre certaines précautions, pour ne pas s'exposer à des dépenses trop lourdes ou trop prolongées. Cette simple déclaration, sanctionnée par des pénalités sévères allant même jusqu'à l'exclusion si l'on veut, est peut-être aussi sérieuse qu'une visite médicale.

Elle donne au mutualiste conscience de sa responsabilité, permet de frapper rigoureusement et d'éliminer ceux qui ont voulu s'introduire par fraude ou par fausses déclarations, et ne froisse pas certaines susceptibilités, surtout du côté féminin.

Nous avons souvent vu l'*obligation* d'une visite médicale être très mal accueillie et même éloigner de la Société de Secours mutuels. Dans les cas qui paraîtraient *douteux*, le Conseil serait toujours libre de demander au postulant un certificat médical.

— Avoir été vacciné. — C'est là une excellente précaution à exiger, actuellement surtout où il est question de rendre obligatoire la vaccination contre la variole. Avec les progrès de la science l'on peut espérer que les mesures d'hygiène auront une grande influence contre certaines maladies : la Société de Secours mutuels ne sort donc pas de son rôle en exigeant une telle condition, et en s'efforçant d'indiquer à ses membres les moyens de préserver leur santé.

— Exercer une profession ou un métier. — Les institutions mutualistes sont tout particulièrement réservées aux travailleurs ; il est utile qu'il ne s'y glisse pas, comme membres participants, certains oisifs ou certains bourgeois qui dénatureraient l'œuvre.

Cette série de conditions montre que l'on veut poursuivre une œuvre de longue haleine avec une élite qui, par ses bons exemples, entreprendra la transformation des éléments moins parfaits. La Société de Secours mutuels ne doit donc pas être seulement considérée au point de vue des avantages immédiats qu'elle procure à ses participants, mais au point de vue du rayonnement qu'elle peut produire. Ce premier organisme inspirera de nouvelles applications de l'aide mutuelle ; ce sera une cellule créatrice manifestant sa vitalité par des sortes de prolongements de l'association initiale : habitations à bon marché, jardins ouvriers, coopératives de consommation, alliance d'acheteurs, caisse de prêts gratuits ou de crédit, œuvres d'assainissement et d'hygiène, etc..... On pourra classer aussi les sociétaires par métier, leur faire donner, en dehors de la Société, des cours professionnels, des conférences intéressant telle ou telle industrie, s'occuper du placement, etc.....

L'œuvre de l'amélioration du sort des travailleurs se fera lentement, dans les coulisses, pour ainsi dire, de la Société de Secours mutuels qui ne se cantonnera pas dans l'étroitesse de ses buts, mais cherchera à devenir l'inspiratrice d'œuvres sociales plus fécondes encore.

Cotisations des membres participants. — Le premier principe à observer est de proportionner la cotisation aux avantages offerts.

Nous avons vu que ces avantages, pour être assurés, donnaient lieu à quelques tâtonnements. Le même phénomène existera pour la question qui nous occupe actuellement, car, avantages et cotisations sont les deux plateaux de la même balance, dans lesquels des poids sensiblement égaux doivent être placés.

Demander une cotisation trop faible expose la Société à bien des déboires, lorsqu'elle veut néanmoins offrir beaucoup d'avantages. Il faudra donc proportionner les promesses aux ressources sociales. Des indications exactes sont presque impossibles à fournir, toutefois, le projet de statuts et les moyennes annexées à cette étude pourront servir de points de repères.

D'autre part, une cotisation trop peu élevée n'intéresse pas suffisamment le sociétaire à la Société. Pour tenir à quelque chose, il faut l'avoir acquis avec un certain effort; si le membre participant ne fait pas cet effort, s'il compte trop sur les secours extérieurs, il ravale l'institution de prévoyance, en lui faisant pratiquer une assistance plus ou moins déguisée.

Enfin, la cotisation doit être proportionnelle aux risques apportés par les associés, et pour cela elle doit être progressive avec l'âge.

Etant donnés les buts que nous avons proposés et l'organisation financière que nous étudierons dans les pages suivantes, il semble que l'on puisse adopter la gradation ci-dessous, fixée *au moment de l'entrée dans la Société* et *pour toute la durée du sociétariat.*

1 franc par mois, pour les sociétaires entrant dans la Société de seize à vingt et un ans inclus.

1 fr. 50 par mois pour les sociétaires entrant dans la Société de vingt-deux à trente ans inclus.

1 fr. 75 par mois pour les sociétaires entrant dans la Société de trente et un à quarante ans inclus.

2 francs par mois pour les sociétaires entrant dans la Société au-dessus de quarante ans.

Il sera donc possible d'admettre les *ouvriers de la dernière heure*, à condition, bien entendu, qu'ils aient une bonne santé.

Pour établir un équilibre réel entre les sociétaires, il faudrait sans doute établir une progression plus forte, mais il serait peut-être difficile alors, dans certains endroits, de recueillir des adhérents. A ce défaut de mathématiques, la science y perdra, mais les sentiments de bonne confraternité y ga neront probablement.

Il y a dans nos Sociétés de Secours mutuels une très large part faite au sentiment et il serait triste de tuer cet amour de son prochain que le mutualiste d'aujourd'hui pratique bien souvent sans le savoir et surtout sans qu'on le lui dise assez. Vouloir ramener ces institutions à de pures assurances serait glacer des cœurs qui battent encore près du foyer de cette aide mutuelle, où l'intérêt, le devoir et le dévouement s'allient malgré tout, inconsciemment peut-être.

Les enfants de trois à seize ans verseraient une cotisation mensuelle de 0 fr. 50. Elle serait réduite à 0 fr. 30 pour les familles ayant au moins deux enfants dans la Société.

Les femmes célibataires ou veuves payeraient dans chaque catégorie une cotisation inférieure de 0 fr. 30. Pour les femmes mariées et dont les maris seraient affiliés à la Société, on abaisserait la cotisation mensuelle dans chaque catégorie de 0 fr. 75, *sans qu'elle puisse être inférieure à ce dernier chiffre* (1).

Comme cette cotisation serait fixée au moment de l'admission sur le vu d'une pièce officielle, certificat de naissance ou de mariage, par exemple, le trésorier de la Société n'aurait qu'à l'indiquer *une fois pour toutes* sur ses registres et sur le livret du sociétaire. Il n'y aurait donc pas de complications ni de surcroît de travail. D'ailleurs, si la Mutualité veut sortir de la période de désorganisation et souvent d'injustice où elle est encore, les administrateurs devront lui donner de plus en plus leur dévouement. Peut-être même sera-t-il utile de majorer la cotisation de janvier ou de décembre de 0 fr. 50 ou de 1 franc afin de pouvoir

---

(1) Voir au tableau annexé les moyennes concernant les cotisations.

payer un agent particulièrement chargé de la comptabilité. Cela se fait d'ailleurs dans un grand nombre de Sociétés. (1)

-----

(1) Nous ne traiterons pas dans un chapitre spécial de « l'organisation financière d'une Société de Secours mutuels ». Les principes que nous avons exposés seront résumés et appliqués dans les statuts annexés à ce travail sous la rubrique « organisation financière ». D'autre part, nous nous proposons, dans la IV⁰ partie : « Fonctionnement d'une Société de Secours mutuels », de revenir sur cette question et de donner des renseignements complémentaires.

CHAPITRE IV

LES MEMBRES HONORAIRES

Historique et discussion du principe des membres honoraires. — Leur utilité au point de vue financier, moral et social; la fausse interprétation de la charité, le devoir social.

L'article 3 de la loi du 1er avril 1898 stipule que « les Sociétés de Secours mutuels peuvent se composer de membres participants et de membres honoraires; *les membres honoraires payent la cotisation fixée ou font des dons à l'association sans prendre part aux bénéfices attribués aux membres participants*, etc..... »

Cette disposition n'est pas une nouveauté dans notre législation; on la retrouve dans le décret organique du 26 mars 1852. A cette époque, l'utilité des membres honoraires était déjà apparue particulièrement pour la constitution des retraites; l'article 6 de ce décret avait un paragraphe ainsi conçu :

Elles (les Sociétés de Secours mutuels) pourront promettre des pensions de retraite, si elles comptent un nombre suffisant de membres honoraires.

L'institution en elle-même est plus ancienne encore : elle est un des vestiges de ces vieilles confréries qui avaient comme membres honoraires des bourgeois, de grands seigneurs et le roi lui-même.

Quoi qu'il en soit, les critiques d'une certaine école ne lui sont pas ménagées. Dès 1852, les membres honoraires trouvaient des adversaires parmi les membres participants eux-mêmes qui se jugeaient « capables de se suffire à eux-mêmes et honteux de recevoir une aumône ». Aussi l'instruction ministérielle adressée aux préfets à la suite du décret de 1852 faisait-elle remarquer cet état d'esprit :

Les Sociétés prennent trop souvent un caractère d'exclusion et d'hostilité tout à fait contraire à l'objet de leur fondation; elles favorisent des préjugés funestes qui font dans la société deux camps au lieu d'une seule patrie, deux tribus au lieu d'une seule famille, et séparent les hommes qu'elles avaient pour but de réunir.

Aujourd'hui, une semblable hostilité se manifeste moins parmi les membres participants, mais on la voit sourdre avec plus ou moins de force dans l'esprit et sous la plume de ceux qui prétendent imprimer une direction à la Mutualité. Pour M. Lépine, inspecteur de l'enseignement primaire, une telle institution transforme les mutualistes en mendiants; « elle n'est qu'une assistance privée qui joue dans la Mutualité un rôle illégitime. Elle paralyse ou déprime les énergies, abaisse les caractères, obscurcit le sentiment de la dignité personnelle, bref, elle fait plus de mal que de bien..... elle est une véritable déchéance, acceptée et subie, recherchée même, hélas ! par les obligés pour qui cette aumône n'est point justifiée par un besoin réel et pressant. »

D'autres font ressortir qu'elle est inconciliable avec l'idée de Secours *mutuels*, puisque les membres honoraires donnent et ne reçoivent rien en échange. Les rapports sociaux sembleraient donc se résumer dans le *troc* ou dans la formule « donnant donnant ». Tout ce qui échapperait à la loi de la réciprocité serait une *aumône* se voilant sous des prétextes plus ou moins « vagues et spécieux », mais imprimant toujours une idée de supériorité à l'acte de celui qui la ferait et une idée de bassesse au geste de celui qui la recevrait.

Les cerveaux épris de mathématiques lui reprochent d'introduire dans la Mutualité des aléas financiers. On compte plus ou moins sur des ressources problématiques et l'on s'achemine ainsi vers des désillusions. C'est la revanche de la science sur le sentiment, et ce dernier doit disparaître pour laisser son libre jeu à l'assurance scientifique.

La prévoyance est un devoir social que tout citoyen a l'obligation de remplir; en tant que réalisation de ce devoir, elle est une vertu n'obéissant qu'aux impulsions du sentiment et nous dirigeant au secours mutuel considéré surtout comme œuvre d'assistance; en tant que réalisation du résultat tangible qu'elle se propose, elle est une affaire, elle se raisonne et se calcule; elle nous conduit à l'assurance mutuelle.

Des deux caractères de la Mutualité, *l'un est archaïque et tend à disparaître;* l'autre ne fera que se développer; *l'œuvre de philanthropie le cédera aux opérations matérielles d'assurance* qui, à vrai dire, n'est qu'une philanthropie mieux comprise et plus efficace (1).

Enfin le socialisme anathématise une telle institution. Les travailleurs doivent entreprendre seuls leur émancipation : déjà les Sociétés de Secours mutuels, en atténuant la misère, suppriment les foyers d'incendie révolutionnaire. Selon l'expression de M. Kergall, président du Syndicat économique agricole de France, « le socialisme est un ouragan qui passe et qui ne peut embraser la Société que s'il rencontre des flammes sur son parcours, c'est-à-dire des souffrances et des misères ». Mais si la Mutualité paraît déplorable au socialisme, l'institution des membres honoraires est jugée par lui bien plus détestable encore.

Comment, voici des gens qui viennent à l'avance des travailleurs, qui leur tendent loyalement la main, qui dissipent les préjugés et les haines si soigneusement entretenus, qui parlent de rapprochement et d'union entre les classes, alors que le mot de classe doit exprimer l'oppression, la tyrannie et l'exploitation, mais! c'est le renversement de toute la doctrine chère à ceux qui en vivent, et leur propre instinct de conservation leur fait répudier et flétrir de semblables actes.

Lorsque les favorisés de la fortune restent insouciants et inactifs, leurs adversaires s'en moquent et les traitent avec tout le dédain dû à leur inutilité; mais, lorsque ces mêmes favorisés entendent se mêler au peuple et recherchent le mieux social, c'est alors que le concert commence.

Il importe peu, à ces démagogues, qu'au fond de ses castels, la noblesse reste fastueuse et brillante, qu'elle fasse grand étalage de ses titres et se grise de ces vanteries ridicules et inoffensives; ils lui pardonneront même volontiers d'occuper ses loisirs à des œuvres de pure charité et de pure bienfaisance; mais si cette noblesse, au nom de la solidarité sociale, menace de prendre sa place dans les groupements ouvriers ou dans les Sociétés de Secours mutuels, si, instruite par l'expérience, elle vient apporter à ces institutions l'appui de son argent et de son influence, ces mêmes démagogues, prétendus amis des ouvriers, se donnent aussitôt le mot d'ordre pour crier gare contre le retour à l'ancien régime, aussi impossible à reconstituer présentement que de bâtir Notre-Dame de Paris avec la poussière du chemin (2).

____

(1) Rapport de M. Clémentel, député, sur le budget du ministère de l'Intérieur pour l'exercice 1904.

(2) Extrait d'un remarquable article intitulé, *Aristocratie et Peuple,*

De telles théories ne nous semblent pas fondées, si, prenant cette quest' n sans idées préconçues et sans passion, on examine l'utilité de membres honoraires au point de vue matériel et moral et le grand rôle social qu'ils peuvent jouer.

— La plupart des mutualistes répètent la phrase de M. G. Picot, de l'Institut : « Une Société de Secours mutuels ne peut vivre sans membres honoraires (1). »

Nous avons vu, en effet, qu'en ne fournissant que les soins relatifs à la maladie (médecin, médicaments et indemnité), il y a une différence de 2 à 4 francs entre la cotisation moyenne de chaque participant et les dépenses moyennes qu'il entraîne. Nous savons aussi qu'il est difficile de nier ce que M. Clémentel a relevé dans son rapport; à savoir, qu'une grosse partie des sommes versées au fonds commun inaliénable provient des cotisations des membres honoraires.

Quoi qu'il en soit, et particulièrement en ce qui touche les Sociétés approuvées, qui sont les plus nombreuses et jouissent de toutes les faveurs de l'Etat, la nécessité financière des membres honoraires ne peut pas être mise en doute.

En 1900, l'excédent des recettes sur les dépenses dans les Sociétés approuvées était de.............. 5 999 524 fr. 34
et les cotisations des membres honoraires avaient produit.. 2 986 829 fr. 20
soit 49, 78 % de cet excédent.

Dans les Sociétés libres, cette proportion est bien inférieure puisque, la même année, sur un excédent de recettes de.................................... 2 182 270 fr. »
les cotisations des membres honoraires ne figurent que pour.. 411 177 fr. »

En 1901, dans les Sociétés approuvées, cet excédent était de 8 996 528 francs et les cotisations des membres honoraires de 3 871 809 fr. Les Sociétés libres avaient la même année un excédent de recettes s'élevant à 2 264 268 francs et les cotisations de leurs membres honoraires atteignaient 474 107 francs.

---

publié, sous la signature Cu. Claverie, dans l'*Echo des Syndicats* du 10 juillet 1903. Rue des Petits-Carreaux, 14, Paris.

(1) G. Picot. *Revue des Deux Mondes* du 1ᵉʳ décembre 1901.

Nous estimons cependant qu'une Société bien organisée ne doit pas exclusivement compter sur de tels concours. Elle doit *pouvoir vivre* sans cet appui, c'est-à-dire tirer de ses membres participants les ressources *nécessaires* à ses dépenses certaines, à l'accomplissement de ses charges *garanties*. Les dons et cotisations des membres honoraires ne devraient être qu'un surplus, qu'un complément, lui permettant d'accorder des avantages *supplémentaires* non *garantis*, mais *proportionnels* à la durée de sociétariat et aux sommes versées par les participants. C'est de l'épargne et de la prévoyance des membres participants que doit venir la prospérité des Sociétés, et elles triomphent sans gloire, celles où l'effort individuel des intéressés n'assure pas la victoire (1).

— Au point de vue moral, le membre honoraire a une mission très belle et très digne qu'il ne se refuse pas à remplir généralement. Bien souvent l'existence même de la Société viendra de son initiative et, plus tard, que de fois n'aura-t-il pas l'occasion de donner des preuves de son attachement et de son dévouement, par des conseils, par son expérience, par son appui et par le temps dont il pourra disposer pour s'occuper des intérêts de l'association.

Dans les instructions générales qui ont suivi le Décret organique de 1852, M. de Persigny recommandait aux préfets :

Vous insisterez beaucoup sur l'utilité des membres honoraires ;..... Ils font profiter les membres actifs des lumières et de l'expérience qui manquent trop souvent aux ouvriers et dont l'absence a *entraîné la perte de tant d'associations exclusives*.

---

(1) Bien des organisateurs s'inquiètent du nombre de membres honoraires que doit posséder la Société proportionnellement au nombre des membres participants. Il est impossible à cet égard de donner des indications fixes : dans certains endroits on pourra trouver de nombreux membres honoraires, dans d'autres on en trouvera beaucoup moins. Ce ne sera pas une raison pour ne pas constituer la Société, parce que nous avons indiqué plus haut que c'est au capital produit par les membres participants qu'il faut demander de couvrir les risques garantis.

Nous pouvons néanmoins donner à cet égard des moyennes générales. Très faible dans les Sociétés ne s'occupant que des retraites, 1, 26 %, la proportion des membres honoraires s'élève à 22 % pour les Sociétés de Secours mutuels proprement dites. C'est donc à peu près un membre honoraire pour quatre membres participants que l'on pourrait prendre comme moyenne. Mais nous répétons que ce n'est là qu'une indication, et que bien des Sociétés fonctionnent très normalement sans une telle moyenne.

Ils seront d'excellents *visiteurs*, pouvant donner d'utiles conseils d'hygiène; ils seront la main qui ramène l'égaré dans la bonne voie, et le cœur qui console ceux qui souffrent; ils seront aussi le guide qui conduira le groupement primitif vers le point d'où pourront rayonner d'autres œuvres fécondes.

— Mais c'est surtout au point de vue social que le rôle des membres honoraires paraît élevé, juste et nécessaire à notre époque en particulier.

Ce rôle ne se résume pas dans un acte d'assistance, mais dans l'accomplissement d'un devoir social.

En effet, le fondement de la Société n'est pas constitué par une fusion de droits, mais par une coordination de devoirs; ce ne sont pas des créances que nous avons à faire valoir les uns contre les autres, mais des obligations réciproques que nous avons à exécuter.

Ces obligations, chaque citoyen doit les remplir selon ses forces, ses aptitudes, ses moyens, et plus on a été favorisé par la naissance, la fortune ou l'intelligence, plus aussi les charges sociales sont lourdes : « agir pour le bien, mais conformément à notre loi intime, à notre raison d'être, à notre rythme, c'est à cette tâche que nous devons nous appliquer tout entier » (1).

N'est-il donc pas conforme « au rythme » des favorisés de la fortune et n'est-ce pas l'une de leurs obligations sociales que de développer et d'encourager parmi les travailleurs les idées de prévoyance, d'amour réciproque et de paix? Et n'est-ce pas dans l'application de ces principes qu'une nation pourra trouver l'union nécessaire à sa prospérité économique et sociale?

L'institution des membres honoraires offre ainsi un champ vaste et utile aux énergies qui comprennent leurs devoirs et un remède contre deux maux dont nous souffrons en France.

Le premier est l'action désordonnée des bonnes volontés.

Certes, bien de ces soi-disant *heureux de la terre* sont plutôt des êtres inutiles et indifférents à toute idée sociale. Leur impuissance à comprendre ce qui ne concerne pas l'étroitesse et la frivolité de leur existence en fait des sortes d'inconscients aux exemples souvent pernicieux. Mais de nombreuses exceptions se

____

(1) ETIENNE-MARTIN SAINT-LÉON, *La Revision de la Loi du 21 mars 1884.* Librairie Ville, 14, rue de l'Abbaye, Paris.

manifestent dans leurs rangs; beaucoup veulent agir et agissent, en effet, mais sans aucun plan profondément étudié, sans aucun idéal raisonnablement possible. Leurs actions, souvent divergentes, se nuisent parfois les unes les autres et sont, la plupart du temps, frappées de stérilité.

D'autres concentrent leurs forces sur une question passagère, ayant sa raison d'être à un moment donné, mais qui ne devrait pas néanmoins les laisser comme essoufflés une fois l'effort accompli, et leur faire négliger la question durable et fondamentale de l'organisation sociale elle-même, basée sur l'aide mutuelle et l'union.

Le second mal consiste dans la fausse interprétation de la charité.

Sauf de très belles et très nobles exceptions, les riches ont limité leur rôle social à la partie la moins morale et la moins efficace de la charité, à celle qu'on pourrait appeler la charité *individualiste* et que l'on flétrit — afin d'avoir sans doute une raison pour ne pas la pratiquer — sous le nom d'*aumône*, jadis plus en honneur.

On est généreux en France, impressionnable et sensitif; aussi, lorsqu'une misère est signalée, lorsqu'une nouvelle plaie est découverte à l'humanité, c'est chose facile et prompte que de trouver des *âmes charitables*.

La charité, communément faite, cherche souvent, en vain, hélas ! à *réparer* alors qu'il eût été préférable de chercher à *préserver*.

Nous ne voulons certes pas détruire cette charité aumônière qui est un besoin du cœur humain et qui doit se présenter toutes les fois que des cas imprévus et urgents la réclament; mais il ne faut pas qu'elle devienne une routine ni pour ceux qui la font, ni pour ceux qui la reçoivent. Un homme, qui n'est pas seulement un grand chef d'Etat, mais aussi un grand penseur, le président Roosevelt, disait à ce sujet dans une assemblée de travailleurs :

Nous devons tous apprendre les deux leçons : la leçon de s'aider soi-même et la leçon de donner aide et de recevoir aide de notre frère. Il n'y a pas d'homme parmi nous qui parfois ne glisse, qui parfois n'ait besoin d'une main secourable, et malheur à celui qui, quand vient le moment, manque de tendre cette main secourable.

Cependant, quoique chaque homme puisse et doive ainsi être parfois aidé, il est perdu sans rédemption s'il devient assez dépendant de l'aide extérieure pour sentir que ses propres efforts sont secondaires.

Tout homme parfois bronche, et c'est alors notre devoir de le relever et de le remettre sur pied ; mais nul homme ne peut d'une façon permanente être porté, car, s'il attend qu'on le porte, il n'est pas digne d'être porté (1).

La charité telle qu'on la conçoit, telle qu'on l'applique aujourd'hui, n'est pas suffisamment un *acte social*, elle n'a aucune portée sociale. Elle ne s'adresse qu'à d'irrémissibles vaincus, alors qu'il est nécessaire de songer et de s'intéresser à ceux qui sont debout, qui représentent des forces, qui peuvent reconnaître le service qu'on leur rend.

Et c'est là où se trouve cette erreur qu'il n'existe pas d'aide mutuelle entre le membre participant et le membre honoraire. Dans une nation, tous les citoyens s'entr'aident : le travailleur a besoin du riche, qui lui procure le travail, mais le riche a besoin du travailleur, qui lui épargne un labeur qu'il ne peut faire. Il y a un échange de services continuels.

Nul ne se suffit à lui-même, et tous les hommes, non seulement par esprit de charité, mais encore par nécessité, se doivent un secours mutuel. L'ouvrier a besoin des études du savant, aussi bien que l'homme d'étude a besoin de la force du bras du simple ouvrier ; le fermier vit de la terre appartenant au propriétaire, et le propriétaire de la culture du fermier ; les Etats n'ont d'existence possible que par l'application de ce principe (2).

Ces lignes ont été écrites en 1862 ; aujourd'hui on emploierait le mot de « solidarité » pour exprimer cette pensée ; car la solidarité actuelle est comme Janus, elle a plusieurs faces : tantôt elle exprime des faits, tantôt elle prétend représenter une religion : mais dans les deux cas elle se figure émettre des idées nouvelles.

En aidant le membre participant à se garantir contre les aléas de la vie, le membre honoraire entretient une force productrice qui contribuera au développement économique du pays, au maintien de l'ordre dans la société. En définitive, tous les deux profiteront de cette collaboration ; il y aura donc bien mutualité.

Il y aura surtout rapprochement entre deux soi-disant antagonistes, le capital et le travail, que les meneurs de révolutions

---

(1) ROOSEVELT. *La Vie intense*. Discours sur la question du travail, p. 257.

(2) Abbé BOREL. *Manuel des Sociétés de Secours mutuels*, déjà cité, 1862.

s'efforcent de séparer, nullement pour les empêcher de s'entre-déchirer, mais pour les rendre au contraire irréconciliables.

L'aumône est impuissante dans le contact des favorisés et des déshérités. Elle n'atténue ni les préjugés ni les haines, elle les entretient plutôt et s'épuise vainement sans recueillir en général la moindre reconnaissance.

Le membre honoraire, au contraire, ne se rapproche pas d'une individualité, mais d'une collectivité; l'individualité aurait pu dédaigner le service rendu, une fois sortie du malheur; la collectivité possède une existence plus longue; il lui faut une collaboration, et l'entente pacifique qui se produit ainsi entre les uns et les autres est l'une des façons les plus éloquentes d'apporter un remède à la question sociale.

La Société de secours mutuels, par son principe même, est déjà une force sociale, puisqu'elle associe pour ainsi dire le travailleur à la prospérité nationale et l'assure en même temps contre les éventualités d'un avenir auparavant incertain; elle est de plus, par l'institution des membres honoraires, l'un des plus puissants agents de réconciliation entre les citoyens d'un même pays.

Celui qui fut plus tard Napoléon III lui avait déjà découvert ces qualités dans un discours prononcé à la Chambre de commerce de Lyon, le 16 août 1850 :

Les Sociétés de Secours mutuels ont le précieux avantage de réunir les différentes classes de la société, de faire cesser les jalousies qui peuvent exister entre elles, de neutraliser en grande partie les résultats de la misère *en faisant concourir le riche volontairement par le superflu de sa fortune et le travailleur par [le produit de ses économies*, à une institution où l'ouvrier laborieux trouve toujours conseil et appui.

Il y a enfin une clause très touchante qui a été inscrite dans la loi de 1898 :

Les statuts peuvent contenir des dispositions spéciales pour faciliter leur admission (celle des membres honoraires) au titre de membres participants, à la suite de revers de fortune.

Le rôle de ces membres honoraires n'est donc pas du ressort de l'assistance ou de la bienfaisance pures, puisqu'ils savent pouvoir venir prendre, au milieu des mutualistes participants, une place que la majorité des statuts leur réserve et qui constitue pour eux un droit éventuel.

CHAPITRE V

FORMALITÉS CONSTITUTIVES
L'APPROBATION OU LA LIBERTÉ

I. Pas d'acte notarié ou sous-seing privé. — L'Assemblée générale constitutive : approbation des statuts, élection du Conseil. Formalités légales :
le dépôt des pièces.
II. Les Sociétés libres : leurs obligations et leurs droits. Les Sociétés
approuvées : leurs obligations et leurs droits.

I. FORMALITÉS CONSTITUTIVES.

Des personnes, sans doute très bien intentionnées, se figurent
que la constitution légale d'une Société de Secours mutuels doit
passer par des formalités multiples, ou identiques à celles d'une
Société civile ou commerciale : il n'en est rien.

Certains petits notaires de province, en particulier, admettent
difficilement qu'une telle Société puisse avoir une existence légale
s'ils ne l'ont pas tenue sur les fonts baptismaux.

Non; on se passera de l'assistance de Messieurs les notaires,
et si leur concours moral est très à désirer, leur intermédiaire
ministériel n'a pas à être sollicité.

Par conséquent, il ne faut pas que la constitution de la Société
résulte d'un acte notarié, et pas davantage d'un acte sous-seing
privé. Aucune feuille de papier timbré ne sera nécessaire, aucune
légalisation ne sera demandée.

Les statuts, tels qu'ils auront été élaborés par le Comité d'initiative, seront soumis à l'approbation de l'Assemblée générale
constitutive.

§ 1er. *Assemblée générale constitutive.*

Nous avons dit plus haut qu'il n'y avait aucun minimum exigé
dans le nombre des membres participants et honoraires devant
composer cette assemblée; nous ajoutons qu'on ne demande aux

personnes présentes aucun engagement autre que leur adhésion aux statuts.

Parfois, lorsque l'on veut constituer une très grande Société, il est bon de faire imprimer les statuts. On les envoie à titre de projet à toutes les personnes susceptibles d'adhérer. A la dernière feuille de ce projet se trouve un bulletin ainsi rédigé :

SOCIÉTÉ DE SECOURS MUTUELS DE

EN PROJET

BULLETIN D'ADHÉSION PROVISOIRE

Je soussigné (nom et adresse) ⸺
déclare adhérer provisoirement au projet d'établissement d'une Société de Secours mutuels à ⸺
et prie le Comité d'initiative de bien vouloir me convoquer à l'Assemblée générale constitutive.

A ⸺ le ⸺

SIGNATURE :

Mais ce sont là des frais assez lourds. On s'expose d'ailleurs à voir introduire des modifications plus ou moins importantes dans le texte des statuts proposés, de sorte qu'il faudra recommencer à les faire imprimer pour avoir la rédaction définitivement adoptée.

Très souvent, les choses se passent avec plus de simplicité. Le Comité d'initiative, en faisant sa propagande, a mis au courant des points principaux de la Société : avantages et cotisations. A la campagne surtout, l'on peut être sûr que les intéressés n'oublieront pas les indications qu'on leur a données aussi nettement que possible. Dès lors, on ne convoquera à l'Assemblée générale constitutive que les plus résolus, et le projet sera parfaitement compris lorsqu'on en donnera entièrement connaissance. Au besoin on expliquera chaque article; et, si l'on réclame de petits changements, il sera facile de les opérer.

Quelquefois, l'on peut convoquer tous les environs à cette Assemblée générale. Mais il faut être bien sûr de soi et des sentiments mutualistes des auditeurs : on s'expose sans cela à se trouver en présence d'interrupteurs ou d'individus posant une foule de questions contradictoires, et qui ne sont venus qu'avec l'intention de faire avorter le projet d'organisation. Il sera maintes fois plus prudent de ne convoquer que les partisans de la Société.

Mais, tout s'est bien passé, nous le supposons, les statuts ont été adoptés avec ou sans modification, et l'on a maintenant entre les mains un texte définitif. Il faudra alors faire nommer au *bulletin secret* les membres du Conseil.

Le Comité d'initiative propose d'habitude un certain nombre de personnes en laissant à l'assemblée toute liberté pour en prendre d'autres. Il est bon de ne pas nommer dès le début de la Société le Conseil au complet. Si les statuts fixent par exemple un nombre de sept à dix administrateurs, on n'élira que sept personnes. Par la suite, en effet, on peut avoir des dévouements à récompenser ou des amours-propres à satisfaire; une place offerte dans le Conseil est un honneur qui peut servir d'encouragement, intéresser davantage à la Société une personne influente ou apaiser une hostilité parfois dangereuse. Pour cela, il faut avoir des places vacantes, ce qui ne pourrait pas être si l'on avait dès les débuts nommé les onze administrateurs ci-dessus.

L'assemblée élit ensuite le président parmi les conseillers choisis : cela donne au président une plus grande autorité que s'il avait été simplement nommé par le Conseil seul. Toutefois, les autres membres du bureau, vice-présidents, secrétaires et trésoriers, peuvent très bien être élus par le Conseil qui se réunit aussitôt après l'Assemblée générale; cela empêche des longueurs et parfois des animosités.

L'adoption des statuts et l'élection du Conseil sont les deux formalités constitutives : leur accomplissement a donné naissance à la Société.

Le secrétaire va remplir son premier acte officiel en dressant le procès-verbal de l'Assemblée; il fera bien d'y transcrire le texte définitif des statuts.

Il n'est pas nécessaire que les adhérents fondateurs signent ce procès-verbal; il suffit de connaitre leurs noms, âges et adresses. Enfin on ne doit leur réclamer, à ce moment, aucun versement d'argent à titre de cotisation.

Certains organisateurs se figurent, en effet, qu'une Société mutuelle ne peut se constituer, s'il n'y a pas déjà en caisse un certain capital. C'est là une nouvelle erreur. A vrai dire, il y

aura généralement quelques dépenses entrainées par cette constitution, et ce sera le rôle d'un des membres honoraires de les
couvrir. Si l'on n'a pas encore recueilli les adhésions de tels
membres, eh bien! les fondateurs solderont entre eux ces frais.
Ce sera leur premier geste mutualiste.

Voici donc une naissance, il s'agit de la faire enregistrer, conformément à l'article 4 de la loi du 1er avril 1898.

§ 2. *Formalités légales.*

Après son Assemblée générale constitutive, une Société de
Secours mutuels doit déposer à la sous-préfecture de l'arrondissement où elle a son siège social, ou à la préfecture du département
(dans le département de la Seine, ce dépôt a lieu à la Préfecture
de police) :

1° Deux exemplaires de ses statuts ;

2° La copie du procès-verbal de son Assemblée générale constitutive ;

3° La liste des noms et adresses de toutes les personnes qui,
sous un titre quelconque, sont chargées de son administration ou
de sa direction ;

4° L'indication du siège social qu'elle a choisi.

Ces pièces sont suffisantes si elle entend se mettre dans la catégorie des *Sociétés libres* (titre II de la loi).

Lorsqu'elle désire obtenir l'approbation ministérielle (titre III
de la loi), elle doit remettre ces mêmes pièces, plus deux autres
exemplaires des statuts (en tout quatre) et une lettre adressée
à M. le ministre de l'Intérieur.

Nous proposons les termes suivants *comme indication :*

> *Monsieur le Ministre.*
>
> *Nous avons l'honneur de vous informer que nous avons déposé le...........
> ....à la préfecture (ou à la sous-préfecture) de.......................les pièces
> relatives à la constitution de la Société de Secours mutuels (nom de la
> Société) dont le siège social est à.....................(indiquer le siège social).*
>
> *Les statuts de cette Société sont conformes à la loi du 1er avril 1898, et
> nous vous prions de bien vouloir les approuver dans les termes de l'article
> 16 de ladite loi.*
>
> *Veuillez agréer, Monsieur le Ministre, etc.*
>
> *Signatures du président et du secrétaire.*

Toutes ces pièces sont écrites sur papier libre, les statuts peuvent être remis imprimés, le président et le secrétaire les certifient conformes et véritables.

Les fonctionnaires qui reçoivent ce dépôt de pièces ne doivent demander la remise *d'aucune somme d'argent;* les déposants sont en droit de repousser toute prétention de ce genre et, dans le cas où elle se produirait, ils doivent immédiatement signaler cette erreur administrative au sous-préfet, au préfet ou au ministre de l'Intérieur.

Il est nécessaire de réclamer un *récépissé de ce dépôt* au fonctionnaire chargé de le recevoir : ce récépissé est légal, il sert, en outre, à donner une date officielle, *un mois après laquelle* la Société peut commencer à fonctionner, c'est-à-dire à percevoir les cotisations, à réunir son Conseil, à donner ses secours, etc.

En d'autres termes, une Société de Secours mutuels ne peut fonctionner qu'*un mois après l'accomplissement de ces formalités légales.*

II. — LA LIBERTÉ OU L'APPROBATION

En établissant deux régimes pour les Sociétés de Secours mutuels, ou plutôt en continuant l'ancien état de choses, les législateurs de 1898 n'ont pas fait faire un progrès à la Mutualité. Les deux systèmes offerts par la loi ont leurs partisans et leurs détracteurs. Il y a des préjugés en cause; et cela permet à la politique de rentrer par cette fenêtre, ce n'est peut-être pas la seule, dans un édifice qui devrait, en droit et en fait, s'en passer.

Nous devons toutefois examiner brièvement ces deux régimes que nos lecteurs trouveront dans la loi de 1898 aux annexes (titre II et titre III).

§ 1er. *La liberté.*

On croit communément que ce mot veut dire que la Société est entièrement libre d'agir à sa guise. Il faut déchanter lorsqu'on étudie la loi de 1898.

Tout d'abord les dispositions générales de la loi s'appliquent aux Sociétés libres :

1° Leurs statuts doivent être conformes à l'article 5;

2° Elles ne peuvent être administrées que selon l'article 3;

3° Elles doivent faire la déclaration étudiée précédemment;

4° Toutes les clauses pénales de l'article 10 leur sont applicables;

5° Elles doivent enfin, dans les trois premiers mois de chaque année, adresser par l'intermédiaire des préfets au ministre de l'Intérieur, et dans les formes qui seront déterminées par lui, *la statistique de leur effectif, du nombre et de la nature des cas de maladies de leurs membres*, telle qu'elle est prescrite par la loi du 30 novembre 1892.

L'atténuation de la liberté qui leur est commune avec leurs sœurs, *les approuvées*, s'aggrave pour elles toutes seules de la façon suivante :

1° Il leur faut l'autorisation du préfet et même un décret en certains cas pour pouvoir accepter des dons et legs *mobiliers;*

2° Si le donateur n'a pas déterminé l'emploi de son don ou de son legs, c'est l'arrêté ou le décret autorisant l'acceptation qui le prescrira (1);

3° Elles ne peuvent acquérir des immeubles, *sous quelque forme que ce soit*, à *peine de nullité*, sauf les immeubles exclusivement affectés à leurs services;

4° Même interdiction pour les dons ou legs immobiliers, qui devront être aliénés. L'autorisation du paragraphe 1er sera alors nécessaire pour toucher le produit de la vente de ces immeubles.

Nonobstant ces quelques entraves, les Sociétés du titre II de la loi sont *libres*.

Leur liberté consiste à n'avoir que la capacité juridique, c'est-à-dire les droits d'ester en justice, de recevoir et d'employer les sommes provenant des cotisations et de faire généralement des actes de simple administration. A côté de cette série d'obligations et de prescriptions, de cette diminution de la personnalité, les Sociétés libres ont une latitude absolue concernant le placement de leurs fonds mobiliers.

Cruelle énigme ! voilà des organismes sociaux que l'on entoure de toutes sortes de précautions et qu'on laisse exposés aux courants d'air ! Hâtons-nous de constater que les Sociétés libres ont su parfaitement gérer leur patrimoine : elles ont rendu les plus grands services malgré les liens qui les ligottaient et sont

---

(1) On peut prétendre que ces deux dispositions s'appliquent également aux Sociétés approuvées, en vertu des termes de l'article 16 : « Les Sociétés de Secours mutuels et les unions des Sociétés prévues à l'article 8, qui auront fait approuver leurs statuts par arrêté ministériel, *auront tous les droits accordés aux Sociétés libres,* etc..... »

dignes de la confiance qu'on leur a témoignée en leur laissant cette unique, mais immense liberté sur l'emploi de leurs fonds mobiliers. Aussi, devrait-on transformer cette simple capacité juridique qu'elles possèdent en une véritable personnalité civile.

§ 2. *L'approbation.*

Bien des personnes se figurent que l'approbation d'une Société de Secours mutuels par décret ministériel constitue une mainmise gouvernementale. Aussi rejettent-elles un système qui les rendrait esclaves.

Nous avons vu en quoi consistait le régime de la liberté : il est entièrement appliqué aux Sociétés approuvées, sauf certains avantages et réglementations supplémentaires, dont nous allons nous occuper. L'article 16 stipule, en effet, qu'*elles auront tous les droits accordés aux Sociétés libres;* si donc l'approbation vient à leur peser, ou si elles ont à se plaindre d'un arbitraire préjudiciable à leurs intérêts, elles n'ont qu'à renoncer à ce régime pour se mettre sous celui de la liberté.

Cette transformation s'opérerait par une simple déclaration à la préfecture ou à la sous-préfecture; il n'y aurait à recourir à la liquidation que si la Société qui désire changer de *gouvernement* possède un fonds commun inaliénable. Ces changements sont rares; les Sociétés estiment probablement, comme Mme Angot, que *cela* n'en vaut pas la peine.

Leurs principales obligations sont les suivantes :

1º Elles doivent fournir *dans les trois premiers mois* de chaque année au ministre de l'Intérieur, non seulement la statistique prescrite aux Sociétés libres, mais aussi le compte rendu de leur situation morale et financière.

La situation morale concerne les entrées et les sorties, les démissions et les décès, le nombre des pensions et leurs taux, l'âge des pensionnés, etc..... On ne demande naturellement que des chiffres.

La situation financière concerne l'actif et le passif et l'état des versements effectués pour les retraites.

Ces renseignements ont une grande valeur pour la statistique, l'établissement des moyennes et des tableaux d'opérations générales. Il serait peut-être enfantin de croire que le gouvernement leur attache d'autre importance.

2° Elles sont tenues de communiquer leurs livres, registres, procès-verbaux et pièces comptables de toute nature aux préfets, sous-préfets ou à leurs délégués. Cette communication a lieu sans déplacement, sauf le cas où il en serait autrement ordonné par arrêté du préfet.

C'est là une mesure de surveillance et de contrôle qui peut sans doute donner lieu à de l'arbitraire. Elle est rarement appliquée et, nous le répétons, si la Société y voit une vexation quelconque, elle n'a qu'à renoncer à l'approbation.

3° Elles ne peuvent pas accorder à leurs membres ou à quelques-uns seulement des indemnités moyennes ou supérieures à 5 francs par jour, des allocations annuelles ou des pensions supérieures à 360 francs, et des capitaux en cas de vie ou de décès supérieurs à 3 000 francs, si *elles veulent bénéficier* des subventions et avantages que la loi accorde aux Sociétés approuvées.

En d'autres termes, il ne leur est pas *interdit* d'agir ainsi, mais, si elles le font, on les considère comme des Sociétés assez riches et prospères pour ne pas être à la charge du budget; toutefois, elles conservent tous les autres droits accordés aux Sociétés approuvées, c'est-à-dire, une quasi-personnalité civile.

Nous trouvons cette disposition juste et raisonnable et ne sommes pas partisans de la modifier : c'est une limite mise à la soif de subventions.

Le second paragraphe de l'article 28 prête à plus de critiques parce qu'il est arbitraire : « Les sociétaires qui s'affilieront à plusieurs Sociétés en vue de se constituer une pension supérieure à 360 francs ou des capitaux en cas de vie ou de décès supérieurs à 3 000 francs *seront exclus* des Sociétés de Secours mutuels dont ils font partie; sous peine, pour la Société, de perdre les avantages concédés par la présente loi. »

Ce paragraphe provient de la mauvaise répartition des subventions. Pour mettre une borne aux majorations d'intérêts et diverses bonifications, on en est arrivé à arrêter la prévoyance, ou tout au moins à la limiter. Il n'en serait pas ainsi, par exemple, si l'Etat se contentait de majorer d'une somme fixe par 100 francs la pension que le sociétaire aurait pu obtenir, soit dans une Société unique, soit dans plusieurs Sociétés. Nous savons la campagne menée contre les deux paragraphes de l'article 28, et nous préférerions la voir dirigée contre l'organisation des subventions actuellement en vigueur.

4° Leurs placements en valeurs mobilières sont restreints, comme nous l'avons déjà écrit, à ceux prescrits par l'article 20 de la loi. Elles doivent déposer à la Caisse des dépôts et consignations leurs titres et valeurs *au porteur*.

Mais, si elles sont moins libres sur ce point que leurs sœurs, elles ont l'immense avantage de pouvoir posséder et acquérir des immeubles *jusqu'à concurrence des trois quarts de leur avoir*, les vendre et les échanger.

C'est cette disposition qui, bien plus que tous les autres soi-disant avantages, nous paraît digne de retenir l'attention des organisateurs d'une Société. Elle constitue la réelle supériorité du régime de l'approbation sur le régime de la liberté.

Une simple condition de nature administrative (*quorum* dans l'Assemblée générale), est requise pour la validité de ces opérations. Dans le même ordre d'idées elles peuvent, sous réserve de l'autorisation du Conseil d'Etat, recevoir des dons et legs *immobiliers*.

5° Enfin la liquidation d'une Société approuvée doit s'effectuer conformément à l'article 31.

Dans la quatrième partie de ce travail, nous examinerons les subventions et avantages divers dont jouissent les Sociétés approuvées. Ces primes d'encouragement décident en général les organisateurs d'une Société à se mettre sous ce régime. Ce n'est pas cet unique et principal motif qui, *actuellement*, nous ferait opter pour ce système ; la personnalité plus étendue qu'il confère aux associations mutualistes nous semble une raison plus sérieuse.

Si l'on ajoutait ces mêmes droits civils au régime des Sociétés libres d'aujourd'hui, nous aimerions mieux voir choisir leur bannière. L'avenir peut-être aura raison de cette double et inutile législation pour des Sociétés qui ont la même nature et sont appelées à rendre les mêmes services ; l'Etat pourrait conserver ses faveurs pour les Sociétés approuvées, mais les mêmes droits devraient être accordés à toutes les Sociétés de Secours mutuels, avec moins de restrictions encore qu'aujourd'hui.

D'autre part, on peut faire approuver sa Société sans tomber dans les pièges tendus. Certains administrateurs se croient obligés, par exemple, à verser les ressources sociales à la Caisse des dépôts et consignations, ou à adopter le fonds commun inaliénable ; ils en font, pour ainsi dire, la raison d'être de l'*approbation* et ils se trompent, tout simplement.

Une telle Société peut parfaitement fonctionner sans se laisser accaparer; elle n'aura qu'à renoncer à telles ou telles primes allouées par l'Etat pour encourager cette abdication de sa responsabilité et de sa force économique.

.·.

Que les organisateurs de Sociétés nous permettent un conseil en terminant cet exposé. Ils ont pu se rendre compte qu'une telle institution, bien que facile à constituer, nécessitait néanmoins certaines études préparatoires. Les résultats de ces études seront différents selon les régions, le milieu, les mœurs, les besoins de telle ou telle agglomération. Or, très souvent, les personnes dévouées qui veulent organiser une Société de Secours mutuels se procurent les statuts d'une Société voisine; ils ne peuvent pas toujours apprécier ce qu'il y a de suranné, d'inutile et même de nuisible quelquefois dans de tels statuts. Aussi, au lieu de faire progresser la Mutualité, ils l'entretiennent dans une routine qui n'est plus conforme aux aspirations qu'elle doit avoir.

Il faut qu'ils se persuadent qu'on ne peut pas couler toutes les Sociétés dans le même moule, surtout si l'on conserve la regrettable forme individualiste. Avec la base familiale, presque toujours possible à adopter, il sera plus aisé d'arriver à une certaine uniformité entre les Sociétés; mais encore faudra-t-il tenir compte des contingences locales.

C'est pourquoi nous ne proposons pas les statuts-annexes comme un modèle rigide qu'il faudra suivre à la lettre, mais comme un résumé des principes que nous avons cherché à justifier dans ces pages

QUATRIEME PARTIE

FONCTIONNEMENT
D'UNE SOCIÉTÉ DE SECOURS MUTUELS

Nous n'avons pas la prétention dans les pages suivantes d'établir un « Code de procédure mutualiste ». Les statuts de la Société et la loi sont les deux guides d'un Conseil d'administration, et il faut espérer que, semblable aux peuples heureux, l'association qui aura été mise sur pied au moyen des indications précédentes n'aura pas d'*histoire*. Si le monde était parfait, la vie en commun serait facile; si tous les mutualistes voulaient être consciencieux, il n'y aurait également jamais de difficultés dans une Société de Secours mutuels.

Quelquefois, on y voit malheureusement apparaître des idées de parti-pris, des sortes de *coups montés* contre tel ou tel administrateur, des tendances qui n'ont rien de mutualiste et où l'ambition, l'étroitesse d'esprit et l'ignorance bien souvent, peuvent entraîner la Société loin de son but, loin surtout de ses principes.

La loi frappe durement les Sociétés de Secours mutuels qui ont été détournées de leurs buts : c'est la dissolution judiciaire; ce sont aussi des amendes de 16 à 500 francs contre les administrateurs et directeurs qui, par de fausses déclarations faites de mauvaise foi ou toutes autres manœuvres, auront tenté de dissimuler, sous le nom de Sociétés de Secours mutuels, des associations ayant un autre objet.

Nous n'insisterons pas davantage à cet égard, et chercherons simplement à donner dans cette partie de notre travail des renseignements, aussi succincts que possible, sur certains des points saillants de la vie d'une Mutualité.

CHAPITRE PREMIER

ADMINISTRATION

§ 1er. — *Le Conseil.*

L'administration et la direction des Sociétés de Secours mutuels ne peuvent être confiées qu'à des Français majeurs, de l'un ou de l'autre sexe, non déchus de leurs droits civils et civiques, sous réserve, pour les femmes mariées, des autorisations de droit commun. (Loi du 1er avril 1898, art. 3.)

Généralement, les autorisations maritales sont tacites; ce passage de la loi n'a donc rien qui puisse arrêter ou effrayer les généreuses initiatives féminines.

La loi ajoute :

Les membres du Conseil d'administration et du bureau des Sociétés de Secours mutuels seront nommés par le vote au Bulletin secret.

Les administrateurs et directeurs ne pourront être choisis que parmi les membres participants et honoraires de la Société.

Généralement, tant vaut le président, tant vaut la Société; il devra posséder, plus que tout autre administrateur, un grand dévouement, une certaine énergie et une activité indispensable pour la propagande. Il y a souvent des membres honoraires tout indiqués pour cette place; toutefois, les administrateurs participants devront acquérir les capacités nécessaires pour pouvoir gérer seuls leur Société; les membres honoraires leur accorderont toujours et surtout l'aide morale en cas de besoin.

Le président représente la Société dans tous les actes de la vie civile, il en assure le fonctionnement conformément aux statuts et adresse dans les trois premiers mois de chaque année au préfet :

1° La statistique de l'effectif de la Société, du nombre et de la nature des cas de maladie de ses membres (sous réserves, sur ce dernier point, des prescriptions de discrétion requises par la loi du 30 novembre 1892);

2° Le compte rendu de la situation morale (mouvement du personnel, entrées, décès, etc.) et financière de la Société présenté par le Conseil à l'Assemblée générale annuelle.

Si la Société a adopté le régime du titre II de la loi (Sociétés libres), les premiers renseignements statistiques sont seuls nécessaires : ils servent, en effet, à établir d'intéressantes moyennes.

Si, au contraire, elle a fait approuver ses statuts (titre III de la loi), les deux catégories de renseignements sont exigées. Des feuilles toutes préparées lui sont envoyées, il n'y a plus qu'à les remplir.

Les vice-présidents sont la doublure du président. Quant aux secrétaires et trésoriers, nous étudierons sommairement leurs fonctions en traitant la question des livres nécessaires à l'administration et à la comptabilité et celle concernant les déclarations de maladie.

Le Conseil doit se réunir assez fréquemment, tous les mois en général : il tranchera les multiples questions qui pourront se présenter, admission des sociétaires, secours, démarches, etc.

Une grande discrétion est de rigueur pour les conseillers. Ils doivent aussi être animés, les uns pour les autres, de sentiments francs et loyaux et étouffer toutes les questions de personnes lorsqu'il s'agit de l'intérêt social.

§ 2. — *Les visiteurs.*

Ils représentent, au point de vue moral comme au point de vue matériel, l'un des plus utiles rouages de l'administration. Ce sont les personnes chargées de visiter les malades, de prendre de leurs nouvelles et par conséquent de contrôler leur état, mais aussi de les réconforter par de bonnes paroles, de leur remettre l'indemnité statutaire et de s'assurer qu'ils reçoivent les soins dont ils ont besoin.

Ces fonctions très délicates et pleines de dévouement peuvent être confiées aux administrateurs ou à des membres participants et honoraires désignés par le Conseil. Bien comprises, elles rappelleront le rôle si fraternel de ces confrères des vieilles associations du moyen âge, où l'on trouvait tant de cœur et peut-être un peu moins de sentiments intéressés que dans nos Mutualités d'aujourd'hui.

On fera très bien de confier une partie de ces fonctions à des membres honoraires, afin de faciliter un rapprochement entre les favorisés et les déshérités du sort, afin d'utiliser des bonnes volontés dévouées, afin aussi d'intéresser pratiquement à la Société des personnes qui sans cela oublieraient peut-être son existence, jusqu'au jour où on leur réclamerait la cotisation annuelle. La main d'un plus riche tendue à un plus pauvre, près d'un lit de souffrances, ne figure-t-elle pas un geste de douce égalité devant les misères de notre vie? Et n'y a-t-il pas là le germe de cette réconciliation sociale, que des démagogues haineux s'efforcent à rendre impossible alors que, de part et d'autre bien souvent, il n'y a qu'un pas à faire pour franchir ce soi-disant fossé des classes?

— Il est nécessaire également que les membres participants soient visiteurs, et, dans les petites Sociétés, on établira, à cet égard, un roulement par ordre alphabétique.

Dans les campagnes une telle organisation sera facile. L'agriculteur est moins strictement occupé que l'ouvrier des villes, il pourra donc trouver le temps d'aller à son tour faire une visite au collègue malade. D'ailleurs, nous savons que, pour avoir une force plus grande, les Sociétés rurales devront établir des *sections* dans différents bourgs, villages et communes, plutôt que de se multiplier en petits organismes autonomes et peu intéressants. Ce seront les membres participants de la section où se trouve le malade qui seront chargés des visites.

Dans les villes, surtout dans les grandes, une telle organisation est beaucoup plus délicate; les travailleurs sont pris toute la journée d'une façon très assujettissante, et l'on ne peut raisonnablement leur demander de manquer des heures de travail pour faire ces visites. C'est là où le secrétaire devra faire preuve de doigté; il recherchera le membre participant dont le domicile est le plus rapproché de celui du malade et l'investira de la fonction de visiter ce collègue.

Il est donc bon que tout sociétaire sache qu'il peut, à un moment donné, être nommé visiteur. C'est un poste de confiance qui doit l'honorer, c'est une charge de confraternité qu'il ne peut décliner. Il y acquerra une juste notion de sa responsabilité et de ses devoirs

sociaux vis-à-vis de ses concitoyens. Naturellement, de telles
visites doivent être faites gratuitement par les sociétaires.

— Enfin, dans les grandes Mutualités qui ont besoin pour leur
administration d'un ou plusieurs agents rétribués, on pourra
charger cet agent de faire les visites. Mais ce ne sera qu'un pis-
aller et les résultats moraux ne seront plus les mêmes.

— Ces visites doivent être assez fréquentes, deux fois au moins
par semaine. Outre leur utilité matérielle pour le malade,
puisque le visiteur lui apporte l'indemnité quotidienne, au moyen
de laquelle il pourra se soigner et ne pas voir la misère dans son
foyer, elles ont une utilité sociale : il faut s'assurer de la gravité
de la maladie et savoir si le collègue remplit bien les prescriptions
statutaires. Comme les visites doivent être faites à l'improviste,
le visiteur devra posséder assez de tact pour déjouer les fraudes
regrettables que des consciences peu délicates pourraient être
portées à faire. Enfin, quiconque a été cloué sur un lit de
douleur sait avec quelle joie on voit apparaître un visage d'ami,
combien on est heureux de lui raconter ses misères et d'entendre parler de tout ce qui se passe à l'extérieur. Lorsque la
Société sera professionnelle, le visiteur viendra lui dire la vie
de l'atelier; il lui prouvera que l'on pense à lui, il lui donnera
des nouvelles de tel ou tel camarade. Lorsque la Société sera
fondée sur la famille, il pourra jouer le rôle d'une gazette vivante,
comme Cyrano de Bergerac près de sa cousine Roxane, et
égayer un moment la solitude du pauvre reclus. Enfin, si le
malade est en danger de mort, le visiteur devra puiser dans sa
conscience et dans son cœur les inspirations susceptibles d'adoucir
le triste tournant qui conduit au seuil de l'éternité.

— Au point de vue administratif, les formalités sont assez
simples. Le secrétaire remettra au visiteur une feuille de papier
portant le cachet de la Société avec l'indication du nom et de
l'adresse du malade. Le visiteur, à chaque visite, fera signer sa
feuille par le malade ou par quelqu'un de la famille de ce dernier. Il tiendra le secrétaire au courant de l'amélioration ou de
l'aggravation de l'état du collègue et signalera, en conscience, les
faits qui lui paraîtront répréhensibles (soins défectueux, mauvais
usage de l'indemnité, fraude, etc., etc.).

Nous avions donc raison de dire que la fonction du visiteur

était l'une des plus délicates et des plus importantes dans la vie d'une Société de Secours mutuels. En en investissant les sociétaires à tour de rôle, on développera en eux le souci des intérêts de l'association et une connaissance plus exacte de la fragilité de l'existence humaine : ils deviendront ainsi plus actifs à recruter de nouveaux adhérents, parce qu'ils comprendront mieux les bienfaits et l'utilité de l'aide mutuelle.

§ 3. — *Livres nécessaires à l'administration.*

Une Société de Secours mutuels doit être administrée avec la plus grande loyauté. Il est donc nécessaire d'avoir des registres scrupuleusement tenus à jour et pouvant donner clairement et rapidement tous les renseignements utiles.

Les registres suivants seront tenus par le secrétaire.

1. *Le registre des procès-verbaux.* — Toutes les séances et réunions du Conseil et des Assemblées générales donnent lieu à des procès-verbaux qui sont transcrits sur un registre spécialement affecté à cet usage.

Voici la forme à employer pour la rédaction de ces procès-verbaux :

SÉANCE DU CONSEIL DU (*jour, date, mois, année*).

Le Conseil de la Société (titre de la Société) *régulièrement convoqué* (1) *s'est réuni au siège social le*.......................*sous la présidence de*.......................
président (ou autre dignitaire).

La séance est ouverte à...............(*heures*).

Etaient présents (Liste des conseillers présents. Les statuts en effet fixent généralement un quorum nécessaire pour la validité des délibérations).

S'étaient fait excuser...... (Liste des conseillers excusés)

L'ordre du jour était le suivant :

1o *Lecture du procès-verbal de la précédente séance.* (Il faut toujours lire ce procès-verbal et le faire approuver ou rectifier).

2o *Correspondance* ('rsqu'il y en a d'intéressante à communiquer).

3o *Etc.....* etc... ,autres questions à étudier).

M. le président présente les excuses de ....(Dans le cas où il

---

(1) Les convocations sont signées soit du président, soit du secrétaire. Elles mentionnent toujours l'ordre du jour et sont envoyées, si possible, une semaine avant la date fixée pour la séance. Ce Conseil peut également, dans une séance plénière, prendre un jour et une heure fixes par mois, mais c'est moins régulier.

y a des excuses) (1) *et fait donner lecture du procès-verbal de la précédente séance qui est adopté à l'unanimité* (ou, après les rectifications demandées par M. X... Ces rectifications doivent être faites immédiatement en marge du procès-verbal objet de la critique : aussi le registre doit-il posséder une marge égale au tiers ou au quart de la page selon le format).

On prend alors une à une les questions indiquées à l'ordre du jour. Elles doivent être résumées aussi brièvement que possible en ne mentionnant les noms des conseillers que si leurs observations sont de réelle importance ou s'ils le réclament. Les décisions prises seront relatées d'une façon claire et précise.

On termine le procès-verbal par la formule suivante :

L'ordre du jour étant épuisé et aucune question ne se présentant, la séance est levée à ..... (heure.)

Chaque procès-verbal est signé par le président et le secrétaire.

— Pour les Assemblées générales on procède de la même façon en remplaçant le mot *Séance* par celui de *Réunion* et le mot *Conseil* par ceux d'*Assemblée générale*.

Comme il serait fastidieux, dans les Sociétés nombreuses, d'énumérer les noms des sociétaires présents à l'Assemblée générale, on ne mentionne que les excusés et on indique par un chiffre le nombre des présents. Afin d'avoir sur ce point un contrôle simple et facile, on stipule sur la feuille de convocation — portant le nom et le numéro matricule du sociétaire, — que chaque membre devra remettre sa feuille en entrant dans le lieu de la réunion.

Le secrétaire pourra contrôler ainsi ceux qui ont assisté à l'Assemblée et une amende sera infligée aux absents qui ne se seront pas fait valablement excuser en temps utile.

2. *Registre des participants.* — Ce registre sera divisé en colonnes. Dans la première, on indiquera le numéro matricule du sociétaire; dans la seconde, son nom de famille et, à la suite, son prénom ordinaire; dans la troisième, son âge au moment de son admission; dans la quatrième, son adresse, dans le cas où la Société serait urbaine ou s'étendrait sur plusieurs bourgs ou villages; dans la cinquième, la date de son admission résul-

---

(1) Un conseiller obligé de ne pas assister à la séance doit toujours faire excuser; faute de cela, il peut être frappé d'amende.

tant d'une décision du Conseil; dans la sixième, sa profession; dans la septième, la mention : marié, veuf ou célibataire; dans la huitième, l'indication du nombre de personnes adhérentes dans sa famille (femme et enfants).

Nous insistons particulièrement sur le *numéro matricule* qui sera reproduit sur toutes les pièces concernant le sociétaire et qui facilitera énormément les recherches.

On fera bien, pour ne pas être gêné dans ces mentions, de tracer les colonnes sur les deux pages du livre, celle de gauche et celle de droite (1).

3. *Registre des malades.* — Ce sera un cahier, plus ou moins épais selon l'importance de la Société, renouvelé au besoin chaque année et, dans tous les cas, conservé aux archives. Il sera également divisé en colonnes : la première contiendra le numéro matricule du malade; la seconde, son nom et son prénom ordinaire; la troisième, la date de la déclaration de maladie; la quatrième, l'indication de la maladie, *avec beaucoup de discrétion;* la cinquième, la date de cessation de la maladie; la sixième, le montant des allocations reçues; la septième, les observations s'il y en a (le décès par exemple).

____

(1) Lorsqu'un sociétaire devra être rayé de ce registre, le secrétaire mentionnera en marge le motif de la radiation ou simplement un signe ou une lettre, par exemple : une + pour les décédés, un R pour les radiés, un E pour les exclus, un D pour les démissionnaires.

CHAPITRE II

ORGANISATION FINANCIÈRE

Les recettes et les dépenses.
I. Spécialisation des recettes et des dépenses.
II. Livres de comptabilité. Le livre des participants; le livre des membres
honoraires; le grand livre; le fonds de réserve; le livre-brouillon.
III. Placement des fonds; initiative et routine; formalités pour le placement des fonds. — Le compte courant disponible de la Caisse des dépôts et consignations : ouverture, placements, retraits.

Une Société de Secours mutuels ressemble sur ce point à toute autre Société commerciale, industrielle ou financière : son budget se compose de recettes et de dépenses. Les statuts auront énuméré les unes et les autres, en voici la nomenclature.

RECETTES

Les cotisations des membres participants;

Les intérêts produits par ces cotisations;

Les droits d'admission payés par les membres participants;

Les cotisations des membres honoraires;

Le produit des amendes;

Les dons et legs dont l'acceptation a été approuvée par l'autorité compétente;

Les subventions accordées par l'État, le département, la commune, les particuliers ou institutions particulières;

Le produit des fêtes, collectes, etc..... organisées par la Société;

Les intérêts produits par les fonds ne provenant pas des cotisations des membres participants.

DÉPENSES

Les indemnités quotidiennes de maladie;

Les frais de gestion;

Les autres dépenses entraînées par les buts de la Société, par exemple : les allocations de couches, les allocations de veuvage, les allocations d'invalidité.

Cette énumération n'est nullement limitative, elle n'a pour but que d'indiquer les secours qui sont les plus adéquats aux besoins de la famille.

§ 1er. — *Spécialisation des recettes et des dépenses.*

Nous engageons vivement les organisateurs de Sociétés de Secours mutuels à mettre à un compte spécial, au *crédit*, les cotisations des membres participants et les intérêts produits par ces cotisations; au *débit*, le montant des secours réellement garantis par les Sociétés (les indemnités de maladie par exemple). Par ce moyen, la Société pourra savoir la proportion qui existe entre les ressources véritablement fixes, c'est-à-dire les cotisations des participants, et le but principal de l'association.

En particulier, lorsqu'il s'agira d'une Société s'occupant exclusivement ou accessoirement de la retraite et ayant prévu pour ce service soit une cotisation spéciale, soit une retenue déterminée sur la cotisation unique, un compte spécial sera tenu comme précédemment.

En un mot, il faut, autant que possible, affecter une ressource *sûre* à une dépense *obligatoire* et dégager *les cotisations des participants* de toutes les autres recettes sociales.

Ces autres recettes seront taxées de *complémentaires* et constitueront l'actif d'un compte au passif duquel figureront les allocations plus ou moins garanties par la Société, ainsi que les frais de gestion, s'il n'a pas été prévu une petite cotisation spéciale à leur égard. Les excédents annuels des recettes sur les dépenses de ce compte formeront le *fonds de réserve*.

§ 2. — *Livres de comptabilité.*

Il résulte de ce qui précède qu'un certain nombre de livres seront nécessaires au trésorier; en voici l'énumération et la façon de les tenir.

1. *Le livre des participants.* — Il ne fait pas double emploi avec celui du secrétaire, mais est également divisé en colonnes.

Les deux premières seront réservées au numéro matricule et aux nom et prénom ordinaire du membre participant comme nous l'avons expliqué plus haut. Afin de faciliter les recherches le trésorier fera bien de suivre le même ordre de numéros matricules que le secrétaire (1). Le reste de la page sera divisé en douze petites colonnes représentant chacune un mois. Dans ces colonnes, il inscrira au fur et à mesure, en présence du nom du sociétaire, la cotisation mensuelle versée.

Ces indications seront consignées sur la feuille gauche de ce livre et représenteront l'actif.

La page droite sera celle du passif ; elle sera divisée également en douze petites colonnes affectées chacune à un mois. Le trésorier inscrira dans ces colonnes le montant des frais de maladie entraînés par tel sociétaire pendant tel mois.

Naturellement, le nom du participant inscrit à la page gauche suffira pour indiquer sur une seule et même ligne dans les deux pages ses *versements* et ses *dépenses de maladie* pour tous les mois de l'année.

Une marge pourra être laissée à droite de la page-débit pour les observations.

Si la Société a délivré des livrets à ses participants, les feuilles de ces livrets devront être divisées en colonnes représentant les différents mois, et le trésorier y apposera sa signature, ou le timbre de la Société, pour indiquer que le participant a payé sa cotisation.

2. *Le livre des membres honoraires.* — Ce sera un petit cahier où l'on mentionnera les noms et les adresses des membres honoraires ainsi que le montant de leurs cotisations : il serait bon d'avoir là aussi des numéros matricules.

Lorsque la Société possédera un grand nombre de membres honoraires, on utilisera avec avantage le système des fiches, classées par ordre alphabétique. Il y aurait une fiche par membre honoraire, sur laquelle on inscrirait toutes les indications utiles (2).

---

(1) Comme les participants ne versent pas quelquefois leurs cotisations d'une façon très exacte, il faudrait, pour que l'ordre fût respecté dans les numéros matricules, que le trésorier inscrivît chaque année tous les noms des sociétaires les uns à la suite des autres, quitte à indiquer ensuite leurs versements au fur et à mesure qu'ils seraient effectués. Ce système amènerait peut-être des complications dans les Sociétés nombreuses. Aussi pourrait-on utiliser à cet égard des fiches, classées soit par ordre alphabétique, soit par numéros matricules, et qui indiqueraient la situation du participant à l'égard de ses cotisations.

(2) Système analogue à celui proposé dans le précédent renvoi.

Il suffirait alors d'additionner sur une feuille à part le montant de leurs cotisations respectives pour en avoir le total annuel.

3. *Le grand livre.* — *Le fonds de réserve.* — *Le grand livre* sera divisé en recettes sur la page gauche et en dépenses sur la page droite. On fera bien, si la Société est importante, de faire des relevés mensuels.

Aux recettes figureront le chiffre global des cotisations reçues des membres honoraires *pendant le mois*, puis les recettes diverses qui auront pu être faites pendant le même laps de temps (dons manuels, produits d'une fête, subventions, intérêts, etc.).

Si l'on a prévu une cotisation spéciale pour couvrir les frais de gestion, on l'inscrira à l'actif de ce livre.

Aux dépenses seront mentionnés le total *mensuel* des frais de gestion (achat de timbres-poste, papeteries et fournitures de bureaux, honoraires des médecins-contrôleurs, etc.....) et les autres secours ou allocations accordés conformément aux statuts pendant le même laps de temps.

Pour plus de netteté, on tracera sur la page « dépenses » autant de colonnes qu'il y aura de dépenses *prévues* en dehors des indemnités de maladie mentionnées au livre des participants. Exemple :

1904

Janvier	DÉPENSES	Accouchements	Veuves	Frais de gestion
		fr. c.	fr. c.	fr. c.
8	Epoux Dupont. N⁰ˢ 24 et 23..........	5		
10	Mᵐᵉ Durant. N⁰ 6....................		100	
14	Epoux Georges N⁰ˢ 38 et 39..........	5		
31	Selon le détail du livre brouillon....			13 75

A la fin de l'exercice, l'on fera la balance des recettes et des dépenses et l'on portera l'excédent des recettes (s'il y en a) au *fonds de réserve*.

— Un cahier moins épais que les livres précédents recevra les indications relatives au *fonds de réserve*. Il faut espérer que pendant plusieurs années le trésorier n'aura qu'à inscrire à l'actif de ce compte les excédents de recettes dont nous venons de parler et auxquels il ajoutera les intérêts. Le passif sera représenté par les dépenses exceptionnelles autorisées par l'assemblée générale et par les allocations, d'invalidité ou de vieillesse par exemple, accordées à tels et tels participant, désignés par leurs noms et par leurs numéros matricules.

4. *Le livre brouillon.* — Un simple agenda en tiendra lieu; y seront mentionnées, au jour le jour, les indemnités de maladie (reportées sur le *livre des participants*, à la fin du mois, en présence du nom du sociétaire), ainsi que les plus petites dépenses d'administration ou de gestion; le total de ces dernières dépenses sera porté à la fin du mois sur le grand livre, comme nous l'avons indiqué.

— On ne saurait trop recommander au trésorier d'être très scrupuleux pour la tenue de ses livres, il est, en effet, responsable des fonds qui lui sont confiés. A chaque Conseil il fera viser ses livres par le président pour ce qui concernera le mois écoulé.

Beaucoup de Sociétés ont un système de comptabilité plus rudimentaire. Il s'ensuit un manque de netteté dans les opérations et des difficultés pour établir les relevés statistiques demandés par le ministère. La complication de ces livres n'est qu'apparente, et un trésorier intelligent y trouvera par la suite une très grande facilité pour faire ses bilans.

En résumé, il est à désirer que les *recettes normales* (voir les *statuts*) soient sur le même livre que les *dépenses normales* ou obligatoires; que, d'autre part, les *recettes complémentaires* soient sur le même livre que les *dépenses complémentaires;* qu'enfin les dépenses plus ou moins assurées et plus ou moins lointaines, comme les allocations d'invalidité ou de vieillesse, soient prises partie sur les recettes complémentaires de l'année (par conséquent mentionnées au passif du grand livre), et partie sur les revenus du fonds de réserve si les recettes complémentaires de l'année ne suffisent pas.

Si la Société veut s'occuper plus sérieusement des retraites, il est nécessaire de demander, à cet effet, une cotisation spéciale au membre participant, et d'avoir alors un compte ou livre distinct.

§ 3. — *Placement des fonds.*

A cet égard, beaucoup de Sociétés écrivent dans leurs statuts une formule analogue à celle-ci.

Le trésorier ne peut conserver en caisse une somme supérieure à —————francs. L'excédent devra être placé à la *Caisse d'épargne* ou à la *Caisse des dépôts et consignations* (selon le texte des statuts modèles du ministère de l'Intérieur).

Une telle détermination est dangereuse, car des placements plus avantageux ou plus utiles au point de vue économique et social peuvent se présenter et l'on se trouve alors lié par les statuts.

Il est donc bon de laisser sur ce point un peu de latitude au Conseil sous le contrôle de l'Assemblée générale. En conséquence : si la Société a adopté le régime du titre II de la loi (*Sociétés libres*), elle fera bien d'indiquer un certain nombre de placements mobiliers ou d'en laisser le choix à l'Assemblée générale, si elle est *approuvée* (titre III de la loi), elle inscrira cette phrase dans ses statuts à la place de celle que nous indiquions plus haut : *L'excédent doit être placé conformément à l'article 20 de la loi du 1er avril 1898*.

Cet article 20 est ainsi conçu :

Les placements des Sociétés de Secours mutuels approuvées doivent être effectués en dépôt aux Caisses d'épargne, à la Caisse des dépôts et consignations, en rentes sur l'Etat, bons du Trésor ou autres valeurs créées ou garanties par l'Etat, en obligations des départements et des communes, du Crédit foncier de France ou des Compagnies françaises de chemins de fer qui ont une garantie d'intérêts de l'Etat.

Les Sociétés de Secours mutuels approuvées pourront, en outre, posséder et acquérir des immeubles jusqu'à concurrence des trois quarts de leur avoir, les vendre et les échanger.

Pour être valables, ces opérations devront être votées à la majorité des trois quarts des voix par une Assemblée générale extraordinaire composée au moins de la moitié des membres de la Société, présents ou représentés.

Les titres et valeurs *au porteur* appartenant aux Sociétés de Secours mutuels approuvées seront déposés à la Caisse des dépôts et consignations qui sera chargée de l'encaissement des arrérages, coupons et primes de remboursement de ces titres, et en portera le montant au compte de dépôt de chaque Société.

Cet article serait très utilement reproduit comme annotation au bas de la page des statuts.

1. *Initiative et routine*. — C'est particulièrement sur le mode de placement des fonds que se manifeste l'esprit timide et rou-

tinier de beaucoup de mutualistes. Administrer est pour eux une si lourde charge qu'ils rejettent le plus d'initiative possible afin d'augmenter leur irresponsabilité. Certaines Sociétés se servent de la Caisse d'épargne qui ne leur donne qu'un intérêt infime; si cela peut se comprendre pour les Sociétés libres qui n'ont pas de placements favorisés, cela se comprend plus difficilement pour les Sociétés approuvées, qui peuvent actuellement bénéficier de l'intérêt de 4 1/2 %, en plaçant leurs capitaux à la Caisse des dépôts et consignations *en compte courant disponible* (fonds disponibles ou fonds libres), ou trouver d'autres placements plus utiles.

2. *Formalités générales pour le placement des fonds.* — En vertu d'une décision du Conseil et sur un ordonnancement signé par le président et mentionnant la somme à placer, le trésorier fait l'opération financière au nom de la Société. Si on achète des valeurs mobilières, il sera prudent de les prendre nominatives (1). Le trésorier indiquera sur un carnet la liste des titres acquis ou le montant des sommes placées de telle ou telle manière.

Si la Société approuvée acquiert des immeubles, elle devra se conformer à l'article 20 de la loi.

3. *Le compte courant disponible de la Caisse des dépôts et consignations.* — Il importe de ne pas confondre ce placement avec celui du *fonds commun inaliénable,* qui ne fonctionne que pour les retraites.

Ce compte courant laisse la pleine disponibilité des capitaux aux Sociétés qui peuvent les retirer, quand bon leur semble, comme elles le feraient dans un établissement de crédit quelconque. La seule différence, dans une telle comparaison, est l'intérêt de faveur de 4 1/2 % dont bénéficient *seules* les Sociétés de Secours mutuels *approuvées,* qui peuvent *seules,* également, avoir recours à ce mode de placement.

— Formalités pour *l'ouverture* d'un compte courant de dépôts.

La Société approuvée qui veut se faire ouvrir un compte courant de dépôt en fait la demande au receveur des finances de l'arron-

---

(1) On sait que les valeurs au porteur des Sociétés approuvées doivent être déposées à la Caisse des dépôts et consignations, qui se charge d'encaisser les coupons et arrérages.

dissement où elle a son siège social en y joignant les pièces suivantes (1).

1° Une copie, certifiée conforme par le président et le secrétaire, du procès-verbal de l'Assemblée générale constitutive nommant le président et le trésorier. Si le trésorier a été nommé par le Conseil, il faudra y joindre la copie du procès-verbal du Conseil concernant cette élection.

2° Un certificat du maire établissant la date de l'approbation de la Société.

3° Deux exemplaires des statuts, avec l'indication du siège social.

4° L'indication de la perception ou, à défaut de perception, de la recette des postes où la Société entend faire les opérations se rapportant à son compte de dépôts (2).

5° Demande d'un carnet de compte courant.

Le receveur des finances envoie à la Société un récépissé de ces pièces et autorise les placements. Ce récépissé sera produit lors du premier versement opéré entre les mains du préposé de la Caisse des dépôts et consignations choisi dans la demande.

— Formalités pour le *placement* au compte courant.

Le trésorier n'aura dès lors qu'à se rendre, soit à la Caisse des dépôts et consignations (pour Paris), soit à la Recette particulière des Finances au chef-lieu d'arrondissement, soit à la perception ou, à défaut de perception, au bureau de poste déterminé dans la déclaration ci-dessus.

Il présentera :

1° Un ordre de dépôt du président rédigé en ces termes :

ORDRE DE DÉPOT

Société de Secours mutuels (*titre de la Société*)...
....(*n° matricule*)........................

ORDRE DE DÉPOT DE (*en chiffres*) ....FRANCS

M..........................., *trésorier de la Société, est autorisé à verser entre les mains du préposé de la Caisse des dépôts et consignations la somme de* (en toutes lettres)..................... ....*francs en compte courant.*

A..........................., le..........................190

LE PRÉSIDENT DE LA SOCIÉTÉ,
(Signature.)

---

(1) Pour la Seine, cette demande est adressée directement à la Direction générale de la Caisse des dépôts et consignations, 56, rue de Lille, Paris.

(2) En vertu de la loi du 7 juillet 1900 et du décret du 28 novembre 1901.

— Formalités pour *les retraits* du compte courant de dépôts.

Le trésorier présentera un ordre de retrait établi comme celui de dépôt en remplaçant les mots « *verser* entre les mains du préposé » par les mots « *retirer* des mains du préposé ». Lorsque les statuts l'auront spécifié, il y joindra un extrait du procès-verbal du Conseil autorisant le retrait de telle somme, signé et certifié par le président et le secrétaire. Par ce dernier moyen, les consciences les plus timorées peuvent avoir la certitude qu'un président et qu'un trésorier ne s'entendront pas pour commettre une indélicatesse.

Il aura également en mains son carnet de compte courant sur lequel sera inscrite l'opération.

Les remboursements ont lieu en général séance tenante, lorsque les sommes ne sont pas très importantes; lorsqu'elles le sont davantage, un délai de six à huit jours peut être demandé. Le trésorier doit donc prendre ses mesures un peu à l'avance.

Nous pensons que les Sociétés approuvées peuvent très avantageusement se servir du compte courant de dépôts. Toutefois, il nous semble qu'elles ne devraient pas le considérer comme un mode de placement *définitif*, mais comme un placement *provisoire* de leurs capitaux. Lorsqu'elles posséderaient une somme suffisante, il serait plus intéressant d'encourager des initiatives locales par l'acquisition, par exemple, d'obligations communales ou départementales; elles pourraient aussi, à la campagne principalement, acquérir des terrains ou des immeubles, favoriser l'établissement de maisons ouvrières ou de jardins ouvriers, créer des maisons de retraites pour leurs vieux sociétaires où, moyennant une petite redevance, ils trouveraient un certain confort, etc..... D'autre part, ce serait comprendre l'intérêt général du pays en ne chargeant pas les contribuables de subventions toujours croissantes relativement à cet intérêt de 4 1/2 %. Une bonne administration leur procurerait des placements presque aussi avantageux, sans sortir des prescriptions de l'article 20, et d'une tout autre portée économique.

Nous avons vu les taux d'intérêt que la Caisse nationale des retraites pour la vieillesse retire des obligations communales et départementales; une Société bien administrée et prospère peut donc agir de même et ne pas avoir recours à ce grand bureau de bienfaisance que l'État personnifie de plus en plus.

Elle acquerrait ainsi une indépendance plus conforme à cette dignité qu'elle cherche à donner à ses membres, et qu'elle doit s'efforcer de posséder elle-même, en ne se considérant pas comme une éternelle mineure sous la tutelle d'un tuteur peu désintéressé.

Ceux qui ont une médiocre confiance dans l'honnêteté de leurs concitoyens s'écrient : « Nous allons ainsi exposer les fonds sociaux à des malversations. » L'objection n'est pas sérieuse.

Nous savons que, en ce qui concerne les acquisitions et ventes immobilières (Sociétés approuvées), l'Assemblée générale en est seule juge et encore faut-il un *quorum* légal.

Pour les acquisitions de valeur mobilière, il peut en être ainsi. Le Conseil ne proposera sans doute que des opérations mûrement étudiées et que l'Assemblée générale contrôlera, approuvera ou repoussera.

Pour les ventes des mêmes valeurs, on procédera d'une façon semblable.

Quant à la conservation des titres, la loi stipule que les valeurs *au porteur* devront être déposées à la Caisse des dépôts et consignations (Sociétés approuvées); les valeurs nominatives ne courent aucun danger de vente frauduleuse, elles pourraient être déposées dans un établissement de crédit quelconque, si le président ou le trésorier répugnent à les conserver chez eux. Dans tous les cas, les numéros de ces différents titres devront être gardés aux archives de la Société.

La grosse pierre d'achoppement à cette autonomie financière et à cette décentralisation économique se trouvera dans l'inertie des administrateurs. — C'est tout juste si l'on a le temps de penser à ses propres affaires, comment penser aux affaires des autres! Puis si le placement n'est pas aussi bon qu'on l'avait cru, si l'intérêt vient à baisser, si.....

On trouve toujours de bonnes raisons, lorsqu'on ne veut ni se donner de la peine, ni prendre de la responsabilité. Cette tournure d'esprit est tout à l'avantage de la doctrine étatiste et favorise l'abdication de toute personnalité sociale. C'est aux mutualistes à se prononcer : s'ils veulent que leurs institutions aient une réelle force économique, il faut qu'ils en prennent la responsabilité, tout en agissant avec prudence; ils pourraient sur ce point tirer de précieux exemples des prévoyants allemands.

CHAPITRE III

SUBVENTIONS ET AVANTAGES

I. Historique.
II. Désignation des subventions.
III. L'inaliénabilité ' 's subventions.
IV. Appréciation s _es subventions.

§ 1er. *Historique.*

Jusqu'en 1850, les Sociétés de Secours mutuels ne bénéficièrent d'aucune subvention. La loi de 1850 et le Décret de 1852 donnèrent quelques encouragements à la prévoyance; la loi de 1898 reproduisit presque toutes ces dispositions antérieures. En 1852 fut créé par les décrets des 21 janvier, 27 mars, le fonds de dotation constitué au capital de 10 millions pris sur la vente des biens de la famille d'Orléans. Les revenus de ce capital ne servirent du reste qu'à verser des bonifications au fonds commun inaliénable de retraite créé par le Décret du 26 mars 1856 et conservé par la loi actuellement en vigueur.

Ces revenus furent suffisants pour ce service jusqu'en 1881; pendant ce laps de temps, les Sociétés de Secours mutuels n'avaient donc rien coûté aux contribuables. Mais, à partir de 1881, il fallut ouvrir un crédit de 160 000 francs au budget du ministère de l'Intérieur. Ce crédit augmenta progressivement; la loi du 26 juillet 1893 créa la majoration des pensions de retraites inférieures à 360 francs et la loi du 1er avril 1898, établissant encore de nouvelles subventions, nécessita l'ouverture de crédits nouveaux.

Hâtons-nous d'ajouter que, malgré tout, ce ne sont pas les mutualistes qui ont contribué à mettre le désarroi dans nos finances nationales. Voici d'ailleurs le tableau des sommes qui ont été versées aux Sociétés de Secours mutuels *approuvées* — car elles seules bénéficient des subventions de l'Etat — de 1881 à 1904.

1° Subventions aux Sociétés ayant effectué des versements à leur fonds de retraites (fonds commun ina;
liénable, D^t 1856) ....   14 095 000 fr.

2° Majoration de pensions inférieures à 360 francs (loi
de 1893) ....   3 272 618 fr.

3° Bonifications d'intérêt pour arriver au taux de
4 fr. 50 % (loi du 1er avril 1898) ....   7 328 915 fr.

4° Subventions aux Sociétés ne constituant pas de pensions (loi de 1898) ....   884 930 fr.
                                                 ⎯⎯⎯⎯⎯⎯⎯
                                             25 581 463 fr.

Il est juste de faire remarquer que si l'État n'encourage que
les Sociétés approuvées, certaines communes et départements —
tout en réservant leurs plus larges faveurs à ces dernières —
accordent des subventions à quelques Sociétés *libres*. Depuis 1895
jusqu'en 1900, le total des subventions allouées par les communes
aux *Sociétés libres* a été de 232 640 fr. 48; les départements ont
accordé 42 234 fr. 95.

En 1900, les communes ont versé 56 502 fr. 07 (somme inférieure à l'année précédente) à 247 Sociétés libres (en 1899, ce
chiffre était de 239), la moyenne par Société était donc de 228 francs.
En 1901, elles ont versé 56 305 fr. 04 à 224 Sociétés, soit une
moyenne de 251 francs pour chacune d'elles.

En 1900, les départements ont versé 5 967 fr. 29 (somme inférieure de près de 2 000 francs sur 1899) à 119 Sociétés libres,
(en 1899, ce chiffre était de 133); la moyenne a donc été de
50 francs par Société. En 1901, ils ont versé 7 442 fr. 53 à
121 Sociétés, soit une moyenne de 61 francs.

Examinons maintenant les différentes subventions et avantages accordés aux Sociétés de Secours mutuels *approuvées* par
les communes, les départements et l'État.

§ 2. *Les subventions et avantages.*

1° Les communes sont tenues de fournir aux Sociétés approuvées qui le demandent les locaux nécessaires à leurs réunions,
ainsi que les livrets et registres pour l'administration et la
comptabilité. En cas d'insuffisance des ressources des communes,
cette dépense est mise à la charge des départements.

Cette disposition de la loi de 1898 ne fait que reproduire l'article 8 de la loi des 8 mars, 5 et 15 juillet 1850, et l'article 9 du
décret du 26 mars 1852.

Beaucoup de Sociétés approuvées oublient de réclamer la fourniture de ces registres au moment de leur constitution. D'autres abusent par trop de la bienveillance de certains Conseils municipaux pour demander le payement de tous leurs imprimés; le président devra veiller à ce qu'aucune demande non justifiée ne soit faite à cet égard.

Quant aux communes, on les voit quelquefois refuser cette charge que leur impose l'article 18 de la loi. Le Conseil d'une Société de Secours mutuels approuvée, qui ne pourrait pas obtenir les locaux et les premières fournitures nécessaires à son administration, a le droit d'adresser une réclamation au préfet. Le local qui doit être mis à la disposition de la Société approuvée doit contenir une table et des chaises, être chauffé en hiver et éclairé.

2° Dans les villes où il existe une taxe municipale sur les convois, il est accordé aux Sociétés approuvées remise des deux tiers des droits sur les convois dont elles peuvent avoir à supporter les frais aux termes de leurs statuts.

La loi de 1898 a emprunté cette disposition au décret du 26 mars 1852, article 10.

3° Un grand nombre de communes et la plupart des départements allouent des subventions aux Sociétés de Secours mutuels *approuvées*.

En 1900, les subventions communales se sont élevées à 481 107 fr. 75; elles ont été réparties entre 2 600 Sociétés approuvées, ce qui donne une moyenne de 185 francs par Société.

En 1901, ces subventions ont été de 493 641 fr. 22 pour 2 914 Sociétés, soit une moyenne de 82 francs par Société.

Les subventions départementales ont été, en 1900, de 192 473 fr. 61 et réparties entre 2 067 Sociétés approuvées, d'où la moyenne de 93 francs par Société; en 1901, elles n'ont atteint que le chiffre de 187 320 fr. 96 pour 2 279, soit une moyenne de 82 francs par Société (1).

Pour obtenir ces subventions, les Sociétés en font la demande respectivement au maire ou au Conseil général.

---

(1) On peut voir par ces chiffres que toutes les Sociétés libres ou approuvées sont loin de bénéficier des faveurs communales et départementales. Le dernier chiffre extrait du rapport officiel récemment paru accuse, en effet, au 1er janvier 1902, 3 153 Sociétés libres et 11 719 Sociétés approuvées.

4° Tous les actes intéressant les Sociétés approuvées sont exempts des droits de timbre et d'enregistrement.

Sont également exempts du droit de timbre de quittance, les reçus de cotisations des membres honoraires ou participants, les reçus des sommes versées aux pensionnaires, ainsi que les registres à souches qui servent au payement des journées de maladies.

Cette disposition n'est pas applicable aux transmissions de propriété, d'usufruit ou de jouissance de biens meubles et immeubles, soit entre vifs, soit par décès.

La loi de 1898 a peu innové sur ce point; l'article 9 de la loi de 1850 et l'article 11 du décret de 1852 contenaient presque entièrement cette disposition.

—

5° Les sommes placées par les Sociétés approuvées à la Caisse des dépôts et consignations, soit au compte courant disponible, soit au fonds commun inaliénable (lorsqu'elles ont choisi ce mode de constitution de retraites), reçoivent un intérêt égal à celui des fonds déposés dans cette Caisse augmenté d'une bonification le portant à 4 1/2 %.

Nous savons que la base du taux de l'intérêt pour ces dépôts était, d'après la loi du 1er avril 1898, le 3 1/2 % de la *Caisse nationale des retraites pour la vieillesse*. La loi de finances de 1903 a modifié cette base. Désormais, les fonds mutualistes placés à la Caisse des dépôts et consignations ne rapporteront pas davantage que les autres sommes qui y sont déposées; le taux est péniblement de 3 % aujourd'hui. La majoration complète la différence pour atteindre le 4 1/2 %.

6° L'Etat accorde aux Sociétés approuvées ne constituant pas de retraites une subvention annuelle de 0 fr. 50 par membre participant (arrêté du 30 avril 1900). — Pour obtenir cette subvention ainsi que les suivantes, la Société doit remplir une feuille statistique qui lui est remise par la préfecture. Toute Société approuvée qui, après avoir fourni cet état statistique, ne recevrait pas cette subvention et celles que nous allons énumérer, doit en faire la réclamation au préfet.

La somme affectée en 1904, pour ce service, est de 375000 francs.

7° Les Sociétés approuvées constituant des retraites, soit à l'aide du fonds commun inaliénable, soit à l'aide du livret individuel de la Caisse nationale des retraites pour la vieillesse, doivent recevoir les subventions suivantes :

1° Le quart du versement.

2° *a*) Un franc par membre participant des Sociétés qui assurent à la fois le service de la retraite et celui de la maladie.

b) Cinquante centimes par membre participant des Sociétés qui n'assurent que le service des retraites.

3° *a*) Un franc par membre participant âgé de plus de cinquante-cinq ans des Sociétés qui assurent à la fois le service de la retraite et celui de la maladie.

b) Cinquante centimes par membre participant, âgé de plus de cinquante-cinq ans, des Sociétés qui n'assurent que le service des retraites.

Toutefois, cette répartition est soumise aux restrictions suivantes :

Lorsque le nombre des membres participants est égal ou inférieur à 1 000, la subvention ne peut excéder 3 000.

Si le nombre des membres est supérieur à 1 000, la subvention ne peut excéder ce nombre multiplié par 3, sans pouvoir dépasser la somme de 10 000 francs.

En aucun cas la subvention ne peut être supérieure au chiffre du versement. (Arrêtés du 30 avril 1900.)

8° Les Sociétés approuvées s'occupant de la retraite et de la maladie, mais n'ayant pas pu faire des versements à leur fonds commun inaliénable, touchent la subvention de 0 fr. 50 par membre participant. (Arrêté du 29 mars 1901.)

9° Les Sociétés approuvées constituant des pensions à l'aide de l'un des deux modes déterminés au paragraphe 7 ont droit à une majoration pour leurs pensions inférieures à 360 francs. Il n'y a que deux ou trois Sociétés accordant des pensions supérieures à 360 francs et cette majoration varie pour chaque pension de 5 francs à 15 francs. Le crédit pour 1904 est de 400 000 francs.

10° Une loi sur les Caisses d'épargne, promulguée le 20 juillet 1895, accorde aux Sociétés de Secours mutuels approuvées possédant des *Caisses de retraites* les trois cinquièmes des fonds annuellement prescrits. Mais, en fait, les Sociétés qui possèdent un fonds commun inaliénable reçoivent seules cette subvention.

En 1900, la somme à répartir était de 203 018 fr. 47; les moyennes générales ont été de 0 fr. 20 par membre participant et de 43 fr. 76 par Société. En 1901, la somme à répartir a atteint 306 537 fr. 30 : cette augmentation vient de ce que la prescription trentenaire acquise au 1er janvier 1900 correspond à l'année 1870, pendant laquelle un nombre considérable de livrets ont été abandonnés. Les moyennes donnent 0 fr. 26 par participant et 60 fr. 50 par Société. Sur cette somme de 306 587 fr. 39, on a réparti 299 237 fr. 75 entre 4 946 Sociétés ; le surplus a été mis en réserve pour s'ajouter aux fonds à répartir dans les exercices postérieurs.

11° Enfin l'article 26, § 3 de la loi du 1er avril 1898 prévoit des secours donnés par l'Etat aux Sociétés de Secours mutuels qui, par suite d'épidémie ou de toute autre cause de force majeure, seraient momentanément hors d'état de remplir leurs engagements.

La demande pour obtenir ces secours doit être adressée au préfet. (Sur papier libre, sans légalisation, avec la mention du titre de la Société, de son siège social, de la cause de la demande, etc.)

§ 3. *L'inaliénabilité des subventions.*

Il est, parait-il, de notoriété *mutualiste* que les subventions sont *inaliénables*. C'est là l'une de ces croyances que des esprits très positivistes acceptent et subissent sans examen, sans croire leur liberté de conscience violée. Pour examiner le bien fondé de cette affirmation, nous allons être obligés de revenir sur certains points déjà étudiés.

L'inaliénabilité, en principe, consiste en l'immobilisation d'une somme au profit de quelqu'un. Ce « quelqu'un » peut bien toucher aux revenus de cette somme, mais non au capital.

Or, comme le régime de *droit commun* pour tous capitaux est la circulation *libre*, il en résulte qu'une disposition législative *seule* peut contrevenir à ce régime en frappant d'inaliénabilité telles ou telles sortes de capitaux dans des circonstances *précises*.

Si les subventions sont inaliénables, la loi du 1er avril 1898 et les arrêtés ministériels qui l'ont suivie doivent en les accordant spécifier ce caractère.

Parcourons donc rapidement ces textes :

— L'article 18 de la loi charge les communes ou les départements, à leur défaut, de fournir aux Sociétés de Secours mutuels approuvées qui le demandent, les locaux, les livrets et registres nécessaires à leurs réunions, administration et comptabilité.

Il arrive fréquemment que les Sociétés achètent d'abord ces livrets et registres et se font ensuite rembourser : or, ce remboursement, qui prend la forme d'une véritable subvention, n'est nullement spécifié comme inaliénable.

— Il en est de même de la bonification de 1 1/2 % accordée par l'article 21 (modifié par la loi de finances de 1903) aux fonds des Sociétés approuvées placés à la Caisse des dépôts et consignations.

— Le paragraphe 3 de l'article 26 prévoit des subventions aux Sociétés de Secours mutuels qui, par suite d'épidémies ou de toute autre cause de force majeure, sont momentanément hors d'état de remplir leurs engagements ?

Dans ce dernier cas, comme dans les deux précédents, il n'est pas question d'inaliénabilité. Au reste, comment pourrait-il en être ainsi, puisque ces subventions ou bonifications ne sont utiles aux Sociétés que si elles les consomment ?

— L'article 26, dans son paragraphe premier, prévoit trois catégories de subventions, il est muet sur leur inaliénabilité et ce silence est aggravé par les arrêtés ministériels du 30 avril 1900, rendus en exécution de cet article.

Nous trouvons, en effet, dans ces arrêtés les dispositions suivantes :

— *Subventions accordées au fonds commun de retraites. — Barème n° 1.* — Art. 3. — Les subventions visées dans l'article précédent seront inscrites à CAPITAL RÉSERVÉ *au profit de la Société.*

— *Subventions accordées aux Sociétés approuvées qui ne constituent pas de retraites. — Barème n° 4 — Art. 2.* — La subvention sera mise à *la disposition* des Sociétés de Secours mutuels par un arrêté du ministre de l'Intérieur.

— *Bonifications aux pensions liquidées à partir du 1er janvier 1895. — Barème n° 3 — Art. 2.* — Le Supplément d'arrérages *constitué* à capital aliéné sera de 5 francs pour les pensions de 27 à 30 francs, etc.

Cela veut dire que le capital permettant à l'État d'allouer ces bonifications sera aliéné à son profit, mais la bonification elle-même constituée par les arrérages de ce capital est versée à la Société sans aucune condition d'inaliénabilité.

— *Subventions accordées aux livrets individuels de retraites. — Barème n° 2. — Art. 2.* — « Les subventions visées dans l'article précédent seront inscrites *soit à capital réservé au profit de la Société, soit à capital aliéné* suivant que les statuts en auront décidé. »

Cet article prévoit même *l'aliénabilité* de ces subventions.

Nous pouvons donc constater que ce soi-disant principe de

l'inaliénabilité n'est inscrit ni dans la loi ni dans les arrêtés ci-dessus mentionnés. En fait, il ne peut pas davantage exister.

Les subventions ou bonifications, en effet, sont des encouragements donnés aux Sociétés; celles-ci doivent les employer pour qu'elles soient réellement efficaces; en fin de compte, ce sont les sociétaires qui doivent en bénéficier. Dire que les subventions sont inaliénables serait donc en supprimer l'utilité.

Alors on nous objecte: « Mais vous ne comprenez pas ce que nous voulons dire par ce mot « inaliénable ». Nous ne défendons pas aux Sociétés de toucher au capital des subventions; nous entendons qu'elles en restent *débitrices* vis-à-vis de l'Etat, des départements et des communes.

Voilà, en effet, l'article 31 de la loi :

Lorsque la dissolution d'une Société approuvée est votée..... ou ordonnée..... il est prélevé sur l'actif social, *y compris le fonds commun inaliénable de retraites.....*

3° *a)* Une somme égale au montant des subventions et secours accordés depuis l'origine de la Société par l'Etat, à *titre inaliénable,* sur les fonds de la dotation ou autres, pour être, ladite somme, versée au compte de la dotation des Sociétés de Secours mutuels;

b) Des sommes égales au montant des subventions et secours accordés depuis l'origine de la Société par les départements et les communes, à *titre inaliénable,* pour être, lesdites sommes, réintégrées dans leurs caisses;

c) Des sommes égales au montant des dons et legs faits à *titre inaliénable,* pour être employées conformément aux volontés des donateurs et testateurs, s'ils ont prévu le cas de liquidation, ou, si leur volonté n'a pas été exprimée, pour être ajoutées au compte de dotation des Sociétés de Secours mutuels.

— Si ce n'est qu'en prévision d'une dissolution qu'on stipule cette inaliénabilité, il serait juste alors d'employer un autre mot ou une autre expression : on pourrait dire, par exemple, que « les Sociétés restent débitrices des subventions reçues ». Car le mot *inaliénable* signifie en termes courants, *l'impossibilité de toucher à un capital.*

D'un autre côté, ces paragraphes visent les subventions, secours et donations qui ont été accordés à *titre inaliénable.* Il faut donc savoir quelles sont les sommes qui ont ce caractère, car on ne peut pas l'étendre à des versements faits librement à une Société, sans stipulation d'emploi et sans mention de ce genre. Nous avons vu un peu plus haut que plusieurs subventions ne pouvaient avoir ce caractère ni en droit, ni en fait. Les passages de l'article 31 qu'on nous oppose ne concernent donc pas *toutes* les subventions.

Ces mots : « à titre inaliénable », semblent viser exclusivement les subventions ou donations faites au fonds commun *inaliénable* de retraites. A l'approche de cette institution, il est juste que le droit commun disparaisse et que l'arbitraire commence.

Le ministère de l'Intérieur en donne une preuve en ne *voulant* accorder les subventions aux livrets individuels que sous réserve de les verser au fonds commun inaliénable.

Enfin les mots « à titre inaliénable », même avec cette restriction, ne peuvent avoir la portée que l'on voudrait leur attribuer, puisque l'article 31 lui-même, dans son avant-dernier paragraphe, s'exprime ainsi :

Si après payement des engagements contractés vis-à-vis des tiers et des sociétaires, il ne reste pas de fonds suffisants pour le *plein des prélèvements,* prévus au paragraphe 3 ci-dessus, ces prélèvements auront lieu *au marc le franc* des versements faits respectivement par l'Etat, les départements, les communes, les particuliers.

Une Société peut donc contracter de tels engagements vis-à-vis les tiers ou vis-à-vis les sociétaires, que tout son actif social, y compris son fonds commun, ne sera pas suffisant pour rembourser intégralement les sommes ainsi avancées « à titre « inaliénable ». Si les Sociétés peuvent se mettre dans une telle situation, comment le mot « inaliénable » peut-il même exprimer « obligation de remboursement » ?

Ce principe, que l'on veut imposer, n'a donc pas de fondement et il serait puéril de le combattre, si, sous son couvert, l'Etat ne prétendait pas attribuer arbitrairement certaines subventions.

En outre, même en l'admettant comme fondé, à qui profiterait-il ?

Les textes énumérés ci-dessus paraîtraient l'établir au profit de la Société. Ses partisans, au contraire, l'invoquent en faveur de l'Etat, des départements ou des communes, en s'appuyant sur l'article 30. L'esprit de cet article et son avant-dernier paragraphe semblent mettre heureusement les choses au point en limitant la portée de cette inaliénabilité *aux fonds eux-mêmes inaliénables.*

En résumé, le principe de l'inaliénabilité des subventions n'est fondé ni en droit, ni en fait. Les Sociétés peuvent faire emploi des subventions qu'elles reçoivent ; en outre, c'est *au moment* où elles leur sont accordées que leur caractère d'inaliénabilité doit se manifester, pour qu'elles rentrent dans les cas du numéro 3 de l'article 30. Un tel fait se produit pour les sommes tombant dans le fonds commun, lui-même inaliénable — sauf la réserve faite à l'avant-dernier paragraphe de l'article 30. — C'est pourquoi, le plaisir de pratiquer le jeu de passe-passe du fonds commun fait choisir ce système de retraites pour y verser le plus grand nombre de subventions, même celles qui ne lui sont pas destinées.....

§ 4. *Appréciations sur les subventions.*

— Il faut savoir prendre les choses du bon côté, — dit-on communément ; on pourrait ajouter à cet adage un corollaire, — il faut se garder d'être exclusif : — ce qui peut paraître détestable le serait sans doute moins, si l'on en prenait les qualités ou si l'on en atténuait les défauts ; les principes peuvent être bons, mais les applications mauvaises, « la chose n'a pas été prise du bon côté ».

Il en est ainsi pour les subventions. Leur principe est juste et leur utilité incontestable. Le devoir d'une Société bien organisée est de faire collaborer tous ses membres aux œuvres qui servent au maintien ou au développement de la prospérité nationale. Cette coopération sociale peut avoir des résultats immédiats faciles à connaître et des effets lointains et bienfaisants. Mais les difficultés apparaissent lorsqu'on passe de l'idée à l'acte et, sur le point qui nous occupe, l'acte ne semble pas aussi juste que l'idée.

La pérennité des subventions crée pour l'Etat des charges qui pourraient un jour dépasser l'équitable fonctionnement de la coopération sociale ; elle habitue les bénéficiaires à attendre une aide dont souvent ils n'ont pas besoin ; elle porte donc atteinte à ce *self help* qui force les initiatives à se développer, à devenir ingénieuses, parce qu'il leur faut surtout compter sur elles-mêmes. Le 4 1/2 %, en particulier, est profondément regrettable ; il incite les Sociétés à user et même à abuser d'une centralisation économique et détruit leur responsabilité et leur action. Autant il est nécessaire que dans ses débuts une association puisse trouver un placement rémunérateur, pour laisser à son Conseil, souvent inexpérimenté, le temps de se familiariser avec le maniement des capitaux, autant il est mauvais d'habituer des administrateurs à une routine qui ne leur permet pas de mettre en œuvre la compétence qu'ils ont pu acquérir.

Le législateur de 1898 aurait donc utilement pu prescrire que les capitaux des Sociétés de Secours mutuels, libres ou approuvées, seraient jusqu'à une certaine somme admis à la Caisse des dépôts et consignations, pour bénéficier du taux de 4 1/2 %. Au delà de cette somme, la Société aurait été forcée de faire acte d'initiative.

Quant aux subventions à accorder aux pensions de retraites, une base plus équitable pourrait être adoptée. Le rôle de l'Etat ne semble pas devoir être de favoriser l'immobilisation des capitaux, mais d'ajouter sa part à la rente que le mutualiste s'est constituée. Le meilleur système à cet égard serait celui de la majoration qu'on applique déjà, comme nous l'avons vu, depuis la loi de 1893, mais qui pourrait être amélioré et développé, pour remplacer les barèmes n⁰ˢ 1 et 2 du 30 avril 1900 et la faveur du 4 1/2 % arrêtée à un certain chiffre.

Ces majorations, *proportionnelles à l'effort de prévoyance de chaque retraité*, seraient l'accomplissement d'une véritable coopération sociale et un *réel* encouragement à l'épargne pour la vieillesse. Aujourd'hui, elles ne représentent que *les revenus* d'une somme annuellement inscrite au budget (400 000 francs pour 1904) et cette somme est constituée à *capital aliéné*. Ne serait-il pas plus avantageux pour les mutualistes que ces fonds fussent répartis, et qu'ils soient augmentés de la différence provenant de la suppression des barèmes 1 et 2 (soit 1 300 000 francs en 1904) et de l'économie, réalisée sur la limitation, à un certain chiffre de dépôt, du taux d'intérêt de 4 1/2 %? Nous évaluons à 1 000 000 cette économie, car ce sont surtout les grosses Sociétés qui absorbent une grande partie de ce taux de faveur.

On aurait donc les sommes suivantes à répartir comme majorations proportionnelles aux pensions de retraites.

<pre>
  400 000 francs)
1 800 000   — } soit un total de 3 200 000 francs.
1 000 000   —)
</pre>

Le total des pensions des Sociétés approuvées et libres était, en 1901, de 106 989 francs, ce serait donc une moyenne d'environ

30 francs de majoration par rente; on pourrait limiter à 50 francs le maximum de cette majoration proportionnelle. Les retraités toucheraient ainsi, non pas les revenus d'une somme inscrite d'une façon plus ou moins fictive au compte des Sociétés de Secours mutuels, mais cette somme elle-même, et les contribuables n'auraient pas un sou de plus à débourser.

D'un autre côté les mutualistes pensionnés y auraient avantage. Si dans les Sociétés *libres* la moyenne des rentes viagères est de 70 francs environ, les Sociétés approuvées doivent pouvoir arriver à ce chiffre. En ajoutant à cette moyenne de rentes viagères la majoration moyenne de 30 francs, on atteindrait effectivement la somme de 100 francs, qui serait supérieure à la majorité des pensions actuellement versées.

En résumé, les subventions devraient être des *encouragements* et non pas des *droits acquis*. Elles devraient beaucoup plus s'adresser aux Sociétés débutantes qu'aux associations anciennes et puissantes. Elles perdraient ainsi le caractère *d'assistance* dont on les revêt à juste titre avec l'organisation actuelle; les Sociétés de Secours mutuels y gagneraient en autonomie et les membres participants en dignité. N'y a-t-il pas lieu, à cet égard, d'admirer ces Sociétés *libres* qui suivent leur chemin, la tête haute, sans succomber aux tentations qui s'offrent, et trouvent, dans leur seule force, une prospérité que pourraient envier bien des Sociétés approuvées?

CHAPITRE IV

DE QUELQUES QUESTIONS

---

§ 1er. *Déclaration et contrôle d'un cas de maladie.*

Un beau matin, le sociétaire X..., n° matricule 43, se réveille avec un accès de fièvre. Il ne faut pas songer à se rendre au travail, les membres engourdis refusent tout service; ce n'est peut-être rien, mais c'est peut-être aussi le signe précurseur d'une dangereuse maladie.

Le sociétaire X... est un bon mutualiste; il a régulièrement versé ses cotisations; aussi charge-t-il son fils ou sa femme, un parent ou un voisin, d'aller chez le secrétaire de la Société remettre son livret et déclarer en même temps cette incapacité de travail causée par une maladie encore imprécise.

Le secrétaire ne doit donc pas s'absenter sans que l'on sache chez lui où l'on peut le retrouver; en cas d'éloignement de la ville ou de la circonscription de la Société, il a eu la précaution de déléguer ses pouvoirs à l'un de ses collègues du Conseil.

Mais Mme X... a rencontré le secrétaire, lui a fait cette déclaration et lui a remis le livret de son mari. Le secrétaire donne alors à Mme X... une petite feuille ou une carte, qu'il doit toujours avoir dans sa poche, et qui permettra à la femme de notre sociétaire de se présenter chez le médecin de l'association en le priant de venir le plus tôt possible voir son mari.

Généralement, la course n'est pas bien longue, à moins que ce ne soit à la campagne, et le Dr C..., que la Société a choisi à cause de son dévouement bien connu, se rend chez M. X...

Cette visite est aux frais de la Société, même si, comme nous le recommandons, la Mutualité a adopté le système de l'indemnité. C'est une visite de contrôle dans laquelle le docteur diagnostiquera la maladie et prescrira les premiers soins à donner. En quelques lignes, il dressera un rapport, aussi bref et aussi complet que possible, qu'il fera remettre au secrétaire, sous pli fermé.

Pendant ce temps, ce dernier a avisé l'un des visiteurs et l'a mis au courant de l'événement qui se produit ; le visiteur, amicalement, ira donc prendre des nouvelles de M. X...

Trois jours après la déclaration (nous supposons que la Société a adopté ce délai), le visiteur se rend de nouveau chez le sociétaire. Si celui-ci est guéri, et c'est ce qui pouvait arriver de mieux, la Société n'a pas d'autres frais que la visite de contrôle du docteur. Mais, au contraire, M. X... est malheureusement très malade ; alors la Société lui devra, à partir de ce troisième jour, l'indemnité quotidienne. Nous conseillons de ne pas accorder les indemnités à partir du premier jour, parce qu'il a été constaté que, dans ce cas, le malade faisait toujours en sorte de rester chez lui plus de trois jours, même pour des maladies très bénignes.

C'est à partir de cette date que le visiteur doit remplir son office avec beaucoup de dévouement et de cordialité et veiller à ce que M. X... reçoive tous les soins que son état nécessite (1). Il s'assurera que l'indemnité quotidienne est employée à ce service et aux plus pressants besoins du ménage, privé, par la maladie du chef de famille, de sa principale, sinon de son unique ressource. Un mauvais emploi serait une faute grave et pourrait amener, soit la suppression de l'allocation, soit même l'exclusion du sociétaire indélicat.

Le trésorier portera sur son livre brouillon la somme remise au visiteur, et celui-ci fera bien de demander tous les huit jours, par exemple, au malade ou à l'un des membres de sa famille un reçu des indemnités remises pendant ce laps de temps.

§ 2. *Constatation de la fin d'une maladie.*

Les Sociétés de Secours mutuels, surtout à base familiale ou professionnelle, sont des associations fraternelles où chacun doit

---

(1) Toutefois, pour les maladies que le médecin aura diagnostiquées contagieuses, le visiteur devra prendre toutes les précautions utiles pour ne pas contracter lui-même la maladie.

avoir à cœur d'agir loyalement. En règle générale, c'est donc le sociétaire lui-même qui doit aviser de son rétablissement le secrétaire ou le président, afin que l'indemnité soit suspendue.

Toutefois, cette conscience sociale pourra se trouver obscurcie chez certains membres participants qui, par paresse ou pour toute autre cause, préféreront feindre une non guérison. C'est encore là un acte répréhensible au point de vue moral et au point de vue des intérêts de la Société, et les statuts auront un chapitre réservé aux pénalités, où les fausses déclarations seront sévèrement châtiées.

Le plus souvent, dans un tel cas, le visiteur ne sera pas dupe. Il doit en effet posséder les qualités d'un observateur impartial, et, comme il fait ses visites à l'improviste, les cas de fraudes lui échapperont rarement; il s'efforcera donc de rappeler au sociétaire ses devoirs de bon mutualiste et l'invitera à faire sa déclaration de guérison.

Supposons que le malade s'y refuse et que, d'autre part, le visiteur soit à peu près convaincu que c'est là une feinte.

Que faire?

Le visiteur se rendra chez le secrétaire et le mettra au courant de ses doutes; celui-ci priera alors le médecin contrôleur, que nous avons vu au début de la maladie, d'aller de nouveau chez ce sociétaire au cas douteux, et, sur le rapport du docteur, l'indemnité sera continuée ou interrompue.

Enfin, il peut arriver, mais c'est heureusement assez rare, que le malade dont l'indemnité a été ainsi suspendue intente un procès devant le juge de paix contre la Société. A l'aide du certificat médical qui sera remis par le médecin contrôleur, le président se rendra compte de l'opportunité d'une résistance à un tel procès. Généralement, ces rares conflits se règlent à l'amiable, mais ils peuvent entraîner l'exclusion du sociétaire lorsqu'il a été démontré qu'il avait simulé une prolongation de maladie et, par conséquent, contrevenu aux statuts.

§ 3. *Des pénalités.*

Nous venons de voir qu'il fallait une certaine discipline pour maintenir le bon fonctionnement d'une Société de Secours mutuels, tant au point de vue moral qu'au point de vue administratif. Les pénalités ont sans doute une très réelle utilité, puisqu'elles ont toujours figuré dans les règlements des associations ouvrières. Elles étaient nombreuses dans les compagnonnages et frappaient, aussi bien le compagnon qui dérobait une bouteille de vin dans les agapes fraternelles, que le « rouleur » ou placeur qui refusait de procurer un emploi au confrère faisant son tour de France.

Nos mutualistes d'aujourd'hui doivent être, parfois aussi, rappelés au respect de leurs obligations et les amendes sont une ressource financière qui n'est pas à négliger.

Quelques chiffres officiels tirés du dernier rapport paru en 1904 et relatant les opérations des Sociétés au 1er janvier 1902 édifieront le lecteur à ce sujet.

SOCIÉTÉS APPROUVÉES	Montant des amendes	Nombre des membres participants	Moyenne par membre participant
1° Sociétés d'hommes................	335 670 fr. 24	713 031	0 fr. 50
2° Sociétés d'hommes et de femmes...	218 131 fr. 08	724 122	0 fr. 32
3° Sociétés de femmes...............	47 184 fr. 16	43 415	0 fr. 40
Ensemble................	600 986 fr. 38	4 472 568	0 fr. 44

D'où l'on peut tirer cette conséquence que les participants des Sociétés mixtes remplissent plus exactement leurs devoirs sociaux, ce qui plaide en faveur des mutualités à base familiale, dont le système mixte est l'embryon. On voit aussi qu'étant donné le chiffre total de 1 994 206, représentant l'effectif des membres participants des Sociétés approuvées à cette époque, 521 638 participants seulement ont été tout à fait impeccables; c'est encore quelque chose.

SOCIÉTÉS LIBRES	Montant des amendes	Nombre des membres participants	Moyenne par membre participant
1° Sociétés d'hommes	102 004 fr. 44	187 524	0 fr. 54
2° Sociétés d'hommes et de femmes...	43 571 fr. 56	153 239	0 fr. 28
3° Sociétés de femmes	5 363 fr. 34	18 281	0 fr. 29
Ensemble................	150 938 fr. 34	359 044	0 fr. 42

Nous tirerons également de ce tableau notre première conséquence; quant à la seconde, le total des participants dans les Sociétés libres ayant fourni leurs états statistiques était de

365 607 à cette époque, d'où 6 563, seulement, n'ont pas été pris
en faute. — Il faut remarquer, en outre, que sur ce dernier tableau
la moyenne totale est supérieure à la même moyenne du tableau
précédent, et que les femmes des Sociétés libres ont encouru des
amendes moins nombreuses, ou moins graves, comme chiffres,
que celles des Sociétés approuvées. Ne cherchons pas à élucider
ce mystère qui pourrait risquer d'être indéchiffrable, puisqu'il
s'agit de cette éternelle énigme qu'est la femme.

Un système très condamnable est celui de l'*abonnement aux
amendes*, par lequel un sociétaire, pour ne pas avoir à remplir
telle ou telle formalité dont l'inaccomplissement entraine une
pénalité, traite à forfait avec la Société. C'est enlever ainsi toute
force à l'obligation et détruire le juste principe de l'égalité devant
les statuts qui sont la loi des sociétaires. M. Jacques Lebaudy, aussi
connu sous le nom d'empereur du Sahara, avait offert, dit-on, au
ministre des Finances de verser une somme considérable une
fois pour toutes, afin de ne plus être inquiété à l'avenir par les
avertissements et contraintes des agents du fisc : le ministre a
refusé ; un président de Société doit agir de même lorsqu'une
proposition d'abonnement ou de libération à forfait, en ce qui
concerne les amendes, lui est faite par un sociétaire. Cela indique
un particulier qui ne désire pas se conduire comme tout le monde.

En outre des amendes, qui sont les peines de simple police,
il y a la suspension des avantages, la radiation et l'exclusion,
qui sont de véritables peines afflictives, et, la dernière surtout,
légèrement infamante, au point de vue où nous nous plaçons.
Les statuts établissent les cas d'application de ces pénalités.

§ 4. *Comment une Société doit-elle organiser une fête ?*

Il est bon de temps en temps de joindre le plaisant aux choses
graves, et l'organisation d'une fête ou d'une distraction n'a rien
de contraire à la rigidité des grands principes qu'une Société de
Secours mutuels bien constituée doit incarner. L'opportunité des
circonstances indiquera le genre de distraction à offrir aux sociétaires : tantôt ce sera un banquet (on aime assez les banquets),
tantôt une séance récréative permettra à des talents ignorés de
se dévoiler en public ; parfois même on organisera clandesti-
nement et entre soi — car si l'administration peut tolérer, elle

n'autorise pas — une tombola avec des lots populaires. Dans les campagnes, les membres honoraires pourraient faire don d'un ou plusieurs animaux domestiques qui certainement seraient des lots bien accueillis par les populations rurales. — Enfin, l'on peut corser ces diverses distractions par une conférence, où un homme compétent traiterait des questions mutualistes, pouvant intéresser le milieu dans lequel la Société se recrute.

Dans tous les cas, les buts de ces fêtes doivent être de procurer des ressources à la Société ou de lui servir de propagande. Or, si le deuxième but peut facilement se réaliser, le premier n'est pas toujours assuré. Aussi ne doit-on jamais faire servir les fonds sociaux à l'organisation d'une fête et exposer la Caisse à un déficit.

Le procédé à employer est le suivant : lorsque le projet d'une fête a été admis par le Conseil et qu'on en a établi le bilan, l'Assemblée générale est convoquée. Elle approuve ou rejette l'initiative prise par le Conseil. Si elle l'approuve, le président invite tous les membres de la Société à faire face aux dépenses prévues, soit par leur quote-part personnelle, soit par des démarches fructueuses auprès des membres honoraires ou autres personnes pouvant aider à cette organisation.

La fête n'est donnée que lorsqu'on a récolté de cette façon la somme suffisante pour couvrir les frais; la Société joue ainsi sur le velours et n'a qu'à encaisser les bénéfices (1).

§ 5. *Les Unions.*

Les Sociétés isolées se sentent faibles et recherchent naturellement, soit un appui moral, soit le moyen de compléter leurs avantages en s'unissant entre elles. Certaines Unions ont inscrit dans leurs programmes les espérances les plus alléchantes. Prolongation des secours, mutation, mise en subsistance, création de sanatoria, de pharmacies mutualistes, organisation des retraites, création de caisses autonomes..... etc.

Mais si les promesses sont nombreuses, les réalités sont rares;

---

(1) Nous insistons sur ce mode d'organisation parce qu'une circulaire de M. le ministre de l'Intérieur rappelait aux préfets de veiller à ce que les Sociétés de Secours mutuels n'employassent pas les fonds sociaux pour des dépenses ne rentrant pas dans les buts de la Mutualité. L'une des causes justifiant cette circulaire avait été l'achat d'un cadeau, offert par une Société à son président à l'aide des fonds sociaux *ordinaires.*

quelques Unions seulement remplissent une partie de leur programme effectif. Beaucoup, hélas! servent à embrigader des Sociétés novices et celles dont les administrateurs sont à l'affût d'honneurs ou de récompenses.

Déconseiller les Unions est loin de notre pensée. Nous en avons montré la nécessité, particulièrement pour l'organisation des retraites, et ce n'est que par de forts groupements que la Mutualité pourra atteindre les cimes qu'elle aperçoit devant elle. Une entente cordiale entre les Sociétés de toute une région pourrait amener l'établissement de ces Caisses autonomes qui décentraliseraient l'action mutualiste, réaliseraient des bénéfices pour le profit direct de tous les intéressés, ouvriraient à nos Sociétés de Secours mutuels, qui piétinent encore sur place, des voies plus larges vers des horizons plus vastes.

Mais, pour qu'il en soit ainsi, il faut que les mutualistes aient confiance en eux-mêmes, tout d'abord, et apprennent à connaître la force économique et sociale qu'ils pourraient produire. Il faut ensuite qu'ils aient confiance en ceux qui les guident; à ce point de vue, ils se défient encore, et parfois non sans raison. Les avances qui leur sont faites semblent un peu les étonner; certaines têtes s'agitent et l'on voit leurs fronts se couronner d'honneurs; les autres s'inclinent, approuvent en silence et suivent; on les couvre de fleurs, on leur prodigue des adulations, et la routine demeure et se perpétue.

Tant que l'organisation manquera à la base, nous ne croyons pas que les Unions puissent être fécondes: on pourra créer des groupements d'individus plus ou moins importants, mais on n'aura qu'un tas de poussières humaines, on n'aura pas trouvé le roc.

Nous avons déjà exposé le fond de notre pensée à cet égard; la Mutualité ne s'organisera sérieusement que sur la base professionnelle ou sur la base familiale. Il serait même possible de cimenter ensemble ces deux assises sur lesquelles le travailleur pourrait avec confiance édifier son avenir.

En attendant cette organisation professionnelle, l'Union de Sociétés familiales de toute une région pourrait s'établir. Les nations ne se sont formées que par une lente gestation; le peuple mutualiste ne sortira peut-être de la matrice nationale qu'après l'union des familles (1).

____

(1) L'organisation de la Mutualité française, sur laquelle on fait beaucoup de bruit depuis quelque temps, semble d'ailleurs plus factice que réelle

§ 6. *Le Conseil supérieur de la Mutualité.*

Lorsqu'on s'aperçut, en 1852, de la portée sociale des Sociétés de Secours mutuels, on comprit l'utilité d'une Commission spéciale et permanente, ayant pour but d'étudier les questions qui les concerneraient. Ce fut la « Commission supérieure d'encouragement et de surveillance » instituée au ministère de l'Intérieur, de l'Agriculture et du Commerce, et dont le vicomte de Melun fut pendant longtemps l'un des membres les plus influents.

Le rôle de cette Commission était défini par l'article 19 du décret du 26 mars 1852 : « provoquer et encourager la fondation et le développement des Sociétés de Secours mutuels, veiller à l'exécution du présent décret, préparer les instructions et règlements nécessaires à son application, proposer des mentions honorables, médailles d'honneur et autres distinctions honorifiques en faveur des membres honoraires ou participants, enfin soumettre à l'approbation du ministre de l'Intérieur les statuts des Sociétés de Secours mutuels établies dans le département de la Seine ».

Au 1er février 1904, il y avait 87 Unions réparties dans 63 départements. Ce serait une erreur de croire que ces Unions groupent toutes les Sociétés des départements et englobent par conséquent la majeure partie des mutualistes. Les plus importantes sont celles de Marseille, de Saint-Etienne, de Lille et de Lyon. Les chiffres connus étaient de 2120 Sociétés unies, comprenant 515747 membres. Nous voulons croire, sans aucun doute, que l'effectif total est aujourd'hui supérieur, mais il ne peut qu'être très loin d'approcher des 18 000 Sociétés existantes et des 3 millions de participants.

Certaines Unions ne possèdent d'ailleurs qu'un nombre infime de Sociétés et de participants : par exemple, celle d'Aix ne vient qu'avec 9 Sociétés et 1 800 membres; celle de la Creuse, avec 11 Sociétés et 1 800 membres; celle de l'Indre-et-Loire, avec 7 Sociétés et 1 500 membres; celle du Morbihan, avec 11 Sociétés et 2 500 membres, etc..... La plupart n'atteignent pas le chiffre de 100 Sociétés et ont un effectif inférieur à 10 000 membres. Cela ne les empêche pas cependant de prendre le titre d'Union départementale et même celui de Fédération.

24 d'entre elles ont créé des Caisses de réassurance possédant un effectif *connu* de 24 000 membres environ.

Il existe enfin trois grandes Fédérations régionales : Sud-Est, Sud-Ouest et Centre, qui n'englobent même pas toutes les Unions de leur région. La Fédération nationale, fondée le 10 novembre 1902, n'a les adhésions que de 53 Unions sur 87, elle ne représente donc qu'une très petite minorité de nos Sociétés et de nos mutualistes. Ces derniers semblent préférer leur autonomie et rester éloignés de la centralisation; le Conseil supérieur actuellement est donc seul à avoir le droit de se dire leur représentant, (Voir les *Annales du Musée Social*, numéro de février 1904.)

Elle était composée de dix membres nommés par le chef de l'Etat. En 1862, ce chiffre était un peu dépassé; faisaient partie de la Commission :

Président : M. le comte de Persigny, ministre de l'Intérieur.

Vice-Président : M. Rouher, ministre de l'Agriculture, du Commerce et des Travaux publics.

MM. :

Amédée Thayer, sénateur; de Chazelles, député au Corps législatif.

Auguste Chevalier, député au Corps législatif.

Thuillier, conseiller d'Etat, directeur général de l'administration départementale et communale.

Guillemot, directeur général des Caisses d'amortissement et des dépôts et consignations.

Le vicomte de Melun.

Peupin, directeur-adjoint des dons et secours de Sa Majesté l'empereur.

Gaillardin, professeur au lycée Louis-le-Grand.

Cazeaux, inspecteur général de l'agriculture.

Secrétaire : M. de Martres, chef de division de secrétariat au ministère de l'Intérieur.

Secrétaire-adjoint : M. Charles de Franqueville, auditeur au Conseil d'Etat.

La loi du 1er avril 1898 fit de cette Commission supérieure d'encouragement « le Conseil supérieur de la Mutualité », composé de trente-six membres, dont dix-huit membres tirés des grands corps de l'Etat et de certains groupements, et dix-huit représentants des Sociétés de Secours mutuels.

Parmi ces derniers, six sont élus par les Sociétés libres, et douze par les Sociétés approuvées.

A cet effet, la France a été divisée en *Collèges* mutualistes, groupant un certain nombre de départements : il y en a, par conséquent, douze pour les Sociétés approuvées et six pour les Sociétés libres.

Le décret du 2 mai 1899 règle ces élections et fixe le nombre de délégués que chaque Société devra nommer pour constituer le collège électoral.

La pratique a révélé de grandes défectuosités à cette organisation. Etant donnée l'amplitude territoriale du collège, les candidats ont une certaine difficulté à se faire connaître, et il leur est à peu près impossible de savoir les noms des délégués des Sociétés pour leur envoyer leurs déclarations. D'autre part, l'adresse des Sociétés tirée de la nomenclature du rapport officiel est le plus souvent incomplète. Dans les grandes villes, l'administration des Postes ignore l'existence de M. Un tel, président de la Société de Secours mutuels X..., et les lettres n'arrivent pas à destination. Par conséquent, Sociétés et délégués ignorent parfois les candidats qui se présentent, et ce sont les grandes agglomérations qui ont le plus de chance de faire passer leur représentant. Ce n'est au fond qu'une demi-injustice, car elles possèdent proportionnellement un plus grand nombre de mutualistes.

Les inconvénients se manifestent encore pour le dépouillement du scrutin. Les votes se centralisent au ministère de l'Intérieur sans avoir été préalablement dépouillés aux différents centres où les élections ont eu lieu. Un long délai s'écoule et aucun contrôle n'est possible.

Le Conseil supérieur est présidé de droit par le ministre de l'Intérieur et choisit parmi ses membres deux vice-présidents — qui sont, en général, les présidents effectifs — et son secrétaire.

Il se réunit au moins tous les six mois, mais une Commission de sept membres constitue une section permanente qui étudie et donne son avis sur toutes les questions qui lui sont renvoyées par le Conseil supérieur ou par le ministre.

Les fonctions du Conseil supérieur sont déterminées par l'article 36 de la loi; il doit particulièrement être consulté sur toutes les dispositions réglementaires ou autres qui concernent le fonctionnement des Sociétés de Secours mutuels et le mode de répartition des subventions. Enfin, il émet de nombreux vœux qui maintes fois ne sont pas écoutés.

Le véritable rôle d'encouragement à la Mutualité est rempli par des institutions particulières (1). Il est juste de faire remarquer que les membres du Conseil supérieur font individuellement une grande propagande mutualiste et ne ménagent ni leur temps ni leur peine.

____

(1) Nous pouvons indiquer l'Union mutualiste des femmes de France et l'Union centrale mutualiste, 1, boulevard de la Tour-Maubourg, Paris, VIIᵉ; la Ligue nationale des Présidents des Sociétés de Secours mutuels de France; la Ligue de la Prévoyance et de la Mutualité.

§ 7. *Les annexes de la Société de Secours mutuels.*

Nous avons déjà signalé l'article 40 de la loi de 1898 où, d'une façon peut-être tardive et incomplète, un rapprochement était indiqué entre les Sociétés de Secours mutuels et les Syndicats professionnels. L'effet le plus regrettable de cette disposition fut, croyons-nous, de créer un mouvement mutualiste parallèle au mouvement syndical, alors que ces manifestations économiques et sociales auraient dû se combiner et s'harmoniser.

Nous trouvons une tendance semblable dans l'article 1er : « Elles (les Sociétés de Secours mutuels) peuvent, en outre, accessoirement, créer au profit de leurs membres des *cours professionnels*, des *offices gratuits de placement* et accorder des *allocations en cas de chômage*, à la condition qu'il soit pourvu à ces trois ordres de dépenses au moyen de *cotisations* ou de *recettes spéciales.* »

Ce sont là évidemment des buts qui ressortent beaucoup plus du Syndicat que de la Société de Secours mutuels. Les allocations de chômage, en particulier, auraient des inconvénients pour une Société qui ne serait pas professionnelle, car les risques de cette nature sont très différents d'un métier à un autre et le contrôle en est fort délicat. Les Syndicats sont plus à même de se charger de ces allocations, et nous savons que certains ont fondé des Caisses de chômage (1).

Dans tous les cas, cette disposition est pour nous une nouvelle preuve de la supériorité des Sociétés de Secours mutuels établies sur la base professionnelle. Il leur sera plus facile qu'à toutes autres de joindre à leurs bienfaits ces nouveaux avantages. Nous savons que la plupart de nos Sociétés pourraient prendre une telle orientation : il leur suffirait de classer leurs membres participants par professions et d'établir dans ces groupements ainsi spécialisés des cours, des bureaux de placement ou des Caisses de chômage. Cela faciliterait, pensons-nous, surtout dans les Sociétés nombreuses, le développement syndical; car, ayant senti l'utilité du lien professionnel, les travailleurs finiraient par en tirer tout le profit qu'il comporte.

Une foule d'institutions peuvent découler du groupement

---

(1) Par exemple : Le Syndicat des ouvriers des industries du Livre 14, rue des Petits-Carreaux, à Paris.

mutualiste primitif; l'une des plus intéressantes est celle des *prêts gratuits* ou *prêts d'honneur*.

L'historique de ces prêts a été fait d'une façon aussi délicate que compétente par M. Christophe Allard (1). L'idée première en reviendrait à un moine de Terni, nommé Barnaba, qui, vers le début du xvᵉ siècle, vint prêcher à Pérouse contre l'usure. Pour prêter aux pauvres, les riches se cotisèrent; une Caisse fut ainsi créée et ne demanda qu'une très légère redevance pour couvrir les frais de service. L'exemple fut suivi et ces banques populaires prirent le nom de *Monti di pieta*. (DALLOZ, *Rép. gén. de Jurispr.*, Vᵒ Monts-de-piété, 2.)

On sait que les Monts-de-piété, avant de devenir des maisons de prêts sur nantissement, étaient de véritables banques, mais qui avaient perdu tout caractère de gratuité. En 1788, en effet, le Mont-de-piété de Paris prêtait, au taux de 11 livres, 18 sous, 3 deniers pour 100 livres.

L'œuvre des prêts gratuits ne fut pas étouffée néanmoins; et l'on peut retrouver sa trace à Nice en 1590, à Lille en 1607, à Montpellier en 1684, à Angers et à Grenoble en 1692, à Marseille en 1697, à Toulouse en 1828.

La Caisse de Montpellier existe encore, elle a prêté plus de 10 600 000 francs depuis sa fondation et a secouru 278 000 personnes. En 1843 fut fondée à Bordeaux la *Société protestante de prêts gratuits*, aujourd'hui en pleine prospérité. En 1882, la *Société philanthropique du prêt gratuit limité au département de la Seine* s'établit 26, rue Cadet, ce qui semble indiquer une affiliation maçonnique.

Parmi les applications de cette idée dans les Sociétés de Secours mutuels, nous pouvons citer la Caisse de prêts gratuits de l'Emulation chrétienne de Rouen, fondée en 1896 (2).

Le but de ces Caisses est d'éviter que les travailleurs s'endettent, usent trop fréquemment des achats à crédit dans les maisons qui

---

(1) CHRISTOPHE ALLARD. *Les Prêts gratuits ou les prêts d'honneur.* Imprimerie Léon Gy, Rouen.

(2) Des initiatives semblables ont été prises à l'*Union des Sociétés de Secours mutuels des Charentes*, à l'*Association des comptables de la Seine*, à l'*Aiguille*, à l'*Imprimerie de la Bonne Presse*, 5, *rue Bayard, Paris*, dans divers ateliers et usines, et tout dernièrement à *la Société de Prévoyance mutuelle de la Maison-Blanche* (XIIIᵉ arrondissement de Paris.)

en ont la spécialité, et tombent dans la misère alors qu'une aide momentanée aurait pu les tirer d'embarras ou leur permettre de trouver du travail. Le capital est constitué par des versements spéciaux des membres participants et honoraires, par des dons et par le prélévement d'une somme sur le produit des fêtes organisées par la Société.

Les remboursements s'effectuent par fractions, ou en totalité si l'emprunteur est revenu à meilleure fortune, et il y a très peu d'exemples de mauvaise foi. Le travailleur, déjà cautionné par deux amis solvables et connus pour leur honorabilité, se fait lui-même un honneur d'être digne de la confiance qu'on lui a témoignée. Une telle institution développe les sentiments de moralité et de responsabilité, elle est un excellent complément pour une Mutualité familiale.

Lorsqu'un organisme mutualiste existera, il sera facile de lui faire produire les résultats les plus variés. Il ne faut pas toutefois perdre de vue que le premier effort doit être donné pour la prospérité de la Société et qu'on ne peut raisonnablement s'occuper d'œuvres annexes lorsque les buts de l'association ne sont pas largement atteints. Mais lors d'un fonctionnement régulier, la Mutualité aura tout intérêt à élargir son horizon; ce sera souvent le moyen de favoriser son développement et sa prospérité, car la routine anémie et tue.

CONCLUSION

Jailli de la brèche d'un rocher, un torrent s'échappe vers la pente naturelle : des obstacles peuvent encombrer son cours, de formidables chutes broyer ses eaux, de larges vasques en faire un miroir où se reflètent les cieux, le torrent n'en suit pas moins sa destinée avec une force implacable. Ainsi certaines idées tracent-elles leur voie dans les peuples. Des révolutions peuvent les entraver, mille causes voulues ou imprévues peuvent les égarer, elles poursuivent toutefois leur course et atteindront leur but si elles représentent véritablement une force naturelle.

Pendant des siècles, les travailleurs n'ont été que de chétives parcelles d'humanité; puis, sous l'influence du christianisme, le travail a été honoré et s'est organisé à l'ombre des cathédrales que la foi avait édifiées. Mais des causes dissolvantes apparurent, donnant naissance à des abus; le mouvement social du moyen âge de chutes en chutes fut arrêté par la Révolution qui parut à tout jamais l'étouffer. Peine perdue; les révolutions ne sont que des accidents de la perpétuelle évolution des peuples, elles peuvent la retarder, mais ne l'arrêtent pas, et les idées justes triomphent, parce que l'instinct des citoyens recherche la justice et la vérité.

Nous avons, en France, subi pendant longtemps l'emprise de cette Révolution, qui, dans son geste de liberté, détruisit le passé sans penser à l'avenir; aussi ces idées corporatives que tant de bons esprits s'appliquent à faire pénétrer non seulement dans notre pays, mais dans d'autres États européens, sont-elles encore accueillies avec des sentiments divers où les préoccupations du passé se teintent des préoccupations du présent.

L'accueil différent qu'elles rencontrèrent en France et en Autriche, où elles ont été développées avec le plus de netteté, s'explique par des circonstances historiques. La corporation est une institution du passé. En Autriche, elle n'avait été supprimée qu'en 1858; en France, la Constituante l'a abolie. La suppression des corporations en Autriche fut une victoire du « parti libéral », remportée par le caprice d'un Parlement, et qu'un Parlement postérieur peut détruire ; ce fut en France une « conquête de la Révolution ». L'établissement de nouvelles corporations — car il ne s'est jamais agi, quoi qu'on en ait pu dire, de la restauration des anciennes — recevrait, par là même, une signification contre-révolutionnaire. Dans une telle proposition, l'Autrichien ne voyait qu'une loi à raturer ; l'esprit public est ainsi fait, en France, qu'il y voyait une page d'histoire à déchirer. Rétablir des corporations, aux yeux de beaucoup de Français, serait aller à Canossa (1).

Il nous a paru que les Sociétés de Secours mutuels pouvaient aider à cette évolution sociale. Aussi avons-nous cherché à en faire les compléments des syndicats professionnels et nous croyons qu'elles pourraient également en contenir le germe. Désirer le maintien de leurs cadres individualistes et du cercle étroit de leurs ambitions personnelles, serait le vœu le plus regrettable que l'on pût leur adresser. La plupart de nos Sociétés actuelles sont des embryons sociaux, elles restent figées dans le champ restreint de leur action, alors qu'elles devraient faire naître autour d'elles d'autres institutions : Syndicats, Coopératives, Caisses de crédit, etc...., qui hâteraient l'organisation du travail.

Que les mutualistes ne s'arrêtent donc pas en route et ne s'enivrent pas de l'encens qu'on leur prodigue. Leur œuvre ne sera féconde que si elle puise sa force dans un plan d'ensemble raisonné et rationnel. Le fruit de leurs efforts sera atrophié s'ils continuent à ne s'intéresser qu'à l'individu et non pas aux cellules nationales elles-mêmes, la famille et la profession.

Pour sortir de leur routine, il leur faut endosser résolument une responsabilité qui pèse encore à leurs épaules, s'affranchir de cette tutelle de l'Etat qui anémie leurs excellents principes et voir, au-dessus de l'intérêt individuel, l'intérêt du pays tout entier qui, aujourd'hui plus que jamais, a les regards fixés sur eux.

Les Sociétés existantes ont, nous le savons, la possibilité de devenir des forces économiques et sociales, et les organisateurs de nouvelles Sociétés ont le devoir d'adopter une orientation plus sérieuse et plus conforme aux intérêts nationaux. L'aide mutuelle, enfin, ne peut se passer des données de la science

____

(1) Léon Grégoire, *Le Pape, les Catholiques et la Question sociale*, p. 133 et suiv.

La loi autrichienne du 15 mars 1883 a rétabli le régime corporatif dans la *petite industrie.*

qui corrigera les écarts produits par un égoïsme trop intéressé ou un sentimentalisme exagéré.

Dans l'aurore triomphante qui se lèvera un jour, nous voulons l'espérer, sur la France illuminée de paix et de liberté, nous aimerions voir les rayons mutualistes pénétrer jusqu'aux cœurs des familles laborieuses, unies dans une robuste et saine organisation professionnelle.

TABLE DES MATIÈRES

TROISIÈME PARTIE

ORGANISATION D'UNE SOCIÉTÉ DE SECOURS MUTUELS

CHAPITRE II. — Le choix des buts.

CHAPITRE III. — Les membres participants.

CHAPITRE IV. — Les membres honoraires.

CHAPITRE V. — Formalités constitutives. — L'approbation ou la liberté.

QUATRIÈME PARTIE

FONCTIONNEMENT D'UNE SOCIÉTÉ DE SECOURS MUTUELS

CHAPITRE PREMIER. — Administration.

CHAPITRE II. — Organisation financière.

Erratum. — Page 19: *Le Chapelier* au lieu de Chapelier.

ANNEXES

LOI

RELATIVE AUX SOCIÉTÉS DE SECOURS MUTUELS

(1ᵉʳ *avril 1898.*)

Le Sénat et la Chambre des députés ont adopté,
Le président de la République promulgue la loi dont la teneur suit :

TITRE PREMIER

DISPOSITIONS COMMUNES A TOUTES LES SOCIÉTÉS

ARTICLE PREMIER. — Les Sociétés de Secours mutuels sont des associations de prévoyance qui se proposent d'atteindre un ou plusieurs des buts suivants: assurer à leurs membres participants et à leurs familles des secours en cas de maladie, blessures ou infirmités; leur constituer des pensions de retraites, contracter à leur profit des assurances individuelles ou collectives en cas de vie, de décès, ou d'accidents; pourvoir aux frais des funérailles et allouer des secours aux ascendants, aux veufs, veuves ou orphelins des membres participants décédés.

Elles peuvent, en outre, accessoirement créer au profit de leurs membres des cours professionnels, des offices gratuits de placement, et accorder des allocations en cas de chômage, à la condition qu'il soit pourvu à ces trois ordres de dépenses au moyen de cotisations ou de recettes spéciales.

ART. 2. — Ne sont pas considérées comme Sociétés de Secours mutuels les associations qui, tout en organisant, sous un titre quelconque, tout ou partie des services prévus à l'article précédent, créent, au profit de telle ou telle catégorie de leurs membres et au détriment des autres, des avantages particuliers. Les Sociétés de Secours mutuels sont tenues de garantir à tous leurs membres participants les mêmes avantages sans autre distinction que celle qui résulte des cotisations fournies et des risques apportés.

ART. 3. — Les Sociétés de Secours mutuels peuvent se composer de membres participants et de membres honoraires; les membres honoraires payent la cotisation fixée ou font des dons à l'association sans prendre part aux bénéfices attribués aux membres participants; mais les statuts peuvent contenir des dispositions spéciales pour faciliter leur admission, au titre de membres participants, à la suite de revers de fortune.

Les femmes peuvent faire partie des Sociétés et en créer : les femmes mariées exercent ce droit sans l'assistance de leur mari ; les mineurs peuvent faire partie de ces Sociétés sans l'intervention de leur représentant légal.

L'administration et la direction des Sociétés de Secours mutuels ne peuvent être confiées qu'à des Français majeurs, de l'un ou de l'autre sexe, non déchus de leurs droits civils et civiques, sous réserve, pour les femmes mariées, des autorisations de droit commun.

Les Sociétés de Secours mutuels constituées entre étrangers ne peuvent exister qu'en vertu d'un arrêté ministériel toujours révocable. Par exception, elles peuvent choisir leurs administrateurs parmi leurs membres.

Les membres du Conseil d'administration et du bureau des Sociétés de Secours mutuels seront nommés par le vote au bulletin secret.

Les administrateurs et directeurs ne pourront être choisis que parmi les membres participants et honoraires de la Société.

Art. 4. — Un mois avant le fonctionnement d'une Société de Secours mutuels, ses fondateurs devront déposer en double exemplaire : 1° Les statuts de ladite association ; 2° la liste des noms et adresses de toutes les personnes qui, sous un titre quelconque, seront chargées à l'origine de l'administration ou de la direction.

Le dépôt a lieu, contre récépissé, à la sous-préfecture de l'arrondissement où la Société a son siège social, ou à la préfecture du département.

Le maire de la commune en est informé immédiatement par les soins du préfet ou du sous-préfet.

Un extrait des statuts sera inséré dans le recueil des actes de la préfecture.

Tout changement dans les statuts ou dans la direction sera notifié et publié selon les formes indiquées ci-dessus.

Art. 5. — Les statuts déterminent :

1° Le siège social, qui ne peut être situé ailleurs qu'en territoire français ;

2° Les conditions et les modes d'admission et d'exclusion, tant des membres participants que des membres honoraires ;

3° La composition du bureau et du Conseil d'administration, le mode d'élection de leurs membres, la nature et la durée de leurs pouvoirs, les conditions du vote à l'assemblée générale et du droit pour les sociétaires de s'y faire représenter ;

4° Les obligations et les avantages des membres participants ;

5° Le montant et l'emploi des cotisations des membres, soit honoraires, soit participants, les modes de placement et de retrait des fonds ;

6° Les conditions de la dissolution volontaire de la Société ;

7° Les bases de la liquidation à intervenir si la dissolution a lieu ;

8° Le mode de conservation des documents intéressant la Société ;

9° Le mode de constitution des retraites pour lesquelles il n'a pas été pris d'engagement ferme, et dont l'importance est subordonnée aux ressources de la Société ;

10° L'organisation des retraites garanties, et spécialement la fixation de leur quotité et de l'âge de l'entrée en jouissance ;

11° Les prélèvements à opérer sur les cotisations pour le service spécial des retraites, lorsque, conformément à la clause précédente, les cotisations des membres honoraires ou participants devront être affectées pour partie à la constitution des retraites garanties, que ce soit au moyen d'un fonds commun ou de livrets individuels ouverts au nom des sociétaires.

Art. 6. — Lorsque l'assemblée générale sera convoquée, les pouvoirs dont les sociétaires seront porteurs, si les statuts autorisent le vote par procuration, pourront être donnés sous seing privé et seront affranchis de tous droits de timbre et d'enregistrement; ils seront déposés au siège social.

Les contestations sur la validité des opérations électorales sont portées, dans le délai de quinze jours à dater de l'élection, devant le juge de paix du siège de la Société. Elles sont introduites par simple déclaration au greffe.

Le juge de paix statue, dans les quinze jours de cette déclaration, sans frais ni forme de procédure et sur simple avertissement donné trois jours à l'avance à toutes les parties intéressées.

La décision du juge de paix est en dernier ressort, mais elle peut être déférée à la Cour de cassation. Le pourvoi n'est recevable que s'il est formé dans les dix jours de la notification de la décision. Il est formé par simple requête déposée au greffe de la justice de paix et dénoncée aux défendeurs dans les dix jours qui suivent. Il est dispensé du ministère d'un avocat à la Cour et jugé d'urgence sans frais ni amende.

Les pièces et mémoires fournis par les parties sont transmis sans frais par le greffier de la justice de paix au greffier de la Cour de cassation. La Chambre civile de cette Cour statue directement sur le pourvoi.

Tous les actes sont dispensés du timbre et enregistrés gratis.

Art. 7. — Dans les premiers mois de chaque année, les Sociétés de Secours mutuels doivent adresser, par l'intermédiaire des préfets, au ministre de l'Intérieur, et dans les formes qui seront déterminées par lui, la statistique de leur effectif, du nombre et de la nature des cas de maladie de leurs membres, telle qu'elle est prescrite par la loi du 30 novembre 1892.

Art. 8. — Il peut être établi entre les Sociétés de Secours mutuels, en conservant d'ailleurs à chacune d'elles son autonomie, des unions, ayant pour objet notamment:

a) L'organisation, en faveur des membres participants, des soins et secours énumérés dans l'article 1er, notamment la création de pharmacies, dans les conditions déterminées par les lois spéciales sur la matière;

b) L'admission des membres participants qui ont changé de résidence;

c) Le règlement de leurs pensions viagères de retraite;

d) L'organisation d'assurances mutuelles pour les risques divers auxquels les Sociétés se sont engagées à pourvoir, notamment la création de Caisses de retraites et d'assurances communes à plusieurs Sociétés pour les opérations à long terme et les maladies de longue durée;

e) Le service des placements gratuits.

Art. 9. — Les Sociétés de Secours mutuels sont admises à contracter des assurances, soit en cas de décès, soit en cas d'accidents, aux Caisses d'assurances instituées par la loi du 11 juillet 1868, en se conformant aux prescriptions des articles 7 et 15 de ladite loi.

Ces assurances peuvent se cumuler avec les assurances individuelles.

Art. 10. — Les infractions aux dispositions de la présente loi seront poursuivies contre les administrateurs ou les directeurs, et punies d'une amende de 1 à 15 francs inclusivement.

Si une Société est détournée de son but de Société de Secours mutuels, et si, trois mois après un avertissement donné par arrêté du préfet du département, cette Société persiste à ne pas se conformer aux prescriptions de la présente loi ou aux dispositions de ses statuts, la dissolution pourra en être prononcée par le tribunal civil de l'arrondissem ent.

Le ministère public introduira l'action en dissolution par un mémoire présenté au président du tribunal, énonçant les faits et accompagné des pièces justificatives; ce mémoire sera notifié au |président de la Société avec assignation à jour fixe.

Le tribunal jugera en audience publique, sur les réquisitions du procureur de la République, le président de la Société entendu ou régulièrement appelé.

Le jugement sera susceptible d'appel.

L'assistance de l'avoué ne sera obligatoire ni en première instance ni en appel.

En cas de fausse déclaration faite de mauvaise foi ou de toutes autres manœuvres tendant à dissimuler, sous le nom de Sociétés de Secours mutuels, des associations ayant un autre objet, les juges de répression auront la faculté de prononcer la dissolution à la requête du ministère public. Les administrateurs et directeurs seront passibles d'une amende de 16 à 500 francs.

ART. 11. — La dissolution volontaire d'une Société de Secours mutuels ne peut être prononcée que dans une assemblée convoquée à cet effet par un avis indiquant l'objet de la réunion, et à la condition de réunir à la fois une majorité des deux tiers des membres présents et la majorité des membres incrits.

En cas de dissolution par les tribunaux, le jugement désigne un administrateur chargé de procéder à la liquidation définitive.

Aucun encaissement de cotisations autres que celles échues au jour de la liquidation ne peut plus être effectué.

Communication sera faite à l'administrateur des livres, registres, procès-verbaux et pièces de toute nature; la communication aura lieu sans déplacement, sauf le cas où le tribunal en aurait ordonné autrement.

La liquidation s'opérera conformément aux statuts : elle sera homologuée sans frais par le tribunal, à la diligence du procureur de la République.

ART. 12. — Les secours, pensions, contrats d'assurances, livrets, et généralement toutes sommes et tous titres à remettre par les Sociétés de Secours mutuels à leurs membres participants, sont incessibles et insaisissables jusqu'à concurrrence de 360 francs par an pour les rentes, et de 3 000 francs pour les capitaux assurés.

ART. 13. — Les Sociétés de Secours mutuels ayant satisfait aux prescriptions des articles précédents ont le droit d'ester en justice, tant en demandant qu'en défendant, par le président ou par le délégué ayant mandat spécial à cet effet, et peuvent obtenir l'assistance judiciaire aux conditions imposées par la loi du 22 janvier 1851.

ART. 14. — Les Sociétés de Secours mutuels se divisent en trois catégories :
1° Les Sociétés libres;
2° Les Sociétés approuvées;
3° Les Sociétés reconnues comme établissements d'utilité publique.

TITRE II

DES SOCIÉTÉS LIBRES

Art. 15. — Les Sociétés libres et unions de Sociétés libres peuvent recevoir et employer les sommes provenant des cotisations des membres honoraires et participants, et généralement faire des actes de simple administration; elles peuvent posséder des objets mobiliers, prendre des immeubles à bail pour l'installation de leurs divers services.

Elles peuvent, avec l'autorisation du préfet, recevoir des dons et legs mobiliers.

Toutefois, si la libéralité est faite à une Société dont la circonscription comprend des communes situées dans des départements différents, il est statué par un décret. S'il y a réclamation des héritiers du testateur, il est statué par un décret du président de la République, le Conseil d'Etat entendu.

Lorsque l'emploi des dons et legs n'est pas déterminé par le donateur ou testateur, cet emploi sera prescrit par l'arrêté ou le décret d'autorisation, en exécution de l'article 4 de l'ordonnance du 2 avril 1817.

Les Sociétés libres ne peuvent acquérir des immeubles, sous quelque forme que ce soit, à peine de nullité, sauf les immeubles exclusivement affectés à leurs services. Elles ne peuvent, à peine de nullité, recevoir des dons ou legs immobiliers qu'à la charge de les aliéner et d'obtenir l'autorisation mentionnée au § 3 ci-dessus. La nullité sera prononcée en justice, soit sur la demande des parties intéressées, soit d'office, sur les réquisitions du ministère public.

TITRE III

DES SOCIÉTÉS APPROUVÉES

Art. 16. — Les Sociétés de Secours mutuels et les unions des Sociétés prévues à l'article 8, qui auront fait approuver leurs statuts par arrêté ministériel, auront tous les droits accordés aux Sociétés libres et unions de Sociétés libres et jouiront des avantages concédés par les articles suivants.

L'approbation ne peut être refusée que dans les deux cas suivants:

1° Pour non conformité des statuts avec les dispositions de la loi;

2° Si les statuts ne prévoient pas des recettes proportionnées aux dépenses, pour la constitution des retraites garanties ou des assurances en cas de vie, de décès ou d'accident.

L'approbation ou le refus d'approbation doit avoir lieu dans le délai de trois mois. Le refus d'approbation doit être motivé par une infraction aux lois et notamment aux dispositions du § 4 du présent article.

En cas de refus d'approbation, un recours peut être formé devant le Conseil d'Etat. Ce recours sera dispensé de tout droit; il pourra être formé sans ministère d'avocat.

Tout changement dans les statuts d'une Société approuvée doit être l'objet d'une nouvelle demande d'approbation, et aucune modification statutaire ne peut être mise à exécution si elle n'a pas été préalablement approuvée.

Il sera procédé, pour les changements dans les statuts, comme en matière de statuts primitifs, pour tout ce qui concerne les dépôts, les délais et les recours.

ART. 17. — Les Sociétés de Secours mutuels approuvées pourront, sous réserve de l'autorisation du Conseil d'Etat, recevoir des dons et legs immobiliers.

Les immeubles compris dans un acte de donation ou dans une disposition testamentaire, que les Sociétés n'auront pas été autorisées à conserver, seront aliénés dans les délais et la forme prescrits par le décret qui en autorise l'acceptation; le délai pourra, en cas de nécessité, être prorogé.

Les Sociétés de Secours mutuels et les unions approuvées prévues à l'article 8 peuvent être autorisées, par décret rendu en Conseil d'Etat, à acquérir les immeubles nécessaires soit à leurs services d'administration, soit à leur service d'hospitalisation.

ART. 18. — Les communes sont tenues de fournir aux Sociétés approuvées qui le demandent les locaux nécessaires à leurs réunions, ainsi que les livrets et registres nécessaires à l'administration et à la comptabilité. En cas d'insuffisance des ressources des communes, cette dépense est mise à la charge des départements. Dans le cas où la Société s'étend sur plusieurs communes ou sur plusieurs départements, cette obligation incombe d'abord à la commune dans laquelle est établi le siège social, ensuite au département auquel appartient cette commune.

Dans les villes où il existe une taxe municipale sur les convois, il est accordé aux Sociétés approuvées remise des deux tiers des droits sur les convois dont elles peuvent avoir à supporter les frais aux termes de leurs statuts.

ART. 19. — Tous les actes intéressant les Sociétés approuvées sont exempts des droits de timbre et d'enregistrement.

Sont également exempts du droit de timbre de quittance les reçus de cotisation des membres honoraires ou participants, les reçus des sommes versées aux pensionnaires, ainsi que les registres à souches qui servent au payement des journées de maladies.

Cette disposition n'est pas applicable aux transmissions de propriété, d'usufruit ou de jouissance de biens meubles et immeubles, soit entre vifs, soit par décès.

Conformément aux articles 19 de la loi du 11 juillet 1868 et 21 de la loi du 20 juillet 1886, les certificats, actes de notoriété et autres pièces exclusivement relatives à l'exécution des lois précitées et de la présente loi seront délivrés gratuitement et exempts des droits de timbre et d'enregistrement.

ART. 20. — Les placements des Sociétés de Secours mutuels approuvées doivent être effectués en dépôt aux Caisses d'épargne, à la Caisse des dépôts et consignations, en rentes sur l'Etat, bons du Trésor ou autres valeurs créées ou garanties par l'Etat, en obligations des départements et des communes, du Crédit foncier de France ou des Compagnies françaises de chemins de fer qui ont une garantie d'intérêts de l'Etat.

Les Sociétés de Secours mutuels approuvées pourront, en outre, posséder et acquérir des immeubles jusqu'à concurrence des trois quarts de leur avoir, les vendre et les échanger.

Pour être valables, ces opérations devront être votées à la majorité des trois quarts des voix par une assemblée générale extraordinaire composée au moins de la moitié des membres de la Société, présents ou représentés.

Les titres et valeurs au porteur appartenant aux Sociétés de Secours mutuels approuvées seront déposés à la Caisse des dépôts et consignations, qui sera chargée de l'encaissement des arrérages, coupons et primes de remboursement de ces titres, et en portera le montant au compte de dépôt de chaque Société.

Art. 21. — Les Sociétés de Secours mutuels approuvées sont admises à verser des capitaux à la Caisse des dépôts et consignations :

1° En compte courant disponible;

2° En un compte affecté pour toute la durée de la Société à la formation et à l'accroissement d'un fonds commun inaliénable.

Le fonds commun de retraites existant au jour de la promulgation de la loi ne peut être supprimé.

Il peut être placé soit à la Caisse des dépôts et consignations, soit en valeurs ou immeubles, conformément aux articles 17 et 20, soit à la Caisse des retraites.

Pour l'avenir, les statuts de chaque Société déterminent si elle entend user de cette faculté de constituer un fonds commun et dans quelles conditions: ils règlent les moyens de l'alimenter, qu'il s'agisse d'un fonds commun conservé ou d'un fonds commun à créer. Ils décident notamment si la Société devra verser à ce fonds, en totalité ou en partie, les subventions de l'Etat, les dons et legs, les cotisations des membres honoraires et les autres ressources disponibles.

Le compte courant et le fonds commun portent intérêt à un taux égal à celui de la Caisse nationale des retraites pour la vieillesse.

La différence entre le taux fixé par le paragraphe précédent et le taux de 4 1/2 % déterminé par le décret-loi du 26 mars 1852, et le décret du 26 avril 1856, sera versée, à titre de bonification, à chaque Société de Secours mutuels approuvée ou reconnue d'utilité publique, en raison de son avoir à la Caisse des dépôts et consignations (fonds libres et fonds de retraites), au moyen d'un crédit inscrit chaque année au budget du ministère de l'Intérieur.

Les intérêts qui ne reçoivent pas d'emploi au cours de l'année sont capitalisés tous les ans.

La Caisse des dépôts et consignations aura la faculté de faire emploi des fonds versés aux comptes ci-dessus désignés, dans les mêmes conditions que pour les fonds des Caisses d'épargne.

Art. 22. — Les pensions de retraites peuvent être constituées soit sur le fonds commun, soit sur le livret individuel qui appartient en toute propriété à son titulaire, à capital aliéné ou réservé.

Art. 23. — Les pensions de retraites alimentées par le fonds commun sont constituées à capital réservé au profit de la Société. Elles sont servies directement par la Société à l'aide des intérêts de ce fonds, ou par l'intermédiaire de la Caisse nationale des retraites.

Pour bénéficier de ces pensions, les membres participants doivent être âgés d'au moins cinquante ans, avoir acquitté la cotisation sociale pendant quinze ans, au moins, et remplir les conditions statutaires fixées pour l'obtention de la pension.

Les Sociétés qui constituent sur le fonds commun des pensions de retraites garanties sont tenues de produire, tous les cinq ans au moins, au ministre de l'Intérieur, la situation de leurs engagements, éventuels ou liquides, et des ressources correspondantes, en se conformant aux modèles qui leur sont fournis par l'administration compétente. Elles devront modifier, s'il y a lieu, leurs statuts d'après les résultats de ces inventaires au moins quinquennaux.

ART. 24. — Les pensions de retraites constituées par le livret individuel, à l'aide de la Caisse nationale de retraites ou d'une caisse autonome, sont formées en conformité des statuts, au moyen de versements effectués par la Société au compte de chacun de ses membres participants.

Ces versements proviennent :

1° De la cotisation spéciale que le sociétaire a lui-même acquittée en vue de la retraite, ou de la portion de la cotisation unique prélevée en vue de ce service;

2° De tout ou partie des arrérages annuels du fonds commun inaliénable, s'il en existe un;

3° Des autres ressources dont les statuts autorisent l'emploi en capital au profit des livrets individuels.

Les versements effectués par la Société sur le livret individuel le sont à capital aliéné ou à capital réservé, au profit de la Société, suivant que les statuts en auront décidé.

Quant aux versements qui proviennent des cotisations du membre participant, ils peuvent être, au choix de ce membre, faits à capital aliéné ou à capital réservé au profit de ses ayants-droit.|

Pour la liquidation des pensions de retraites constituées à capital aliéné et à jouissance immédiate par les Sociétés de Secours mutuels, les tarifs à la Caisse nationale des retraites seront calculés jusqu'à quatre-vingts ans.

ART. 25. — En dehors des retraites garanties ou non garanties constituées, soit à l'aide des fonds communs, soit au moyen du livret individuel, dans les conditions prévues aux articles 23 et 24, les Sociétés peuvent accorder à leurs membres des allocations, non pas viagères, mais annuelles, prises sur les ressources disponibles. Le montant en sera fixé chaque année par l'Assemblée générale. Les titulaires sont désignés par elle, parmi les membres âgés de plus de cinquante ans et ayant acquitté la cotisation sociale au moins pendant quinze ans. Les statuts déterminent les autres conditions que doivent remplir les bénéficiaires.

Le service de ces allocations annuelles s'effectue à l'aide des arrérages du fonds commun inaliénable ou des autres ressources disponibles.

Une indemnité pécuniaire, fixée également chaque année en Assemblée générale et prélevée sur les fonds de réserve, peut être allouée aux membres participants devenus infirmes ou incurables avant l'âge fixé par les statuts pour être admissibles à la pension viagère de retraite.

ART. 26. — A partir de la promulgation de la présente loi, les arrérages des dotations et les subventions annuellement inscrites au budget du ministère de l'Intérieur au profit des Sociétés de Secours mutuels seront employés à accorder à ces Sociétés des allocations : 1° pour encourager la formation des pensions de retraites à l'aide du fonds commun ou du livret individuel; 2° pour bonifier les pensions liquidées à partir du 1er janvier 1895 et dont le montant, y compris la subvention de l'Etat, ne sera pas supérieur à 360 francs; 3° pour donner, en raison du nombre de leurs membres, des subventions aux Sociétés qui ne constituent pas de retraites.

Pour chacune de ces affectations, la répartition du crédit aura lieu dans les proportions et suivant les barèmes arrêtés par le ministre de l'Intérieur, après avis du Conseil supérieur.

Il sera, préalablement à toute répartition, opéré chaque année, sur les dotations et subventions, un prélèvement déterminé par le Conseil supérieur, qui ne pourra dépasser 5 pour 100 de l'actif total pour venir en aide aux Sociétés de Secours mutuels qui, par suite d'épidémies ou de toute autre cause de force majeure, seraient momentanément hors d'état de remplir leurs engagements.

Les subventions de l'Etat, en vue de la retraite par livret individuel, profiteront aux étrangers, lorsque leur pays d'origine aura garanti par un traité des avantages équivalents à nos nationaux.

Les pensions allouées sur le fonds commun ne pourront être servies aux étrangers que dans le cas où ils résideront en territoire français.

Art. 27. — Un règlement d'administration publique détermine les conditions et les garanties à exiger pour l'organisation des caisses autonomes que les Sociétés ou les Unions pourront constituer, soit pour servir des pensions de retraites, soit pour réaliser l'assurance en cas de vie, de décès ou d'accident et, d'une manière générale, toutes les mesures d'application destinées à assurer l'exécution de la loi.

Les fonds versés dans ces caisses devront être employés en rentes sur l'Etat, en valeurs du Trésor ou garanties par le Trésor, en obligations départementales ou en valeurs énumérées au paragraphe 1er de l'article 20.

La gestion de ces Caisses sera soumise à la vérification [de l'inspection des finances et au contrôle du receveur particulier de l'arrondissement du siège de la Caisse.

La Caisse des dépôts et consignations est tenue d'envoyer, dans le courant du premier trimestre de chaque année, aux présidents des Sociétés de Secours mutuels ayant constitué des pensions de retraites en faveur de leurs membres participants, la liste des retraités qui, dans l'année précédente, n'auront pas touché leurs arrérages.

Art 28. — Les Sociétés de Secours mutuels qui accordent à leurs membres ou à quelques-uns seulement des indemnités moyennes ou supérieures à 5 francs par jour, des allocations annuelles ou des pensions supérieures à 360 francs, et des capitaux en cas de vie ou de décès, supérieurs à 3 000 francs, ne participent pas aux subventions de l'Etat et ne bénéficient ni du taux spécial d'intérêt fixé par les décrets des 26 mars 1852, 26 avril 1856, ni des avantages accordés par la présente loi sous forme de remise de droits d'enregistrement et de frais de justice.

Les sociétaires qui s'affilieront à plusieurs Sociétés en vue de se constituer une pension supérieure à 360 francs, ou des capitaux en cas de vie ou de décès, supérieurs à 3 000 francs, seront exclus des Sociétés de Secours mutuels dont ils font partie, sous peine, pour la Société, de perdre les avantages concédés par la présente loi.

Art. 29. — Dans les trois premiers mois de chaque année, les Sociétés de Secours mutuels approuvées doivent adresser au ministre de l'Intérieur, par l'intermédiaire des préfets, et dans les formes prescrites, indépendamment de la statistique exigée par l'article 7, le compte rendu de leur situation morale et financière.

Elles sont tenues de communiquer leurs livres, registres, procès-verbaux et pièces comptables de toute nature aux préfets, sous-préfets ou à leurs délégués. Cette communication a lieu sans déplacement, sauf le cas où il en serait autrement ordonné par arrêté du préfet.

Les infractions aux prescriptions du paragraphe 2 du présent article seront punies d'une amende de 16 à 500 francs.

Art. 30. — Dans le cas d'inexécution des statuts ou de violation des dispositions de la présente loi, l'approbation peut être retirée par un décret rendu en Conseil d'Etat sur la proposition motivée du ministre de l'Intérieur, et après avis du Conseil supérieur des Sociétés de Secours mutuels, lequel sera convoqué dans le plus bref délai.

La décision portant retrait d'approbation sera susceptible d'un recours au contentieux devant le Conseil d'Etat, sans ministère d'avocat et avec dispense de tous droits.

Art. 31. — Lorsque la dissolution d'une Société approuvée est votée par l'Assemblée générale conformément aux statuts, ou ordonnée par le tribunal, la liquidation est poursuivie sous la surveillance du préfet ou de son délégué.

Il est prélevé sur l'actif social, y compris le fonds commun inaliénable de retraites, déposé à la Caisse des dépôts et consignations, et dans l'ordre suivant :

1° Le montant des engagements contractés vis-à-vis des tiers ;

2° Les sommes nécessaires pour remplir les engagements contractés vis-à-vis des membres participants, notamment en ce qui concerne les pensions viagères et les assurances en cas de décès, de vie ou d'accident.

3° a) Une somme égale au montant des subventions et secours accordés depuis l'origine de la Société par l'Etat, à titre inaliénable, sur les fonds de la dotation ou autres, pour être, ladite somme, versée au compte de la dotation des Sociétés de Secours mutuels ;

b) Des sommes égales au montant des subventions et secours accordés depuis l'origine de la Société par les départements et les communes à titre inaliénable, pour être lesdites sommes réintégrées dans leurs Caisses.

c) Des sommes égales au montant des dons et legs faits à titre inaliénable, pour être employées conformément aux volontés des donateurs et testateurs, s'ils ont prévu le cas de liquidation, ou si leur volonté n'a n'a pas été exprimée, pour être ajoutée au compte de dotation des Sociétés de Secours mutuels.

Si, après le payement des engagements contractés vis-à-vis des tiers et des sociétaires, il ne reste pas de fonds suffisants pour le plein des prélèvements prévus au paragraphe 3 ci-dessus, ces prélèvements auront lieu au marc le franc des versements faits respectivement par l'Etat, les départements, les communes, les particuliers.

Le surplus de l'actif social sera, s'il y a lieu, réparti entre les membres participants appartenant à la Société au jour de la dissolution et non pourvus d'une pension ou indemnité annuelle, au prorata des versements opérés par chacun d'eux depuis leur entrée dans la Société, sans qu'ils puissent recevoir une somme supérieure à leur contribution personnelle. Le reliquat sera attribué au fonds de dotation.

TITRE IV

DES SOCIÉTÉS RECONNUES COMME ÉTABLISSEMENTS D'UTILITÉ PUBLIQUE

ART. 32. — Les Sociétés de Secours mutuels et les Unions sont reconnues comme établissements d'utilité publique par décret rendu dans la forme des règlements d'administration publique.

La demande est adressée au préfet avec les pièces suivantes: la liste nominative des personnes qui y ont adhéré et trois exemplaires des projets de statuts et du règlement intérieur.

ART. 33. — Les Sociétés reconnues comme établissements d'utilité publique jouissent des avantages accordés aux Sociétés approuvées. Elles peuvent, en outre, posséder et acquérir, vendre et échanger des immeubles dans les conditions déterminées par le décret déclarant l'utilité publique.

Elles sont soumises aux obligations de l'article 11 qui précède.

TITRE V

CONSEIL SUPÉRIEUR — RAPPORTS ANNUELS, TABLES STATISTIQUES

ART. 34. — Il est institué près le ministère de l'Intérieur un Conseil supérieur de Sociétés de Secours mutuels. Ce Conseil est composé de trente-six membres, savoir:

Deux sénateurs élus par leurs collègues ;

Deux députés élus par leurs collègues;

Deux conseillers d'État élus par leurs collègues;

Un délégué du ministre de l'Intérieur;

Un délégué du ministre de l'Agriculture;

Un délégué du ministre du Commerce;

Un membre de l'Académie des sciences morales et politiques, désigné par l'Académie;

Un membre du Conseil supérieur du travail, nommé par ses collègues;

Deux membres agrégés de l'Institut des actuaires français, désignés par le ministre de l'Intérieur;

Le directeur général de la comptabilité au ministère des Finances;

Le directeur du mouvement général des fonds au même ministère;

Le directeur général de la Caisse des dépôts et consignations;

Un membre de l'Académie de médecine, désigné par l'Académie, et un représentant des Syndicats médicaux, élu par les délégués de ces Syndicats dans les formes qui seront déterminées par un règlement d'administration publique;

Dix-huit représentants de Sociétés de Secours mutuels, dont six appartenant aux Sociétés libres, élus par les délégués des Sociétés dans des formes qui seront déterminées par un règlement d'administration publique.

Chaque représentant des Sociétés approuvées sera élu par un collège comprenant un certain nombre de départements.

Cette division sera faite par le règlement d'administration publique à intervenir, de telle sorte que chaque collège comprenne un nombre à peu près égal de mutualistes.]

Tous les membres sont nommés pour quatre ans; leurs pouvoirs sont renouvelables; leurs fonctions sont gratuites.

Le ministre de l'Intérieur est président de droit du Conseil supérieur des Sociétés de Secours mutuels.

Le Conseil choisit parmi ses membres ses deux vice-présidents et son secrétaire. Il est convoqué par le ministre compétent au moins une fois tous les six mois et toutes les fois que cela lui paraîtra nécessaire.

Il reçoit communication des états statistiques et des comptes rendus de la situation financière fournis par les Sociétés de Secours mutuels ainsi que des inventaires au moins quinquennaux et des autres [documents fournis par les Sociétés de Secours mutuels, en exécution des articles 8, 23 et 29 ci-dessus.

Il donne son avis sur toutes les dispositions réglementaires ou autres qui concernent le fonctionnement des Sociétés de Secours mutuels et notamment sur le mode de répartition des subventions et secours qui seront attribués sur les mêmes bases et dans les mêmes proportions pour les retraites constituées, soit à l'aide du fonds commun, soit à l'aide de livrets individuels.

ART. 35. — Sept membres nommés par le ministre, dont quatre pris parmi ceux qui procèdent de l'élection, constituent une section permanente.

La section permanente a pour fonction de donner son avis sur toutes les questions qui lui sont renvoyées, soit par le Conseil supérieur, soit par le ministre.

Le ministre de l'Intérieur soumet, chaque année, au président de la République un rapport qui est présenté au Sénat et à la Chambre des députés, sur les opérations des Sociétés de Secours mutuels et sur les travaux du Conseil supérieur.

ART. 36. — Dans un délai de deux ans après la promulgation de la présente loi, les ministres de l'Intérieur et du Commerce feront établir des tables de mortalité et de morbidité applicables aux Sociétés de Secours mutuels.

ART. 37. — Les Sociétés de Secours mutuels antérieurement autorisées ou approuvées sont tenues, dans le délai de deux ans, de se conformer aux prescriptions de la présente loi. Jusqu'à l'expiration de ce délai, elles continueront à s'administrer conformément à leurs statuts.

Les Sociétés approuvées qui ne solliciteront pas dans ce délai ou n'obtiendront pas l'approbation de leurs statuts devront placer leurs fonds communs en valeurs nominatives, conformément à l'article 20 ci-dessus, et déposer leurs titres à la Caisse des dépôts et consignations. L'inexécution de ces dispositions entraînera l'application des articles 10 et 30 de la présente loi.

Toutefois, les Sociétés qui assurent leurs membres exclusivement contre la maladie sont dispensées de solliciter de nouveau cette approbation.

Le ministre de l'Intérieur, après avis du Conseil supérieur prévu à l'article 34, déterminera dans quelle mesure il pourra être fait exception, pour le passé, aux prescriptions de l'article 2 en faveur des Sociétés de Secours mutuels qui, établies en vue de l'assurance contre la maladie, auront accordé certains avantages à ceux de leurs membres entrés dans la Société à un âge relativement avancé et n'ayant pu arriver à la liquidation de leur pension en satisfaisant aux conditions normales de stage.

ART. 38. — Les articles 13, 18, 19 et 21 de la présente loi, à l'exception, pour ce dernier, de ce qui concerne le fonds commun, s'appliquent aux

Sociétés régulièrement constituées, en conformité du titre III de la loi du 29 juin 1894 dont l'article 20 est abrogé.

ART. 39. — Le décret-loi du 27 mars 1858 est ainsi modifié:

« Les personnes auxquelles le gouvernement de la République aura accordé des médailles d'honneur en leur qualité de membres d'une Société de Secours mutuels, libre ou approuvée, pourront porter publiquement ces récompenses. »

ART. 40. — Les Syndicats professionnels constitués légalement aux termes de la loi du 21 mars 1884, qui ont prévu dans leurs statuts les secours mutuels entre leurs membres adhérents, bénéficieront des avantages de la présente loi, à la condition de se conformer à ses prescriptions.

ART. 41. — Toutes les dispositions contraires à la présente loi sont abrogées.

La présente loi, délibérée et adoptée par le Sénat et par la Chambre des députés, sera exécutée comme loi de l'Etat.

Fait à Paris, le 1er avril 1898.

FÉLIX FAURE.

Par le président de la République :
Le ministre de l'Intérieur,
LOUIS BARTHOU.

STATUTS

D'UNE [SOCIÉTÉ FONDÉE SUR LA FAMILLE

AVEC LES ANNOTATIONS SUSCEPTIBLES DE LES TRANSFORMER, SOIT EN STATUTS D'UNE SOCIÉTÉ PROFESSIONNELLE, SOIT EN STATUTS D'UNE SOCIÉTÉ ORDINAIRE ÉTABLIE SUR L'ASSURANCE INDIVIDUELLE

CHAPITRE PREMIER

FORMATION ET BUT DE LA SOCIÉTÉ

ARTICLE PREMIER (1). — Une Société de Secours mutuels *familiale* (2) est

---

(1) Si la Société est fondée sur une organisation professionnelle, on modifiera ainsi ce premier article :

Une Société de Secours mutuels professionnelle est établie à . . . . . . entre les membres du Syndicat. . . . . . . (ou des Syndicats). . . . . . sous le nom de. . . . . . .

Elle a pour but. . . . . . . .etc.

(2) Nous mettrons en italique les articles qui concernent spécialement la Société familiale et sont inutiles dans une Société professionnelle ou simplement individualiste.

établie à. . . . . .sous le nom de. . . . . . .*(Union des Familles, par exemple)*.

Elle se recrute parmi les familles (pères, mères et enfants), dont les chefs sont domiciliés et exercent une profession dans la commune de . . . . et les communes environnantes.

Elle admet néanmoins les personnes isolées, célibataires et veuves, sous les mêmes conditions de domicile et de profession.

Elle a pour but:

1° De verser à ses membres participants une indemnité quotidienne pendant la durée de l'incapacité absolue de travail, due aux maladies ou aux blessures dont ils peuvent être atteints;

2° *D'accorder aux mères de famille des allocations de maternité;*

3° De donner des allocations d'invalidité;

4° De verser aux veuves ou aux orphelins une indemnité lors du décès du chef de famille;

5° D'organiser avec des ressources spéciales une Caisse de prêts gratuits (1) ou prêts d'honneur pour venir en aide aux sociétaires momentanément gênés (2).

CHAPITRE II

COMPOSITION DE LA SOCIÉTÉ — CONDITIONS D'ADMISSION

Art. 2. — La Société se compose de membres honoraires et de membres participants.

---

(1) L'organisation d'une Caisse de prêts gratuits est absolument facultative. Dans le cas où l'on n'inscrirait pas ce cinquième but, il faudrait également supprimer le quatrième paragraphe de l'article 50.

(2) On peut également donner à la Société certains des buts suivants :

— Fournir les soins médicaux et les médicaments nécessaires à ses membres participants, malades ou blessés

— Fournir à leurs familles les soins médicaux et les médicaments nécessaires.

— Accorder aux membres participants malades, blessés ou infirmes et à leurs familles, en cas de besoin urgent, des secours exceptionnels.

— Pourvoir à leurs funérailles.

— Contracter à leur profit des assurances collectives en cas de vie ou de décès.

— Allouer des secours aux ascendants, aux veufs, aux veuves ou orphelins de leurs membres participants décédés.

— Créer des cours professionnels au profit de ses membres participants.

— Etablir un office gratuit pour leur placement.

— Payer une allocation en cas de chômage involontaire.

(La loi ne permet de viser ces trois derniers buts que comme accessoires et à la condition que les dépenses ainsi effectuées soient couvertes par des cotisations ou recettes spéciales.)

— Constituer des pensions de retraite et donner des allocations annuelles renouvelables.

(Nous prions les organisateurs d'une Société de se référer à cet égard à la deuxième partie de notre travail.)

Art. 3. — Les membres honoraires sont ceux qui, par leurs souscriptions ou par des services équivalents, contribuent à la prospérité de la Société sans participer à ses avantages. Ils ne sont soumis à aucune condition d'âge, de sexe, de domicile, de profession ou de nationalité.

Art. 4. — Les membres participants sont ceux qui ont droit à tous les avantages assurés par l'association, en échange du payement régulier de leur cotisation.

Les mêmes avantages sont assurés à tous les membres participants, sans autre distinction que celle qui résulte des cotisations fournies et des risques apportés.

Art. 5. — *Le chef de famille représente de droit sa femme et ses enfants aux Assemblées générales : il a autant de voix qu'il y a dans sa famille de personnes adhérentes à la Société. — La femme peut néanmoins assister aux assemblées et, à l'âge de seize ans, les enfants auront le droit de vote; avant cet âge, ils peuvent assister aux réunions, mais sont représentés comme il est dit ci-dessus* (1).

Art. 6. — Les membres participants et les membres honoraires sont admis par le Conseil à la majorité des voix (2).

Art. 7. — Pour être admis à titre de membre participant, le candidat doit remplir les conditions suivantes :

1° Etre présenté par deux membres de la Société ;

2° N'être pas âgé de moins de *trois ans* et présenter une pièce officielle quelconque établissant l'époque de sa naissance. (Extrait des actes de l'état civil, livret de famille, etc.) (3) ;

3° Avoir un domicile de trois mois au moins;

4° Déclarer avoir une bonne santé et ne pas être atteint d'une maladie chronique quelconque.

En cas de doute, le Conseil pourra demander au postulant un certificat du médecin de la Société. Ce certificat sera aux frais du postulant.

Les fausses déclarations rendront passibles des peines édictées par les statuts;

5° Remplir les conditions stipulées à l'article premier;

6° Avoir été vacciné.

Toutefois, le Conseil d'administration peut décider qu'il sera dérogé à l'une ou à plusieurs des conditions énoncées sous les numéros 3 à 6 si le candidat vient d'une autre Société avec laquelle des arrangements spéciaux ont été pris, ou s'il s'agit d'un membre honoraire, atteint par des revers

---

(1) Dans les Sociétés qui n'ont pas pour base la famille, on pourra remplacer cet article par celui-ci :

Les femmes et les enfants peuvent faire partie de la Société. Les jeunes sociétaires peuvent assister aux assemblées, mais ne sont admis à voter qu'à partir de l'âge de. . . . . . . *(16 ans par exemple).*

(2) On peut ajouter pour les membres participants, *sauf ratification de la plus prochaine assemblée générale.*

(3) Il est dangereux de prendre les enfants avant trois ans. Si la mutualité n'est pas familiale, on peut prescrire un âge d'admission supérieur (15, 16 ou 18 ans par exemple) et limiter cet âge à quarante ans, car au-dessus le risque de maladie augmente, et il devient difficile, à moins de cotisations très fortes, de constituer des retraites.

de fortune, et admis comme membre participant, conformément à l'article 39 des présents statuts.

CHAPITRE III

ADMINISTRATION

ART. 8. — La Société est administrée par un Conseil composé d'un président, de un à deux vice-présidents, d'un secrétaire, d'un trésorier et de... (quatre à dix administrateurs, par exemple.)

Des sections pourront être établies dans les localités où le Conseil le jugera utile pour faciliter le fonctionnnement de la Société. Un ou plusieurs administrateurs seront particulièrement chargés de surveiller ces sections; ils prendront le titre d'administrateurs délégués. Ces fonctions sont gratuites.

ART. 9. — L'administration de la Société ne peut être confiée qu'à des Français majeurs de l'un ou de l'autre sexe, non déchus de leurs droits civils ou civiques, sous réserve, pour les femmes mariées, des autorisations de droit commun.

ART. 10. — Tous les membres du Conseil sont élus au bulletin secret, en Assemblée générale, et ne peuvent être choisis que parmi les membres honoraires ou participants. *Les conseillers, membres participants, sont choisis de préférence parmi les chefs de famille ayant leur femme et un ou plusieurs enfants affiliés à la Société.*

Ils sont indéfiniment rééligibles.

Un scrutin spécial a lieu pour le président.

Nul n'est élu au premier tour de scrutin s'il n'a réuni la majorité absolue des suffrages. Au deuxième tour, l'élection a lieu à la majorité relative; dans le cas où les candidats obtiendraient un nombre égal de suffrages, l'élection est acquise au plus âgé.

ART. 11. — Le président est élu pour..... (*quatre ans consécutifs, par exemple*).

Il est rééligible.

Les membres du Conseil sont élus pour... (quatre ans); ils sont renouvelables tous les... (deux ans). Ils nomment, en dehors du président, les autres membres du bureau (1).

Le premier Conseil procédera par voie de tirage au sort pour désigner ceux de ses membres qui seront soumis à la réélection au terme de chacune des deux années.

Il en sera de même du Conseil qui serait élu à la suite d'une démission collective des administrateurs en exercice.

Il est pourvu provisoirement par le Conseil au remplacement des membres décédés ou démissionnaires; ses choix sont soumis à la ratification de la plus prochaine Assemblée générale.

Les administrateurs ainsi nommés ne demeurent en fonctions que pendant la durée du mandat qui avait été confié à leurs prédécesseurs.

---

(1) Le bureau tout entier peut être également nommé par l'Assemblée générale.

Art. 12. — Le président assure la régularité du fonctionnement de la Société, conformément aux statuts.

Il adresse, dans les trois premiers mois de chaque année, au préfet :

1° La statistique de l'effectif de la Société, du nombre et de la nature des cas de maladie de ses membres;

2° Le compte rendu de la situation morale et financière de la Société, présenté par le Conseil à l'Assemblée générale.

Il est chargé de la police des assemblées; il signe tous les actes, arrêtés ou délibérations; il représente la Société en justice et dans tous les actes de la vie civile.

Art. 13. — Le ou les vice-présidents secondent le président dans toutes les fonctions qu'il ne peut exercer lui-même.

Ils le remplacent en cas d'empêchement.

Art. 14. — Le secrétaire est chargé des convocations, de la rédaction des procès-verbaux, de la correspondance, de la conservation des archives. Il tient le registre matricule des membres de la Société et présente au Conseil les demandes d'admission.

En cas de maladie d'un membre participant, le secrétaire avise le médecin et les visiteurs en fonctions.

Art. 15. — Le trésorier fait les recettes et les payements; il tient les livres de la comptabilité.

Il est responsable de la caisse contenant les fonds et les titres de la Société.

Il paye sur mandats visés par le président.

Il délivre aux sociétaires, au moment de leur admission, les cartes ou livrets sur lesquels est constaté le payement des cotisations.

En ce qui concerne les titres et valeurs au porteur, il se conforme à l'article 20 de la loi du 1ᵉʳ avril 1898 et remplit les missions d'ordre financier qui lui seront dévolues par le Conseil.

Art. 16. — Des visiteurs sont chargés de visiter les malades, de leur porter l'indemnité statutaire, et de s'assurer qu'ils reçoivent les soins que leur doit la Société.

Ils sont choisis par le Conseil parmi les membres participants et honoraires. *Les visiteurs membres participants devront être de préférence pères ou mères de famille.*

Art. 17. — Le Conseil se réunit chaque fois qu'il est convoqué par le président, et au moins tous les mois.

La convocation est obligatoire quand elle est demandée par la majorité des membres du Conseil.

Le Conseil ne peut délibérer valablement que si (*le tiers ou la majorité*) des membres qui le composent assistent à la séance.

Art. 18. — La Société se réunit en Assemblée générale ordinaire une fois par an pour entendre la lecture des rapports qui lui sont présentés et statuer sur les questions qui lui sont soumises par le Conseil.

En outre, le président peut toujours convoquer une Assemblée générale dans les cas graves et urgents.

La convocation est obligatoire quand elle est demandée, soit par le quart des membres de la Société ayant le droit de vote, soit par (la majorité des membres du Conseil.

Art. 19. — L'Assemblée générale qui délibère dans les cas autres que ceux qui sont prévus dans l'article qui suit, doit être composée du quart au moins des membres de la Société présents ou représentés. Si elle ne réunit pas ce nombre, la délibération est ajournée; une nouvelle Assemblée est convoquée dans le délai d'un mois, au plus, et elle délibère valablement quel que soit le nombre des sociétaires présents.

Les délibérations sont prises à la majorité des voix.

ART. 20. — L'Assemblée générale extraordinaire qui délibère sur des modifications aux statuts doit être composée du quart au moins des membres de la Société.

Les délibérations sont prises à la majorité des deux tiers des membres présents.

L'Assemblée générale extraordinaire qui délibère sur la dissolution volontaire de la Société ne peut statuer qu'à la majorité des deux tiers des membres présents et à la majorité des membres de la Société ayant le droit de vote.

L'Assemblée générale extraordinaire qui statue sur les acquisitions, ventes ou échanges d'immeubles, doit être composée de la moitié au moins des membres de la Société ayant le droit de vote, présents ou représentés, et ne peut statuer qu'à la majorité des trois quarts des voix.

ART. 21. — Est nulle et non avenue toute décision prise dans une réunion de l'Assemblée générale ou du Conseil qui n'a pas fait l'objet d'une convocation régulière ou portant sur une question qui ne figurerait pas à l'ordre du jour.

ART. 22. — Toute discussion politique, religieuse ou étrangère au but de la Mutualité est interdite dans les réunions du Conseil et de l'Assemblée générale.

Il est interdit aux membres du Conseil de se servir de leur titre en dehors des fonctions qui leur sont attribuées par les statuts.

CHAPITRE IV

ORGANISATION FINANCIÈRE

Recettes.

ART. 23. — Les recettes de la Société sont normales ou complémentaires.

Les recettes normales sont :

Les cotisations des membres participants et leurs intérêts (1).

Les recettes complémentaires sont :

1° Les cotisations des membres honoraires ;

2° Le produit des amendes ;

3° Les dons et legs dont l'acceptation a été approuvée par l'autorité compétente ;

4° Les subventions accordées par l'Etat, le département, la commune, les particuliers ou institutions particulières ;

5° Le produit des fêtes, tombolas régulièrement autorisées, collectes, etc., organisées par la Société ;

6° Les intérêts de ces sommes.

---

(1) Avec le système de cotisation progressive, on peut se dispenser des droits d'entrée. Si toutefois on en demandait, il y aurait lieu de les mentionner après ce paragraphe.

Dépenses.

Art. 24. — Les dépenses sont normales et complémentaires :

Les dépenses normales sont :

Les indemnités quotidiennes de maladie ;

Les allocations de maternité ;

Les frais de gestion.

Les dépenses complémentaires sont :

Les allocations d'invalidité ;

Les indemnités aux veuves et aux orphelins (1).

Art. 25. — Les recettes et les dépenses normales d'une part et les recettes et les dépenses complémentaires d'autre part sont portées à deux comptes distincts.

Art. 26. — L'excédent éventuel des recettes sur les dépenses de ces comptes est porté chaque année à un compte spécial qui prend le nom de *fonds de réserve.*

L'Assemblée générale pourra faire des prélèvements sur le fonds de réserve en cas de nécessités exceptionnelles ou urgentes *et particulièrement pour accorder les allocations d'invalidité et les indemnités aux veuves ou aux orphelins.*

Art. 27. — Le trésorier ne peut conserver en caisse une somme supérieure à... (500 francs, par exemple).

L'excédent doit être placé conformément à l'article 20 de la loi du 1ᵉʳ avril 1898 (2).

CHAPITRE V

OBLIGATIONS ENVERS LA SOCIÉTÉ

Art. 28 (3). — Les membres participants s'engagent au payement d'une

---

(1) Si l'on a pris d'autres buts que ceux indiqués à notre article 1ᵉʳ, il sera nécessaire de prévoir à cet article les dépenses qu'ils pourront entraîner. On les inscrira donc soit aux dépenses normales, soit aux dépenses complémentaires, selon l'importance des recettes respectives qui sont destinées à les garantir. Un compte spécial serait ouvert si la Société s'occupait des retraites.|

(2) **Art. 20** (loi du 1ᵉʳ avril 1898). — Les placements des Sociétés de Secours mutuels approuvées doivent être effectués en dépôt aux Caisses d'épargne, à la Caisse des dépôts et consignations, en rentes sur l'Etat, bons du Trésor ou autres valeurs créées ou garanties par l'Etat, en obligations des départements et des communes, du Crédit foncier de France ou des Compagnies françaises de chemins de fer qui ont une garantie d'intérêts de l'Etat.

Les Sociétés de Secours mutuels approuvées pourront en outre posséder et acquérir des immeubles jusqu'à concurrence des trois quarts de leur avoir, les vendre et les échanger.

(3) Si l'on veut prescrire un droit d'entrée, on inscrira ici cet article :

Les membres participants payent en entrant un droit d'admission fixé à..... (il peut être proportionnel à l'âge au moment de l'admission).

Cette somme est versée immédiatement après l'admission avec la cotisation du mois courant, ou peut être répartie en mensualités qui seront versées dans le courant de la première année.

cotisation établie de la façon suivante au moment de leur admission et pour toute la durée de leur sociétariat.

1 franc pour les sociétaires admis de 16 ans à 21 ans inclus.

1 fr. 50 pour les sociétaires admis de 22 ans à 35 ans inclus.

1 fr. 75 pour les sociétaires admis de 36 ans à 45 ans inclus.

2 francs pour les sociétaires admis au-dessus de 45 ans (1).

Dans chacune de ces catégories, à partir de vingt-deux ans, la femme dont le mari fera partie de la Société payera une cotisation inférieure de 0 fr. 50, et les femmes isolées payeront une cotisation inférieure de 0 fr. 25.

De trois à seize ans, les jeunes sociétaires verseront une cotisation mensuelle de 0 fr. 50. Cette cotisation sera abaissée à 0 fr. 30 par enfant pour les familles qui auront deux enfants au moins affiliés à la Société.

A l'âge de seize ans, ils passent dans la catégorie des adultes.

Toutefois, lorsque leurs père et mère feront partie de la Société, les garçons ne verseront que 0 fr. 75 et les filles 0 fr. 50 jusqu'à l'époque de leur majorité. A vingt-deux ans, ils rentrent dans la catégorie normale et payeront 1 fr. 50 pour les hommes et 1 fr. 25 ou 1 franc pour les femmes, selon leur état de célibataires ou de femmes mariées.

Art. 29. — La cotisation du mois de janvier est augmentée de 0 fr. 25 pour les sociétaires de trois à vingt et un ans et de 0 fr. 50 pour les sociétaires de vingt et un ans et au-dessus, quel que soit le sexe, afin de couvrir les frais de gestion.

Art. 30. — Les membres honoraires payent une cotisation annuelle dont le minimum est de..... (*10 francs, par exemple*).

Seront nommés membres bienfaiteurs les membres honoraires qui feront un versement de..... (*100 francs, par exemple*).

Art. 31. — Chaque membre participant est tenu de se rendre, sauf le cas de force majeure, aux Assemblées générales et à toutes les convocations statutairement faites.

Art. 32. — Les membres participants qui ont été blessés et sont en droit de réclamer une indemnité à l'auteur ou à l'agent (patron ou Société) responsable de leurs blessures ne recevront les secours de la Société qu'en attendant le versement de cette indemnité. La Société, dans tous les cas, ne sera tenue de leur accorder ses secours que pendant un maximum de (*huit jours, par exemple*).

CHAPITRE VI

OBLIGATIONS DE LA SOCIÉTÉ.

SECTION PREMIÈRE : *Secours en cas de maladie.*

Art. 33 (2). — Après trois mois de stage à dater de leur admission, les

---

(1) On peut élever les chiffres de ce tableau, mais il serait imprudent de les abaisser. Nous les avons proportionnés aux risques que prétend couvrir la Société : si elle voulait étendre ses avantages il pourrait être nécessaire d'augmenter la cotisation.

Au lieu d'établir un tel tableau, qui semble juste et rationnel, on peut ne prescrire qu'une cotisation uniforme.

(2) Si la Société désire accorder les soins médicaux, les médicaments et

membres participants ont droit à une indemnité quotidienne de maladie fixée à 2 francs pour les hommes, 1 franc pour les femmes, à partir de l'âge de seize ans.

Après la même durée de stage, la Société versera aux parents des jeunes sociétaires malades âgés de moins de seize ans une indemnité quotidienne de 0 fr. 75 pour qu'il leur soit donné les soins que leur état nécessite.

Ces indemnités quotidiennes de maladie ne seront dues par la Société que pendant..... (*trois mois dans l'espace d'une année*.). A l'expiration de ce délai, le Conseil statuera si les ressources de la Société permettent la prolongation de l'indemnité, et dans quelle mesure; il jugera également si la maladie du sociétaire ne doit pas être déclarée chronique, et prendra à cet égard et selon les cas les mesures nécessaires : soit la suspension de l'indemnité de maladie, soit le versement d'allocation d'invalidité si la maladie rend le sociétaire incapable de gagner sa vie.

ART. 34. — Une indisposition de quatre jours ne donne pas droit à une indemnité. Une indisposition plus prolongée y donne droit à partir du quatrième jour de la déclaration faite au sociétaire.

ART. 35. — Lorsqu'un sociétaire est malade, il fait avertir le secrétaire, qui avise les visiteurs en fonctions et le médecin. Le médecin fera, à la charge de la Société, une visite au sociétaire ou lui donnera une consultation, pour constater et contrôler la maladie et prescrire les premiers soins.

La cessation de la maladie est déclarée par le sociétaire lui-même ou à son défaut par les visiteurs, et contrôlée en tant que de besoin par le médecin.

ART. 36. — La Société n'alloue pas ses secours aux femmes dont les menstrualités occasionneraient une cessation de travail.

Elle versera au moment de la naissance de chaque enfant une allocation de 10 francs aux femmes qui feront partie de la Société avec leurs maris depuis au moins neuf mois (1).

---

l'indemnité, elle pourra adopter cet article : — *Art. 33.* Les membres participants malades ont droit aux soins médicaux et aux médicaments pendant une durée de..... pour chaque maladie.

Ils ont droit, en outre, à une indemnité quotidienne en argent de ..... francs pour les hommes, et de..... francs pour les femmes, à partir du premier jour jusqu'au..... jour de maladie; une indemnité de..... francs pour les hommes et de..... francs pour les femmes, du..... jour au..... jour.

Une indisposition de cinq jours ne donne pas lieu à une indemnité. Une maladie plus prolongée y donne droit à partir du premier jour.

Lorsqu'à l'expiration du dernier terme plus haut fixé le malade n'est pas rétabli, le Conseil décide si les soins médicaux et les médicaments et l'indemnité quotidienne peuvent lui être continués, et dans quelle mesure. Les dépenses occasionnées par ces secours exceptionnels sont imputées au compte des dépenses complémentaires.

(1) Si on le juge préférable, on pourra accorder l'indemnité quotidienne pendant (21 jours) à partir des couches et à condition que la femme ne se livre à aucun travail fatigant ou interdit par les médecins pendant ce laps de temps.

La Société n'accordera pas d'autres secours ou indemnités pour les couches des femmes ou leurs conséquences.

Art. 37. — Tout malade rencontré hors de chez lui sans être autorisé à sortir, celui qui a pris des médicaments contraires aux ordonnances des médecins, celui qui commet des excès alcooliques, cesse de recevoir les secours statutaires.

Ces secours cessent également d'être accordés au malade qui a repris l'exercice de sa profession ou qui se livre à tout autre travail non autorisé par le médecin.

Art. 38. — Le membre participant en retard dans le payement de sa cotisation n'a droit aux secours statutaires qu'après s'être entièrement libéré.

Art. 39. — Les membres honoraires atteints par des revers de fortune peuvent être admis comme membres participants, sans égard à la limite d'âge, par décision spéciale du Conseil.

Art. 40. — Aucun secours n'est dû pour les maladies causées par l'intempérance ou l'inconduite, ni pour les blessures reçues dans une rixe, lorsqu'il est prouvé que le membre participant a été l'agresseur, ni pour les blessures reçues dans une émeute à laquelle il aura pris une part volontaire, ni pour les maladies chroniques.

Art. 41. (1) — Les sociétaires restent entièrement libres de choisir leurs médecins et leurs pharmaciens. Le Conseil leur fera néanmoins connaître ceux qui voudront bien consentir un tarif réduit.

Art. 42. — Des membres participants sont convoqués pour assister aux obsèques des membres honoraires et participants décédés dans la commune où réside le siège de la Société (2).

Section II : *Secours et allocations.*

Art. 43. — Selon l'importance des recettes complémentaires de l'année et des revenus du fonds de réserve, la Société allouera chaque année en Assemblée générale des allocations annuelles renouvelables d'invalidité aux sociétaires incapables de gagner leur vie par leur travail, ayant au

---

(1) Les Sociétés qui accorderont les soins médicaux et les médicaments remplaceront cet article par celui-ci : — *Art. 41.* Le service médical et pharmaceutique est réglé par le Conseil, qui désigne les médecins et les pharmaciens.

Les médicaments ne sont fournis par le pharmacien que sur la présentation de l'ordonnance du médecin, portant le nom du membre participant malade.

Les médecins devront, autant que possible, éviter de prescrire des spécialités, des eaux minérales et autres médicaments de luxe, toutes les fois que ces médicaments peuvent être remplacés par des préparations également efficaces, quoique moins coûteuses.

Les opérations de grande chirurgie restent en dehors des soins médicaux et pharmaceutiques accordés par la Société.

(2) Les Sociétés qui pourvoient aux frais funéraires inscriront cet article dans leurs statuts : — *Art. 42.* La Société pourvoit aux frais funéraires occasionnés par le décès de ses membres participants.

Ces frais ne peuvent dépasser un maximum de.....

moins cinquante ans et ayant acquitté effectivement leurs cotisations pendant quinze ans.

Ces allocations seront proportionnelles à la durée du sociétariat et au montant des sommes versées par le bénéficiaire.

Art. 44 (1). — Le Conseil pourra aussi, selon les revenus du fonds de réserve, accorder une allocation aux veuves ou aux orphelins, lorsque le chef de la famille viendra à décéder (2).

Pour avoir droit à cette allocation, le père, la mère et un enfant au moins devront être inscrits comme membres participants : elle sera calculée proportionnellement aux versements effectués par toute la famille.

CHAPITRE VII

POLICE ET DISCIPLINE

Art. 45. — Aucune peine ne peut être établie en dehors de celles fixées par les statuts.

Un règlement intérieur pourra être adopté par l'Assemblée générale, en cas de besoin, pour organiser les faits non prévus dans les statuts.

Art. 46. — Tout membre qui ne remplit pas les fonctions statutaires qui lui sont confiées, tout visiteur qui ne s'est pas acquitté régulièrement de sa mission, encourt, sauf excuse reconnue valable par le Conseil, une amende de..... (*1 franc*) pour chaque infraction.

Tout membre qui fait des déclarations sciemment inexactes et préjudiciables à la Société, ou qui favorise volontairement les fraudes et les fausses déclarations d'autres sociétaires, encourt une amende de..... (*1 francs*) et peut être exclu.

Tout sociétaire qui a fait un mauvais usage de l'indemnité quotidienne de maladie allouée par la Société peut la voir suspendue ou supprimée et être exclu en cas de récidive.

Tout membre participant qui n'assiste pas aux Assemblées générales encourt, sauf excuse reconnue valable par le Conseil, une amende de..... (*1 franc*).

Tout membre qui trouble le cours des séances ou se présente à l'Assemblée en état d'ivresse, encourt une amende de..... (*1 franc*) et est tenu de quitter l'Assemblée.

Tout membre qui prononce des paroles injurieuses contre les membres du Conseil ou le médecin encourt une amende de..... (*2 francs*).

En cas de récidive, il peut être exclu de la Société par l'Assemblée générale, sur l'avis du Conseil.

---

(1) Les Sociétés qui auront prévu les secours ci-dessous remplaceront notre article 44 par celui-ci : — *Art. 44.* Des secours exceptionnels, pris sur une somme spéciale que détermine annuellement l'Assemblée générale, et imputés au compte des dépenses complémentaires, peuvent être accordés aux membres participants malades, blessés ou infirmes, et à leurs familles, en cas de besoins urgents. Des secours de même nature peuvent également être accordés aux veuves, aux orphelins ou aux ascendants des membres participants.

(2) Dans les Sociétés professionnelles, on ajoutera à ce paragraphe : « Cette allocation sera calculée selon la proportion de l'article précédent. »

Art. 47. — Les amendes sont exigibles avant la cotisation. Le membre participant qui refuse de payer celles auxquelles il a été condamné peut être exclu de la Société.

CHAPITRE VIII

RADIATION, EXCLUSION

Art. 48. — Cessent de faire partie de la Société les membres qui n'ont pas payé leur cotisation depuis trois mois.

Cependant, il peut être sursis par le Conseil à l'application de cet article pour les membres participants qui prouvent que des circonstances indépendantes de leur volonté les ont empêchés d'effectuer le payement de la cotisation.

Art. 49. — Le membre participant appelé sous les drapeaux, qui a acquitté ses cotisations jusqu'au moment de son départ, reste inscrit sur les contrôles de la Société pendant la durée de son service militaire actif. Il peut à son gré suspendre ou continuer les versements; dans ce dernier cas seulement il aura droit à l'indemnité de l'article 33 pour les maladies qui pourraient le frapper pendant ses permissions ou congés. Trois mois après l'expiration de son service, s'il n'a pas repris le payement de ses cotisations, sa radiation a lieu d'office.

Art. 50. — L'exclusion est prononcée en Assemblée générale sur la proposition du Conseil et sans discussion :

1° Contre les sociétaires qui seraient frappés d'une condamnation infamante;

2° Contre ceux qui se seraient rendus coupables d'un acte contraire à l'honneur, ou auraient une conduite déréglée, notoirement scandaleuse;

3° Contre ceux qui auraient causé aux intérêts de la Société un préjudice volontaire et dûment constaté;

4° Contre ceux qui ne rembourseraient pas régulièrement les prêts que la caisse des prêts d'honneur leur aurait consentis.

Dans les cas prévus par le présent article et par les articles 46, 47, 48 et 49, le membre participant dont l'exclusion est proposée est invité à se présenter devant le Conseil pour être entendu sur les faits qui lui sont imputés : s'il ne se présente pas au jour indiqué, son exclusion est, sans autre formalité, proposée à l'Assemblée générale.

Art. 51. — La démission, la radiation et l'exclusion ne donnent droit à aucun remboursement en espèces.

Le membre radié qui veut se faire admettre de nouveau dans la Société est considéré comme n'en ayant pas déjà fait partie.

CHAPITRE IX

MODIFICATION AUX STATUTS, DISSOLUTION, LIQUIDATION

Art. 52. — Les statuts ne peuvent être modifiés que sur la proposition du Conseil ou sur celle du cinquième des sociétaires au moins.

Dans ce dernier cas, la proposition est soumise au Conseil deux mois avant la séance où elle viendra en délibération.

Le projet de modification est imprimé et envoyé à tous les sociétaires huit jours au moins avant l'Assemblée générale extraordinaire à laquelle ils sont convoqués par lettre individuelle indiquant l'ordre du jour.

Toute modification aux statuts doit être notifiée et publiée, conformément à la loi du 1er avril 1898 (art. 4).

Si la Société désire être régie par les dispositions du titre III de la loi du 1er avril 1898, les modifications aux statuts devront être approuvées par arrêté ministériel, conformément à l'article 16 de la même loi.

ART. 53. — La dissolution est prononcée dans les formes prescrites par le précédent article.

ART. 54. — En cas de dissolution, la liquidation s'opère suivant les prescriptions de l'article 31 de la loi du 1er avril 1898 (si la Société est approuvée). (1)

____

(1) *N. B. — Si quelques difficultés se présentaient pour l'organisation d'une Société de Secours mutuels, tous les conseils ou avis utiles seraient fournis en s'adressant aux Comités mutualistes qui ont leur siège à Paris, 1, boulevard de Latour Maubourg, VIIe arrondissement.*

....

SOCIÉTÉ DE SECOURS MUTUELS DE X...

———

BULLETIN D'ADHÉSION

Je soussigné, déclare adhérer aux statuts de la Société.................................
et prie le Conseil de m'admettre comme membre participant, ainsi que les personnes de ma famille sous-indiquées.

Nom et prénoms ....

Profession ....*âge* ....

Adresse..

Prénom de la femme...............................*âge* ....

Prénoms des enfants ....

Nombre d'enfants adhérents...

Age de chacun des enfants adhérents......................................

Présenté par ....

Détacher ce bulletin et l'envoyer à M. le président ou à M. le secrétaire de la Société...**au siège social**.........................**ou à leurs domiciles respectifs.**

CAISSE DE PRÊTS GRATUITS
OU PRÊTS D'HONNEUR

RÈGLEMENT

ARTICLE PREMIER. — Il est institué dans la Société..... une Caisse dite *Caisse de prêts gratuits* ou *prêts d'honneur*.

ART. 2. — Cette Caisse sera formée par des versements spéciaux; les membres participants qui auront contribué à l'établir seront, à mérite égal, préférés aux autres s'ils avaient plus tard besoin d'en profiter.

ART. 3. — Le but de cette Caisse est non pas de *donner des secours*, mais de faire à ceux qui seraient momentanément gênés un *Prêt* qu'ils devront rembourser.

ART. 4. — Ne pourront profiter de cette Caisse que les participants ayant régulièrement versé leurs cotisations pendant *un an au moins*.

ART. 5. — Le maximum des prêts est actuellement de...... (1)

ART. 6. — Toute demande d'emprunt devra être faite par écrit et indiquer la cause de la demande, le chiffre, l'emploi et la durée de l'emprunt, le mode et les moyens de remboursement.

ART. 7. — Toute demande de prêt devra être appuyée par écrit par deux sociétaires qui se porteront cautions de l'emprunteur et attesteront son honorabilité et l'exactitude de ses déclarations.

ART. 8. — Les remboursements devront commencer *au plus tard* à la fin du quatrième mois après l'emprunt, et chacun d'eux ne pourra être inférieur au dixième de l'emprunt.

ART. 9. — L'emprunt sera mentionné sur un livre indiquant, avec son chiffre, la date et l'importance de chaque remboursement; ces mentions seront contresignées par l'emprunteur.

Il sera souscrit par l'emprunteur autant de billets qu'il y aura de remboursements à effectuer. L'emprunteur devra rembourser aux bureaux de la Société.

ART. 10. — Le retard dans les remboursements pourra entraîner l'exclusion de la Société, conformément aux articles 50 et 51 des statuts. Le Conseil pourra néanmoins surseoir à l'application de ces articles si des malheurs imprévus ont empêché l'emprunteur de s'acquitter.

ART. 11. — Toute personne n'ayant pas remboursé dans les termes convenus ne pourra contracter un nouvel emprunt.

Les personnes qui auraient appuyé la demande d'un emprunteur ne remboursant pas, sauf dans le cas de force majeure (son décès par exemple), devront opérer les remboursements à sa place.

ART. 12. — Le Conseil sera chargé d'examiner les demandes de prêts et de décider la somme qui peut être avancée. Les prêts ne seront jamais obligatoires. Le présent règlement n'est que provisoire et pourra être révisé; il sera appliqué par le Conseil.

---

(1) On devra proportionner ce maximum à l'importance de la Caisse. Dans les débuts, il sera sage de ne pas indiquer un chiffre supérieur à 100 francs.

ASSURANCES — RETRAITES
BUTS ACCESSOIRES — ACCIDENTS

I. ASSURANCES

N. B. — Bien que ces dispositions soient rarement utilisées, nous les reproduisons à titre indicatif. Elles devraient être incorporées dans les statuts, au chapitre VI.

Art.   . — La Société contracte à la Caisse d'assurance instituée par la loi du 11 juillet 1868 (1) une assurance collective (2) en cas de décès d'une somme de.....

Cette somme est remise par la Société aux personnes ci-dessous indiquées par ordre de priorité :

1° A la veuve de tout membre participant décédé ;

2° A ses enfants ;

3° A ses ascendants ;

4° A la personne ou aux personnes qui auraient été désignées par acte de dernière volonté du membre participant décédé ;

5° A ses frères et sœurs, neveux et nièces.

A défaut de bénéficiaires rentrant dans l'une ou l'autre des cinq catégories susénoncées, le capital assuré est versé au fonds de réserve de la Société.

Art.   . — La Société contracte à une des Caisses autonomes visées par l'article 27 de la loi du 1er avril 1898 (3) une assurance collective (4) en cas de vie d'une somme de..... au profit de tout membre participant qui atteindra l'âge de.....

II. — RETRAITES

N. B. — Nous donnons ci-dessous les dispositions relatives à la constitution des retraites pour la vieillesse par les différents moyens que nous avons étudiés dans le livre II de notre travail. Ces articles devraient être incorporés dans le chapitre VI des statuts.

LIVRET INDIVIDUEL DE LA CAISSE NATIONALE DES RETRAITES POUR LA VIEILLESSE ET LIVRET MUTUALISTE DE RETRAITES

(Caisse autonome.)

Art.   . — Tout membre participant reçoit, dès son admission dans

---

(1) Ou à une des caisses autonomes visées par l'article 27 de la loi, ou à une Société française d'assurances sur la vie.

(2) Cette assurance peut se cumuler avec des assurances individuelles (art. 9 de la loi).

(3) Ou à une Société française d'assurances sur la vie.

(4) Ces assurances peuvent être individuelles (art. 1er de la loi).

la Société, un livret de la..... (1) donnant droit à une pension de retraite garantie à l'âge de.....

Chaque année, le trésorier de la Société verse sur chacun de ces livrets à capital aliéné (2) :

1° La portion de cotisation affectée au service des retraites par l'article 30 des présents statuts ;

2° Un supplément éventuel, uniforme pour tous les participants, déterminé annuellement par l'Assemblée générale et prélevé sur les recettes complémentaires (3) ;

3° Les versements volontaires que les participants effectuent éventuellement pour accroître leur pension.

ART. .—Les livrets de retraites prévus par l'article précédent sont la propriété des membres participants, qui les emportent dans le cas où ils viennent à quitter la Société.

ART. . — Les membres participants retraités qui continuent le payement de la cotisation afférente au compte de maladie ou frais de gestion continuent à recevoir l'indemnité quotidienne de maladie (ou les soins médicaux et les médicaments).

ALLOCATIONS ANNUELLES RENOUVELABLES

L'Assemblée générale fixe annuellement le montant d'une allocation renouvelable de retraite qui est versée à tous les membres participants âgés de plus de..... (*cinquante ans au moins*) et ayant..... (*quinze ans au moins de sociétariat*).

Cette allocation sera proportionnelle à la durée de sociétariat et au montant des cotisations versées.

Elle sera prise..... (soit *sur le fond de réserve de la Société,* soit *sur les ressources de la Caisse sociale de retraites.*)

ART. . — Le membre participant qui est obligé de quitter la Société pour une cause autre que les cas de radiation et d'exclusion, après cinq ans d'acquittement régulier de ses cotisations spéciales de retraite, reçoit une indemnité pour la perte de ses droits éventuels à la retraite.

Cette indemnité sera de..... (La moitié, les trois quarts, etc.....) du montant de ses cotisations spéciales de retraites. Elle sera versée à son compte sur un livret individuel de la Caisse nationale des retraites pour la vieillesse (*ou sur un livret mutualiste d'une Caisse autonome*).

FONDS COMMUN INALIÉNABLE
(Caisse des dépôts et consignations.)

ART. . — Chaque année, l'Assemblée générale accorde des pensions dont elle fixe le montant en tenant compte de la durée du sociétariat et du

---

(1) *Caisse nationale de retraites pour la vieillesse* ou *de la Caisse autonome mutualiste de.....*

Les Sociétés nombreuses peuvent créer une Caisse autonome pour le service de leurs pensions, dans les termes de l'article 27 de la loi ; si leur effectif n'est pas suffisant, elles peuvent s'affilier à une Union qui créerait cette Caisse autonome.

(2) Ou réservé au profit de la Société ou du titulaire et de ses ayants-droit.

(3) Il serait mieux de constituer avec ces recettes un fonds social permettant de verser des allocations comme suppléments de retraites.

montant des cotisations versées, et désigne les titulaires. Ceux-ci doivent être âgés au moins de cinquante ans, et avoir acquitté la cotisation pendant quinze années au moins (art. 23 de la loi).

Les arrérages de ces pensions sont payés par la caisse sociale et prélevés sur les revenus du fonds commun inaliénable (1).

III. — BUTS ACCESSOIRES (CHAPITRE VI DES STATUTS)

Chômage. — Cours professionnels. — Placement.

ART. . — Une allocation quotidienne de..... francs pour les hommes, et de..... francs pour les femmes est accordée aux membres participants en état de chômage involontaire, ne provenant pas du fait de grève ni d'un juste renvoi.

Cette allocation sera versée à partir du..... (dixième jour par exemple) du chômage. (2) Elle cessera pour le membre participant qui refusera un emploi de sa profession offert par la Société.

ART. . — Les cours professionnels organisés par la Société sont ouverts gratuitement à tous les membres honoraires et participants.

ART. . — Les membres participants sans emploi peuvent recourir gratuitement à l'office de placement organisé par la Société. Chaque sociétaire s'efforcera de signaler au président ou au secrétaire les emplois vacants qu'il pourra connaître.

ART. . — Il est pourvu aux dépenses de ces différents services au moyen de la cotisation spéciale mentionnée à l'article..... des statuts (ou au moyen d'une part — tiers, quart — de la cotisation mentionnée à l'article..... des statuts).

IV

ACCIDENTS DU TRAVAIL

Art. 5 de la loi du 9 avril 1898.

ART. 5. — Les chefs d'entreprise peuvent se décharger, pendant les trente, soixante ou quatre-vingt-dix premiers jours à partir de l'accident, de l'obligation de payer aux victimes les frais de maladie et l'indemnité temporaire, ou une partie seulement de cette indemnité, comme il est spécifié ci-après, s'ils justifient :

1° Qu'ils ont affilié leurs ouvriers à des Sociétés de Secours mutuels et pris à leur charge une quote-part de la cotisation qui aura été déterminée d'un commun accord et en se conformant aux statuts-type approuvés

---

(1) Ce dernier paragraphe peut être remplacé par le suivant : « Les pensions sont constituées à la Caisse nationale des retraites pour la vieillesse, capital réservé au profit de la Société. »

Les pensions allouées sur le fonds commun ne peuvent être servies aux étrangers ne résidant pas en territoire français (art. 26 de la loi).

(2) Il est nécessaire de stipuler un délai entre le début du chômage et le commencement des allocations. Sans cela, le chômeur n'aurait pas intérêt à chercher du travail le plus vite possible.

par le ministre compétent, mais qui ne devra pas être inférieure au tiers de cette cotisation;

2° Que ces Sociétés assurent à leurs membres, en cas de blessures, pendant trente, soixante ou quatre-vingt-dix jours, les soins médicaux et pharmaceutiques et une indemnité journalière.

Si l'indemnité journalière servie par la Société est inférieure à la moitié du salaire quotidien de la victime, le chef d'entreprise est tenu de lui verser la différence.

STATUTS-TYPE [1]

Arrêtés par le ministre de l'Intérieur à la date du 16 mai 1899.

« *Journal officiel* » du *17 mai 1899.*

Le président du Conseil, ministre de l'Intérieur et des Cultes,

Vu l'article 5 de la loi du 9 avril 1898,

Vu le décret du 2 mars 1899, instituant une Commission chargée de la préparation des statuts-type prévus par cet article,

Arrête :

ARTICLE PREMIER. — Les Sociétés de Secours mutuels peuvent, dans les conditions prévues par l'article 5 de la loi du 9 avril 1898, passer avec des chefs d'entreprise des conventions à l'effet de prendre à forfait, en cas d'accidents entraînant une incapacité temporaire de travail, la charge de payer à ceux de leurs membres participants occupés par ces chefs d'entreprise les frais de maladie et l'indemnité journalière ou partie seulement de cette indemnité.

La convention peut également stipuler le payement des mêmes frais ou indemnités en cas d'accidents entraînant la mort ou une incapacité permanente.

ART. 2. — La convention prévue à l'article 1er est passée par le Conseil, sous réserve de l'approbation par l'Assemblée générale. Elle est conclue pour une durée de..... et se poursuit par tacite reconduction, sauf aux intéressés à la dénoncer dans le délai de.....

ART. 3. — Les chefs d'entreprise peuvent affilier aux Sociétés, avec leur consentement et sans condition de durée de résidence, ceux de leurs ouvriers ou employés qui n'en sont point encore membres participants.

ART. 4. — Les allocations des chefs d'entreprise sont calculées en vue de couvrir entièrement les charges supplémentaires qu'assument les Sociétés en vertu de la convention prévue à l'article 1er.

Elles ne peuvent être inférieures au tiers du montant des cotisations

---

(1) Les dispositions de ces statuts sont obligatoirement insérées dans les statuts des Sociétés qui, conformément à l'article 5 de la loi du 9 avril 1898, se proposent de contracter avec les chefs d'entreprise, pour assurer, en cas de blessures, à leurs ouvriers et employés membres participants, pendant trente, soixante ou quatre-vingt-dix jours, les soins médicaux et pharmaceutiques et une indemnité journalière.

statutaires pour les secours en cas de maladie et pour les frais de gestion des Sociétés.

Art. 5. — Les allocations prévues par la Convention sont payables par les chefs d'entreprise tous les..... (quinzaines, mois, trimestres, etc.), et d'avance.

Art. 6. — Les Sociétés, à partir du cinquième jour après l'accident et pendant la durée fixée par la convention (30, 60 ou 90 jours), fournissent à leurs membres participants, blessés par le fait ou à l'occasion du travail, les soins médicaux et pharmaceutiques et l'indemnité journalière prévue dans les statuts.

Dans le cas où l'indemnité journalière statutaire n'atteint pas 50 % du salaire journalier touché au moment de l'accident, le complément est payé aux victimes, soit directement par les chefs d'entreprise, soit par les Sociétés moyennant remboursement par les chefs d'entreprise, soit directement par les Sociétés, si elles ont consenti cette charge spéciale dans la convention.

Les frais et indemnités dus au delà du délai spécifié par la convention, et jusqu'au moment de la guérison, de l'entrée en jouissance d'une pension ou du décès, sont payés soit directement par les chefs d'entreprise, soit par les Sociétés, à charge de remboursement par les chefs d'entreprise.

Art 7. — Les Sociétés doivent fournir et les participants sont tenus d'accepter les secours médicaux et pharmaceutiques dans les conditions fixées aux statuts.

En cas d'accidents régis par la loi du 9 avril 1898, ces soins, ainsi que les indemnités convenues, sont fournis pendant toute la période pour laquelle les chefs d'entreprise ont payé l'allocation stipulée au contrat, même si les participants n'ont point payé leur cotisation personnelle statutaire.

Art. 8. — Les directeurs du cabinet et du personnel et du secrétariat sont chargés, chacun en ce qui le concerne, de l'exécution du présent arrêté.

Fait à Paris le 16 mai 1899.

Signé : Charles Dupuy.

N.-B. — De tels buts ne seront efficacement remplis que par une Société de Secours mutuels professionnelle.

Dans le cas où ces articles seraient annexés aux statuts, il faudrait ajouter à l'article 23 des statuts (recettes normales) un paragraphe ainsi conçu : « Les sommes que certains chefs d'industrie versent pour le compte de leurs ouvriers ou employés en vertu de l'article 5 de la loi du 9 avril 1898, conformément aux statuts-type annexés aux présents statuts. »

MOYENNES GÉNÉRALES

DANS LES SOCIÉTÉS APPROUVÉES ET LES SOCIÉTÉS LIBRES PENDANT LES ANNÉES **1900** ET **1901**

DÉSIGNATION DES MOYENNES		NOMBRES MOYENS ET PROPORTIONS		MOYENNES FINANCIÈRES	
SOCIÉTÉS APPROUVÉES		1900	1901	1900 FR. C.	1901 FR. C.
Nombre moyen des *membres honoraires* par Société d'adultes		28	29	»	»
— *participants* —		138	133	»	»
Avoir moyen en fonds libres.	par Société	»	»	13.240 »	13.465.06
	par membre participant	»	»	84 »	88.34
Cotisation moyenne pour l'ensemble des Sociétés approuvées.	par membre honoraire	»	»	11.57	10.20
	— participant	»	»	14.25	14.52
	— — homme	»	»	14.55	14.89
	— — femme	»	»	12.95	12.92
	— — enfant	»	»	6.42	6.50
Cotisation moyenne dans les Sociétés de Secours mutuels proprement dites.	par membre participant	»	»	13.70	13.35
	— — homme	»	»	14.09	13.88
	— — femme	»	»	11.56	10.43
Droit d'entrée moyen.	par membre participant	»	»	4.12	3.44
	— — homme	»	»	4.54	3.75
	— — femme	»	»	2.45	2.42
Amende	Moyenne par sociétaire participant	»	»	» 43	» 41
Malades.	Proportion pour 100 sociét. dans les Soc. d'adultes	34.28	32.23	»	»
	— — hommes	33.63	34.30	»	»
	— — femmes	37.83	37.29	»	»
Honoraires médicaux.	Moyenne par malade	»	»	10.74	11.36
	— membre participant	»	»	3.66	3.64

DANS LES SOCIÉTÉS APPROUVÉES ET LES SOCIÉTÉS LIBRES PENDANT LES ANNÉES 1900 ET 1901

DÉSIGNATION DES MOYENNES		NOMBRES MOYENS ET PROPORTIONS		MOYENNES FINANCIÈRES	
		1900	1901	1900 FR. C.	1901 FR. C.
SOCIÉTÉS APPROUVÉES (SUITE)					
Frais pharmaceutiques.	Moyenne par malade	»	»	14.88	15.77
	— membre participant	»	»	5.08	5.04
Journées de maladie payées en argent.	Nombre moyen par malade dans les Sociétés d'adultes.	21.52	21.40	»	»
	— — homme	20.97	21.07	»	»
	— — femme	26.18	24.22	»	»
	— par membre participant	5.94	5.87	»	»
	— — — homme	5.80	5.76	»	»
	— — — femme	6.83	6.81	»	»
Indemnité de maladie.	Moyenne par malade (Sociétés d'adultes)	»	»	29.62	28.36
	— journée de maladie	»	»	1.38	1.33
	— membre participant	»	»	8.14	7.78
Dépense totale de maladie.	Moyenne par malade	»	»	55.21	55.49
	— membre participant	»	»	16.88	16.46
Excédent de la dépense du malade sur sa cotisation.	Excédent moyen par malade, homme	»	»	40.40	40.92
	— — femme	»	»	48.84	48.21
Frais funéraires.	Frais moyens par membre décédé	»	»	66.30	66.92
Secours aux veuves et aux orphelins.	Secours moyen alloué à chaque veuve	»	»	101.04	112.54
	— — orphelin	»	»	98.44	97.74
	— général	»	»	100.58	109.73
Secours aux vieillards, infirmes et incurables.	Moyenne par membre secouru — Homme	»	»	68.33	»
	Femme	»	»	80.92	»
	Ensemble	»	»	69.74	»

SUITE DES MOYENNES GÉNÉRALES

DANS LES SOCIÉTÉS APPROUVÉES ET LES SOCIÉTÉS LIBRES PENDANT LES ANNÉES **1900** ET **1901**

DÉSIGNATION DES MOYENNES			NOMBRES MOYENS ET PROPORTIONS		MOYENNES FINANCIÈRES	
			1900	1901	1900 FR. C.	1901 FR. C.
SOCIÉTÉS APPROUVÉES (SUITE)						
Secours aux vieillards.	Moyenne par membre secouru....	Homme	»	»	»	86.96
		Femme	»	»	»	49.40
		Ensemble ..	»	»	»	31.86
Secours aux infirmes et incurables.	Moyenne par membre secouru....	Homme	»	»	»	60.50
		Femme	»	»	»	57.43
		Ensemble ..	»	»	»	60.08
Pension payée sur les fonds libres.	Moyenne.....	de la pension..................	»	»	90.21	96.29
		du supplément de pension......	»	»	31.82	36.38
		ensemble.....................	»	»	83.12	89.35
Excédent de la recette sur la dépense dans les Sociétés d'adultes.	Recette totale par sociétaire participant...........		»	»	23.55	24.98
	Dépense — —		»	»	18.63	19.41
	Excédent moyen —		»	»	4.92	5.57
Décès.	Proportion des décès.....		1.55 %	1.52 %	»	»
Membres âgés de plus de 55 ans.	— du nombre de ces membres...........		14.76 %	16.42 %	»	»
Avoir moyen en fonds libres.	Par Société d'adultes...................		»	»	»	13 463.06
	Par membre participant dans les Sociétés d'adultes.		»	»	»	88.34
FONDS DE RETRAITES (FONDS COMMUN INALIÉNABLE)						
Proportion des Sociétés approuvées possédant un fonds de retraites........................			46.76 %	46.68 %	»	»
Fonds de retraites moyen par Société..			»	»	29 560 »	28 892 »
Arrérages moyens servis à chaque pensionnaire sur le fonds commun de retraites............			»	»	70.84	70.46

SUITE DES MOYENNES GÉNÉRALES

DANS LES SOCIÉTÉS APPROUVÉES ET LES SOCIÉTÉS LIBRES PENDANT LES ANNÉES 1900 ET 1901

DÉSIGNATION DES MOYENNES	NOMBRES MOYENS ET PROPORTIONS		MOYENNES FINANCIÈRES	
	1900	1901	1900 FR. C.	1901 FR. C.
SOCIÉTÉS APPROUVÉES (SUITE)				
FONDS DE RETRAITES (FONDS COMMUN INALIÉNABLE) (Suite).				
Pension moyenne constituée sur le fonds commun de retraites	»	»	68 12	68 03
Age moyen d'admission à la pension	65 a. 1 m. 25 j.	65 a. 3 m. 13 j.	»	»
Nombre moyen d'années de sociétariat acquises par les sociétaires pensionnés	31 a. 3 m. 15 j.	32 a. 2 m. 6 j.	»	»
Proportion des décès pour 100 pensionnaires	8.81 %	7.73 %	»	»
Versement moyen au fonds de retraites, par Société	»	»	1.408 »	1372.92
Taux du capital constitutif des pensions liquidées (majoration comprise)	3.94 %	3.95 %	»	»
Rapport entre le nombre de Sociétés ayant un fonds de retraites et le nombre d'associations ayant effectué un versement à ce fonds	48.11 %	51.35 %	»	»
Subvention moyenne	»	»	585 »	555
Proportion entre la subvention accordée et le versement effectué	42 %	40 %	»	»
Fonds des Caisses d'épargne prescrits au 1er janvier 1900 et 1901. { Subvention moyenne par membre participant	»	»	» 2072	» 2625
— Société	»	»	43 76	60.30

SUITE DES MOYENNES GÉNÉRALES

DANS LES SOCIÉTÉS APPROUVÉES ET LES SOCIÉTÉS LIBRES PENDANT LES ANNÉES **1900** ET **1901**

DÉSIGNATION DES MOYENNES		NOMBRES MOYENS ET PROPORTIONS		MOYENNES FINANCIÈRES	
SOCIÉTÉS LIBRES		1900	1901	1900 FR. C.	1901 FR. C.
Personnel.	Nombre moyen des *membres honoraires* par Société.	12	11	»	»
	— — participants — ...	110	123	»	»
Avoir moyen.	par Société....................	»	»	13.962.48	16.369.95
	— membre participant	»	»	144.78	135.13
Cotisation moyenne pour l'ensemble des Sociétés libres.	par membre honoraire....................	»	»	11.79	13.85
	— participant....................	»	»	16.27	15.70
	— — homme....................	»	»	16.74	16.39
	— — femme....................	»	»	13.65	11.93
	— — enfant....................	»	»	3.53	4.76
Cotisation moyenne dans les Sociétés de Secours mutuels proprement dites.	par membre participant....................	»	»	14.67	13.71
	— — homme....................	»	»	15.26	14.48
	— — femme....................	»	»	10.98	8.93
Droit d'entrée moyen.	par membre participant....................	»	»	2.78	3.06
	— — homme....................	»	»	2.94	3.29
	— — femme....................	»	»	1.94	1.85
Amende.	Moyenne par sociétaire participant....................	»	»	» 53	» 42
Recette moyenne par membre participant....................		»	»	29.44	»

SUITE DES MOYENNES GÉNÉRALES

DANS LES SOCIÉTÉS APPROUVÉES ET LES SOCIÉTÉS LIBRES PENDANT LES ANNÉES **1900** ET **1901**

DÉSIGNATION DES MOYENNES		NOMBRES MOYENS ET PROPORTIONS		MOYENNES FINANCIÈRES	
SOCIÉTÉS LIBRES (SUITE)		1900	1901	1900 FR. C.	1901 FR. C.
Malades.	Proportion pour 100 sociétaires	33.97	29.72	»	»
	— — hommes	33.22	29	»	»
	— — femmes	38.73	34.17	»	»
Honoraires médicaux.	Moyenne par malade	»	»	12.36	12.48
	— membre participant	»	»	4.11	3.69
Frais pharmaceutiques.	Moyenne par malade	»	»	19.77	19.02
	— membre participant	»	»	6.62	5.61
Journées de maladie payées en argent.	Nombre moyen par malade	20.18	21.06	»	»
	— — homme	20.46	21.45	»	»
	— — femme	18.30	18.37	»	»
	— par membre participant	7.49	6.19	»	»
	— — — homme	7.56	6 19	»	»
	— — — femme	6.99	6.18	»	»
Indemnité de maladie.	Moyenne par malade	»	»	31.74	31.74
	— journée de maladie	»	»	1.57	1.51
	— membre participant	»	»	11.77	9.33
Dépense totale de maladie.	Moyenne par malade	»	»	64.03	63.24
	— membre participant	»	»	22.50	18.63
Excédent de la dépense du malade sur sa cotisation.	Excédent moyen par malade homme	»	»	50.63	50.37
	— — femme	»	»	44.45	43.33

SUITE DES MOYENNES GÉNÉRALES

DANS LES SOCIÉTÉS APPROUVÉES ET LES SOCIÉTÉS LIBRES PENDANT LES ANNÉES 1900 ET 1901

DÉSIGNATION DES MOYENNES		NOMBRES MOYENS ET PROPORTIONS		MOYENNES FINANCIÈRES	
		1900	1901	1900	1901
				FR. C.	FR. C.
SOCIÉTÉS LIBRES (SUITE)					
Frais funéraires.	Frais moyens par membre décédé	»	»	56.48	69.31
Secours aux veuves et aux orphelins.	Secours moyen alloué à chaque veuve	»	»	112.73	133.26
	— — orphelin	»	»	100.82	106.04
	— général	»	»	110.83	127.87
Secours aux vieillards, infirmes et incurables.	Moyenne par membre secouru { Homme…	»	»	78.73	»
	Femme…	»	»	51.02	»
	Ensemble.	»	»	74.02	»
Secours aux vieillards	Moyenne par membre secouru { Homme…	»	»	»	84.58
	Femme…	»	»	»	82.23
	Enfant…	»	»	»	84.26
Secours aux infirmes et incurables.	Moyenne par membre secouru { Homme…	»	»	»	106.87
	Femme…	»	»	»	76.55
	Enfant…	»	»	»	101.22
Pension viagère de retraites.	Montant moyen de la pension	»	»	68.76	66.95
Excédent de la recette sur la dépense.	Recette totale par sociétaire participant	»	»	26.63	25.54
	Dépense — —	»	»	19.77	16.87
	Excédent moyen	»	»	6.86	8.67
Décès	Proportion des décès	1.63 %	1.50 %	»	»
Membres âgés de plus de 55 ans.	Proportion du nombre de ces membres	13.66 %	13.70 %	»	»

MOYENNES GÉNÉRALES

DANS LES MUTUALITÉS SCOLAIRES PENDANT L'ANNÉE 1901

DÉSIGNATION DES MOYENNES		NOMBRES MOYENS ET PROPORTIONS	MOYENNES FINANCIÈRES
Personnel moyen.	Nombre de membres honoraires	27	»
	— — participants	293	»
Cotisation moyenne.	par membre honoraire	»	3.44
	— participant	»	4.51
Malades.	Proportion pour 100 sociétaires	40.44 %	»
Journées de maladie payées en argent.	Nombre moyen par malade	20.20	»
	— — membre participant	2.02	»
Indemnité de maladie.	Moyenne par malade	»	9.53
	— journée de maladie	»	0.472
	— membre participant	»	0.95
Excédent de la recette sur la dépense.	Recette totale par sociétaire participant	»	5.33
	Dépense — — —	»	3.62
	Excédent moyen — —	»	4.74
Avoir moyen en fonds libres.	Par Société scolaire	»	4402.74
	Par membre participant	»	4.78
Avoir total des Sociétés de Secours mutuels scolaires		»	3.348296 47
Avoir au fonds commun de retraites		»	4.403144.47
Fonds versés sur les livrets individuels de retraites		»	4.538981

ÉTAT DES SOCIÉTÉS DE SECOURS MUTUELS APPROUVÉES

RECONNUES COMME ÉTABLISSEMENTS D'UTILITÉ PUBLIQUE ET LIBRES PENDANT LES ANNÉES 1899-1900-1901

SOCIÉTÉS APPROUVÉES OU RECONNUES COMME ÉTABLISSEMENTS D'UTILITÉ PUBLIQUE	1899	1900	1901
Nombre des Sociétés au 31 décemb.	9.691 [9.475 (1)]	10.804 [10.172 (1)]	11.719 (2) [11.258 (1)]
— memb. hon. au 31 déc.	269.666	291.073	323.969
Nombre des membres participants. { Hommes. Femmes. Enfants.	1.047.602 / 235.490 / 257.684 } 1.540.776 } 1.810.442	1.153.827 / 265.874 / 382.087 } 1.801.783 } 2.092.858	1.193.533 / 277.035 / 521.638 } 1.996.206 } 2.318.173
	FR. C.	FR. C.	FR. C.
Recettes des Sociétés.............	31.424.571 71	35.854.069 93	39.277.378 99
Dépenses —	24.977.504 03	29.126.285 59	30.280.850 95
Excédent des recettes sur les dépens.	6.147.070 68	6.727.784 34	8.996.528 04
Montant des fonds dispon. au 31 déc.	107.443.422 02	120.698.714 88	132.326.117 44
— de retraites au 31 déc.	144.685.375 58	149.336.446 15	138.038.435 64
Nombre des pensionnaires........	43.764	44.678	46.077
	FR. C.	FR. C.	FR. C.
Arrérage des rentes viagères.......	2.918.344 »	2.946.738 »	3.004.444 »
Avoir total des Sociétés approuvées au 31 décembre................	249.128.797 60	270.035.464 03	290.364.537 08

(1) Nombre de Sociétés ayant fourni leur statistique annuelle.
(2) Dans ce chiffre sont comprises 18 Sociétés reconnues comme établissements d'utilité publique; 9 943 Sociétés d'adultes et 1 758 Sociétés scolaires.

ÉTAT DES SOCIÉTÉS DE SECOURS MUTUELS APPROUVÉES

RECONNUES COMME ÉTABLISSEMENTS D'UTILITÉ PUBLIQUE ET LIBRES PENDANT LES ANNÉES **1899-1900-1901**

(Suite)

SOCIÉTÉS LIBRES	1899	1900	1901
Nombre des Sociétés au 31 décemb.	3.339 [2.963 (1)]	- 3.487 [2.927 (1)]	3153 [2.928 (1)]
— memb. hon. au 31 déc.	34.614 }	34.860 }	34.220 }
Nombre des membres { Hommes.	294.332 }	275.631 }	303.264 }
participants. { Femmes.	48.684 } 349.701 } 384.345	47.075 } 330.759 } 365.649	53.783 } 365.607 } 399.827
{ Enfants .	6 688 } FR. C.	8.053 } FR. C.	6.563 } FR. C.
Recettes des Sociétés............	8.781.436 66	9.394.888 »	10.460.525 65
Dépenses —	7.001.505 17	7.212.618 »	7.896.257 21
Excédent des recet. sur les dépens.	1.779.631 49	2.182.270 .	2.264.268 44
Montant des fonds de réser. au 31 déc.	45.063.610 15	46.722.203 03	48.516.802 46
RÉSUMÉ			
Nombre des Sociétés reconnues ou approuvées et des Sociétés libres, au 31 décembre...............	13.030 [12.438 (1)]	13.994 [13.099 (1)]	14.872 [14.186 (1)]
Nombre des membres des Sociétés approuvées et des Sociétés libres, au 31 décemb.	2.194.757	2.458.477	2.718.002
.... des Sociétés approuvées et des Sociétés libres au 31 décembre....................	FR. C. 294.194.407 75	FR. C. 316.757.364 08	FR. C. 338.884.355 54

(1) Nombre de Sociétés ayant fourni leur statistique annuelle.

TABLE DES ANNEXES

INDEX ALPHABÉTIQUE

NOTE BIBLIOGRAPHIQUE

594-04. - Imprimerie P. Feron-Vrau, 3 et 5, rue Bayard, Paris, VIIIe.

ŒUVRES ÉCONOMIQUES

Institutions populaires agricoles. — Un vol. in-32 de 32 pages. 7e mille.

Prix : 0 fr. 10; port, 0 fr. 05.

« Cette brochure renferme tous les renseignements pratiques sur les confréries de Notre-Dame des Champs, les Syndicats agricoles, les Caisses rurales, les assurances contre la mortalité du bétail et une bibliographie agricole. » (*La Croix.*)

Manuel pratique des Caisses rurales, par Louis DURAND, président de l'Union des Caisses rurales et ouvrières. 4e édition, adaptée à la jurisprudence du Conseil d'Etat. — Un vol. in-12 de 160 pages. 13e mille.

Prix : 1 franc; port, 0 fr. 30.

Petit Manuel pratique des Syndicats agricoles, par H. DE GAILHARD-BANCEL, député de l'Ardèche. 5e édition, avec une préface de M. EMILE DUPORT. — Un vol. in-8° de 96 pages.

Prix : 0 fr. 75; port, 0 fr. 25.

Les Caisses d'assurances mutuelles contre la mortalité du bétail. Un vol. in-16 de 48 pages. 3e mille.

Prix : 0 fr. 20; port, 0 fr. 05.

Le Secrétariat du peuple. *Guide pratique*, par A. DOAL. — Un vol. in-16 de 44 pages. 6e mille.

Prix : 0 fr. 20; port, 0 fr. 10.

DÉFENSE RELIGIEUSE

L'État c'est nous! *Nos francs-maçons actuels dévoilés*, par UN PATRIOTE. — Un vol. in-16 de 140 pages. 8e mille.

Broché, 0 fr. 50; port, 0 fr. 15.

Ce volume comprend trois parties : les francs-maçons intolérants, les francs-maçons politiciens, la Franc-Maçonnerie grande agence électorale.

La Congrégation du Grand-Orient et les Congrégations à la Chambre française en 1901, par UN PATRIOTE. — Un vol. in-16 de 300 pages. 8e mille.

Broché, 0 fr. 50; port, 0 fr. 30.

« Cet ouvrage est un véritable arsenal où les défenseurs de la bonne cause trouveront les meilleures armes en faveur de la liberté, et contre la Franc-Maçonnerie qui tyrannise et ruine notre malheureuse patrie. » (*La Croix.*)

5, RUE BAYARD, PARIS, VIIIe.